미국의 보수주의 정치 평론가이며 칼럼니스트이자 변호사 겸 베스트셀러 작가이기도 한 데이비드 림보가 구약성경 통사를 펴냈다. 그는 남다른 신앙적 열정과 연구를 통해 구약성경에서 그리스도를 발견한 학식 있는 평신도 그리스도인이다. 그가 교회의 일반 신자들과 심지어 성서 전공자들을 위해 저술한 이 책은 "엠마오 코드"라는 이름 아래 구약이 얼마나 풍부하게 그리스도를 가리키고 있는지를 설득력 있게 기술한다. 저자는 신학적으로는 보수적이면서도 -때론 세대주의도 마다하지 않지만- 내로라하는 구약 학자들의 연구실에서 탐스런 이삭들을 거두어 이 책을 풍요롭게 만들고 있다. 구약을 그리스도 중심으로 읽어야 할 필요성을 다시금 일깨워 주는 교과서적인 책이다. 그 범위에 있어서 백과사전적 파노라마며 가독성에 있어서는 잘 넘어가는 부드러운 수프와 같다. 놀라운 업적이다.

류호준 | 백석대학교 신학대학원 구약학 교수, 『이사야서 I』 저자

참 고마운 책이다. 하나님의 음성을 들었지만 혼란스러워하는 사무엘을 도와준 엘리처럼, 주님을 만났지만 무엇을 해야 할지 모르는 바울을 이끌어 준 바나바처럼, 이 책은 구약이라는 귀한 하나님의 말씀을 손에 잡았지만 그 길이와 깊이에 압도되어 난감해하는 성도에게 지도와 나침반 역할을 해주고 있다. 그것이 전부가 아니다. 저자는 구약의 청사진만이 아니라 그 청사진으로 세워진 건물을 우리에게 입체적으로 보여 준다. 구약성경이 어떻게 하나님의 말씀으로 신약 시대와 연결되는지 발견하게 하고 구원의 역사와 언약을 비롯한 핵심적인 하나님 나라의 주제와 방향을 일목요연하게 정리해 준다. 클라이맥스는 이 모든 과정을 통해 구약성경의 핵심인 예수 그리스도를 만나게 한다는 것이다. 저자의 모든 성경 이해와 해석에 동의하는 것은 아니지만, 구약이라는 하나님의 말씀을 바로 읽어 보고자 기대하는 모든 성도에게 엠마오 마을에서 돌아선 제자들처럼 삶의 전환이 일어나기를 기대하며 기쁜 마음으로 추천한다.

강산 | 십자가교회 담임 목사, 『기도를 시작하는 당신에게』 저자

하나님의 말씀을 이해할 수 있도록 독창적인 접근 방식을 사용하는 책이다. 원제목은 부활하신 예수님이 엠마오로 가는 두 제자에게 나타나 구약 전체가 어떻게 '예수와 그의 구속 사역'에 초점을 맞추고 있는지 설명하는 데서 착안했다. 성도든 목회자든 성경을 보다 정확히 이해하고 전하고 싶은 모든 이에게 크게 유용하리라고 본다. 진정 그리스도를 높이는 책이다.

리처드 랜드 | 서던복음주의신학교 총장

저자는 늘 독특한 방식으로 성경을 열어 중대한 주제를 심층적으로 다룬다. 성경을 선과 악의 싸움에 대한 유일한 주석서라 말하는 이들도 있지만, 신·구약이야말로 주 예수 그리스도를 증거하는 영원한 하나님의 말씀이다. 저자는 엠마오로 가는 길에 부활하신 예수님을 만난 두 제자를 독자에게 상기시키며 누가복음 24장의 놀라운 이야기에 기초하여 창세기부터 요한계시록에 이르는 이정표를 제시한다. 주님은 엠마오로 가는 두 제자의 눈을 열어 '예수'야말로 구약에서 말하는 대상임을 깨닫게 하신다. 그런 후 두 제자는 "우리 마음이 속에서 참으로 뜨거워졌다"고 고백한다. 저자는 뛰어난 저술가이자 주석가, 변호사로서 이 책을 저술했을 뿐 아니라 영감 있는 말씀과 하나님을 향한 사랑의 열의로 집필에 임했다. 깊은 연구를 통해 그리스도가 구약성경 안에 감추어져 있는 게 아니라 처음부터 하나님의 사랑과 구원의 계획을 전하는 분으로 나타나고 있음을 조명한다. 예언대로 구원자로서 배내옷을 입고 이땅에 오셨고, 장차 다시 왕으로 오셔서 만물이 그 앞에 경배하게 되기 전에 우리는 약속된 메시아가 드러나는 모습을 보게 될 것이다. 그날이 속히 오기를 고대하는 우리 마음도 불같이 일어날 것이다. 이 책에 담긴 이정표를 놓치지 않고 따라가기 바란다.
프랭클린 그래함 | '사마리아인의 지갑', '빌리 그래함 전도협회' 대표 · 최고 경영자

참으로 놀라운 책이다! 친구인 데이비드 림보는 전작을 뛰어넘는 책을 내고야 말았다. 구약을 읽다가 포기한 사람, 구약과 신약이 서로 어떻게 연결되는지 궁금한 사람에게 꼭 필요한 책이다. 일반 성도를 위한 구약성경의 길잡이로 단연 최고다.
션 해내티 | 라디오 방송 '션 해내티 쇼'와 폭스 뉴스 채널 '해내티' 진행자

흥미진진한 이 책은 구약이 신약의 참된 진리를 확증하고 있음을 보여 주기 위해 엠마오로 가는 두 제자와 부활하신 주님과의 만남을 끌어다 쓴다. 참으로 적절한 작업이었고 결론이 확실한 증거가 아닐 수 없다.
조시 D. 맥도웰 | 작가 · 강사, 『아버지의 10가지 약속』 저자

구약의 주제가 오늘 우리의 삶과 무슨 관계가 있는지 고민하는 사람들의 눈이 번쩍 뜨일 책이다. 마치 그림 맞추기의 전체 조감도를 보는 것 같다. 성경 한 장 한 장에 엮인 그리스도를 발견하면서 감탄치 않을 수 없다!
프랭크 튜렉 | www.CrossExamined.org 대표, 『진리의 기독교』 공저자

슬기로운 구약읽기

슬기로운 구약읽기

데이비드 림보 지음 | 주지현 옮김

좋은씨앗

슬기로운 구약읽기

초판 1쇄 인쇄 | 2018년 8월 10일
초판 1쇄 발행 | 2018년 8월 20일

지은이 | 데이비드 림보
옮긴이 | 주지현
펴낸이 | 신은철
펴낸곳 | 좋은씨앗
출판등록 제4-385호(1999. 12. 21)
주소 | (06753) 서울시 서초구 바우뫼로 156(양재동, 엠제이빌딩) 402호
주문전화 | (02) 2057-3041 주문팩스 | (02) 2057-3042
페이스북 | www.facebook/goodseedbook
이메일 | good-seed21@hanmail.net

ISBN 978-89-5874-302-6 04230

The Emmaus Code: finding Jesus in the Old Testament
by David Limbaugh

믿음을 지키면서 살아가는 나의 자녀

크리스틴, 커트니, 케이틀린, 스코트, 윌을 주신

하나님께 감사하며

차례

모든 길은 그리스도로 통한다

성경 전체에 계신 그리스도

들어가는 글

사도 바울은 이방인을 위한 사도로 우리에게 알려져 있지만 동족 유대인을 향한 사랑도 못지않게 깊었다. 그 사랑 때문에 형제들의 만류에도 불구하고 3차 전도 여행 말미에 예루살렘에 가기로 결심한다. 그곳에 가면 목숨이 위태로울 수 있다는 경고를 듣고 이렇게 대답한다. "여러분이 어찌하여 울어 내 마음을 상하게 하느냐. 나는 주 예수의 이름을 위하여 결박당할 뿐 아니라 예루살렘에서 죽을 것도 각오하였노라"(행 21:13).

예루살렘에 도착한 바울은 이방인을 데려와 성전을 더럽혔다는 비난을 받는데, 이는 중대한 사건의 시발점이 된다. 계속되는 소요 속에서 그는 두들겨 맞고 로마 당국에 체포된다. 결국 나사렛당의 우두머리로 폭동을 조장하고 성전을 더럽혔다는 죄목으로 가이사랴의 총독 벨릭스 앞에서 재판을 받게 된다(행 24:5-8).

바울은 혐의를 부인한다. 뿐만 아니라 유대인들이 예상치 못한 방향으로 대응한다. 복음을 전할 수 있는 기회라면 절대 놓치지 않을 (특히 무자비한 박해를 당할 때 그러했다) 바울이기에 군중 앞에서 자신을 변론하는 동시에 그리스도가 어떤 분인지를 증거한다. 군중의 의도를 누구보다 잘 알았던 그는, 역설적이게도, 자신이 유대교 신자들과 공통된 신앙을 가지고 있음을 선언함으로써 예수 그리스도에 대한 신앙을 변론하려 시도한다. "그러나 이것을 당신께 고백하리이다. 나는 그들이 이단이라 하는 도the Way를 따라 조상의 하나님을 섬기고 율법과 선지자들의 글에 기록된 것을 다 믿으며 그들이 기다리는 바 하나님께 향한 소망을 나도 가졌으니 곧 의인과 악인의 부활이 있으리라 함이니이다.…오직 내가 그들 가운데 서서 외치기를 내가 죽은 자의 부활에 대하여 오늘 너희 앞에 심문을 받는다고 한 이 한 소리만 있을 따름이니이다(행 24:14-15, 21).

이 말에 함축된 의미를 놓치지 말라. 바울은 자신이 선동가가 아니며 다른 유대인들을 화나게 하려는 의도가 없음을 말하고 있다. 그는 유대인의 신앙을 배척하기는커녕 '율법'과 '선지자'라 일컫는 유대인의 구약성경을 자신도 똑같이 믿는다고 선언한다. 당시 유대교는 로마법의 보호를 받고 있었으므로 구약성경의 진리를 가르치는 행위는 불법이 될 수 없었다.

바울을 풀어 주는 대가로 뇌물을 바라며 고소인들을 달래려 했던 벨릭스 총독은 바울이 무죄임을 알면서도 그를 2년이나 가둬 놓는다. 이후에 후임자로 온 베스도 총독은 바울을 법정으로 소환하여 그에게 예루살렘에서 재판받기를 원하는지 묻는다. 예루살렘에서는 공정한 재판을 받지 못하리라고 판단한 바울은 로마 법정에 서게 해달라고 요구한다. 곧이어 팔레스타인 북동지역을 다스리던 아그립바* 왕이 바울의 혐의를 검토하고 그를 로마로 이송시키는 데 필요한 자료 준비를 위해 베스도 총독을 돕기로 한다.[1]

바울은 아그립바 왕에게 자신의 입장을 변론하는 자리에서 그동안의 일들을 찬찬히 설명한다. 지난날 자신은 예수 그리스도를 대적하고 그리스도인들을 박해하는 데 앞장섰던 헌신된 바리새인이었지만, 다메섹으로 가는 길에서 예수님을 만나 극적으로 회심했다고 말한다. 무죄를 주장하는 과정에서는 자신이 유대인의 신앙에 독실한 자임을 강력히 피력하기도 한다. "하나님의 도우심을 받아 내가 오늘까지 서서 높고 낮은 사람 앞에서 증언하는 것은 선지자들과 모세가 반드시 되리라고 말한 것밖에 없으니 곧 그리스도가 고난을 받으실 것과 죽은 자 가운데서 먼저 다시 살아나사 이스라엘과 이방인들에게 빛을 전하시리라 함이니이다"(행 26:22-23).

바울이 무고함을 깨달은 아그립바 왕은 그가 로마 황제에게 상소하지 않았더라면 자유의 몸이 될 수 있었다고 선언한다(행 26:31-32).** 이후 바울은 로마로 후송되어 구금되는데, 거기서도 자신을 찾아온 사람들에게 담대히 복음을 전하고 옥중서신(에베소서, 골로새서, 빌레몬서, 빌립보서)을 기록한다. 바울 사건 재판의 최종 선고나 이후 그의 운

● 헤롯 아그립바 2세
유아대학살을 지시한 헤롯1세의 손자이자 초대 교회를 박해한 아그립바 1세의 아들(주후 30-100년). 바울의 심문에 가담했다(행 25:13, 32). '헤롯'은 로마제국이 유대를 간접 지배하기 위해 유대의 왕으로 임명한 가문의 이름이다.

● 바울의 로마시민권
유대인이면서도 "나면서부터 로마 시민권자"였던 바울은 투표권이 있었고, 재판 없이 구금될 수 없으며, 자백을 강요할 때 쓰이는 채찍질을 거부할 수 있고, 지방 통치자에게 정당한 대우를 받지 못했을 경우 로마 황제에게 상소할 수 있었다(행 22:25-29).

명에 대해서는 성경에 아무런 언급이 없지만, 기독교 전승에 따르면 그는 로마에서 순교했다고 전해진다.[2]

앞으로 이 책에서 보겠지만 유대인의 성경을 신실하게 믿는다는 바울의 주장은 예수님의 말씀과 맥을 같이한다. 예수님은 자신이 율법(성경)을 폐하러 온 것이 아니라 완성하러 왔다고 선언하신다. 실제로 기독교는 구약성경을 폐기하지 않고 오히려 완성한다. 그러나 유대인들은 회심한 그리스도인들과 달리 성경을 그런 측면에서 해석하지 않는다. 그들은 구약이 그리스도의 오심을 예언하고 있다고 보지 않으므로 예수님을 거짓 선지자로 단정하고 거부한다. 하지만 벨릭스 총독에게 강조한 말에서 보듯, 바울은 유대인과 마찬가지로 동일한 하나님을 섬기고 있다. 바울은 새로운 하나님을 받아들인 것이 아니다. 그는 유대인의 하나님과 동일하신 분이 어떻게 인간의 몸을 입고 나타나셨는지 설명한다. 그리스도는 새로운 종교를 창시한 것이 아니라 유대인의 종교를 완성하고 하나님이 그들에게 주신 본래의 계시를 확장하고 있다는 단언이다. 존 폴힐은 바울이 말하는 바를 이렇게 기록한다. "그는 유대인들과 동일한 성경을 믿었고 동일한 하나님을 예배했으며 동일한 소망을 지녔다. 하지만 그 '도'에 대한 관점에서는 유대인들과 나뉘었다. 그리스도인들은 그리스도 안에서 이미 부활이 시작되었다고 믿었다."[3]

훗날 하나님이 허락하신 또 다른 계시, 즉 신약성경이 구약성경의 계시와 모순되지 않는 것은 의심의 여지가 없다. 오히려 신약성경은 구약이 말하려던 남은 이야기를 기록하면서 영원하고 변함없으신 하나님을 보다 선명하게 보여 준다. 그 하나님은 지금은 삼위일체라는 본질 안에서 우리에게 나타나신다. (하나님의 신성을 지닌 세 위격이신) 성부 하나님, 성자 하나님, 성령 하나님, 이 삼위일체의 하나님은 때로는 흐릿한 그림자의 형체로 구약성경에 등장하신다. 신약성경 덕분에 우리는 구약 시대에는 사람들이 분명하게 이해하지 못하던 진리를 구약의 말씀 안에서 찾아볼 수 있다. 이 계시를 기반으로 성경을 완전히 새로운 관점에서 이해할 수 있다. 즉 신약뿐 아니라 구약 곳곳에서 그리스도를 찾아볼 수 있다. 그 영광스러운 진리를 보여 주는 것이 이 책의 목표다.

이 책은 나에게 오랜 사랑의 수고다. 어느 면에서는 오래전에 시작한 프로젝트를 마감하는 대단원이기도 하다. 20년 전 처음으로 진지하게 성경을 공부할 당시, 구약의 큰 그림이 잘 이해되지 않아 고생한 적이 있다. 중대한 개념들을 이해하기 위해 이런저런 지름길을 시도해 보았으나 인내심이 부족한지라 만족할 만한 결과를 얻지 못했다. 계속 허우적대다가 이후에 구약을 좀 더 신중하고 체계적으로 살펴보겠다는 결심을 하기에 이르렀다. 시간이 흐르면서 다소 진전이 있었고 그에 준하는 상당한 수고가 따랐음은 물론이다.

일단 구약에 대해 좀더 편해지자 내가 배운 내용을 나누고 싶은 욕심이 생겼다. 다른 사람들이 굳이 나처럼 구약을 어렵게 배울 필요는 없다고 생각했다. 그래서 일반 그리스도인의 눈높이에 맞는 입문서를 낼 목적으로 구약에 관한 책을 쓰기 시작했다. 이후 준비 부족과 다른 여러 이유로 중도에 포기하고 말았지만 그것이 헛수고만은 아니었다.

작년에 레그너리 출판사에 있는 친구 해리 크로커가 기독교 변증에 관한 책을 써 달라고 제안했을 때, 나는 오랫동안 관심 있던 그 주제를 다룰 좋은 기회라고 여겼다. 물론 구약 연구는 기독교 변증과 좀 다르지만, 내가 평소에 쓰던 정치평론과 달리 기독교 관련 책을 쓸 수 있다는 사실이 기대됐다.

전작 『법정에서 만난 예수』*Jesus on Trial*를 집필하기 위해 자료를 수집하고 기록하고 출판하는 모든 과정은 나의 작가 인생에서 가장 만족스러운 시간이었고, 이후로 또 다른 기독교 서적, 특히 성경 전체의 개관서나 입문서를 쓰고 싶다는 열망이 생겼다. 일반 신자에게는 벅찬 일이지만, 오래전에 계획한 일을 재개하기 위해 지난 20여 년 동안 광범위하게 모아 온 연구 자료를 사용하면 되겠다고 생각했다.

그러다 성경 전체를 책 한 권에 담는 건 바랄 수 없는 일임을 즉시 깨닫고, 여전히 의욕이 충만했던 구약 집필만이라도 다시 시도해 보기로 했다. 원래는 글을 다 쓰기도 전에 책 제목을 '십자가로 가는 지도'라고 지었다. 예수님이야말로 구약을 이해하는 열쇠라고 생각했기 때문이다. 물론 그것이 이 책의 중심 내용이기는 하다. 예수님이 부활하신 몸으로 구약성경을 직접 펼쳐 모든 내용이 예수님 자신을 가리킨다는 사실을 엠마오로 가던 두 제자에게 가르치신 일을 떠올리며 생각한 제목이다. 당시 예수님이 두 제자에게 대체 무슨 이야기를 하셨는지 우리는 알 수 없지만, 신약 기자들의 숨겨진 관점으로 보면 어떤 내용일는지 가늠할 수는 있다. 구약이 그리스도와 그분의 구원 계획을 미리 설명하고 고대하며 예언하고 있다는 사실을 여러 군데서 찾아볼 수 있는데, 이를 독자들에게 조목조목 보여 주고 싶은 것이다.

성경을 읽는 많은 사람들이 구약을 읽다가 좌절하고 만다. 성경의 거대한 흐름을 이해하지 못하고 연이어 나오는 어려운 이름과 지명에 질려서 각 장마다 들어 있는 예수 그리스도를 발견하지 못하기 때문이다. 구약과 신약의 연관성과 관계성도 간파하지 못한다. 이른바 '엠마오 코드'를 푸는 것이 성경 전체를 이해하는 열쇠라고 나는 믿는다.

나는 이 책에서 구약을 개관하는 한편, 구약의 각 책이 어떻게 그리스도를 가리키는지 보여 주는 일석이조의 효과를 노렸다. 먼저 구약과 신약의 연관성을 설명한 다음, 성경에 기록된 주요 사건을 연대순으로 정리하며 구약 역사의 개요를 이야기한다. 구약은 신약의 기초가 되므로 구약의 기초를 잘 알고 있어야 구약의 각 권에 분명히 드러난 그리스도를 더 잘 이해할 수 있다는 전제하에 이 책은 진행된다. 바울이 억울하게 신성모독이라는 오해를 받으면서도 설명하려 애썼던 바가 그것이라고 나는 생각한다.

더욱이 구약에 기록된 역사적 사건을 잘 알지 못하는 경우, 구약에 편만하게 깃든 그리스도의 임재를 알아차리지 못한 채 신학적 메시지를 붙들고 홀로 고민하다가 길을 잃거나 실망하고 말 것이다. 하지만 성경 역사의 흐름을 파악하면 신학적 개념에 보다 깊이 들어갈 준비가 일단 되었다고 볼 수 있다. 이것은 내가 직접 경험한 바이기도 하다.

구약을 역사적으로 정리한 다음에는, 예언, 예표, 모형과 언약 등에 이르기까지 그리스도를 가리키는 구약의 다양한 주제와 실마리를 훑어 가고자 한다. 여러 실마리들이 상이하면서도 중첩되는 방식으로 신약의 그리스도를 가리키고 있음을 설명하겠다. 이후에는 구약성경 각 권을 개관하면서 각 책의 중심에 그리스도가 계심을 살펴보겠다.

이 책은 성경 전반에 자주 등장하는 주제들을 반복하여 제시한다. 상당 부분이 택함 받은 백성 이스라엘을 대하시는 하나님에 관한 내용이다. 구약의 역사 내내 이스라엘은 거듭해 불순종하는 죄를 짓고, 선지자들은 그들에게 내릴 심판을 선포한다. 하지만 백성들이 하나님께 순종하고 신실하면 선지자들이 하나님의 복을 전한다. 이렇듯 구약성경 전체에 걸쳐 서로 다른 여러 상황과 배경에도 불구하고 동일한 주제가 반복되는 것은 하나님이 변함없으시고 신실하심을 보여 준다는 측면이 있다.

그리스도는 구약의 중심이므로 누가 그분을 증명하든 그 내용이 수만 쪽에 이를 것이다. 이 책에서는 성경의 가장 중요한 카테고리와 주제와 실마리가 그리스도를 가리킨다는 점을 밝히고, 지면이 허락하는 선에서 관련된 예를 들겠다. 이 책이 독자들에게 가치 있는 것으로 자리매김했으면 좋겠다. 그럼에도 이 책이 직접 성경을 읽는 것을 대신할 수 없음을 강조하고 싶다.

다만 이 책을 통해 설교자와 성경공부 인도자뿐 아니라 초보자들도 구약성경을 더 풍성하게 이해하고 그리스도가 그 중심에 계시다는 사실을 알게 되기를 기도한다. 성경을 향한 나의 열정이 당신에게도 전염되기를 소망한다. 우리에게 말씀하는 분은 다름 아닌 하나님이시다. 하나님이 우리에게 그분의 성품과 목적과 사랑과 우리를 위한 구속 계획을 알아 갈 문을 친히 열어 주시는데 어떻게 그 소중한 특권과 기회를 포기하겠는가?

예수님은 엠마오로 향하던 두 제자를 위해 성경을 설명하셨고, 다른 제자들에게도 마찬가지의 일을 행하셨다. 구약이 바로 예수님 자신에 관한 내용임을 친히 주장하셨다는 사실을 신약은 아주 명백히 보여 준다. 그러므로 예수님을 믿는다면, 성경이 공언하듯 모든 말씀이 하나님의 영감으로 된 것임을 믿는다면 성경의 유일한 초점이 우리

주 예수 그리스도라는 사실을 반드시 받아들여야 한다. 그럴 때 성경에 대한 이해와 인정이 한층 깊어질 것이다.

마지막으로 성경학자들의 노고에 깊이 감사한다. 그들의 연구와 귀한 식견이 이 책에 담겨 있다. 구약의 중심이신 그리스도를 찾아 우리가 저마다 엠마오로 향하는 길에 오를 때, 성령이 우리의 눈을 열어 주시기를 기도한다.

1
구약성경에 대한 변론

구약성경은 하나님의 강력한 구속 행위를 선포한다. 그 행위는 하나님이 그분의 아들을 이땅에 보내시는 신약성경에서 정점에 다다른다. 구속사는 옛 언약에서 발원하여 새 언약으로 이어지는 도도한 강물과 같으며, 구약과 신약 모두를 아우른다. 시드니 그레이다누스[1]

성경을 관통하는 주제

세계의 여러 종교와 다수의 세속철학은 저마다의 철학적 사유나 경험을 통해 신의 존재와 본질을 찾아내려고 애쓴다. 그러나 기독교는 다르다. 추론 작업이 필요 없다. 하나님이 일반계시(이를테면 자연)와 특별계시(이를테면 성경)로, 그리고 성육신하신 예수 그리스도 안에서 스스로를 드러내신다고 말하기 때문이다.

바울은 이렇게 기록한다. "이는 하나님을 알 만한 것이 그들 속에 보임이라. 하나님께서 이를 그들에게 보이셨느니라. 창세로부터 그의 보이지 아니하는 것들 곧 그의 영원하신 능력과 신성이 그가 만드신 만물에 분명히 보여 알려졌나니 그러므로 그들이 핑계하지 못할지니라"(롬 1:19-20).

히브리서 기자는 이렇게 말한다. "옛적에 선지자들을 통하여 여러 부분과 여러 모양으로 우리 조상들에게 말씀하신 하나님이 이 모든 날 마지막에는 아들을 통하여 우리에게 말씀하셨으니 이 아들을 만유의 상속자로 세우시고 또 그로 말미암아 모든 세계를 지으셨느니라"(히 1:1-2).

예수님도 이땅에 계시면서 자신이 누구인지 말씀하고 보여 주시며 "나와 아버지는 하나이니라"(요 10:30)고 선포하셨다. 이렇게 묻기도 하셨다. "빌립아, 내가 이렇게 오래 너희와 함께 있으되 네가 나를 알지 못하느냐. 나를 본 자는 아버지를 보았거늘 어찌하여 아버지를 보이라 하느냐"(요 14:9).

많은 다른 종교는 자기 신의 존재와 본질에 대해 인간이 고민하고 연구한 바를 신앙 체계화한다. 반면 기독교는 하나님이 인간에게 자신을 직접 알려 주신다고 가르친다. 하나님이 택하신 백성과 직접 소통하고 교제하는 방식으로, 그리고 직접 인간으로 성육신하는 방식으로 그렇게 하시며 이 모든 내용을 성경에 기록해 놓으셨다.

그러므로 성경은 하나님을 찾으려고 애쓰는 인간에 대한 기록이 아니라 오히려 "인간을 찾으시는 하나님에 대한 기록"이다. 성경은 하나님이 인간에게 자신을 드러내시는 계시의 연대기다. 4세기 밀라노의 암브로시우스 주교가 설명한 그대로다. "성경 속의 하나님은 에덴동산에서 그러하셨듯 인간을 찾아 이땅을 거니신다."[2] 마르틴 루터는 이와 비슷한 생각을 의인화하여 표현한다. "성경은 살아서 내게 말한다. 성경에는 발이 있어 나를 쫓아 달려오고, 손이 있어 내 몸을 덮는다."[3] 하나님은 전지하셔서 우리가 어디에 있든 잘 아시지만, 우리와 교제를 나누고 싶어 하고 우리를 애타게 찾으며 성경을 통해 교제의 문을 열어 놓으신다.[4]

성경은 우리가 배우고 본받을 만한 다채로운 인물들의 교훈적인 이야기 모음집 그 이상이다. 내 책 『법정에서 만난 예수』에서 성경의 통일성에 대해 다룬 바가 있다. 성경은 1,500년에 걸쳐 40여 명의 사람들이 세 가지 언어*로 기록했고 다양한 문학적, 지역적 특성이 담긴 66권의 책임에도 불구하고 놀라운 응집성이 있다. 각 권 사이에도 그렇고 신약과 구약 사이에도 통일성이 있다. 그 구성이나 역사, 예언, 도덕적 가르침, 신학적 메시지, 하나님의 본질과 신적 속성에 대한 계시 등에서 일관되게 통일성을 유지한다.

성경 신학자들[5]은 성경이 이처럼 다양한 주제에서 통일성이 있음을 인정하지만,** 구약과 신약을 하나로 묶는 중심 개념에 대해서는 분명한 합의를 보지 못하고 있다.[6] 하지만 나는 성경을 관통하는 핵심 주제가 명백하다고 본다. 성경은 처음부터 끝까지 예수 그리스도로 이

● 성경에 쓰인 세 가지 언어
성경은 기록된 당시에 사람들이 사용하는 언어로 쓰였다. 구약의 대부분은 히브리어로 쓰였고, 구약에서 아람어로 쓰인 곳은 네 군데뿐인데(렘 10:11, 단 2:4-7:28, 스 4:8-6:18, 7:12-26) 모두 바벨론과 관계가 있다. 신약성경은 그리스어로 쓰였다. 히브리어로 기록된 구약성경을 처음 그리스어로 번역한 성경은 70인역으로서 주전 270년 경에 완성되었다.

● 성경신학
성서신학이라고도 한다. 성경의 교리적인 접근보다는 구속계시의 점진적인 발전을 연구하는 기독교 신학 분야다. 요한 필립 게블러가 시작한 성경신학은 근대에 프린스턴 신학교의 게하더스 보스 같은 신학자들에 의해 크게 발전했다.

어진다. 성경은 여러 이야기가 담긴 다양한 책들로 구성되었지만 궁극적으로는 (하나님의 영광을 드러내고 하나님과 깊은 교제를 나누게 하려고 하나님이 자신의 형상을 따라 지으신 존재인) 인간을 위한 하나님의 구속 계획, 그 한 가지 이야기라고 생각한다. 구약의 39권은 인류를 구원하시겠다는 하나님의 약속을 중심으로 여러 갈래의 이야기들이 통일된 흐름을 유지하고 있다. 이 흐름은 다시 신약 전반으로 이어지면서 하나님의 약속이 최종적으로 성취되고 모든 의문이 해결된다.

실제로 바울도 성경이 우리에게 주어진 목적이 구원이라고 말한다. 사형을 당하기 전에 생애 마지막 서신을 기록한 바울은 디모데에게 이렇게 당부한다. "또 어려서부터 성경을 알았나니 '성경'은 능히 너로 하여금 그리스도 예수 안에 있는 믿음으로 말미암아 '구원'에 이르는 지혜가 있게 하느니라"(딤후 3:15). 예수님은 구원을 성취하는 분이시므로, 사실상 그분이 성경 전체의 핵심 주제가 되신다.

성경의 통일성을 이해하는 것이 이처럼 중요한데, 안타깝게도 성경을 평생 꼬박꼬박 읽으면서도 전체적인 흐름을 파악하지 못하는 그리스도인이 적지 않다. 성경을 처음부터 끝까지 샅샅이 읽어야 한다는 뜻으로 하는 말이 아니다. 사실 성경은 어느 부분을 읽더라도 유익하다. 다만 성경 각 권이 하나로 어우러져 빛을 발하고 있음을 분명히 알고 읽는다면, 하나님의 말씀을 더욱 풍성히 경험하게 될 것이다.

이 책의 주된 목표는 신약뿐 아니라 성경 전체가 어떻게 우리 구주 예수 그리스도를 중심에 두고 있는지 드러내는 것이다. 물론 신약의 중심이 그리스도라는 사실을 의심하는 이들은 거의 없다. 그런데 구약 역시 조금 다르기는 해도 일관되게 그리스도를 이야기한다고 말하면 놀라거나 심지어 충격을 받는 이들이 있다. 그에 대해 워렌 위어스비 박사는 이렇게 정리한다. "우리 주 예수 그리스도가 성경의 열쇠이므로 그분을 제쳐 놓고 구약을 이해하기란 불가능하다. 구약에 등장하는 유대 민족의 복잡다단한 경험은 신약에서 예수님이 베들레헴에서 탄생하시는 사건과 사슬처럼 연결되어 있다." 위어스비에 따르면, 구약에는 예수 그리스도를 예표하는 수많은 인물과 사건과 상징이 있다. "구약에서 그리스도 찾기를 해보라. 구약이 완전히 다른 책으로 보일 것이다."[7]

충격적이든 아니든 구약의 중심이 예수 그리스도라는 것은 내가 만들어 낸 견해가 아니다. 기독교 학자들이 자기들의 신념 체계를 뒷받침하기 위해 만들어 낸 개념도 아니다. 이것은 요한복음 5장 39절에서 예수님이 직접 말씀하신 바다. "너희가 성경에서 영생을 얻는 줄 생각하고 성경을 연구하거니와 이 성경이 곧 내게 대하여 증언하는 것이니라." 이 말씀을 가볍게 여기지 말자. 예수님은 제자들이 영생의 열쇠를 찾기 위해 열심히 구약을 공부하면서도 (아직 신약이 기록되지 않았을 때이므로) 항상 바로 앞에 계시는 '예수님'을 놓치고 있음을 지적하신다. 예수님이야말로 구약의 보석을 캐낼 열쇠이고, 구약이 가리키는 바로 그분이시다. 예수님은 영원한 생명이시다.

몇 구절 뒤에서 예수님은 이렇게 말씀하신다. "모세를 믿었더라면 또 나를 믿었으리니 이는 그가 내게 대하여 기록하였음이라. 그러나 그의 글도 믿지 아니하거든 어찌 내 말을 믿겠느냐"(요 5:46-47). 신약의 히브리서는 시편 40편 6-8절이 그리스도를 가리킨다고 말한다. "이에 내가 말하기를 '하나님이여 보시옵소서. 두루마리 책에 나를 가리켜 기록된 것과 같이 하나님의 뜻을 행하러 왔나이다' 하셨느니라"(히 10:7). 이 구절은 시편 말씀이 그리스도의 오심을 약속하는 구약의 예언임을 선언한다. 그리스도가 구약 당시의 짐승 제사로는 불가능한 일, 즉 그분을 믿는 자들의 죄를 영단번에 용서하는 일을 성취하기 위해 성육신으로 오시리라는 약속이다. 히브리서 전체가 그리스도가 구속사의 핵심이라는 사실을 직접 확언하고 있다.

하지만 신약의 모든 인용 구절 중에서도 이 책의 원제 '엠마오 코드'The Emmaus Code에 단초를 제공한 말씀이 가장 흥미롭다. 예수님은 죽은 자 가운데서 살아나신 날에 예루살렘에서 10여 킬로미터 떨어진 엠마오 마을을 향해 가던 두 남자에게 나타나신다. 처음에 그들은 예수님을 알아보지 못한다. 예수님의 십자가 죽음과 빈 무덤에 관해 이야기하면서도 이스라엘을 구하지 않은 그분에 대한 실망감을 드러낸다. 예수님은 즉시 그들의 생각을 바로잡으시면서 예수야말로 약속된 메시아이고, 그분의 고난과 죽음이 하나님의 구속 계획의 일환이라는 사실을 확인시켜 주신다. 바로 이 대목에서 예수님은 놀랍게도 성경 말씀이 어떻게 '예수'를 가리키고 있는지 짚어 주신다. "이에 모세와 모든 선지자의 글로 시작하여 모든 성경에 쓴 바 자기에 관한 것을 자세히 설명하시니라"(눅 24:27).

엠마오로 향하던 두 남자는 그 말씀을 들으면서 온전히 깨닫는다. 자신들이 평생 읽어 온 성경의 핵심 주제가 예수 그리스도임을 마침내 이해한 것이다. "그들이 서로 말하되 길에서 우리에게 말씀하시고 우리에게 성경을 풀어 주실 때에 우리 속에서 마음이 뜨겁지 아니하더냐 하고"(눅 24:32).

예수님은 그들과 만난 지 얼마 되지 않아 다른 제자에게도 나타나 비슷한 가르심을 주신다. "또 이르시되 내가 너희와 함께 있을 때에 너희에게 말한 바 곧 모세의 율법과 선지자의 글과 시편에 나를 가리켜 기록된 모든 것이 이루어져야 하리라 한 말이 이것이라 하시고 이에 그들의 마음을 열어 성경을 깨닫게 하시고 또 이르시되 이같이 그리스도가 고난을 받고 제삼일에 죽은 자 가운데서 살아날 것과 또 그의 이름으로 죄 사함을 받게 하는 회개가 예루살렘에서 시작하여 모든 족속에게 전파될 것이 기록되었으니…'"(눅 24:44-47).

구약에서 그리스도는 매우 다양한 방식으로 계시되어 있다. 그분의 호칭titles, 그분의 창조 사역, 피조물을 붙드시는 그분의 역할, '현현'Christophanies이라고도 하는 그분의 나타나심 등이 곳곳에 있으며, 성경의 인물 및 제도, 사건, 예식 등 각종 '모형'types과 '초상'portraits을 통해서도 그분이 드러나고 있다. 구약에 등장하는 선지사, 제사장, 왕의 직분offices 역시 장차 행하실 그분의 완전한 사역을 '예표'prefigure한다. 특별히 그리스도 안에서 궁극적으로 성취될 언약들을 포함한 하나님의 각종 약속들과 메시아에 관한 예언들도 같은 맥락에서 그리스도를 계시한다고 볼 수 있다.[8]

구약성경, 일부러 완성하지 않은 책

사실 그리스도인조차 구약성경을 부담스러워하는 경우가 있다. 어쩌면 그래서 구약의 전체 그림을 보지 못하는 건 아닐까? 게다가 구약이 오늘 나의 삶이나 신앙 전반과 어떻게 연결되는지 잘 알지 못하면 이런 의구심이 들게 마련이다. '그리스도가 우리를 죄에서 구하기 위해 오셨다면 신약 하나만 있어도 되지 않나? 충분히 복음을 설명하고 구원받는 길도 잘 제시하고 있는걸.'

그러나 구약을 간과하면 깊고 풍성한 영적 통찰들을 스스로 포기하는 셈이다. 신약을 온전히 이해하려면 구약을 알아야 하는데, 예수님과 사도들이 사용한 유일한 성경이 구약이기 때문이다. 노아와 방주, 모세와 홍해, 요나와 큰 물고기 등 구약 이야기에 익숙한 그리스도인은 많지만, 그 내용을 단편적으로 보기에 구약에 대해 막연한 느낌만 가지고 있다. 이런 문제를 해결하려면 구약을 가까이하고, 구약과 신약이 어떻게 서로 연결되는지 공부하는 길밖에 없다.

신약은 맨땅에서 시작된 게 아니라 구약을 바탕으로 세워졌다. 구약과 신약은 2막으로 이루어진 하나의 극이다. 구약학자 유진 메릴의 말이다. "신약은 모든 면에서 구약이 전제되어 있으므로 구약의 방향성을 벗어나서는 아무 의미가 없다. 사도들의 설교나 선포도 그렇지만 예수님의 삶과 사역, 가르침 역시 모든 면에서 구약에 의거하고 있다."[9]

구약은 신약의 계시를 담을 수 있도록 우리의 마음을 준비시킨다. 사실 신약 기자들은 구약이 신약의 기초가 된다고 믿었다. 구약의 수많은 부분을 인용하고 인유*한 것을 보면 알 수 있다. 인용문의 기준을 어떻게 잡는가에 따라 다르지만, 신약에 구약 인용문이 최소 295곳에 무려 352구절이나 된다고 말하는 이들이 있다.[10] 구약을 명백히 인유하는 내용까지 더하면 그 수는 상당히 늘어나는데, 인용구와 직접적 인유 부분을 모두 합하면 신약 전체의 10퍼센트를 넘는다.[11] 요한계시록만 해도 331곳에서 구약을 인유하고 있다.[12]

바울은 고린도전서에서 이렇게 기록하고 있다. "내가 받은 것을 먼

● 인유(allusion, 引喩)
유명한 역사적 사실이나 고전의 내용 또는 널리 알려진 어떤 개념을 끌어다가 빗대어 화자가 하고 싶은 얘기를 강조하는 표현으로서, 문학과 영화에서 흔히 활용된다.

저 너희에게 전하였노니 이는 성경대로 그리스도께서 우리 죄를 위하여 죽으시고 장사 지낸 바 되셨다가 성경대로 사흘 만에 다시 살아나사"(15:3-4). 바울이 말하는 '성경'이란 구약을 의미한다. 혹시라도 기독교가 구약이 아닌 뜬금없는 데서 시작되었다고 믿는다면 복음을 충분히 이해하지 못하리라는 것을 바울은 알았다. 그리스도는 구약에서 약속된 모든 것의 완성이시다. 실제로 바울은 갈라디아서에서 이렇게 말한다. "율법이 우리를 그리스도께로 인도하는 초등교사가 되어"(3:24).

목회자 레이 스테드먼은 수년간 로마서를 읽고 가르쳤지만, 로마서에서 바울이 주장하는 바를 뒷받침하는 구약의 배경을 제대로 이해하기 전까지 그 의미를 온전히 깨닫지 못했다고 고백한다. "나는 말씀에 담긴 진정한 의미를 깨닫지 못했다. 그 강력하고도 자유케 하는 힘이 가슴을 파고드는 경험도 하지 못했다. 이스라엘 백성과 더불어 잠시 광야로 나가 타는 듯한 사막의 열기를 느끼기 전까지 그랬다. 그 불모지에서 그들의 열매 없고 실패한 삶을 목격하기 전까지 그랬다. 그곳에서 하나님이 어떻게 그들을 구원하시는지 직접 보고 나서야 하나님이 로마서에서 우리에게 하시는 말씀을 제대로 이해하게 되었다."[13]

청교도 목사 스티븐 차녹도 이렇게 쓰고 있다. "구약은 신약이 세상에 등장해야 할 때 신약에 신뢰성을 부여한 공식 문서였다. 우리의 믿음을 굳건히 하고 기독교 교리 위에 바로 서려면 반드시 구약을 읽어야 한다. 얼마나 많은 이들이 구약을 단순히 이야기책 또는 시대에 뒤떨어진 고서 정도로 생각하며, 그 안에 담긴 달콤한 복음의 속살은 맛보지도 못하고 그저 마른 뼈 대하듯 했던가. 창세기에서 말하는 아브라함의 씨가 바로 그리스도다. 그리스도는 다윗의 시편과 선지서에서도 세상의 메시아요 구속자로 등장하신다."[14]

그럼에도 구약의 방대한 분량 앞에서 기가 죽어 버리는 그리스도인이 많다. 끝없이 이어지는 족보와 복잡한 율법과 알쏭달쏭한 인명과 지명도 한몫을 한다. 하지만 신약과 마찬가지로 구약 역시 성령의 감동으로 기록되었음을 알고 부지런히 연구하는 이에게는 큰 보상이 기다리고 있으니 절대 포기하지 말자.

신학자 번 S. 포이트레스는 자신이 예수님을 처음 믿었을 당시 구약 읽기가 참으로 힘들었음을 고백한다. 그는 청소년기에 성경을 완독했는데, 그토록 지루하고 건조한 레위기를 어떻게 읽었느냐고 묻는 한 그리스도인에게 아무 답변도 해줄 수 없었다고 한다. 몇 년이 지나 엠마오 이야기의 중요성을 깨닫고 나서야 그는 그 답을 알게 되었다. 예수님이 성경을 펴서 두 제자에게 설명하시는 장면이 마음속에 물밀듯 들어온 것이다. 예수님은 구약 전체를 설명하셨을 뿐 아니라 그 핵심까지 요약해 주셨다. "구약 전체가 예수 그리스도와 그분의 죽음과 부활에 초점을 맞추고 있다."[15]

히브리서에서 설명하듯 구약의 의식법이나 희생제사 제도는 더 이상 유효하지 않지만, 그렇다고 신약이 구약을 대체하는 것은 아니다.[16] 유진 메릴은 이렇게 설명한다. "신약과 복음은 법적 지위라는 측면에서 볼 때 결코 구약을 대체하지 않는다. 구약은 신약에서 반복적으로 인용되고 있고…그리스도인에게 영적 권위를 잃지 않았다."[17] 무엇보다 예수님 자신이 율법을 없애기 위해서가 아니라 완성하기 위해 왔다고 분명히 말씀하셨다(마 5:17). 율법을 완성하는 것은 대체하는 것과 전혀 다른 일이다.

한편으로는 구약^Old Testament^과 신약^New Testament^을, 다른 한편으로는 옛 언약Old Covenant과 새 언약New Covenant을 잘 구별해야 한다. 구약은 구속사redemptive history를 포함하는 기록 문서다. 하나님이 시내산에서 이스라엘 백성과 맺은 법적 계약에 관한 역사 이야기를 제공하는데, 이 계약으로 하나님과 이스라엘 민족 사이에 기초 관계가 형성되었다. 이 계약을 옛 언약이라 부른다. 신약 역시 초기 기독교와 교회의 역사를 담은 기록 문서다. 무엇보다 하나님과 백성 사이에 새로이 성립된 계약을 기록하고 있는데, 이 계약은 온 인류에 유익이 된다. 이 계약을 새 언약이라 부르며, 이 언약의 중재자가 바로 예수 그리스도시다.[18] 이 책의 5장에서 자세히 살펴보겠지만, 새 언약은 옛 언약을 대체한다. 그렇다고 신약이 구약을 대체한다는 뜻은 아니며 이 두 가지를 구분할 때 주의를 기울여야 한다.

히브리서의 저자는 말한다. "새 언약이라 말씀하셨으매 첫 것은 낡아지게 하신 것이니 낡아지고 쇠하는 것은 없어져 가는 것이니라"(히 8:13). 이 말씀은 하나님이 모세에게 주신 율법(십계명)의 주요 조항이 온전히 거룩하지 못하다는 의미가 아니다. (안식일을 지키라는 계명을 제외한) 아홉 가지 계명은 신약에서 계속 강조된다. 그 계명에 순종하거나 불순종할 때 받는 약속이나 징계가 때로 조금 다르긴 하지만 말이다.[19] 그러므로 예수님이 율법을 완성하셨다는 말을 율법을 더 이상 효력 없게 만드셨다는 의미로 이해해선 안 된다. 오히려 예수님은 율법의 도덕적 가르침을 권장하셨고, 율법의 가르침을 전통이란 것으로 옭아매어 무력하게 만든 바리새인들을 책망하셨다.[20]

더 단순히 이렇게 말할 수도 있겠다. "구약이 더 이상 그리스도인들과 관련이 없다면 성경에 포함되지 않았을 것이다."

그럼에도 한스 K. 라론델레와 존 폴리엔이 말하듯 신약은 (구약과 비교할 때) "하나님의 최종적인 마지막 말씀"으로 이루어져 있다.[21] 그렇기에 우리는 신약에 주어진 계시를 바탕으로 구약을 풀어 간다. 아우구스티누스는 이렇게 말한다. "신약은 구약에 감춰져 있고, 구약은 신약에 의해 드러난다."[22] 다른 곳에서 그는 또 이렇게 단언한다. "[지상에서 맺은 여러 약속들을 담은] 구약의 장막에 감춰진 것이 신약의 메시지 안에서 명백히 드러난다."[23]

요점은 이것이다. 우리는 구약에서 여러 그림자shadows와 모형을 볼 것인데, 그것들의 의미는 신약이라는 하나님의 계시 안에서 또렷하게 드러난다. 히브리서 저자는 옛 언약 아래서 드리는 제사의 불충분함을 설명하면서 이렇게 주장한다. "율법은 장차 올 좋은 일의 '그림자'일 뿐이요 참 형상이 아니므로 해마다 늘 드리는 같은 제사로는 나아오는 자들을 언제나 온전하게 할 수 없느니라"(히 10:1). 먹을 것과 마실 것을 제한하는 구약 시대의 율법과 규례에 대해 바울은 다음과 같이 말한다. "이것들은 장래 일의 '그림자'이나 몸은 그리스도의 것이니라"(골 2:17).

구약과 신약을 읽을 때 우리는, 동일한 하나님이 동일하게 임재하고 역사하신, 분할이 불가한 하나의 성경으로 대해야 한다.[24] 구약 시대에 히브리 성경을 공부한 사람들은 그리스도의 성육신과 신약 기자들의 구약 해석을 알지 못한 채 말씀을 읽었지만, 오늘 우리는 신약이 제공하는 통찰과 해설의 유익을 얻어 구약을 읽을 수 있다. 따라서 그리스도인이 구약을 기록하던 과거 유대인의 관점에서 역사의 흐름을 따라가며 구약을 읽으려 애쓰는 것도 중요하지만, 성령의 감동을 입은 신약 기자들의 관점으로부터 도움을 받거나, 보다 중요하게는, 성경 해석의 최종 권위자인 그리스도가 제공하시는 더 풍성한 계시와 관점

의 도움을 받아 읽는 것은 더 중요하고 유익한 일이다.[25]

번 S. 포이트레스는 구약을 당시의 역사적 배경 속에서 이해할 필요가 있음을 인정하면서 다음과 같이 설명한다. "하나님은 애굽에서 이제 막 구원받은 이스라엘 백성의 입장에서 우리가 이 말씀을 듣고 이해하기 바라신다."[26] 하지만 포이트레스는 하나님이 구약에서 시작하신 이야기가 신약에 와서 마무리된다는 점을 인정한다면, 또한 반드시 우리의 입장에서도 읽어야 한다고 말한다.[27]

레이 스테드먼은 이렇게 쓰고 있다. "구약은 일부러 완성하지 않은 책이다. 그것은 인간에게 주시는 최후의 말씀으로 고안되지 않았다."[28] 구약은 그 자체만 놓고 보면 설명되지 않는 희생 제사와 성취되지 못한 예언과 채워지지 않은 갈망의 책이다. 하지만 신약을 가져다 펼치는 순간 '예수 그리스도의 계보'Genealogy라는 것을 읽게 된다. 예수님은 예언을 성취하시는 분, 희생 제사가 설명되는 분, 그리고 갈망을 채우시는 분이다. 그러나 구약이 말하는 바를 먼저 깨닫지 않는 한 우리는 그 사실들에 온전히 감사할 수 없다.[29] 신학자 그레이엄 골즈워디는 이렇게 주장한다. "구약의 의미를 제공해 주시는 예수님을 배제하고서는 구약의 이야기를 제대로 이해할 수 없다. 이는 드라마의 클라이맥스와 결말을 배제한 채 어느 한 장면만 보고는 드라마를 이해하기 힘든 것과 같다."[30]

불변하시는 우리 하나님

우리를 혼란스럽게 하는 또 다른 요소는 구약의 하나님과 신약의 하나님은 성품이 다르다는 오해다. 두 시대에 각각 다른 두 신이 다스렸다거나 하나님이 더 친절하고 자상한 예수 그리스도로 진화했다는 생각을 해본 적은 없는가? 구약을 하나님의 영감으로 기록된 책이라기보다는 비유와 아름다운 시, 지혜 문학, 역사에 기초한 옛 이야기 등을 담아 놓은 책으로 생각한 적은 혹시 없는가?

성경 전체를 놓고 볼 때 분명한 사실은, 하나님은 변함이 없으시고 둘이 아닌 한 분이라는 점이다. 구약에 나타나 말씀하시는 하나님은 신약에 나타나 말씀하시는 하나님과 동일한 분이다. "나 여호와는 변하지 아니하나니"(말 3:6). 발람 선지자도 그렇게 고백한다. "하나님은 사람이 아니시니 거짓말을 하지 않으시고 인생이 아니시니 후회가 없으시도다"(민 23:19).[31] 야고보도 비슷한 말을 한다. "온갖 좋은 은사와 온전한 선물이 다 위로부터 빛들의 아버지께로부터 내려오나니 그는 변함도 없으시고 회전하는 그림자도 없으시니라"(약 1:17).

마크 데버는 신약과 구약을 하나하나 살펴가며 그 안에 계시되는 하나님이 동일한 분임을 보여 주는 방법도 용이하지만 이보다 더 강력한 방법이 있다고 말한다. 하나님 자신의 형상으로 만드신 인간, 그러나 끊임없이 하나님을 배반하는 인간을 향한 그분의 인내와 오래 참으시는 사랑을 보여 주는 구약의 역사를 그저 살펴보면 된다는 것이다. 실제로 하나님의 자비하심은 구약의 역사가 그토록 오래 지속될 수 있었던 이유 중 하나다. 사도 베드로의 말을 들어보자. "주의 약속은 어떤 이들이 더디다고 생각하는 것같이 더딘 것이 아니라. 오직 주께서는 너희를 대하여 오래 참으사 아무도 멸망하지 아니하고 다 회개하기에 이르기를 원하시느니라"(벧후 3:9).

마크 데버는 이렇게 설명한다. "인간이 타락했을 때 이후의 역사를 종결지을 수 있었는데도 그렇게 하지 않으신 데서 하나님의 오래참으심을 볼 수 있다. 이스라엘의 오랜 역사가 이어지는 내내 하나님은 완악한 백성을 줄곧 참으신다. 결론적으로 구약은 하나님의 은혜와 사랑과 자비와 오래 참으심이 얼마나 거대한지 잘 보여 준다."[32]

모든 성경은 하나님의 감동으로 되었다

구약을 하나님의 영감(감동)으로 된inspired 말씀으로 인정하지 않는 그리스도인은 풀리지 않는 문제 앞에 서게 된다. 신약 기자들과 예수님이 직접 구약을 가리켜 하나님의 영감 있는 말씀이라고 확언하기 때문이다. 브라이언 H. 에드워즈는 이렇게 쓰고 있다. "성경이 하나님으로부터 나왔고 절대 신뢰할 만한 말씀이라는 점에 대해 성경 어디서도 의심의 흔적을 찾을 수 없다. 반대로 성경은 그 두 가지 모두를 끊임없이 사실로 주장한다."[33]

바울은 성경에 대해 이렇게 가르친다. "모든 성경은 하나님의 감동으로 된 것으로 교훈과 책망과 바르게 함과 의로 교육하기에 유익하니 이는 하나님의 사람으로 온전하게 하며 모든 선한 일을 행할 능력을 갖추게 하려 함이라"(딤후 3:16-17). 베드로도 같은 맥락에서 이렇게 확언한다. "먼저 알 것은 성경의 모든 예언은 사사로이 풀 것이 아니니 예언은 언제든지 사람의 뜻으로 낸 것이 아니요 오직 '성령의 감동하심'을 받은 사람들이 하나님께 받아 말한 것임이라"(벧후 1:20-21). 사도행전에서 누가는 다음과 같이 기록한다. "형제들아, '성령이 다윗의 입을 통하여' 예수 잡는 자들의 길잡이가 된 유다를 가리켜 미리 말씀하신 성경이 응하였으니 마땅하도다"(행 1:16).

더 나아가 예수님은 율법을 완성하기 위해 왔다고 선포하실 때 다음과 같은 표현을 쓰신다. "내가 율법이나 선지자를 폐하러 온 줄로 생각하지 말라. 폐하러 온 것이 아니요 완전하게 하려 함이라. 진실로 너희에게 이르노니 천지가 없어지기 전에는 율법의 일점일획도 결코 없어지지 아니하고 다 이루리라"(마 5:17-18). 학자들은 "율법이나 선지자"라는 말이 구약 전체를 지칭한다는 점에 동의한다.[34]

예수님은 다른 곳에서도 "성경은 폐하지 못하나니"(요 10:35)라고 말씀하시고 구약에 등장하는 특정 사건들이 역사적으로 신뢰할 만한 것임을 확증하신다. 그러면서 하나님이 아담과 하와를 지으심(마 19:4), 가인이 아벨을 죽임(마 23:35), 노아 당시에 홍수가 세상을 덮음(눅 17:27), 하나님이 불타는 가시나무 떨기에서 모세에게 말씀하심(눅 20:37), 엘리야가 기적을 행함(눅 4:25), 요나가 사흘 동안 큰 물고기 뱃속에 있음(마 12:40), 다니엘의 예언이 진실하고 정확함(마 24:15) 등에 대해 말씀하신다. 누가가 그의 복음서에서 전하는 사실이 가장 흥미로운데, 예수님이 고향 나사렛의 회당에서 이사야 61장 1절을 읽으시는 것으로 자신의 공생애 사역을 시작하신다는 점이다(눅 4:18-19).[35]

신약의 기자들만 구약이 하나님의 영감으로 기록되었음을 주장하는 것은 아니다. 사무엘하를 보면 다윗이 임종을 맞으면서 다음과 같이 고백한다. "여호와의 영이 나를 통하여 말씀하심이여, 그의 말씀이 내 혀에 있도다"(삼하 23:2).

하지만 포스트모던 사회인 오늘날에는 성경, 특히 구약이 하나님의 말씀이라는 신념을 조롱하는 이들이 많다. 현대의 뛰어난 기독교 사색가 라비 재커라이어스 박사는 과거에는 사람들이 대체로 성경을 영감 있는 절대적인 말씀으로 받아들였다고 설명한다. 그러나 19세기 중반에 교회 내부에서 일어난 비판으로 성경은 그 권위에 심각한 손상을 입었다. 말씀을 지키는 자로 안수받은 성직자들이 자신의 사명을 저버리고 성경을 단순히 문학으로 가치 절하한 것이다. 라비 박사는 이 일에 관해 다음과 같이 설명한다.

> 그들은 성경 본문을 법정으로 가져와 판결을 내렸다. 피의자가 된 성경은 한낱 문학 작품으로 취급당했고, 학자들은 공공연한 핑계를 대며 성경을 갈가리 찢고 해부했다. 그런 과정을 거쳐 성경은 그저 이타적 선언으로 마무리되는 도덕적 이상주의 정도로 절하되고 말았다. 이렇듯 성경의 영적 권위를 박탈한 자유주의 학자들은 성경을 문학 작품 정도로 끌어내려 온갖 공격과 비판의 대상으로 삼았다. 이제 성경은 하나님의 영감 있는 책이 아니라 인간이 조합하여 만든 작품집이 되었다. 하나님이 우리에게 내리신 신학이 아니라 하나님에 대한 우리의 생각과 우리 자신에 관한 인류학이 되었다. 한마디로 성경의 저자가 뒤바뀌었다.[36]

우리는 절대 그런 교활한 덫에 걸려들어서는 안 된다. 성경이 하나님의 음성을 드러낸다는 사실을 철저히 인정하지 못하면, 결국 우리 자신을 속이고 믿음의 기초를 파괴하는 셈이다. 그리스도인은 성경을 입맛에 맞는 대로 골라 먹어서는 안 된다. 성경 전체가 살아 숨쉬는 하나님의 말씀이다. 영적으로 복을 받기 원할 뿐 아니라 말씀에 순종하고자 한다면, 구약의 풍성한 보물을 캐낼 수 있도록 스스로를 훈련해야 한다.

걱정을 잠시 내려놓고 말씀에 파고들어 보라. 구약을 읽고 공부하는 것이 말할 수 없이 유익하다는 사실을 곧 알게 될 것이다. 하나님은 신약뿐 아니라 구약을 통해서도 우리에게 끊임없이 말씀하신다. 구약은 신약이 다루지 않는 여러 주제를 다루며 우리가 어떻게 살아야 하는지 실제적인 지침을 준다.

여기에서 그치지 않는다. 신약은 구약 안에 닻을 내리고 있기 때문에 신약을 온전히 이해하려면 구약을 단단히 붙잡아야 한다는 것이다. 예수 그리스도는 어느 날 갑자기 하늘에서 뚝 떨어진 분이 아니다. 예수님이 성육신하시기까지 앞선 중요한 역사가 있었고 그 역사 속에는 인류와 소통하신 하나님이 계신다.

위어스비 박사는 말한다. "구약의 기록이 없었다면 우리는 우주의 기원과 인간의 기원, 죄의 시작, 유대 민족의 태동, 세상을 향한 하나님의 목적에 관해 아무 정보도 갖지 못했을 것이다. 신약의 모든 교리를 거슬러 가면 그곳에 구약의 역사가 있다. 신약을 바로 해석하기 위해 우리는 구약의 기록을 바로 이해해야 한다."[37]

지금까지 구약이 신약의 중요한 기초석이 되고 둘 사이에 떼려야 뗄 수 없는 깊고 오랜 관계가 있음을 보았다. 다음 장에서는 구속사의 특성과 목적을 살피고 구약의 역사서를 간략히 훑어 보겠다.

구약의 역사

02 – 04

2
구약의 역사 개관

성경은 역사를 따라 일어나는 일련의 사건들을 파노라마처럼 한눈에 볼 수 있게 해준다.…단순히 사건들을 나열하는 데 그치지 않고, 각각의 사건들이 주는 교훈, 드라마처럼 펼쳐지는 사건 속 다양한 인물들의 동기, 그리고 인물들이 취한 행동이 맞이한 결말 등을 보여 준다. 사건을 원인과 결과를 중심으로 소개하며, 그에 대한 하나님의 심판이 무엇인지도 보여 준다. 성경이 없다면 역사는 알 수 없는 곳에서 발원하여 알 수 없는 바다로 흘러가는 알 수 없는 강의 풍경에 지나지 않는다. 하지만 성경이 알려 주는 바대로 따라가면, 우리는 복잡한 흐름을 따라 강이 발원한 샘까지 거슬러 올라갈 수 있다. H. 그래턴 기니스[1]

구속사

성경을 현실과 동떨어진 책이라고 생각하는 이들이 있다. 하지만 성경

만큼 사실적인 책도 없다. 실존 인물들과 그들이 겪은 시험과 시련, 하나님과의 관계를 다룬 역사에 기초하기 때문이다. 물론 성경에는 철학과 교훈도 담겨 있지만, 무엇보다 실존 인물들의 삶을 통해 하나님의 진리를 계시하는 역사가 담겨 있다. 마틴 로이드 존스가 예리하게 지적하듯 성경은 "영혼의 교과서"다.[2]

두말할 것 없이 성경에는 태초에서 시작하여 인류가 존재한 모든 시기에 걸친 광대한 역사가 담겨 있다. 여기에는 새 하늘과 새 땅의 창조를 묘사하는 장래의 이야기도 있다(사 65:17, 66:22, 벧후 3:13, 계 21:1). 실제로 성경에서 예언되는 장래의 여러 사건들은 이미 일어난 일인 듯 역사로 제시되어 있다. 그레이엄 골즈워디는 다음과 같이 주장한다. "구약의 예언과 예수님 및 사도들의 종말론이 장래에 있을 실제 역사를 보여 주는 것처럼 그려진다."[3] 하지만 성경의 역사는 일반 역사가 아닌 특정한 유형의 역사로서 '구속사' 혹은 '구원 역사'라고 불리며, 세계사 중에서 관련된 일부의 역사만 포함하고 있다. 성경의 역사서는 역사 그 자체보다는 역사 속에서 일하시는 하나님을 드러낼 목적으로 기록되었다.[4]

일부 비평가들은 성경으로 역사를 말하기에는 곳곳에 누락된 부분이 많다는 점을 강조한다. 하지만 그러한 누락은 그 기간이 구속사와 관련이 없음을 의미한다. 예를 들어 성경은 족장 시대와 출애굽 시기 사이의 400여 년을 거의 다루지 않는다. 세계사에서는 그 시기에 이집트 왕조의 흥망과 같은 중대 사건이 많았지만 말이다.[5] 구속사는 일반 역사와 구분되어야 한다는 사실을 이해하는 것이 중요하다. 구속사는 주권자 하나님께서 역사 속에서 일하시는 내용을 주로 다루며, 하나님이 스스로를 계시하실 때와 인류에게 구원을 베푸실 때 그와 연관된 사건과 사람들만을 기록하기 때문이다.

골즈워디는 구속사를 다음과 같이 설명한다. "구속사란 과거에 일하셨고 지금 일하시며 장래에도 일하실 하나님을 보여 주는 틀이다." 여기에는 "이스라엘의 하나님 여호와요 우리 주 예수 그리스도의 아버지인 하나님이 역사의 주인임을 인식한다는 의미가 있다. 역사는 주권자 하나님의 작정하심 때문에 발생한다."[6] 브루스 K. 월트키는 구속사를 다음과 같이 소개한다. "구속사는 성경 전체를 꿰뚫는 구속의 역사가 영광스럽게 진전되는 장면을 고스란히 보여 준다. 그 역사는 천지 창조에서 시작하여 예수 그리스도의 삶과 죽음과 부활과 승천, 그리고 재림과 그에 따르는 종말(역사의 종국)에 이르러 완성된다."[7] 알프레드 에더스하임은 그의 책 『성경의 역사: 구약』에서 이렇게 말한다. "성경 속 사무엘과 사울과 다윗의 역사를 보면 중간중간 시기적으로 공백기가 많고, 중요 사건이 누락된 경우가 있다. 구약 저자도 이 사실을 분명 알고 있었을 것이다.…반면 어떤 경우는 짧은 시기 동안 많은 사건들이 상당한 분량으로 지나칠 만큼 자세히 기록되어 있다." 에더스하임은 성경 역사에서 발견되는 이러한 누락이 저자가 의도한 바라고 주장하며 그 이유를 다음과 같이 밝힌다. "성경의 다른 부분도 마찬가지겠지만…우리가 집중하여 살펴야 하는 것은 전기傳記가 아니라 하나님 나라의 역사다. 그 역사는 매순간 진보하여 새로운 시기마다 종국을 향해 계속 움직이고 있기 때문이다."[8]

적지 않은 공백과 누락에도 불구하고 구속사는 하나님의 목적 달성을 위해 흘러가는 일관되고 완성된 역사다. 다양한 교훈을 의도하고 만들어진 허구의 이야기 모음집이 아니라 실제 일어난 사건들의 기록이다. 문서로 기록되어 우리에게 전해진 하나님의 계시, 즉 성경은 하나님이 분명한 목적에 의해 역사 속에서 일하신 결과물이다. 이스마엘 E. 아마야가 설명한 바와 같다. "하나님이 인간에게 허락하신 자기 계시는, 하나님에 관한 특정 개념, 전제, 교리 등을 전달하려고 인간과 소통하신 내용으로 이루어져 있지 않다. 오히려 실제 역사 속에서 하나님이 인간과 대면하신 내용으로 이루어져 있다."[9] 조지 E. 래드는 이렇게 강조한다. "히브리 민족 출신 그리스도인의 믿음은 고매한 철학적 사색이나 심오한 신비 체험에서 유래하지 않았다. 하나님이 직접 자신을 계시하신, 옛것과 새것으로 된, 이스라엘의 역사적 경험에서 나왔다."[10]

나의 전작 『법정에서 만난 예수』에서 언급했듯 기독교의 시작도 그러하다. 기독교는 신약 기자들이 자신의 의견에 맞게 특정한 역사적 사건을 재구성한 신학적 묵상에 기반하지 않는다. 오히려 부활하신 예수님을 직접 만난 사람들의 증언에서 시작된다. 그들은 부활하신 예수님을 만나고 난 후 무기력한 회의론자에서 담대한 복음 전도자로 완전히 변화했다.

그러므로 구속사는 이스라엘 민족의 걸음을 따라가고, 택하신 백성을 다루시는 하나님의 손길을 기록한다. 이스라엘이 구속사에 그렇게 자주 등장하는 데는 이유가 있다. 하나님은 온 인류를 구원하기 위해 이스라엘이라는 민족을 택하시고 세우셨다. 그러므로 성경에는 그들을 대하시는 하나님의 모습이 반드시 기록되어야 한다. 사랑으로 맺어진 관계 이야기, 이스라엘의 순종과 불순종 이야기, 그에 상응하는 하나님의 축복과 심판 이야기는 오늘 우리에게도 큰 교훈이 된다. 하나님은 이스라엘과 함께하시는 가운데 자신의 성품과 신실함을 알려주실 뿐 아니라, 이스라엘을 본보기 삼아 우리가 어떻게 하나님과 관계를 맺으며 살아야 할지를 보여 주신다. 우리는 구약에 기록된 이스라엘의 실수를 통해 배우고, 그들과 같은 잘못을 범하지 않도록 경계하며, 그들의 순종하는 모습을 본받을 수 있다.

무엇보다 하나님이 이스라엘과 함께하시는 모습을 보며 하나님의 성품을 더욱 이해하게 된다는 점이 중요하다. 이스라엘이 끈질기게 불순종하는데도 하나님은 그들을 포기하지 않으시고, 그들이 영적으로 성숙하고 마침내 하나님과의 관계를 회복하기까지 신실하게 역사하신다. 우리에게도 그렇게 하실 것이다. 예레미야가 말한 바와 같다. "내가 토기장이의 집으로 내려가서 본즉 그가 녹로로 일을 하는데 진흙으로 만든 그릇이 토기장이의 손에서 터지매 그가 그것으로 자기 의견에 좋은 대로 다른 그릇을 만들더라. 그때에 여호와의 말씀이 내게 임하니라. 이르시되 여호와의 말씀이니라. 이스라엘 족속아, 이 토기장이가 하는 것같이 내가 능히 너희에게 행하지 못하겠느냐. 이스라엘 족속아, 진흙이 토기장이의 손에 있음 같이 너희가 내 손에 있느니라"(렘 18:3-6).

성경의 기본 체계

성경과 하나님의 구속 계획을 보다 잘 이해하기 위해서는 구약의 주요 역사적 사건을 파악하는 것은 물론, 성경의 각 권이 어떻게 분류되고 배열되는지 알아야 한다.

구약에는 서른아홉 권, 신약에는 스물일곱 권의 책이 있다.* 숫자로만 보면 구약과 신약의 분량 차이가 크지 않을 것 같지만 실제로 구약은 신약보다 분량이 세 배나 많다. 성경을 죽 읽다가 신약으로 넘어가면 전체의 4분의 3을 마쳤다는 안도의 한숨이 절로 나온다.

구약은 아람어로 쓰인 일부를 제외하고는 히브리어로 기록되었으며, 크게 세 부분으로 나뉜다. 역사서 열일곱 권(창세기-에스더), 시가서 다섯 권(지혜서라고도 불린다. 욥기-아가서), 예언서(선지서) 열일곱 권(이사야-말라기)이다. 신약은 그리스어로 기록되었는데, 역시 세 부분으로 나뉜다. 역사서 다섯 권(사복음서, 사도행전), 교리서 스물한 권(로마서-유다서), 예언서 한 권(요한계시록)이다.

구약의 역사서는 다시 세분화하여 다섯 권의 율법서(히브리어로 토라) 혹은 모세오경(창세기-신명기), 이후의 열두 권(여호수아-에스더)은 바벨론 포로 이전(여호수아-역대하)과 이후(에스라, 느헤미야, 에스더)로 나눌 수 있다.[11]

이후에 유대인의 다양한 시가 담긴 시가서 혹은 지혜서가 나온다. 단순히 시뿐 아니라 잠언과 같은 지혜 문학도 있다. 『ESV 스터디 바이블』에 따르면 성경의 지혜를 다음과 같이 정의할 수 있다. "경건한 삶을 위한 기술 혹은 세상 속 하나님의 질서에 순응하며 살아가게 하는 방향성이다."[12] 지혜 문학은 "그러한 방향을 알리고 드러내는" 성경의 "저작물"이라 하겠다.[13]

마지막으로 열일곱 권의 예언서(선지서)는 대선지서와 소선지서 두

● 현재 성경 66권의 정경 채택
구약 39권은 주후 90-100년경 얌니아 공의회에서, 신약 27권은 주후 397년 카르타코 공의회에서 정경으로 최종 확정되었다.

범주로 나뉜다. 그 기준은 선지자의 중요도가 아니라 선지서의 분량이다. 대선지서에는 이사야, 예레미야, 예레미야애가, 에스겔, 다니엘이 포함된다. 열두 권의 소선지서는 호세아, 요엘, 아모스, 오바댜, 요나, 미가, 나훔, 하박국, 스바냐, 학개, 스가랴, 말라기다.

구약의 각 권은 연대순으로 배열되어 있지 않는데, 특히 시가서와 예언서가 그러하다. 반면에 창조부터 바벨론 포로 시대까지의 사건을 기술한 창세기에서 열왕기하까지의 역사서는 대부분 연대순으로 배열되어 있다.[14]

구약의 역사

구약의 역사서는 주권자 하나님이 자기 백성과 함께하신 내용에 대한 기록이다. 구약과 신약의 여러 저자뿐 아니라 거기에 등장하는 인물들은 이스라엘의 역사를 정리하고 개괄할 때마다 하나님이 '역사 속에서' 이스라엘 백성과 함께하신 사실을 강조하곤 한다. 또한 성경 전체에 걸쳐 하나님이 역사 속에서 자기 백성을 구원하시는 장면이 반복된다. 구속사가 하나님에게 얼마나 중요한지 알 수 있는 대목이다. 하나님은 역사 속에서 어떻게 자신이 일하고, 우리의 구속을 위해 미리 작정하신 계획을 어떻게 점진적으로 펼쳐 가는지 우리가 알기 원하신다. 더불어 이스라엘 백성을 반복하여 구원하시는 역사적 장면들 속에서 우리는 하나님의 성품, 즉 그분의 긍휼하심, 오래 참으심, 신실하심과 은혜로우심을 볼 수 있으며, 이를 통해 우리의 믿음이 강화된다. 구약 시대에는 하나님이 냉정하게 행동하셨다고 믿는 이들이 많

성경

구약 총39권

- 역사서
- 시가서(지혜서)
- 예언서(선지서)

율법서(모세 5경)
창세기
출애굽기
레위기
민수기
신명기

바벨론 포로 이전
여호수아
사사기
룻기
사무엘상
사무엘하
열왕기상
열왕기하
역대상
역대하

바벨론 포로 이후
에스라
느헤미야
에스더

욥기
시편
잠언
전도서
아가

대선지서
이사야
예레미야
예레미야애가
에스겔
다니엘

소선지서
호세아
요엘
아모스
오바댜
요나
미가
나훔
하박국
스바냐
학개
스가랴
말라기

신약 총27권

- 역사서
- 서신서/교리서
- 예언서

마태복음
마가복음
누가복음
요한복음
사도행전

요한계시록

로마서
고린도전서
고린도후서
갈라디아서
에베소서
빌립보서
골로새서
데살로니가전서
데살로니가후서
디모데전서
디모데후서
디도서
빌레몬서
히브리서
야고보서
베드로전서
베드로후서
요한1서
요한2서
요한3서
유다서

다. 그러나 역사를 넓게 조망할 줄 아는 사람은 하나님이 자기 백성을 심판하실 때조차 장래의 구원을 약속하셨음을 잘 안다.

이스라엘의 역사를 정리하고 개괄하는 장면들이 구약 전체에 흩어져 있고 좁게 보면 모양새가 저마다 다르지만, 공통적으로 등장하는 주요 사건들이 있음을 알 수 있다. 아래의 표에 그 사건들을 정리해 보았다.[15]

신명기 6:20-24	이스라엘 민족의 출애굽에서 가나안 정복까지
신명기 26:5-9	애굽으로 이주한 때부터 가나안 정복까지
여호수아 24:2-13	아브라함에서 가나안 정복까지
느헤미야	창조에서 포로 귀환까지
시편 78편	출애굽에서 다윗 시대까지
시편 105편	아브라함에서 가나안 정복까지
시편 106편	출애굽에서 바벨론 포로까지(참조 대상 16:8-36)
시편 135:8-12	출애굽에서 가나안 정복까지
시편 136편	창조에서 출애굽을 지나 가나안 정복까지

신약의 저자들도 크게 다르지 않다. 스데반의 설교(행 7장), 바울의 설교(행 13:17-41) 등 사도행전의 여러 부분에 구약의 역사를 개괄하는 본문이 있다. 그런데 그리스도가 이미 오셨으므로 제자들은 신약의 관심에서 역사를 풀어 나가며, 구약의 역사가 그리스도와 복음을 위해 어떻게 길을 예비해 놓았는지를 보여 준다.

성경을 읽으면서 이렇듯 역사를 요약하고 개괄하는 본문이 등장할 때마다 나는 감사한 마음이 든다. 구속사를 구성하는 주요 사건들을 기억하게 해줄 뿐 아니라, 우리를 향한 하나님의 뜻과 성경의 목적을 이해하는 데 이 사건들이 중요하다는 점을 되새겨 주기 때문이다. 이러한 개괄은 훗날의 독자들만을 위한 것이 아니다. 당시 이스라엘 민족에게 하나님이 그들을 위해 하신 일을 상기시키고 다시 하나님께로 돌이키도록 독려하는 목적도 있었다. 사실상 성경의 기자들과 등장 인물들은 형제들에게 이렇게 말하고 있다. "하나님이 위대하시고 신실하시다는 사실을 흘려 듣지 마십시오. 하나님이 역사 속에서 우리를 위해 날마다 행하신 일들을 기억하십시오. 그 역사는 여러분 모두가 잘 알고 있는 것이지만 교훈을 얻기 위해 마음판에 새겨 놓아야 합니다. 정말 하나님은 위대하시고 신실하십니다. 아브라함을 갈대아 우르에서 불러 내신 이후로 하나님은 그 사실을 우리에게 거듭 보여 주셨습니다."

정리하면, 이 반복되는 역사 요약은 두 가지 목적이 있다. 자기 백성을 다루시는 하나님의 신실하심을 우리에게 상기시키는 것이 하나이며, 역사의 모든 순간마다 하나님이 자기 백성을 돌이키시는 일에서 성경의 등장 인물과 기자들이 얼마나 중요한지를 우리에게 알리는 것이 다른 하나다. 신학자 리처드 보컴은 이렇게 말한다. "성경은 그 역사적 이야기를 요약할 때조차 이야기라는 관점에서 벗어난 적이 없으며 그럴 수도 없었다. 그래서 그 이야기는 결코 끝나지 않는다. 요약은 그 자체로 이야기의 일부가 되며 이야기가 발전하는 데 기여하기도 한다."[16]

나의 경우, 성경 시험을 준비하기 위해 성경을 읽고 공부할 때에는 성경의 역사에 별 관심이 없었다. 그러다가 어느 순간 구약의 역사를 전체적으로 크게 훑는 것이 중요하다는 사실을 깨달았다. 성경의 메시지는 역사와 떼려야 뗄 수 없고 역사에서 흘러나오기 때문이다. 성경 이야기에 흐르는 통일성을 파악하면 성경이 전하려는 큰 메시지를 제대로 이해할 수 있다. 그래서 이제 구약의 역사로 들어가고자 한다. 구약의 주요한 역사적 사건을 파악하도록 돕는 것이 목표다. 먼저 구약의 역사서 열일곱 권의 개요를 간단히 살핀 다음, 구약의 역사와 주요 사건을 시대별로 요약하고 정리하겠다.

구약 역사서 개요

○ 창세기

성경을 이루는 첫 책이며 성경 전체의 모판이다.[17] 하나님이 온 우주와 생명체, 그리고 가장 중요한 인간을 창조하시는 장면으로 그 문을 연다. 인간은 하나님이 자신의 형상으로 만드신 피조물이다. 하나님은 인간을 에덴에서 평안하게 살게 하시지만, 인간은 사탄의 유혹에 굴복하여 죄를 범하고, 타락하여 결국 죽음을 맞이한다. 하나님은 인류가 저지른 죄에 대한 징계를 선언하시지만, 그와 더불어 인간을 구속하고 화목을 이루어 생명의 길로 나아가도록 회복하겠다는 계획을 흐릿하게 보여 주신다. 이후에 하나님은 히브리인들을 따로 구별하여 자기 백성으로 삼으시고, 이들을 통해 열방을 위한 구원의 선물을 보내시려고 한 민족을 이루게 하신다. 창세기는 이스라엘 백성이 애굽에 속박되는 것으로 마무리된다.

○ **출애굽기**

구속에 관한 책으로서 하나님이 구원하신다는 사실을 가르쳐 준다. 100명도 안 되는 적은 수로 시작하여 수세기 동안 애굽에서 큰 민족으로 불어난 하나님의 백성에 대한 기록이다. 하나님은 애굽에 여러 재앙을 내려 이스라엘 민족을 자유케 하시고, 율법과 제사장 제도를 베푸심으로 그들과의 관계를 공고히 하신다. 그러나 하나님의 은혜와 축복에도 불구하고 이스라엘은 우상을 섬기면서 반복하여 불순종하고 반항한다.

○ **레위기**

속죄와 예배에 관한 책이다. 광야 생활을 하는 백성을 위해 하나님이 주신 율법을 자세히 기록하고 있으며 거룩한 삶을 위한 지침서라 할 수 있다. '거룩'이란 백성들이 거룩하신 하나님 앞에 나아가고 제사장 나라로 섬기기 위해 반드시 지녀야 하고 유지해야 하는 조건이다.

○ **민수기**

약속의 땅을 향해 나아가는 이스라엘의 여정을 다룬 책이다. 그러나 여정은 이스라엘의 죄로 인해 중단되고 광야를 40년간 방황하는 생활로 이어진다. 이 기간 동안 애굽을 떠나온 이스라엘의 옛 세대는 죽고, 가나안으로 들어갈 태세를 갖춘 새로운 세대로 교체된다.

○ **신명기**

하나님이 모세를 통해 백성에게 주신 율법을 다시 선포하고, 그들과 언약을 갱신한 일을 기록하고 있다. 이는 가나안 정복을 준비하던 이스라엘 백성에게 새로운 시작을 의미한다.

○ 여호수아

모세의 후계자 여호수아의 지휘 아래 이스라엘이 가나안을 정복하고 열두 지파에게 땅이 분배되는 과정을 연대기적으로 기록하고 있다. 하나님이 이스라엘을 애굽에서 구해 내신 것은 그들로 하여금 집도 없이 방황하게 하기 위해서가 아니었다. 하나님은 그들에게 땅을 약속하셨고, 여호수아서는 하나님이 어떻게 그 맹세를 지키시고 이스라엘에게 새로운 시대를 열어 주시는지 기록하고 있다.

○ 사사기

이스라엘이 습관적으로 타락하여 죄를 짓는 모습과 이에 대한 하나님의 징계(주로 이방 민족의 공격을 통한 징계)를 이야기하고 있다. 또 하나님이 어떻게 '사사' judge 라고 불리는 지도자들을 세워 외부 세력으로부터 백성을 구하고 그 땅의 질서를 회복하시는지 그린다. 이스라엘 백성이 죄에 빠져 하나님께 등을 돌렸다가 회개하고 다시 회복되는 이야기가 반복되는 것을 보면, 사사기는 이스라엘 전체 역사의 축소판이랄 수 있다. 하나님의 사사들이 나타나 매번 이스라엘을 회복시키지만, 사사기는 "그때에 이스라엘에 왕이 없으므로 사람이 각기 자기의 소견에 옳은 대로 행하"(삿 21:25)던 배반과 혼돈과 무법의 시대였다.

○ 룻기

사사 시대에 살았던 모압계 미망인 룻에 관한 짤막한 이야기다. 룻은 이스라엘 사람인 시어머니 나오미를 사랑하여 자기 민족을 떠난다.

"어머니의 백성이 나의 백성이 되고 어머니의 하나님이 나의 하나님이 되시리니"(룻 1:16). 룻은 이후에 부유한 히브리 농부 보아스를 만나고, 보아스는 룻을 아내로 맞아들인다. 이 책이 성경에 포함된 이유가 있다. 하나님이 자신에게 나아오는 이방인을 환대하겠다는 뜻을 보여 주실 뿐 아니라 훗날 룻이 그리스도의 조상인 다윗의 증조모가 되기 때문이다.

○ 사무엘상

이스라엘이 신정 국가에서 왕정 국가로 변모하는 과정이 그려지며, 선지자이자 제사장, 그리고 마지막 사사로 활동한 사무엘이 이스라엘의 지도자로 등장한다. 사무엘이 사울에게 기름을 부어 이스라엘의 초대 왕으로 세우고, 왕이 된 사울은 다윗과의 갈등을 포함해 시련과 실패를 겪는다. 사무엘상은 사울의 아들 요나단과 다윗의 진한 우정을 담기도 하며, 전쟁터에서 죽음을 맞는 사울의 이야기로 마무리된다.

○ 사무엘하

다윗의 통치가 시작되고 하나님은 그에게 나라와 왕위를 영원히 견고하게 하겠다 약속하신다. 사무엘하는 다윗이 하나님의 마음에 합한 자로서 거둔 승리뿐 아니라 그가 저지른 간음과 살인이라는 끔찍한 죄와 그 죄가 불러온 결과도 보여 준다.

○ 열왕기상

다윗의 죽음과 솔로몬의 왕위 계승으로 시작된다. 솔로몬은 지구상에서 가장 지혜롭고 부유한 왕으로서 예루살렘에서 성전을 봉헌하며 순조롭게 통치를 시작한다. 성전은 하나님이 백성과 함께 거하시는 곳이다. 하지만 솔로몬의 이야기는 비극으로 끝난다. 그는 하나님이 주신 복을 탕진하고, 죄악에 빠져 이스라엘 백성을 배교의 길로 이끌며, 나라를 남북 왕조로 갈라지게 한다. 또한 열왕기상은 백성들의 우상 숭배를 경고한 위대한 선지자 엘리야의 사역을 그리고 있다.

○ **열왕기하**

엘리야의 후반 사역과 후계자 엘리사의 초반 사역을 기록하고 있다. 우상 숭배를 일삼던 북왕국 이스라엘은 앗수르에게 정복당하고 백성은 포로로 잡혀 간다. 이후에 남왕국 유다는 겨우 130여 년을 버티다가 북왕국에 못지않은 죄악으로 인해 바벨론에게 멸망당하고 포로로 잡혀 간다.

○ **역대상**

북왕국 이스라엘이 멸망한 이후 남왕국 유다의 역사를 다룬다.

○ **역대하**

유다 왕국의 역사와 더불어 배교로 인해 그들이 바벨론 포로로 잡혀가는 모습을 기록한다.

○ **에스라**

바벨론을 정복한 바사(페르시아) 고레스 왕의 명령으로 바벨론 포로생활에서 풀려나는 유대 민족과, 북왕국이 멸망한 후 그 지역에 살던 비유대계 거주민들의 강력한 반발에도 불구하고 성전을 재건하기 위해 예루살렘으로 돌아온 사람들에 대한 이야기를 전하고 있다.

○ **느헤미야**

바사의 아닥사스다 왕의 명을 받고 예루살렘으로 돌아온 느헤미야와 유대인들이 이방인의 격렬한 반대와 위협 속에서 예루살렘 성벽을 다시 세우는 내용이 이어진다.

○ **에스더**

역사서의 마지막 책으로, 바사의 사악한 총리대신 하만 때문에 멸족의 위기에 처한 유대 백성을 하나님이 구원하고 보호하신 일을 그린다. 하만의 끔찍한 음모를 완전히 뒤엎으신 하나님은 자기 백성을 구원하고자 "이때를 위해"(에 4:14) 에스더를 준비하셨다.[18]

구약 전체의 역사를 큰 흐름으로 볼 수 있게 되면 구약의 각 책을 개별적으로 이해하는 것도 쉬워진다. 다음 장에서는 구약의 역사를 시대별로 자세히 살펴보면서 하나님의 구속 계획이 어떻게 펼쳐지는지 조명하겠다.

3
창조에서 통일 왕국까지

성경은 각 권별로 살펴볼 뿐 아니라 전체 맥락에서 연결하여 보아야 한다. 성경 전체가 하나이기 때문이다. 구약과 신약은 서로 떨어질 수 없고 독립적이지도 않다. 구약에서 어느 한 부분만 따로 떼어 놓아서도 안 된다. 각 권이 지닌 온전한 의미와 아름다움은 전체적인 조화와 일관성 안에서만 찾을 수 있다. 성경의 각 권은 처음부터 예수님이 오신 시기까지 끊을 수 없는 하나의 고리로 연결되어 있다. 이전의 모든 역사는 예수님의 오심을 준비함이었고, 성경의 각 모형들이 가리키는 대상도 바로 그분이었으며, 그분 안에서 모든 약속은 "예와 아멘"이 된다. 알프레드 에더스하임[1]

구약 역사의 시대별 개요

그랜트 넬슨 법학 교수를 떠올릴 때마다 나는 지금도 흐뭇해진다. 이제 겨우 1년 과정을 마치고 법학의 각 분야를 하나로 아우르는 연결점이 있음을 막 알아가던 우리 2학년 법대생에게 열띤 강의를 이어 가던 그 모습을 말이다. 넬슨 교수는 우리가 먼저 '큰 그림'에 집중하면 곧 하나의 통찰을 얻을 것이고, 이어지는 모든 연구가 풍성해지며 의미가 깊어질 것이라고 단언했다. 교수의 선언은 더 없이 맞는 얘기였다. 법에 관한 자신의 통찰을 우리에게 전수하고자 했던 넬슨 교수의 열정은 대단한 전염력이 있었고, 바라기는 성경에 대한 나의 열정도 그처럼 전염력이 있었으면 한다.

사실 처음 성경을 공부할 때는 뭐가 뭔지 모르겠고 헷갈리기만 했다. 각각의 내용이 어떻게 들어맞아 이해 가능한 이야기를 이루는지 알 길이 없었다. 그런데 공부를 할수록 '그림'이 분명해지기 시작했다. 성경의 '통일성'을 강조하는 반복되는 주제와 여러 증거들을 살피는 동안 나의 이해도는 점점 더 또렷해졌다. 법을 공부할 때처럼, 성경을 공부하는 또 하나의 열쇠는 구약 역사의 '흐름'을 공부하는 것이다. 그러면 성경의 넓디넓은 세계가 선명하게 보이고 세세한 것들도 자리를 잡기 시작한다.

학자들은 다양한 방식으로 구약의 역사를 간추리려 했다. 폴 벤웨어 교수는 두 부분으로 나누어 형태를 잡아 가는데, 첫 번째 부분은 창조에서 바벨탑까지 이어지는 시기의 하나님과 인류의 일반적 관계(창 1-11장)에, 두 번째 부분은 하나님과 이스라엘의 특별한 관계(창 12장-구약 끝)에 초점을 맞춘다.[2] 그런데 하나님은 왜 첫 번째 시기에 그렇게 적은 양을 할애하셨을까? 성경은 일반 역사가 아닌 구속사를 보여주는 것이 목적이기 때문이다. 창조와 인간의 타락이 참으로 중요한 이야기지만, 하나님은 이를 간단히 언급하신 뒤 곧이어 선택된 이스라엘을 통해 펼쳐지는 인류를 위한 위대한 구원 계획을 보여 주신다.

대다수의 학자들은 성경 역사의 범위를 세부 기간으로 나누는데, 저마다 임의대로 분할 작업을 하여 다섯 시대[3]로 나누기도 하고, 여섯 시대[4], 일곱 시대[5], 열한 시대[6], 심지어 열두 시대[7]로 나누기도 한다. 내가 볼 때 구약의 역사를 구분하기에 가장 유용한 분할은 열 시대다. 물론 정확한 날짜에 대해 모든 학자들이 동의하지는 않는다.

1. 고대 시대: 창조에서 족장 시대 전까지(태초-주전 2166년)
2. 족장 시대: 아브라함에서 요셉까지(주전 2166-1446년)
3. 출애굽 시대(주전 1446-1406년)
4. 가나안 정복 시대(주전 1406-1390년)
5. 사사 시대(주전 1390-1050년)
6. 통일 왕국 시대(주전 1050-931년)
7. 분열 왕국 시대(주전 931-722년)
8. 유다 왕국 시대(주전 722-586년)
9. 바벨론 포로 시대(주전 586-538년 혹은 516년)
10. 포로 귀환 시대(주전 538-400년)[8]

이 장과 다음 장에서는 각 시대마다 등장하는 구약 역사의 주요 사건들을 정리해 보려 한다. 이렇게 하는 이유는 시대별 연구가 성경 전반을 이해하는 데 도움이 될 뿐 아니라, 성경 전체가 그리스도 중심이라는 것을 뒷받침하는 설명이 되기 때문이다. 모든 시대 주요 순간마다 하나님의 구속 계획이 작동하고 있음을 보게 될 것이다.

고대 시대: 창조에서 족장 시대 전까지

창세기 1-11장은 시작을 다룬다. 하나님이 말씀으로 세상을 지으시고, 자신의 형상으로 인류를 만드시며, 일과 가족과 민족과 언어를 세우신다. 창조 이후에 일어나는 주요 사건들도 기록되어 있다. 인류가 유혹받고 타락함으로 하나님의 심판이 임하고, 가인이 아벨을 죽이는 형제 살인, 홍수와 노아의 방주, 바벨탑에서 일어난 인류의 분리와 언어의 분화가 나온다.

성경 초반에 인류의 범죄 사건이 일어나고, 하나님은 인간의 죄에 대한 심판과 더불어 구속의 언약을 선포하신다. 사탄으로 이해되는 뱀의 머리를 밟고 승리할 (죄와 죽음을 이길) 구속자가 나타날 것이란 내용이다. "내가 너로 여자와 원수가 되게 하고 네 후손도 여자의 후손과 원수가 되게 하리니 여자의 후손은 네 머리를 상하게 할 것이요 너는 그의 발꿈치를 상하게 할 것이니라"(창 3:15).

이 본문은 첫 번째 '메시아 예언'으로 받아들여진다. 복음의 첫 선포라는 의미에서, 혹은 구속자를 예표한다는 의미에서 흔히 원시 복음protevangelium으로 불리기도 한다. 구속자는 여자의 후손으로 태어나 '상함을' 입을 테지만, 뱀(사탄)의 머리를 부서뜨릴 것이다.[9] 신약에서 설명하고 있듯 여기서 여자의 씨 혹은 여자의 후손은 예수 그리스도다. 그는 남자가 아닌 여자의 후손으로 태어날 텐데, 요셉이 아닌 성령으로 잉태될 것이기 때문이다. 그는 장차 고난을 당하겠지만(발꿈치가 상하겠지만) 사탄의 머리를 깨부술 것이다. 이것은 예수님이 십자가에서 희생 제물이 되어 죽으심으로 믿는 자들을 구속하시고 사탄에게 승리하실 일을 가리킨다.

창세기 4장에서 아담과 하와의 두 아들 가인과 아벨의 이야기가 시작된다. 하나님이 동생 아벨의 제사는 받고 자신의 제사는 받지 않으신 것 때문에 형 가인은 질투심에 사로잡혀 아벨을 살해한다. 하나님은 가인을 쫓아내어 방랑하는 도망자가 되게 하신다. 하지만 가인은 에덴 동쪽 놋 땅에 정착하여 도시를 세우고 하나님이 아닌 자신의 영광을 도모한다. 하나님은 이 일을 그냥 지켜보지 않으신다. 자기의 구속 계획을 진전시킬 수 있는 경건한 계보*를 보호하기 위해 간섭하신다. 하나님은 아담과 하와에게 아벨의 자리를 대신할 아들인 셋을 주신다. 창세기 4장이 다음과 같은 말씀으로 마무리되는 점은 매우 의미심장하다. "그때에 사람들이 비로소 여호와의 이름을 불렀더라"(창 4:26).

하나님이 경건한 계보를 보호하셨음에도 불구하고 점증하는 죄악의 결과로 인해 인류는 피폐해지고 만다. "여호와께서 사람의 죄악이 세상에 가득함과 그의 마음으로 생각하는 모든 계획이 항상 악할 뿐임을 보시고"(창 6:5). 인류의 타락이 얼마나 심각했는지 마침내 하나님이 홍수를 일으켜 악한 세대를 쓸어 버리고 정화하기로 결정하실 정도였다. 그 와중에도 노아를 통해 경건한 계보는 보호하신다.

바벨탑 사건은 하나님이 홍수를 통한 심판에서 노아(와 그의 후손)를 살려 주심으로 구속의 약속을 지키셨음에도, 인간이 하나님을 떠나 계속하여 반역하고 우상을 섬기며 자기 영광을 추구한 이야기다. 인간은 "온 땅에 퍼[져라]"(창 1:28, 공동번역)는 하나님의 명령을 거역하

● 경건한 계보
창세기 4장에 가인의 살인과 그 후손들의 계보가 간략히 나오고, 이후 5장에서 아담의 후손 중에서도 셋의 후손, 즉 경건한 사람들의 계보가 상세하게 나오고 있다. 그 이유는 이 계보를 통해 장차 여자의 후손이 나올 것이며, 이들을 통하여 하나님의 구속사가 이어질 것이기 때문이다.

고대 시대: 창조에서 족장 시대 전까지 태초-주전 2166년	족장 시대: 아브라함에서 요셉까지 주전 2166-1446년	출애굽 시대 주전 1446-1406년
◆ 창조, 타락, 심판, 가인과 아벨, 홍수와 노아의 방주, 바벨탑 ◆ 최초의 메시아 예언 → 원시복음 ◆ 창세기 1-11장	◆ 아브라함, 이삭, 야곱, 요셉 ◆ 구속의 약속이 족장들을 통해 계속 이어짐 ◆ 창세기 12-50장	◆ 모세, 열 재앙, 유월절, 홍해의 기적, 광야, 만나, 율법과 십계명, 성막, 거룩, 제사장, 제사, 절기, 열두 정탐꾼, 40년 방황 ◆ 구속의 약속 실행 시작 ◆ 출애굽기
		모세
	아브라함 언약	모세 언약
아담 셋 노아 셈	아브라함 이삭 야곱 요셉	
		⊙ 이집트 파라오

며 교만하게 바벨탑을 쌓는다. 이에 하나님은 인류를 흩어지게 하시고 언어를 혼잡하게 만드신다.

창세기 1-11장은 성경 전체를 세우기 위한 기초다. 이 본문은 하나님이 창조하신 세계에서 인간이 어떤 존재이며 무엇을 해야 하는지에 대한 이해를 제공하며, 죄의 실체와 파괴력이 어떠한지 분명하게 보여준다. 죄를 다루시는 하나님의 섭리와, 때마다 참담한 죄에 굴복하는

가나안 정복 시대 주전 1406-1390년	**사사 시대** 주전 1390-1050년	**통일 왕국 시대** 주전 1050-931년
◆ 약속의 땅 가나안, 정복 전쟁, 기생 라합, 요단강, 땅 분배 ◆ 백성에게 거짓 신들과 진정한 한 분 하나님 사이에서 선택해야 한다고 촉구 → 백성들이 하나님과의 언약을 새롭게 함 ◆ 여호수아서	◆ 여호수아의 죽음에서 사무엘이 등장하기까지 ◆ 이스라엘 백성이 하나님과 새롭게 맺은 언약을 깨뜨림 → 하나님의 징계 → 백성들의 회개 → 하나님의 구원 ◆ 룻 → 하나님의 구속 계획에 이방인도 포함되어 있음을 보여 줌	◆ 사무엘, 선지자, 제사장, 왕, 사울, 다윗, 솔로몬, 성전 ◆ 성전 건축 → 하나님이 성전에 거하심 ◆ 솔로몬 왕의 배교

여호수아	**사무엘**
	다윗 언약
이스라엘 12지파	**다윗 솔로몬**

인간을 구원하기 위해 적극적으로 개입하시는 하나님의 모습도 보여 준다. 모세에게 율법을 주시기 훨씬 전, 창세기 3장에서, 하나님은 타락에 대한 첫 징계를 내리시는 것으로 죄와 교만에 빠진 인간에 대한 심판을 단행하신다. 가인이 살인을 저질렀을 때 적극 개입하심으로 셋을 통해 경건한 계보를 보존하신다. 인간의 후손이 거듭 죄를 범하여 부패함이 극에 달했을 때, 하나님은 홍수로 온 인류를 멸절하지 않

분열 왕국 시대 주전 931-722년	유다 왕국 시대 주전 722-586년	바벨론 포로 시대 주전 586-538년 혹은 516년
◆ 북쪽의 열 지파는 북왕국 이스라엘(여로보암)로 남쪽의 두 지파는 유다(르호보암)로 분열됨 ◆ 엘리야와 아합 왕 갈멜산 사건 ◆ 엘리사 ◆ 이스라엘 마지막 왕 호세아 때 앗수르에 멸망, 포로로 끌려감	◆ 르호보암, 아비야, 아사, 여호사밧, 여호람, 아하시야, 요아스, 아마샤, 웃시야, 요담, 아하스, 히스기야, 므낫세, 아몬, 요시야, 여호아하스, 여호야김, 여호야긴, 시드기야 ◆ 이사야 선지자, 예레미야 → 70년 포로생활 예언 ◆ 느부갓네살 왕이 예루살렘과 성전 파괴	◆ 예루살렘의 멸망(주전 586년)과 주전 516년의 성전 재건 사이가 70년 ◆ 다니엘, 에스겔의 바벨론 사역 ◆ 포로 시대는 유대교 형성에 결정적인 순간 → 성전 재건의 소망, 제사를 지내지 못하면서 율법에 대한 새로운 이해가 생김. 함께 모여 예배 → 회당의 시초
엘리야, 엘리사	**예레미야, 이사야**	
르호보암에서 시드기야까지 유다의 왕들		**스룹바벨**
⊙ 앗시리아	**⊙ 바빌로니아**	**⊙ 페르시아**

으시고 의인 노아를 남겨 두신다. 인류가 바벨탑을 쌓으며 고질적인 반항을 일삼을 때도 인류를 완전히 멸망시키는 대신 그들의 독립 의지를 꺾으시고 언어를 혼잡하게 만드신다. 그리고 이 모든 것은 (창세기 12장에서) 하나님이 아브람을 불러 인류를 구원하는 계획을 실행하시기 위한 준비 단계가 된다.[10]

리처드 P. 벨처 주니어는, 창세기의 핵심인 1-11장에서 드러나는 진

포로 귀환 시대
주전 538-400년

◆ 고레스 칙령,
성전 재건 착수
주전 538년 첫 번째 귀환
무리를 스룹바벨이 이끔

◆ 1, 2차 귀환 에스라, 3차
귀환 느헤미야
학개, 스가랴 → 성전 재건
독려
에스라 → 두 번째 귀환

◆ 150년 전 이사야 선지자
의 예언 성취

느헤미야, 에스라,

메시아

⊙ 로마

리들을 깨닫지 못하면 우리의 세계관이 왜곡될 수 있다고 말한다.[11] 우선 하나님이 물질세계를 선한 것으로 창조하셨다는 사실을 기억해야 한다. (하나님이 보시기에 좋았더라고 말씀하신 사실을 떠올려 보라). 그리고 모든 피조물은 결코 하나님처럼 될 수 없는 한계를 지니고 있음도 기억해야 한다. 그렇지 않으면, 우리는 물질세계가 본래부터 악하다는 거짓말을 믿거나, 아예 극단적으로, (일부 종교나 신념 체계가 주장하듯) 물질세계를 신격화할 수 있다.

죄의 실체와 속성 그리고 죄를 대하시는 하나님의 태도와 반응도 제대로 이해해야 한다. 그렇지 못하면 인간인 우리가 어떤 존재인지 오해하게 되고 우리 자신을 어떻게 다스려야 하는지도 모르게 된다. 또 창세기 1-11장에 계시된 하나님의 성품을 바로 알지 못하면, 우리의 죄를 다루시는 하나님의 공의와 은혜를 오해할 수 있다. 그래서 이 본문은 올바른 성경적 세계관을 형성하고 하나님, 세계, 우리 자신을 이해하는 중요한 바탕이 된다.

반복하여 죄를 짓고 타락하는 인간에 대한 묘사 때문에 이 본문을 읽으며 인간에 대한 냉소주의에 빠지진 않을까 우려할 수 있다. 하지만 여기서 발견되는 어떤 진리보다 앞서 하나님이 인간을 자신의 형상을 따라 지으신 사실을 놓치지 말아야 한다. 하나님은 모든 피조물 가운데 유독 인간을 지목하여 이렇게 선언하신다. "땅은 생물을 그 종류대로 내되"(창 1:24). 다른 생물들은 땅에서 나온다고 말한다. "우리의 형상을 따라 우리의 모양대로 우리가 사람을 만들고"(창 1:26). 오직 인간만 하나님이 직접 만드신다. 케네스 A. 매튜스는 이렇게 강조한다. "인간의 생명은 하나님이 만드신 최고의 걸작품이다."[12] 인간은 하나님이 행하신 창조의 정점이고, 다른 모든 피조물을 다스리도록 위임을 받은 존재다(창 1:26-28). 하나님이 고유한 방법으로 인간을 만드시고 다스림의 위임을 하셨다는 이 가장 중요한 진리를 붙잡아야 한다. 반복하여 죄를 짓고 타락하는 인간에 대한 묘사에만 집중하면, 죄와 구속의 계시야말로 불필요하고 무의미한 것처럼 느껴질 것이다. 하지만 인간은 하나님에게 가장 특별하다. 죄는 오직 인간만이 지을 수 있지만, 오직 그 인간만이 하나님의 구속 계획 안에 있다.

로이 깅리치 목사는 성경을 세 부분으로 나눈다. 창세기 1-2장에 기록된 대로 낙원이 만들어진 '발생'generation, 창세기 3장에 기록된 대로 인간의 죄로 말미암아 낙원이 사라진 '타락'degeneration, 성경의 나머지 부분에 언급된 대로 낙원을 되찾은 '중생'regeneration이다. 깅리치 목사는 이렇게 설명한다. "모든 세대에 걸친 하나님의 원대한 구속 계획이 펼쳐지면서, 옛 창조의 폐허 더미에서 새로운 창조가 점진적으로 피어난다."[13] 흥미롭게도 깅리치보다 약 100년 정도 앞선 20세기 초, 영국의 성경학자 G. 캠벨 모건도 창세기를 성경 전체의 축소판으로 설명하면서 동일한 용어를 사용한다. 창세기 1-2장은 창조와 같은 '발생'과 관계가 있고, 창세기 3-11장은 '타락' 혹은 인간의 범죄와 관계가 있으며, 창세기 12-50장은 "[신약에서] 메시아라는 인물에 이르러 정점을 이루는 '중생'과 관계가 있다는 것이다.[14]

구약에서 가장 중요한 사건 중 하나가 창세기 초반에 등장한다. 하나님이 아브라함과 영원한 언약을 맺으시는 사건인데 '아브라함 언약'으로 알려진다. 아브라함 언약은 분명 구약의 모든 언약 중에서도 가장 의미가 깊다. 하나님은 아브람(이후에 아브라함이라고 부름)을 그가 살던 땅에서 불러내어 자신이 보여 줄 땅으로 가라고 말씀하신다. 그리고 이렇게 약속하신다. "내가 너로 큰 민족을 이루고 네게 복을 주어 네 이름을 창대하게 하리니 너는 복이 될지라. 너를 축복하는 자에게는 내가 복을 내리고 너를 저주하는 자에게는 내가 저주하리니 땅의 모든 족속이 너로 말미암아 복을 얻을 것이라"(창 12:2-3). 이 단락과 이후의 단락(예를 들어 창 15:18-21)을 보면, 하나님은 아브람을 통해 한 민족을 세우고 그들에게 가나안 땅을 영원한 기업으로 주겠다고 약속하신다(그래서 가나안을 '약속의 땅'이라고 부른다).

인간이 스스로 자기 이름을 크게 알리려 했던 바벨탑 사건과 대비를 이루는 장면이다. 놀랍게도 여기서는 하나님이 아브람의 이름을 창대하게 하겠다고 직접 약속하신다. 하나님이 우리에게 오직 하나님만 섬기고 하나님 외에 다른 신을 두지 말라 하시며 제1계명을 주신 이유도 같은 맥락에 있다. 우리는 의도적으로 하나님을 떠나서는 결코 살아갈 수 없는 존재라는 것이다.[15] 다만 하나님은 아브람의 영광을 위해 그의 이름을 창대하게 하겠다고 약속하신 것이 아니다. 하나님은 하나님 자신의 영광을 위해 그리고 온 인류에게 복을 주시려는 주권자로서의 계획에 따라 그 일을 하신다.

따라서 창세기 두 번째 부분이 시작되는 대목에서, 하나님은 이땅의 모든 민족과 열방에게 복 주시려는(구속하시려는) 궁극적인 목적을 위해 히브리 사람들을 구별하여 한 민족으로 세우는 그분의 계획을 펼쳐 가신다. 이 민족을 통해 메시아가 나시고 열방이 구원을 얻게 될 것이다. 창세기 이후의 다른 책에서 보듯 하나님은 메시아를 통해 구속을 성취하시며, 메시아는 다윗 왕의 후손으로 히브리 민족에서 나오신다. 또 하나님은 구별된 이 민족에게 성경을 맡기고 열방에게 증인이 되게 하신다.

아브라함과 이스라엘 민족을 통해 모든 사람에게 복을 주시려는 하나님의 계획은 신약성경 곳곳에서도 분명하게 드러난다. 베드로는 유대인들에게 창세기 12장 3절을 인용하여 말한다. "너희는 선지자들의 자손이요 또 하나님이 너희 조상과 더불어 세우신 언약의 자손이라. 아브라함에게 이르시기를 땅 위의 모든 족속이 너의 씨로 말미암아 복을 받으리라 하셨으니"(행 3:25). 바울은 갈라디아 교회에 보내는 편지에서 동일한 구절을 인용하면서 이전에 아브라함이 받은 '복음'을 들어 설명한다. "하나님이 이방을 믿음으로 말미암아 의로 정하실 것을 성경이 미리 알고 먼저 아브라함에게 복음을 전하되 모든 이방인이 너로 말미암아 복을 받으리라 하였느니라"(갈 3:8). 창세기(15:6)와 신약의 히브리서(11:8, 9, 17-18)가 확증하듯 아브라함은, 하나뿐인 아들을 제물로 바치며 하나님이 다시 살려 주실 것을 믿음으로 말미암아, 자신이 믿음의 사람임을 드러낸다(히 11:19, 약 2:21).

아브라함의 아들 이삭은 창세기에서 비중이 그리 크지 않지만, 하나님이 희생제물로 바치라고 명하신 아브라함의 아들로서 중요한 인물이다(창 22장). 그런 측면에서 이삭은 그리스도의 모형이다.[16] 그는 "기적적으로 태어난" 자이고, 죽기까지 순종하며, 아버지가 그를 희생제물로 삼으려 함에도 아버지를 향한 신실한 사랑을 보이고, 죽음을 이겨 냄으로 그리스도의 부활을 예표한다는 점에서 의미가 깊다.[17] 더욱 중요하게는, 하나님은 언약의 약속들을 이삭에게도 주시고, 그를 통해 (훗날 이스라엘 민족의 아버지가 되는) 아들 야곱에게도 그 동일한 약속들을 주신다. 또 이삭 역시 히브리서에서 아들 야곱과 에서를 축복한 믿음의 사람으로 인정받는다(히 11:20).

야곱은 형 에서의 복을 가로채고 하나님과 씨름도 하며 훗날 이스라엘 지파의 지도자가 될 열두 아들을 낳는 등 파란만장하게 산 인물이다. 그가 가장 사랑한 아들 요셉의 놀라운 이야기는 창세기 37-50장에 등장한다. 요셉 역시 그리스도의 모형이며, 이에 대해서는 9장에서 살펴보겠다. 하나님은 인간의 완고함과 악함에도 불구하고 자신이 택하신 백성을 보존하시려는 주권자로서의 계획을 이 요셉을 통하여 불굴의 의지로 실행하신다. 하나님은 자신의 뜻을 실행하기 위해 심지어 인간의 악함까지 사용하신다. 이렇게 하나님이 자신의 영광을 위해 인간의 잘못도 들어 쓰면서 피조물 속에서 그리고 역사 속에서 꾸꾸이 일하시는 모습은 성경에 반복하여 나타난다(이사야서에 나오는 예만 들어도 다음과 같다. 10:5-19, 13:1-27:13, 36:1-39:8, 40:12-26, 44:24-45:13).

창세기에 나오는, 그다지 중요해 보이지 않는 사건이 하나 있다. 38장을 보면 유다 지파의 조상인 유다와 그의 며느리 다말의 이야기를 하기 위해 요셉의 이야기에서 잠시 벗어난다. 요약하자면 다말의 남편이 악을 행하자 하나님이 그를 죽이시고, 남편의 동생이자 다말의 두 번째 남편도 악을 행하자 하나님이 그도 죽이신다. 이후 다말은 매춘부처럼 변장하고 이를 전혀 눈치채지 못한 시아버지 유다와 동침하여 쌍둥이 아들을 낳는데, 그중 하나가 다윗 왕의 조상이 된다. 이 이야기는 메시아 예수로 이어지는 족보에서 매우 중요한 연결 고리가 된다. 예수님이 유다 지파에서 나시기 때문이다(히 7:14, 계 5:5). 더욱이 다말이 임신하고 그리하여 다윗의 계보를 보존하게 된 놀라운 사건은, 하나님의 주권에 대한 증거일 뿐 아니라 하나님이 언약의 약속들을 성취하기 위해 흔들림 없이 일하신다는 증거가 된다.

요약하면, 창세기는 하나님이 인간을 자신의 형상으로 지으신 것과, 죄와 죽음에 빠진 인간의 실망스러운 타락을 이야기하고, 궁극적으로는 인간을 구속하시겠다는 하나님의 약속을 이야기한다. 학자들이 지적하듯 창세기는 '죽음'으로 끝난다. 요셉이 숨을 거두고 애굽에 안장되는 것으로 마무리된다. 장래에 하나님이 구속하실 것에 대한 약속이 주어지지만 창세기가 끝날 때까지 그 약속은 성취되지 않는다. 오히려 하나님의 계시를 담은 첫 번째 책은 하나님을 떠난 인간의 철저한 소망 없음과 육체의 죽음으로 마무리된다. 고린도전서에 기록된 대로다. "아담 안에서 모든 사람이 죽은 것같이"(15:22).

출애굽 시대

출애굽기에서 하나님은 구속의 약속을 현실화하기 시작하신다. 이야기가 전개될수록 하나님은 아브라함으로 큰 민족을 이루게 하겠다는 약속의 실현을 위해 적극적인 행보를 펼치신다. 창세기 다음에 이어지는 출애굽기에서 하나님은 이스라엘을 애굽의 속박에서 구해 내심으로 이 특별한 백성을 선택하셨음을 널리 공인하신다.

하지만 기억하자. 하나님이 이스라엘을 택하신 것은 근본적으로 이스라엘을 위해서가 아니라 온 인류를 구원하시기 위해서다. G. 캠벨 모건은 이렇게 주장한다. "이스라엘이라는 한 민족이 시작된 의미를 이해하는 것이 중요하다. 하나님이 다른 민족들은 버리고 오직 이스라엘에게 사랑을 베풀기 위해 특별히 그들을 택하셨다고 강조하는 경우가 너무 많다. 하나님이 이스라엘 민족을 택하신 목적은 다른 데 있다. 이스라엘을 통해 하나님이 증거됨으로 다른 모든 민족이 유익을 얻는 것이다."[18]

로이 B. 주크도 같은 맥락으로 말한다. "단지 이스라엘과 그들이 하나님과 맺은 언약 관계가 성경신학의 핵심이 될 수 없다. 이스라엘의 역할은 궁극적인 목적이 아니라 목적을 잘 이루는 도구가 되는 데 있다. 궁극적인 목적이란 이땅의 모든 사람이 하나님과 끊어지지 않는 교제를 나누는 것이다. 이스라엘의 중요성은 그 기능에 있다.…이스라엘은 인간과 하나님 사이의 교제를 위해 제사장 나라로 세워졌다."[19]

따라서 출애굽기가 중요한 이유는, 하나님이 완악한 백성을 애굽의 종살이로부터 구하고 한 민족을 이루게 함으로써 온 인류를 위한 구속 사역에 본격적으로 나서셨음을 기록하고 있기 때문이다. 하지만 하나님의 구속 사역은 출애굽기에서 시작될 뿐이고, 구약의 나머지 부분과 신약에서 이후의 모든 이야기가 점진적으로 드러난다.

모세는 출애굽 시대의 중심 인물이며 창세기를 비롯한 구약의 여러 책을 기록했다고 알려져 있다. 그는 애굽의 바로 왕의 딸에게 입양되어 왕족 문화를 누리며 교육을 받지만, 유대인 노예를 학대하던 애굽인을 살해한 후 미디안으로 도망친다. 그곳에서 모세는 이드로의 딸인 십보라와 결혼하여 애굽으로 돌아오기까지 40년간 지낸다. 바로 그 시점에 하나님이 떨기나무에 붙은 불꽃 가운데 나타나 모세를 부르신다. 애굽에서 400년 간 종살이하던 이스라엘 백성을 구해 내겠다고 하신 약속(창 15:13-16)을 이루기 위해 그들을 가나안으로 인도하라고 명하신다.

모세가 손사래치며 거절해도 하나님은 단념하지 않으신다. 백성이 "그의 이름이 무엇이냐"(출 3:13)고 물으면 뭐라고 대답할지 묻는 모세를 나무라지도 않으신다. 이때 하나님은 자존자로서 스스로 존재하며 무한한 자신의 속성을 나타낼 뿐 아니라, 모세에게 자신을 드러내려는 의도가 담긴 심오한 신학적 계시를 주신다. 하나님은 모세에게 "나는 스스로 있는 자이니라"(출 3:14)고 대답하신다. 이것은 인간의 언어가 허락하는 최고의 표현이다. 그리스도는 훗날 그 이름을 자신에게 사용하시는데(요 8:58), 그 때문에 바리새인들이 신성모독이라며 예수님을 돌로 치려 한다(요 8:59).

출애굽기에 나오는 또 다른 주요 사건으로 바로 왕의 강퍅한 마음을 치기 위한 하나님의 재앙(5-10장), 하나님이 자기 백성을 구원하신 일을 기념하는 유월절 제정(11-12장), 홍해가 갈라지는 기적으로 애굽을 탈출하는 이스라엘(13-14장), 백성을 먹이기 위해 하나님이 초자연적으로 만나(16장)와 물(17장)을 공급하심, 율법을 주심(19-24장), 십계명을 주심(20장), 성막의 설계와 건축(25-40장)이 있다.

하나님은 이스라엘 백성에게 율법을 주시는 대목에서 그들과 또 다른 언약 관계에 들어가신다. 이 책 5장에서 살펴보겠지만 바로 '모세 언약'이다. 하나님과 언약을 맺은 이스라엘은 애굽에서 건짐을 받은 대신 하나님께 순종하고 무엇보다 그분의 계명에 순종해야 한다. 이 일은 하나님과의 관계에서 핵심이다. 그들은 거룩한 백성이 되고 스스로를 다른 민족과 구별하여 살아야 하며[20], 다른 민족에게뿐 아니라 궁극적으로는 모든 세대 모든 사람에게 본이 되어야 한다. 실제로 출애굽 후 세 달째가 되는 날(출 19:1) 하나님은 모세에게 율법을 주시기에 앞서 이스라엘 백성에게 이렇게 전하라고 하신다. "너희가 내 말을 잘 듣고 내 언약을 지키면 너희는 모든 민족 중에서 내 소유가 되겠고 너희가 내게 대하여 제사장 나라가 되며 거룩한 백성이 되리라"(출 19:5-6).

이스라엘 백성에게 율법을 주심으로, 하나님은 그들이 스스로를 다른 사람들과 구별하여 어떻게 거룩하게 살아야 하는지에 대한 기준을 제시하신다. 십계명의 첫 두 계명이 강조하는 바와 같이 그들은 무엇보다 하나님 한 분만 예배하고 우상 숭배를 철저히 피해야 한다. 이러한 의무의 일환으로 하나님은 다른 민족과의 결혼을 금하시는데,

이는 이방 여인들이 배우자로 하여금 하나님이 아닌 다른 신을 섬기도록 미혹할 것이기 때문이다(출 34:16). 하나님은 백성 가운데 거하시기 위해 성막을 짓도록 하신다. 성막은 이스라엘 백성이 광야에서도 하나님을 섬길 수 있도록 고안된 이동식 구조물이다. 하나님은 성막의 모양을 구체적으로 가르쳐 주시고 백성의 진영 한가운데 두도록 명하신다(민 2장). 애굽에 수많은 신전이 있는 것과 달리 이스라엘에는 오직 하나의 성소만 있다는 점은 주목할 만하다.[21]

레위기는 '거룩에 관한 안내서'라고 부르기도 하는데, 이 책에서 하나님은 제사장직, (제사장들이 중보자로서 대신 수행하는) 제사 제도와 절기에 관한 구체적인 지침을 주신다. 또 그 제사와 절기를 통해 어떻게 하나님을 예배하고 순종해야 하는지 알려 주신다. (여기서 구약과 신약의 상호연결성을 이해한다는 점에서 눈여겨볼 것이 있다. 때로 히브리서 9장을 레위기의 주석서라고 부르는데, 여기에 레위기 16장의 내용이 집중적으로 언급되어 있다.[22] 어떤 이는 히브리서 9장을 "의식법에 담긴 예언적 의미를 설명하는 신성한 주석"이라고 부른다.)[23] 하나님이 이렇게 인간의 거룩함을 위한 지침을 직접 마련해 주시는 의도가 있다. 거룩하신 하나님 앞에 나아가려면 우리 역시 거룩해야 하고 그 거룩함을 위한 지침 역시 (우리가 아닌) 하나님이 직접 규정하고 알려 주셔야 한다는 것이다. 이에 따라 레위기는 유한한 인간이 무한한 하나님께 나아갈 수 있는 방편과 요건을 제시한다. 즉 인간은 제사장에 의해 하나님께 드려질 제물을 반드시 준비해야 한다.[24] 이러한 요건이 신약까지 이어지고 결국 예수 그리스도 안에서 완전하게 그리고 최종적으로 채워진다.

놀랍게도 하나님이 율법을 주시자마자 이스라엘 백성이 금송아지 우상을 만들고 그 앞에 제단을 세우며 율법을 마음대로 어기기 시작한다(출 32:1-6). 이러한 행위에 진노하신 하나님은 백성을 멸절시키려 하시고 모세의 간청으로 그 뜻을 돌이키신다. 이후 하나님은 모세에게 계속해서 백성을 가나안 땅으로 인도하게 하시고(출 33:1-6) 백성과 언약을 새롭게 맺으신다(출 34:1-9).

이스라엘이 하나님께 범죄하는 이야기들이 중간중간 등장하는데, 일부 성경학자들은 이런 이야기가 이스라엘의 죄를 드러내고 그 결과를 보여 주기 위한 구성 때문이라고 믿는다. 예를 들어 출애굽기 25-31장에도 성막 짓는 방법이 나오다가 갑자기 이스라엘의 우상 숭배 이야기가 등장한다. 그러고 나서 다시 성막 짓는 법이 반복되고 성막이 완성된다. 이런 방식의 문학 구조는 백성에게 성막이 절실히 필요하다는 점과 그들이 타락하여 죄에 빠진다면 하나님의 임재와 복을 누리지 못하게 될 것임을 보여 준다.[25]

민수기를 보면 백성이 약속의 땅으로 향하지만 하나님의 공급하심에 관해 모세에게 끊임없이 불만과 불평을 제기한다(민 11장). 이러한 모습은 그들이 가나안 땅 경계에 이르러 열두 명의 정탐꾼을 보낼 때까지 계속된다. 정탐을 갔다가 돌아온 이들 중 여호수아와 갈렙 두 사람만(민 14:6) 계속 전진하자고 주장하고, 하나님의 약속에 대한 백성의 총체적 불신을 상징하는 나머지 열 명은 가나안에 들어가기를 두려워한다(민 13-14장). 믿음이 없는 이스라엘 백성을 더 이상 참지 못하신 하나님은, 여호수아와 갈렙을 제외한 그 세대가 약속의 땅에 들어가지 못하고 광야를 떠돌다가 죽음을 맞도록 대응하신다(민 14:30, 시 106:24-27).[26] 40년 기간이 끝날 무렵 모세는 지도자 자리에서 내려가고, 하나님이 여호수아에게 그 자리를 맡기신다(신 31:23). 항상 그렇듯 인간의 어떠한 실패에도 불구하고 구속의 목표를 향한 주권자 하나님의 계획은 결코 방해받지 않는다.

가나안 정복 시대

이스라엘 백성은 이제 가나안 정복을 위해 하나님이 400여 년 전 아브라함과 그의 후손에게 약속하신 땅에 들어갈 준비가 되었다(창 15:18-21). 그들은 이미 왕, 즉 하나님을 모시고 있고 그분이 주신 율법을 통한 통치 체계를 갖추고 있다. 하지만 온 세상을 중보하여 섬기는 제사장 나라로서 공동의 의무를 완수하기 위해서는(출 19:6의 "제사장 나라"와 "거룩한 백성") 그들만의 영토가 있어야 한다(신 8:1-10).[27] 이스라엘이 그 땅을 소유하는 것은 하나님이 구속 계획을 펼쳐 가시는 데 매우 중요하다.

이스라엘 진영 너머 요단강 건너편의 가나안 사람들은 도시국가를 이루고 살며, 대개는 고도가 높은 곳에 성벽을 둘러 쌓아 도시를 보호하고 있다(여기서 가나안 사람이란 이스라엘이 정복하기 이전 가나안 지역에 살던 사람들로, 실제 가나안 족속 외에 헷 족속, 아모리 족속, 여부스 족속, 브리스 족속, 히위 족속 등도 여기에 포함된다).[28] 이들은 성적인 대상을 숭배하는 이방인으로 철저한 다신교도다. 예를 들어 가나안의 신 엘과 바알에게는 아낫과 아세라 같은 여신 배우자가 있다.[29]

사람들은 성경을 읽다가 때로 가나안과 전쟁을 하는 동안 이스라엘이 보여 준 잔인함과 이를 지시하신 하나님을 생각하며 오싹해하기도 한다. 하지만 이러한 전쟁을 임의적이거나 가학적인 일로 볼 게 아니라, 인간을 위한 하나님의 전체 구속 계획과 가나안 문화라는 정황에서 이해해야 한다. 하나님의 구원 목적을 수행하는 데 방해가 되는 어떤 것이라도 하나님의 적으로 간주하고 제거해야 하는 것이다.[30]

고고학자들의 발견과 여러 기록에 따르면, 가나안 사람들은 종교 예식 중에 유아를 제물로 바친다든가 매춘을 공공연히 행하고 뱀을 숭배하는 등 그 부도덕함과 잔인함이 어디에도 비길 수 없었다.[31] 모세는 이러한 행위를 알고 있기에 이스라엘 백성에게 가나안 사람을 예외 없이 다 멸절하라고 명한다. 이스라엘이 이런 사악한 행위에 물들어 스스로를 더럽히고 유일하신 하나님을 예배하는 일에서 벗어나지 않도록 하기 위해서다. 그들은 인류를 위해 대대로 하나님의 말씀을 지키도록 위임 받은 자들이다(레 18:24-28, 20-23, 신 12:31, 20:17, 18).[32] 또한 하나님이 가나안 사람들에 대해 끝까지 참으시다가 그들의 죄악이 가득찬 후에야 사악한 그들을 심판하신다는 사실을 기억하자. 예를 들어, 수세기 전 아브라함이 그 땅에 머물 당시 하나님은 아브라함에게 그의 후손이 타향(애굽)에서 400년간 머물 텐데, 이는 "아모리 족속의 죄악이 아직 가득 차지 아니함이니라"고 말씀하신다(창 15:16).

정복 전쟁을 준비하는 이스라엘은, 과거에 자신들이 믿음이 부족하여 첫 번째 기회를 놓치고 그로 인해 광야에서 38년간 방황하는 대가를 치렀다는 사실을 알고 있다. 이제 약속의 땅을 얻기 위해, 그들은 이 모든 사건이 그들 때문에 일어나는 일이 아니라 인간과 화해하시려는 하나님의 주권적 계획에 따른 일임을 인정해야 한다.[33] 약속의 땅을 선물로 받기 위해서는 하나님의 뜻에 순종해야 한다는 점도 받아들여야 한다.[34] 비록 하나님은 절대 주권자시지만, 그럼에도 인간이 그들의 행위에 전적인 책임을 지도록 하신다. 게다가 하나님에 대한 그들의 의무는 땅을 정복하는 것으로 끝나지 않는다. 하나님은 일부러 그들을 이방 민족들 사이에 두어(겔 5:5) 참 하나님을 섬기고 그분의 법을 준행하면 어떤 결과가 오는지 보이도록 하신다(사 43:10).

하나님은 이스라엘의 새 지도자 여호수아에게 땅에 대한 자신의 약속을 성취하려 한다고 하시며 이렇게 당부하신다. "강하고 담대하라. 두려워하지 말며 놀라지 말라. 네가 어디로 가든지 네 하나님 여호와가 너와 함께하느니라"(수 1:9). 하나님은 백성이 율법책에 깊이 빠져야 한다고도 말씀하신다. "이 율법책을 네 입에서 떠나지 말게 하며 주야로 그것을 묵상하여 그 안에 기록된 대로 다 지켜 행하라"(수 1:8).

여호수아는 가장 먼저 두 명의 정탐꾼을 보내며 "가서 그 땅과 여리고를 엿보라"고 명령한다(수 2:1). 두 정탐꾼은 예기치 않은 곳에서 도움을 얻는데, 가나안의 기생 라합이 그들을 들여 여리고 왕을 피해 숨게 하고 안전하게 도망치도록 돕는다. 라합은 이스라엘 민족은 아니지만 가나안의 거짓 신들이 아닌 참 하나님에 대한 믿음을 보인다. 히브리서 저자는 믿음의 선조들 목록에 라합을 올려 놓는다. "믿음으로 기생 라합은 정탐꾼을 평안히 영접하였으므로 순종하지 아니한 자와 함께 멸망하지 아니하였도다"(히 11:31).

하나님은 백성이 요단강을 건너는 모든 과정을 꼼꼼히 감독하며 여호수아에게 말씀하신다. "오늘부터 시작하여 너를 온 이스라엘의 목전에서 크게 하여 내가 모세와 함께 있었던 것같이 너와 함께 있는 것을 그들이 알게 하리라"(수 3:7). 여호수아는 백성이 "살아 계신 하나님이 그들 가운데 계시는 것"을 알 뿐 아니라, 하나님이 그 땅에 있는 가나안 사람과 여러 족속을 그들 앞에서 몰아내실 것도 알게 되리라 선언한다. 바로 다음과 같은 일이 일어나는 걸 통해서다. "온 땅의 주 여호와의 궤를 멘 제사장들의 발바닥이 요단 물을 밟고 멈추면 요단 물

곧 위에서부터 흘러내리던 물이 끊어지고 한곳에 쌓여 서리라"(수 3:13).

하나님이 약속하신 대로 제사장들이 강을 밟자 "곧 위에서부터 흘러내리던 물이 그쳐서…한 곳에 쌓[였다]"(수 3:16). 당시 요단강은 추수철이라 물이 강둑에까지 넘쳐 흐르고 있었지만(수 3:15) 이스라엘 백성들은 마른 땅을 밟고 강을 건너 가나안에 들어갈 수 있었다. 트렘퍼 롱맨은 이 사건을 이렇게 설명한다. "애굽을 물리치신 하나님이 애굽보다 더 큰 적과 마주한 이스라엘 백성과 여전히 함께하심을 보여 주시려고 홍해의 기적을 재현하셨다."[35]

하나님은 전투 중에 "여호와의 군대 대장"으로 여호수아 앞에 나타나신다(수 5:14). 이스라엘 백성이 하나님의 세세한 명령에 순종했을 때 여리고성은 단번에 무너져 내린다. 하지만 여리고에서 얻은 전리품을 하나도 취하지 말라는 하나님의 명령에 복종하지 않으면서 아이성 전투에서 패하고 만다. 이것은 하나님의 주권과 더불어 인간의 책임을 보여 주는 사건이다. 여호수아 12장에서 자세히 묘사하듯, 이스라엘은 아이성 패배 이후 다시 승리를 얻고 계속 전진해 나간다. 하지만 그 땅을 모두 차지하는 데는 실패한다. 그 땅에 사는 이방인과 어떠한 언약도 맺지 말고 그들의 모든 제단을 헐라는 하나님의 명령을 어기고 기브온 사람들과 언약을 맺고 말기 때문이다.

하나님의 사자가 보김에서 나타나 이렇게 말한다. "내가 너희를 애굽에서 올라오게 하여 내가 너희의 조상들에게 맹세한 땅으로 들어가게 하였으며 또 내가 이르기를 내가 너희와 함께한 언약을 영원히 어기지 아니하리니 너희는 이땅의 주민과 언약을 맺지 말며 그들의 제단들을 헐라 하였거늘 너희가 내 목소리를 듣지 아니하였으니 어찌하여 그리하였느냐. 그러므로 내가 또 말하기를 내가 그들을 너희 앞에서 쫓아내지 아니하리니 그들이 너희 옆구리에 가시가 될 것이며 그들의 신들이 너희에게 올무가 되리라 하였노라"(삿 2:1-3).

여호수아서 후반부에는 이스라엘의 각 지파에게 새로 정복한 땅을 분배하는 장면이 나온다. 마지막 23-24장에서 하나님은 자신이 이스라엘과 맺은 약속에 신실하였음을 상기시키고, 정복당한 가나안의 유민들과 결혼하지 말라고 경고하신다. 이스라엘이 이 명령에 불순종하면 하나님이 더 이상 그 민족을 쫓아내지 않으실 것이며, 그들이 이스라엘에 '가시'와 '올무'가 되리라는 말씀이다. 또한 이스라엘에게 다른 신들을 섬기거나 경배하지 말라고 엄중히 경고하신다. 이후 여호수아는 백성을 모으고, 하나님을 대신하여 지금까지 그분이 주관해 오신 역사를 되돌아본다. 아브라함으로부터 시작하여 애굽에서 지낸 시간을 거쳐 출애굽과 가나안 땅을 정복한 일까지 정리한다(수 24:1-13). 여호수아는 백성에게 거짓 신들과 진정한 한 분 하나님 사이에서 선택해야 한다고 촉구하고 여호수아서를 마무리하며 이렇게 단언한다. "오직 나와 내 집은 여호와를 섬기겠노라"(수 24:15). 백성들은 하나님과의 언약을 다시 새롭게 하고, 그 일 이후 여호수아는 죽어 장사된다.

사사 시대

사사기는 여호수아의 죽음 이후부터 사무엘이 등장하기까지 이스라엘 역사를 연대순으로 기록한 책이다. 여호수아의 죽음 이후 가나안에 정착한 이스라엘 백성은 툭하면 하나님과 맺은 언약을 깨뜨리고 죄악에 빠진다. 이에 대한 하나님의 징계가 어김없이 내리고 고통 가운데서 백성이 회개하면 곧이어 하나님의 구원이 임하는 같은 패턴이 반복된다.

타락한 인간은 습관적으로 죄를 짓고 그에 반해 하나님은 오래 참으며 용서하신다. 사사기에서 주기적으로 드러나는 이러한 패턴을 보면 유대 민족 역사의 '암흑기'라 부를 만하다. 말 그대로 배교와 불순종의 시기다. 이스라엘 백성은 이교도의 신앙과 행실을 거부하라는 하나님의 명령을 거역하고 고집스레 하나님 없는 홀로서기를 시도한다.[36] 그래서 사사기의 주제는 책 전반에서 반복되는 한 문장으로 대변된다. "이스라엘 자손이 여호와의 목전에 악을 행하여"(2:11, 3:7, 3:12, 4:1, 6:1, 10:6, 13:1). 이스라엘 백성은 가나안 민족을 완전히 멸하라는 하나님의 명령을 무시하면서 그들과 서슴없이 결혼하고 우상 숭배 행위를 받아들인다. 자멸의 길을 걸어간 것이다.

'사사'judge라는 단어가 자칫 오해를 부를 수 있는데, 이른바 사사는 대부분 군사 지도자이지 (일부 예외가 있긴 하지만) 법적 문제를 판결하는 사람이 아니다. 법을 만들거나 해석할 권한이 있는 것도 아니다. 이미 하나님이 이스라엘에게 주신 율법이 있을 뿐 아니라 그 율법의 해석은 제사장의 몫이었다.[37] 사사기에는 총 열두 명의 사사가 나오며, 여성 전사 드보라와 전설적인 절대강자 삼손이 여기에 속한다.

사사는 왕이 아니다. 왕은 자신의 왕권을 후계자에게 물려 주고 세금을 부과하며 다른 나라와 협상할 권한이 있다. 이에 비해 사사에게는 자기 휘하에 군대가 없고, 군사를 일으키려면 이스라엘 각 지파 지도자들의 결정이 있어야 한다. 사사는 왕족의 지위를 갖지 않으며 신분을 드러내는 어떤 상징도 갖지 않는다. 다만 하나님을 대신하여

백성을 압제에서 구원하기 위해 하나님께 특별한 위임을 받은 평범한 시민에 가깝다.[38]

이 시기의 이스라엘은 신정 국가 체제여서 백성이 하나님의 통치 아래 있었지만, 그럼에도 끊임없이 하나님을 거부하고 그들만의 왕을 세우고 싶어한다. 그런 탓에 사사가 활동한 시기는 무질서하고 때로 무정부 상태처럼 보인다. 하지만 하나님의 주권적 관점에서 보면 아무렇게나 흘러가는 시대가 아니라 여러 사건이 일관된 양상으로 흘러가는 시기이기도 하다. 하나님은 늘 변함없이 신뢰할 만한 모습으로 백성을 다루고 계신다. 이 시기 동안에는 네 단계에 걸친 하나의 주기가 반복하여 이어지며, 이를 기억하기 쉽게 S로 두음을 맞춰 다음과 같이 정리해 볼 수 있다.[39]

1. 죄^sin^: 백성이 특히 우상 숭배와 통혼으로 죄를 지음(삿 3:6).
2. 예속^servitude^: 다른 민족의 압제를 받게 함으로 하나님이 백성을 징계하심.
3. 슬픔과 탄원^sorrow, supplication^: 백성이 회개하고 구원을 위해 기도함.
4. 구원^salvation^: 하나님이 사사를 보내 압제자를 물리치심(삿 2:18).[40]

성경이 사사 시대 내내 반복되는 이 패턴을 어떻게 기술하고 있는지 살펴보자.

○ 백성이 죄를 지음

하나님이 택하신 백성에게 원하는 것은 단지 다른 민족으로부터 분리되는 것이 아니다. 하나님은 백성이 오직 자신만을 섬기고 예배하며 거짓 신을 숭배하지 말 것을 요구하신다. 십계명의 제1계명과 제2계명이 강조하는 바다. 하나님이 주시는 계명은 언제나 그렇듯 백성의 유익을 위한 것이지만,[41] 그들은 어떻게든 불순종하여 "바알들을 섬[기고]"(삿 2:11) "애굽 땅에서 그들을 인도하여 내신 그들의 조상들의 하나님 여호와를 버리고 다른 신들 곧 그들의 주위에 있는 백성의 신들을 따라 그들에게 절하여 여호와를 진노하시게 하였[다]"(삿 2:12).

○ 하나님이 백성을 예속되게 하심

"여호와께서 이스라엘에게 진노하사 노략하는 자의 손에 넘겨 주사 그들이 노략을 당하게 하시며 또 주위에 있는 모든 대적의 손에 팔아 넘기시매 그들이 다시는 대적을 당하지 못하였으며"(삿 2:14).

○ 백성이 슬픔과 탄원으로 반응함

이방인에게 압제를 당하던 백성이 하나님께 구원해 주시기를 간구한다. "그들의 괴로움이 심하였더라"(삿 2:15).

○ 하나님이 긍휼함으로 백성에게 구원을 베푸심

"여호와께서 사사들을 세우사 노략자의 손에서 그들을 구원하게 하셨으나"(삿 2:16). 훗날 느헤미야는 백성이 죄를 짓지 말라는 하나님의 경고를 무시했으며, 그럼에도 하나님은 백성을 징계하신 후에는 언제나 찾아와 구원을 베푸셨다고 기록한다. "그러나 주께서 그들을 여러 해 동안 참으시고 또 주의 선지자들을 통하여 주의 영으로 그들을 경계하시되 그들이 듣지 아니하므로 열방 사람들의 손에 넘기시고도 주의 크신 긍휼로 그들을 아주 멸하지 아니하시며 버리지도 아니하셨사오니 주는 은혜로우시고 불쌍히 여기시는 하나님이심이니이다"(느 9:30-31).

하나님의 징계는 단지 처벌이 아니라 바로잡는 데 목적이 있다. 잠언에 나오는 말씀처럼 말이다. "내 아들아, 여호와의 징계를 경히 여기지 말라. 그 꾸지람을 싫어하지 말라. 대저 여호와께서 그 사랑하시는 자를 징계하시기를 마치 아비가 그 기뻐하는 아들을 징계함같이 하시느니라"(3:11-12. 비교 히 12:5-10). 하나님은 이스라엘이 더 큰 악행에 빠지지 않게 하기 위해 그들을 징계하신다. 하지만 타락한 인간은 하나님이 허락하시는 복을 단단히 붙들지 못하고 한두 세대 안에 다시 죄악된 행위로 돌아간다. 그럼에도 하나님은 항상 인간을 돌이키고 구속하여 회복시켜 주신다. 사사 시대는 분명 이스라엘에게 험난한 시기이지만, 로이 깅리치의 말에 따르면 또한 "경험을 통해 배우는 시대이고, 질풍노도 같은 이스라엘은 이를 통해 뼈아픈 지혜를 얻는다."[42]

룻기는 사사 시대를 배경으로 기록되었으며 당시 이스라엘 사회가 어떤 상황에 놓여 있는지를 알 수 있게 한다. J. W. 리드는 이렇게 기록한다. "룻기는 칠흑 같은 어둠 속에서 빛나는 아름다운 진주 같다."[43] 룻기는 그 내용도 아름답지만 문학적으로도 탁월한 작품이다. 독일의 작가이자 시인인 괴테는 룻기야말로 "작지만 가장 아름답고 완벽한 작품"이라고 평가한다.[44]

룻은 쇠락해 가는 이스라엘 사회 속에서 신실하고 의로운 삶이란 어떤 것인지를 몸소 보여 주는 인물이다. 하나님은 그런 신실한 사람들의 삶 가운데 임재하신다. 룻기는 하나님을 떠나 자기 뜻대로 살아보려는 개인들로 가득한 사회에서 책임감을 잃지 않고 인내하며 살아

가는 믿음의 사람들을 그리고 있다. 룻은 유대인이 아닌 이방 모압 사람이지만 참 되신 하나님에 대한 믿음을 갖기에 이르고, 하나님은 그녀를 받아 주시고 복을 베푸심으로 우상이 아닌 하나님을 따르는 지혜의 결과가 무엇인지 입증하신다. 또한 하나님의 구속 계획에 이방인도 포함되어 있음을 보여 주신다.

통일 왕국 시대

이스라엘 민족이 이전의 역사와 비교하여 급진적 변화를 겪는 시기다. 조직력이나 응집력이 느슨한 지파 공동체에서 왕의 통치를 받는 국가로 바뀌기 때문이다. 이러한 변화는 이스라엘의 마지막 사사인 사무엘의 감독 아래 이루어진다. 사무엘은 이 시기의 중요 인물 네 명 중 하나다. 나머지 세 명은 통일 왕국의 왕인 사울과 다윗과 솔로몬이다.[45] 사무엘은 이 시기 역사의 가장 중요한 시점마다 등장하여 중심 역할을 수행한다. 특히 통일된 왕국 수립에 기여한 점을 고려할 때, 사무엘은 모세 이후로 가장 중요한 이스라엘 사람이라 주장할 만하다.[46]

하나님이 부여하시고 이스라엘 민족이 수행한 주요 직분 세 가지가 있다. 선지자(삼하 7:2), 제사장(삼상 30:7), 왕(삼하 5:3)이 그것이다.[47] 이 세 가지 직분은 관습상 머리에 기름을 부어 임명하며,[48] 훗날 예수 그리스도 안에서 통합된다.[49] 사무엘은 사실상 이 직분을 모두 수행한다. 그는 이스라엘의 지도자(사사)일 뿐 아니라 제사장이자(제사장인 아론의 후손은 아니다) 선지자로서 섬긴다. 사무엘 이전에도 예언의 은사가 있고 선지자 역할을 감당한 사람이 있지만, 사무엘은 이스라엘 최초의 공식 선지자라 하겠다.[50] 그는 장래의 이스라엘 왕들에게 과도한 영향력을 미치게 될 선지자 양성 학교를 세우기도 한다(삼상 10:5, 19:20).[51]

사울 왕과 다윗 왕, 솔로몬 왕은 각각 40년씩 통치한다. 이때가 이스라엘의 황금기이며 백성들은 하나의 왕과 중앙정부로 이루어진 통일국가 체제를 유지한다. 그중에서도 솔로몬 통치 아래 이스라엘은 역사상 가장 강력하고 번영하는 나라가 된다. 경제, 교육, 정치, 사회, 종교 등 국가 전반에 발전을 이룬다.[52] 영토 면에서도 크게 확장을 이루는데, 사울이 즉위한 당시에는 가나안의 절반 정도에 불과하나 솔로몬이 사망할 무렵에는 메소포타미아에서 애굽까지, 광야 지대에서 지중해에 이르기까지 12만 6천 제곱킬로미터를 차지한다.[53]

사사 시대 때 이웃 민족 블레셋은 그 공격성이 유달리 심하여 사사 시대가 끝나는 날까지 이스라엘을 지속적으로 괴롭히며 심지어 십계명이 담긴 언약궤를 약탈해 간다(삼상 4:5-11). 서쪽으로는 블레셋, 요단강 동편으로는 아모리 족속의 끊임없는 위협에 시달린 끝에 이스라엘은 자신들을 지키고 이끌어 갈 왕을 요구하기에 이른다. 사무엘이 거절하자 백성들은 이렇게 반응한다. "아니로소이다. 우리도 우리 왕이 있어야 하리니 우리도 다른 나라들같이 되어 우리의 왕이 우리를 다스리며 우리 앞에 나가서 우리의 싸움을 싸워야 할 것이니이다"(삼상 8:19-20).

사무엘은 왕이 세워지면 백성에게 세금을 무겁게 부과하여 압제하고 땅을 빼앗아 사실상 그들을 종처럼 부릴 것이라고 경고한다(삼상 8:10-18). 그럼에도 하나님에 대한 믿음을 잃어버린 백성들은 줄기차게 왕을 요구한다. 사무엘의 뒤를 이어 사사가 된 아들들마저 뇌물을 받고 판결을 굽게 함으로 사사로서 자격이 없음을 드러낸다. 결국 사무엘은 백성의 요구에 응한다. 그는 하나님께 기도하고, 하나님은 백성이 이미 하나님의 신정 통치를 거부했으니 그들의 요구를 들어주라고 하신다(삼상 8:1-9). 자신들에게 왕을 허락해 달라는 이스라엘에게 비록 실망하긴 하셨지만 궁극적으로 하나님은 이스라엘을 위해 왕을 세울 계획을 품고 계셨음을 기억하자(창 17:6).[54]

하나님은 사무엘로 하여금 사울에게 기름을 부어 왕으로 세우라고 명하신다. "내가 베냐민 땅에서 한 사람을 네게로 보내리니 너는 그에게 기름을 부어 내 백성 이스라엘의 지도자로 삼으라. 그가 내 백성을 블레셋 사람들의 손에서 구원하리라"(삼상 9:16). 사무엘은 백성에게 왕을 세울 것임을 알리면서도 이렇게 책망한다. "너희는 너희를 모든 재난과 고통 중에서 친히 구원하여 내신 너희의 하나님을 오늘 버리고 이르기를 우리 위에 왕을 세우라 하는도다"(삼상 10:19). 사울은 왕이 된 직후 33만 명의 군대를 거느리고 암몬 사람들을 무찌르면서 지도력에 힘을 얻고 왕위를 공고히 한다(삼상 11:8-15).

이 일 이후로 사무엘은 백성에게 작별을 고하고, 하나님이 항상 그들을 돕고 구원하셨음을 기억하라고 다시금 경고한다. 또한 그들이 왕을 달라고 요구하며 배은망덕하게 나왔지만 하나님과 백성의 근본 관계는 변하지 않을 것이라고 말한다. 왕이 누구냐에 상관없이 하나님이 주권자시기 때문이다. 그러면서 "너희가 만일 여호와를 경외하여 그를 섬기며 그의 목소리를 듣고 여호와의 명령을 거역하지 아니하며 또 너희와 너희를 다스리는 왕이 너희의 하나님 여호와를 따르면" 모든 일이 잘될 것이지만 "너희가 만일 여호와의 목소리를 듣지 아니하고 여호와의 명령을 거역하면 여호와의 손이 너희의 조상들을 치신 것같이 너희를 치실 것이라"고 확언한다(삼상 12:14-15).

이 시기에 이스라엘은 여전히 블레셋의 위협을 받고 있었는데, 그들이 팔레스타인 지역에서 철제 기술을 독점하고 있었기 때문이다.[55] 그들은 "히브리 사람이 칼이나 창을 만들까 두[려워]"(삼상 13:19) 철제 기술을 철저히 보호했다. 결과적으로 이스라엘은 쟁기날이나 그 밖의 도구들을 구하려면 블레셋에게 의존할 수밖에 없었다(삼상 13:20). 그러나 이스라엘 위에 군림하던 블레셋도 다윗 왕의 통치 기간에 결국 힘을 잃는다.[56]

사울은 왕이 되고 2년 째 되는 해에 게바에서 블레셋 군대와 충돌한다. 이후에 블레셋이 3만의 병거와 6천의 기마병과 바다의 모래알처럼 많은 병사를 거느리고 벧아웬 동쪽의 믹마스에 진을 친다. 어마어마한 블레셋 군대에 위급함을 느낀 이스라엘 사람들은 "절박하여 굴과 수풀과 바위 틈과 은밀한 곳과 웅덩이에 숨[는다]"(삼상 13:6). 앞서 사무엘로부터 이 전쟁에 대한 예언을 들은 사울은 사무엘이 도착하기까지 7일을 기다리다가 하나님께 제사를 드려야 했다(삼상 10:8). 그러나 두려움과 근심이 가득해진 사울은 사무엘을 기다리지 못하고 저 혼자 제사를 드린다. 곧이어 도착한 사무엘이 하나님의 명령에 불순종한 사울을 엄하게 꾸짖고 이번 잘못으로 인해 그가 왕위을 잃게 될 것이라 말한다. "지금은 왕의 나라가 길지 못할 것이라. 여호와께서 왕에게 명령하신 바를 왕이 지키지 아니하였으므로 여호와께서 그의 마음에 맞는 사람을 구하여 여호와께서 그를 그의 백성의 지도자로 삼으셨느니라"(삼상 13:14).

이후에도 사울은 아말렉과의 전투에서 이긴 다음 아말렉 왕 아각의 목숨을 살려 주고 가장 좋은 가축들을 남겨 놓음으로 하나님의 명령에 또다시 불순종한다. 더욱이 이러한 행위를 사무엘에게 감추고 거짓말까지 하다가 죄를 더하고 만다. 꾸짖음을 들은 후에도 사울은 여전히 반감을 드러내고, 자신은 하나님의 명령대로 아말렉을 물리쳤으며 단지 하나님께 제사로 드릴 '전리품'만 남겨 두었을 뿐이라고 강변한다.

이에 사무엘은 의미심장한 대답을 한다. "여호와께서 번제와 다른 제사를 그의 목소리를 청종하는 것을 좋아하심같이 좋아하시겠나이까. 순종이 제사보다 낫고 듣는 것이 숫양의 기름보다 나으니 이는 거역하는 것은 점치는 죄와 같고 완고한 것은 사신 우상에게 절하는 죄와 같음이라. 왕이 여호와의 말씀을 버렸으므로 여호와께서도 왕을 버려 왕이 되지 못하게 하셨나이다"(삼상 15:22-23). 사무엘을 통해 하나님은 자신이 몸소 제정한 제사 제도가 쓸모없다고 말씀하시는 것이 아니다. 회개의 영 없이 행위로만 드리는 제사가 아무 의미 없음을 지적하신다. 달리 말해, 하나님께 순종하는 것이 제사드리는 것보다 훨씬 중요하다는 의미다. 훗날 예수님도 이 동일한 원리를 가르치신다. "나는 자비를 원하고 제사를 원하지 아니하노라 하신 뜻을 너희가 알았더라면 무죄한 자를 정죄하지 아니하였으리라"(마 12:7).

구약학자 로버트 D. 버건은 이렇게 기록한다. "분명히 토라는 제사를 하나님께 순종하는 삶의 일환으로 간주한다. 하지만 제사가 순종을 대신할 수 있다고는 결코 여기지 않는다."[57] 사울이 보인 참으로 주제넘은 행동은 우상 숭배나 다름없다. 그는 자신이 하나님이라도 된 듯 행동하고 있다. 이날 이후 사무엘은 죽는 날까지 두 번 다시 사울을 만나지 않는다(삼상 15:35).

하나님은 자신을 따르지 않고 명령에 순종하지 않은 사울을 왕으로 세운 것을 후회한다고 말씀하신다(삼상 15:11). 그러면서 베들레헴에 있는 이새의 아들 중 하나에게 기름을 부어 왕으로 세우라고 사무엘에게 명하신다. 이때 다윗은 기름 부음을 받지만(삼상 16:13) 실제로 다윗의 통치는 15년이 더 지나 사울이 죽고 나서야 공식적으로 시작된다.[58] 다윗이 왕위 계승자로 선택된 사실을 모르는 사울은 그를 수금 타는 악사로 궁정에 불러들인다. 사울은 그를 크게 아끼고 자기의 무기를 드는 호위병으로 삼기에 이른다(삼상 16:21).

다윗이 골리앗을 죽인 뒤 백성 앞에 영웅이 되자 그를 향한 사울의 태도가 돌변한다. 사울은 다윗을 중대한 위협으로 인식하고 질투심에 사로잡힌다. 왕국을 다스리고 주변의 적들을 상대하는 대신 다윗을 죽이려고 쫓는 데 혈안이 되지만, 매번 뜻을 이루지 못하고 때로는 다윗을 진심으로 사랑하는 자신의 아들 요나단의 방해를 받기도 한다.

궁극적으로는 주권자이신 하나님이 다윗을 보호하신 덕분이다. 다윗은 하나님의 뜻이 이루어지도록 순종했고, 사울을 제거할 기회가 몇 번이나 있었지만 그때마다 그의 목숨을 살려 준다. 이 모든 일이 벌어지는 동안 사무엘은 죽음을 맞이하고(삼상 25:1) 백성은 큰 슬픔에 빠진다. 이후 사울은 블레셋 군대와의 전투에서 치명상을 입고 자기 칼 위에 엎드러져 스스로 최후를 맞는다. 그날 사울의 네 아들 중 세 명과 모든 부하들이 죽는다(삼상 31장).

이후에 유다 사람들이 다윗에게 와서 기름을 붓고 그를 유다 지파의 왕으로 삼음으로써(삼하 2:4) 앞서 사무엘에게 기름 부음 받은 사실을 공개적으로 재확인한다(삼상 16장).[59] 그 사이에 사울의 아들 중 살아 남은 이스보셋은 요단 동편과 '온 이스라엘'에 있는 일부 지파들의 왕으로 잠시 통치한다(삼하 2:9). 이스보셋이 죽고 나서야 다윗은 남북이 하나가 된 통일 이스라엘 왕국을 다스리게 된다(삼하 5:1-5).

다윗은 전략적으로 유리한 예루살렘 성(여부스)을 새 수도로 정하고 '다윗 성'이라 부른다(삼하 5:9). 다윗은 이곳에 정착하면서 언약궤를 모실 적절한 장소를 찾는 일에 매진한다. 그가 나단 선지자에게 말한다. "볼지어다. 나는 백향목 궁에 살거늘 하나님의 궤는 휘장 가운데에 있도다"(삼하 7:2). 처음에 나단은 다윗의 생각을 좋게 여기지만, 그날 밤 하나님은 나단에게 성전을 짓는 일이 하나님의 거룩한 계획이기는 해도 다윗이 할 일은 아니라고 말씀하신다. 대신 하나님은 다윗에게 조금 다른 종류의 '집', 즉 다윗 왕조를 견고히 세우겠다고 하신다. 여기서 하나님은 훗날 '다윗 언약'이라 불릴 약속을 밝히 드러내신다.

로이 B. 주크 교수에 따르면, 하나님은 다윗 이후의 모든 왕들을 대하실 때뿐 아니라 종말론적 의미를 지닌 "다윗"(예수 그리스도)이 오셨을 때에도 이 언약을 따라 행하신다.[60] 다윗 언약에 대해서는 6장에서 자세히 다루기로 하겠다.

하나님은 나단을 통해 다윗에게 말씀하신다. "여호와가 또 네게 이르노니 여호와가 너를 위하여 집을 짓고 네 수한이 차서 네 조상들과 함께 누울 때에 내가 네 몸에서 날 네 씨를 네 뒤에 세워 그의 나라를 견고하게 하리라. 그는 내 이름을 위하여 집을 건축할 것이요 나는 그의 나라 왕위를 영원히 견고하게 하리라"(삼하 7:11-13).

다윗 왕국에 대한 하나님의 약속은, 그의 후손들에게서 왕들이 나오리라는 아브라함 언약에 대한 약속을 다시 한번 확인시켜 준다(창 17:6, 16, 35:11). 크레이그 A. 블레이징의 표현을 빌리자면, 후손들이 약속의 땅에서 복을 받게 되리라는 (아브라함에게 주신) 약속은 다윗의 통치 아래 최종적으로 실현될 것이다.…그러므로 다윗 언약은 모든 후손을 위하여 아브라함에게 약속된 복이 성취되는 유일한 '방편'이 되는 것이다.[61] 덧붙이자면, 이것은 하나님이 이스라엘을 위해 왕을 허락하시기로 처음부터 의도하셨다는 확실한 증거이기도 하다(이스라엘이 하나님께 왕을 달라고 요구했기 때문이 아니라는 말이다).

다윗이 쓴 시편에서 확인할 수 있듯, 그는 하나님이 자신을 택하여 메시아 계보에서 중요한 위치에 서게 하신 신학적 의미를 잘 이해하고 있다. 다윗의 계보는 궁극적으로 하나님의 아들이자 왕인 예수 그리스도가 오실 계보다(시 2:6-7, 110편). 구약의 다른 선지자들 역시 메시아가 다윗의 혈통으로 임할 것이라고 선포한다(사 9:1-7, 11:1-5, 렘 30:4-11, 겔 34:23-24, 37:24-25, 암 9:11-15).[62] R. E. 클레멘츠는 이렇게 말한다. "구약성경에서 메시아 도래에 대한 소망을 드러내는 단 하나의 구절을 꼽으라면 바로 사무엘하 7장 1-17절이며, 특히 16절이 그러하다."[63] (16절에서 하나님은 다윗에게 "네 집과 네 나라가 내 앞에서 영원히 보전되고 네 왕위가 영원히 견고하리라"고 말씀하신다.)

다윗은 이스라엘의 가장 위대한 왕이 되기는 하지만, 통치하는 내내 많은 부침을 겪는다. 자신이 저지른 죄로 인해 정상에서 나락으로 추락하는 비참함을 맛보기도 한다. 다윗은 스스로에게뿐 아니라 그의 가정과 온 나라에 크나큰 상처를 입힌다.[64] 그가 밧세바에게 저지른 간음이 이 모든 비극의 출발점이다. 그의 죄악은 탐욕, 거짓 증언, 절도를 거쳐 살인으로 이어진다. 군대만 전장에 보내고 혼자 궁궐에 남아 있던 다윗은 충직한 부하의 아내 밧세바와 불륜을 저지르고, 여인은 임신을 한다. 다윗은 자신의 죄악을 덮기 위해 밧세바의 남편 우리아를 불러 그녀와 동침하게 하지만 실패한다. 다윗의 계략은 거기서 멈추지 않는다. 우리아를 최전방으로 보내 죽음에 내몰리게 하고, 그의 악한 의도는 결국 성공한다. 다윗은 자신이 살인과는 직접적인 관계가 없다고 믿었을지 모르나 성경은 어디에나 편재하신 하나님의 눈을 아무도 피할 수 없다고 분명하게 말한다. "다윗이 행한 그 일이 여호와 보시기에 악하였더라"(삼하 11:27).

하나님은 나단을 보내어 다윗을 꾸짖으신다. 나단은 가난한 자의 것을 탈취한 부자 이야기를 다윗에게 들려 준다. 자신의 행위를 빗댄 것인 줄 모르는 다윗은 격노하여 이렇게 선언한다. "이 일을 행한 그 사람은 마땅히 죽을 자라"(삼하 12:5). 나단의 예상치 못한 답변이 돌아온다. "당신이 그 사람이라…네가 칼로 헷 사람 우리아를 치되 암몬 자손의 칼로 죽이고 그의 아내를 빼앗아 네 아내로 삼았도다"(삼하 12:7-9). 하나님을 대신하여 이 말을 전하면서 나단은 다윗에게 징계가 있으리라고 선포한다. "이제 네가 나를 업신여기고…칼이 네 집에서 영원토록 떠나지 아니하리라…내가 너와 네 집에 재앙을 일으키고"(삼하 12:10-11). 하나님이 다윗의 죄를 그 누구도 아닌 하나님에게 저지른 죄악으로 보셨다는 점에 유의하자. 하나님은 주권자시다. 율법을 주신 분이다.

다윗은 자기 죄를 깨닫고 깊은 뉘우침으로 반응한다. 책임을 피하거나 변명하지 않는다. 하나님은 '하나님의 마음에 합한' 그에 대한 사랑을 거두지는 않지만 심판을 면하게 하시지는 않는다. 회개하면 하나님과의 바른 관계를 회복할 수 있지만 죄에 따르는 결과는 고스란히 감내해야 한다. 결국 다윗과 밧세바 사이에서 태어난 아이는 죽고 만다. 이후에 다윗과 밧세바 사이에 다른 아이가 태어나는데, 그가 바로 다윗의 계승자인 솔로몬이다.

다윗은 아들 암논과 압살롬으로 인해서도 곤경에 처한다. 암논이 배다른 동생인 다말을 강간하자 압살롬이 복수한다며 암논을 죽인다. 다윗의 처벌을 두려워한 압살롬은 도피하고, 더 나아가 반란을 일으키지만 실패한다. 이후 다윗의 부하들이 압살롬을 살려 두라는 다윗의 명령에도 불구하고 압살롬을 쫓아가 죽인다. 나단이 경고한 대로 된 것이다(삼하 12:10) 다윗이 저지른 죄로 인해 갓난아이와 두 아들을 잃고 딸은 강간을 당한다. 죄가 불러온 뼈아픈 결과다.

로이 매티슨은 여기서 우리가 배워야 할 중요한 원리를 설명한다.

1. 스스로를 속이지 말라. 하나님은 업신여김을 받지 않으시므로 사람이 무엇으로 심든지 그대로 거둔다(갈 6:7).
2. 주님은 사랑하는 자를 징계하신다(히 12:6, 잠 3:12).

하나님은 과거를 용서하시지만 없는 일로 하지는 않으신다. 하나님은 다윗의 죄를 용서하시지만, 다윗은 남은 세월 내내 그 죄로 인해 고통을 겪고 시달린다.[65]

다윗은 비록 죄악을 저질렀지만 이후의 이야기를 보면, 예전에 사울에게 그랬듯 자신에게 잘못을 행한 자들을 거듭 용서하며 은혜를 입은 자로서 모범을 보인다. 이와 같이 다윗은 판단을 하나님께 맡기고 선으로 악을 이기라는 사도 바울의 가르침에 완벽하게 들어맞는 사람이다. "너희가 친히 원수를 갚지 말고 하나님의 진노하심에 맡기라. 기록되었으되 원수 갚는 것이 내게 있으니 내가 갚으리라고 주께서 말씀하시니라. 네 원수가 주리거든 먹이고 목마르거든 마시게 하라. 그리함으로 네가 숯불을 그 머리에 쌓아 놓으리라"(롬 12:19-20).[66]

사무엘하 끝부분에서 다윗은 하나님을 찬양하고 백성에게 마지막 메시지를 남기기 위하여 시를 읊는다. 그 시에서 다윗은 왕이 백성을 공의로 다스리는 것이 중요함을 강조하고 자신(과 자신의 후손들)과 영원한 언약을 맺으신 하나님께 감사를 드린다. 임종을 앞에 두고서는 아들이자 후계자인 솔로몬에게 하나님의 율법을 지킬 것을 강조한다. 그리고 하나님 앞에 신실하게 행하는 한, 하나님이 다윗의 보좌를 견고하게 하리라는 언약을 지키실 것이라고 단언한다(왕상 2:1-4). 다윗은 40년의 통치를 끝으로 눈을 감고 솔로몬이 왕위를 이어받는다.

솔로몬이 즉위하고 얼마 되지 않아 하나님이 그의 꿈에 나타나 소원하는 바를 말하라고 하신다. 솔로몬은 하나님이 자신을 왕으로 세우셨으나 통치자로서 많이 부족하다며 겸손히 이렇게 고백한다. "종은 작은 아이라 출입할 줄을 알지 못하고"(왕상 3:7). 솔로몬은 하나님께 백성을 다스리고 선악을 분별할 지혜를 구하면서 하나님만이 그러한 지혜를 주실 수 있음을 인정한다(왕상 3:9). 하나님은 솔로몬이 부자가 되는 것이나 원수를 벌하는 것 대신 "오직 송사를 듣고 분별하는 지혜"를 구하자 매우 기뻐하며(왕상 3:11) 그에게 지혜를 허락하신다. "지혜롭고 총명한 마음을 주노니 네 앞에도 너와 같은 자가 없었거니와 네 뒤에도 너와 같은 자가 일어남이 없으리라"(왕상 3:12). 하나님은 또한 솔로몬에게 부와 명예와 더불어 그가 하나님의 길을 행하고 율법을 지키면 그의 날을 길게 하겠다고 약속하신다.

얼마 후 솔로몬이 하나님께 받은 특별한 지혜를 보여 줄 기회가 온다. 지금도 전설처럼 내려오는 이야기로, 두 여인이 솔로몬을 찾아와 한 아기를 두고 서로 자기가 엄마라고 주장한다. 솔로몬은 가짜 엄마를 가려내기 위해 아기를 둘로 쪼개어 두 여인에게 반쪽씩 나누어 주라고 판결한다. 그때 진짜 엄마는 아기의 생명을 구하기 위해 차라리 아기를 포기하면서 자신이 진짜임을 증명한다(왕상 3:16-17).

솔로몬은 탁월한 통치를 펼치고 왕국도 번영한다. 그는 지혜가 이 세상 누구보다 뛰어나 무려 3,000개의 잠언을 말하고 1,005개의 노래를 짓는다. 동식물을 포함해 자연 세계에 대한 깊은 지식까지 겸비한 그를 만나려고 먼 곳에서 많은 사람들이 찾아온다(왕상 4:29-34). 왕권이 안정되자 솔로몬은 성전 건축이라는 대규모 프로젝트에 착수한다. 성전 건축을 시작한 솔로몬에게 하나님은 그가 신실하여 율법을 지키고 순종하면 자신도 백성 가운데 거하며 영원히 버리지 아니하겠다고 약속하신다(왕상 6:11-13). 7년의 건축 기간을 거쳐 성전이 완성된다. 성전은 이동식 성막의 두 배 정도 크기로 현대 기준으로 볼 때 그다지 큰 건축물은 아니다.[67]

어디에나 편재하시는 하나님이 그렇게 작은 성전에 거하신다는 말이 다소 이상하게 들릴 수 있다. 그렇지만 '거한다'dwelling는 개념은 특정 공간 안에 갇히는 수준으로 하나님을 제한한다는 의미가 아니라, 하나님이 자신만의 백성을 특별하게 택하시고 그들을 통해 구원의 역사를 이끌어 가심을 널리 드러내고 인정한다는 의미다. 우리가 하나님을 불러들이는 것이 아니라 하나님이 특별히 그곳에 임재하겠다 약속하셨기 때문이다. 그래서 성전은 하나님이 거하시는 곳을 상징한다. 성전은 하나님의 임재와 복과 보호하심을 기억하며 예배드리는 곳이다.[68] 하나님은 어느 의미에서든 결코 제한 받지 않는 분임을 명확히 하신다. "여호와께서 이와 같이 말씀하시되 하늘은 나의 보좌요 땅은 나의 발판이니 너희가 나를 위하여 무슨 집을 지으랴. 내가 안식할 처소가 어디랴"(사 66:1). 솔로몬은 그 점을 착각하지 않았기에 성전 봉헌식 때 이렇게 강조한다. "하나님이 참으로 땅에 거하시리이까. 하늘과 하늘들의 하늘이라도 주를 용납하지 못하겠거든 하물며 내가 건축한 이 성전이오리이까"(왕상 8:27).

솔로몬은 더 나아가 하나님이 성전에 거하신다는 것의 의미를 분명하게 선포한다. "그러나 내 하나님 여호와여 주의 종의 기도와 간구를 돌아보시며 이 종이 오늘 주 앞에서 부르짖음과 비는 기도를 들으시옵소서. 주께서 전에 말씀하시기를 내 이름이 거기 있으리라 하신 곳 이 성전을 향하여 주의 눈이 주야로 보시오며 주의 종이 이곳을 향하여 비는 기도를 들으시옵소서. 주의 종과 주의 백성 이스라엘이 이곳을 향하여 기도할 때에 주는 그 간구함을 들으시되 주께서 계신 곳 하늘에서 들으시고 들으시사 사하여 주옵소서"(왕상 8:28-30). 로이 매티슨은, 솔로몬의 성전에 하나님이 임재하시듯, 오늘날에는 성령이 우리 안에 내주하실 뿐 아니라 우리를 통해 스스로를 나타내신다고 비교하여 설명하기도 한다.[69]

어쩌면 이스라엘은 자신들이 택함 받았다는 사실이 얼마나 큰 책임을 동반하는지, 심지어 그 책임은 날로 커져 간다는 점을 제대로 인식하지 못한 것 같다. 가장 탁월한 지식을 소유한 솔로몬조차 하나님에게서 멀어지기 시작한다. 하나님을 아는 지식을 포함해 온갖 지식을 겸비했다고 해서 하나님과 친밀한 관계가 보장될 수 없음을 스스로 증명한다. 어떻게 세상에서 가장 지혜로운 자가 그토록 어리석게 변할 수 있을까? 아마도 지혜의 근원이신 분으로부터 등을 돌렸기 때문일 것이다. 그가 직접 잠언에 기록한 대로 말이다. "여호와를 경외하는 것이 지식(지혜)의 근본이거늘"(잠 1:7).

솔로몬은 하나님을 시야에서 놓치고 말았다. 물질의 풍성함에서

오는 쾌락을 즐기며 권력과 탐욕의 덫에 빠진 것이다. 단적으로, 그에게는 이방인이 대다수인 700명의 후궁과 300명의 첩이 있었다고 한다(왕상 11:3). 이것은 하나님의 명령을 대놓고 거스르는 행위다. "너희는 그들과 서로 통혼하지 말며 그들도 너희와 서로 통혼하게 하지 말라. 그들이 반드시 너희의 마음을 돌려 그들의 신들을 따르게 하리라"(왕상 11:2, 출 34:16). 실제로 그런 일이 일어난다. 솔로몬은 나이가 들면서 아내들로 인해 마음을 돌이켜 이방 신들을 섬기고 하나님을 등지게 된다(왕상 11:4).

솔로몬의 무분별한 우상 숭배로 하나님의 진노가 폭발한다. 하나님은 솔로몬으로부터 그의 왕국을 빼앗겠지만 다윗을 생각하여 그의 통치 기간에는 그 일을 하지 않으시겠고, 왕국 전체가 아니라 일부를 폐하겠다고 자세히 말씀하신다. 솔로몬은 40년의 통치를 끝으로 눈을 감고, 그의 아들 르호보암이 자리를 잇는다(왕상 11:34). 솔로몬이 사망할 무렵 그의 왕국은 하나님이 솔로몬의 죄를 심판하기 위해 일으키신 이방의 적들로 인해 큰 환난을 겪는다(왕상 11:14).

다음 장에서 살펴보겠지만 통일 왕국 이스라엘은 오래가지 못한다. 둘로 갈라지는데 하나님에 대한 불순종으로 인해 각각 차례로 이방 세력에게 정복당한다. 하지만 하나님은 자기 백성을 영원히 버리지는 않으신다. 절망이 있는 곳에 늘 신실한 사랑의 하나님이 주시는 소망이 넘친다.

4
포로 귀환까지

분열 왕국 당시 이스라엘의 많은 왕들이 악을 행하고 그 정점에 아합이 있다. 열왕기상 16장 33절은 말한다. "그는 그 이전의 이스라엘의 모든 왕보다 심히 이스라엘 하나님 여호와를 노하시게 하였더라." R. I. 드로우하드[1]

분열 왕국 시대

솔로몬이 죽으면서 그와 더불어 통일 왕국도 사라진다. 믿음을 내버린 솔로몬을 향해 하나님이 말씀하신 대로다. 로이 매티슨은 이렇게 주장한다. "솔로몬은 두 마음을 품은 사람이다. 그는 두 주인을 섬기려 했고, 이것은 그의 타락을 보여 주는 명백한 증거다. 그의 이중 생활은 그의 왕국에도 고스란히 영향을 미쳤다. 둘로 갈라진 그의 마음처럼 왕국도 갈라지고 말았다.[2]

솔로몬의 죽음 이후, 북쪽의 열 지파가 (솔로몬에게 반역을 저질렀다가 실패하고 애굽으로 도망갔던 자) 여로보암을 앞세워 세겜 지역에 와 있던 (솔로몬의 아들이자 후계자) 르호보암을 찾아간다. 여로보암은 솔로몬이 백성에게 부과한 세금이 너무 무거우니 그 부담을 줄여 달라고 호소하지만 르호보암 왕은 거만하게 대답한다. "내 아버지께서 너희에게 무거운 멍에를 메게 하였으나 이제 나는 너희의 멍에를 더욱 무겁게 할지라. 내 아버지는 채찍으로 너희를 징계하였으나 나는 전갈 채찍으로 너희를 징계하리라"(왕상 12:11).

그러자 백성이 반란을 일으킨다. 르호보암이 보낸 감독관 아도람을 돌로 쳐 죽이고, 겨우 목숨을 건진 르호보암은 예루살렘으로 피신한다. 이날 이후 여로보암은 북쪽의 열 지파에 의해 북왕국(이스라엘)의 왕으로 옹립되고, 솔로몬의 아들 르호보암은 남쪽 두 지파의 왕으로 남아 이른바 남왕국(유다)를 다스리게 된다. 북왕국 이스라엘은 그 면적이 약 1만5천제곱킬로미터로 남왕국 유다의 거의 세 배에 달하지만 성전과 예루살렘 성을 비롯하여 다윗과 솔로몬 시대의 국가 보물은 대부분 유다 지역에 속해 있다.[3]

르호보암은 이스라엘이라는 이름으로 뭉친 북쪽 지파들을 물리치고 나라를 다시 통일할 목적으로 군대를 모은다. 하지만 하나님은 선지자 스마야를 통해 그 일을 실행하지 말라고 르호보암에게 경고하신다. "이 일이 나로 말미암아 난 것이라"(왕상 12:24). 전쟁을 위해 모였던 사람들은 하나님의 말씀을 듣고 각기 집으로 돌아가고, 결국 통일 왕국이던 이스라엘 민족은 북왕국 이스라엘과 남왕국 유다로 갈라진 채로 남게 된다.

북왕국 이스라엘 왕 여로보암은 혹시 백성들이 예루살렘 성전으로 순례를 갔다가 르호보암에게 충성하게 될까 봐 두려운 나머지 최악의 결정을 내리고 만다. 벧엘과 단 지역에 각각 하나씩 금송아지 우상을 세운 것이다. 그는 백성에게 금송아지 우상을 신으로 섬기라고 명하고, 그 우상이 그들을 애굽 노예생활에서 이끌어 냈다는 주장까지 한다(왕상 12:28). 여로보암은 또한 높은 곳에 신전을 짓고, 레위 지파가 아닌 사람 중에서 제사장을 임명하며, 새로운 성일과 절기를 제정하여 지키게 한다.

여로보암의 통치 초기에 그에게 가슴 서늘해지는 일이 일어난다. 그가 거짓 제단 앞에서 분향할 때 "하나님의 사람"이 다가와 그에게 이렇게 말한 것이다. "제단아 제단아, 여호와께서 이와 같이 말씀하시기를 다윗의 집에 요시야라 이름하는 아들을 낳으리니 그가 네 위에 분향하는 산당 제사장을 네 위에서 제물로 바칠 것이요 또 사람의 뼈를 네 위에서 사르리라.…제단이 갈라지며 그 위에 있는 재가 쏟아지리라"(왕상 13:1-3). 이것은 성경을 통틀어 가장 놀라운 예언 중 하나로 300년이 지난 뒤 요시야 왕을 통해 성취된다(왕하 23:15-20).

이후 성경은 두 왕국과 통치자들에 대한 이야기를 번갈아 들려준다. 남왕국도 신실함에서 모범이 되지 못하지만,[4] 북왕국의 방탕함은 그 정도가 훨씬 심하다. 북왕국 열아홉 명의 왕이 모두 여로보암을 따라 우상을 숭배하고, 그 결과는 참담하다. 일곱 명의 왕들이 암살당하고, 한 명은 자살하며, 한 명은 전장에서 전사하고, 한 명은 낙상으로 죽고, 한 명은 왕국이 멸망하면서 포로로 잡혀 간다. 열아홉 명의 왕 가운데 여덟 명만이 자연사한다.[5]

이러한 암흑 시기에 성경의 한 위대한 인물이 북왕국 이스라엘에 등장한다. 놀라운 믿음을 지닌 엘리야다. 그 믿음으로 그는 죽은 과부의 아들을 다시 살리기도 한다(왕상 17:17-24). 그는 하나님의 진정한 대변자로서 당시의 도덕적 세태에 정면으로 맞선다. 이스라엘 왕 중에 가장 사악한 아합 왕을 책망하는데, 아합 왕은 하나님의 명령을 저버리고 아내 이세벨이 들여온 바알을 섬기며 이스라엘의 공식 종교로 삼는다. 그가 이 같은 악행을 저지른 데는 이세벨의 영향이 크다.

엘리야는 아합 왕에게 이세벨이 후원하는 바알 선지자 450명과 아세라 선지자 400명을 모든 이스라엘 백성과 함께 갈멜산에 불러 모으게 한다. 모두가 모인 자리에서 엘리야는 거짓 선지자들을 향해 제단에 쌓은 나무에 불이 붙도록 그들의 신들에게 기도하라고 한다. 이에 거짓 선지자들은 아침부터 정오가 지나고 저녁 제사를 드릴 때까지 바알의 이름을 부르고 제단 주위에서 춤을 추며 심지어 칼과 창으로 자기들의 몸을 상하게 하면서까지 부르짖지만 아무 일도 일어나지 않는다. 그 뒤에 엘리야도 제단에 나무를 쌓고 그 위에 (네 개의 통에 가득 채운) 물을 세 차례 부은 다음 하나님께 기도한다. "아브라함과 이삭과 이스라엘의 하나님 여호와여, 주께서 이스라엘 중에서 하나님이신 것과 내가 주의 종인 것과 내가 주의 말씀대로 이 모든 일을 행하는 것을 오늘 알게 하옵소서. 여호와여 내게 응답하옵소서. 내게 응답하옵소서. 이 백성에게 주 여호와는 하나님이신 것과 주는 그들의 마음을 되돌이키심을 알게 하옵소서"(왕상 18:36-37). 하나님이 즉시 불을 내려 제단을 사르시고 그곳에 있던 모든 사람이 땅에 엎드려 참되신 하나님 여호와를 예배한다.

아합의 뒤를 이은 아들 아하시야도 그의 아버지와 다르지 않다. 그는 아버지가 걸은 길을 고스란히 따르며 바알을 섬기다 하나님의 진노를 산다. 아하시야는 왕궁의 다락 난간에서 떨어져 크게 다치고, 에 그론에 있는 바알세붑 신전에 사람을 보내 자신이 나을 수 있는지 알아보게 한다. 이것은 하나님을 더욱 경악하게 하는 행위다. 엘리야에게 그 소식이 전해지자 하나님의 천사가 그에게 나타나 아하시야가 결코 회복하지 못하고 침상에서 죽을 것임을 전하도록 한다. 얼마 지나지 않아 예언은 그대로 실현된다(왕하 1:17).

엘리야는 죽지 않고 하늘로 올라간 성경의 두 인물 가운데 하나다. 그는 자신의 뒤를 이어 선지자가 될 엘리사와 함께 길갈에서 내려가 벧엘과 여리고를 거쳐 요단강에 다다른다. 요단강에 이르러 엘리야가 자기 겉옷을 벗어 둘둘 말아 물을 치자 강이 나뉘면서 두 사람이 지나갈 마른 땅이 열린다(왕하 2:8). 이 장면은 모세가 홍해를 가르는 장면(출 14:21-22)과 이스라엘 백성이 가나안으로 들어갈 때 요단강이 갈라지는 장면(수 3:14-17)을 연상시킨다.

구약학자 데일 랄프 데이비스는 엘리야가 요단강을 가르는 장면에 대해 이렇게 주장한다. "주전 1400년 당시의 하나님이 주전 850년에도 여전히 전능하심을 보여 주는 장면이다. 그분의 팔은 결코 쇠하지 않는다." 데이비스의 표현을 빌자면, 시간을 초월하시는 하나님은 "지금도 여전히 자신의 백성을 구원하여 정결케 하시고 여전히 악에서 건지신다. 성령도 여전히 방황하는 그리스도인을 회개로 이끌어 새로이 순종하게 하신다.…역사 속에 등장하시는 하나님은 또한 지금 우리 시대의 하나님이시다."[6]

요단강을 건넌 엘리야는 엘리사에게 무엇을 해주면 좋겠느냐고 묻는다. 이에 엘리사는 "당신의 성령이 하시는 역사가 갑절이나 내게 있게 하소서"라고 대답한다. 엘리야는 자신이 하나님께 이끌려 올라가는 모습을 엘리사가 본다면 그 소원이 이루어질 것이라고 말한다(왕하

2:9-10). 그들이 말하는 사이에 불병거와 불말이 두 사람을 갈라놓고 바람이 엘리야를 휩싸고 하늘로 올라간다(왕하 2:11). "엘리사가 보고 소리 지르되 내 아버지여, 내 아버지여, 이스라엘의 병거와 그 마병이여 하더니 다시 보이지 아니하는지라"(왕하 2:12). 엘리사는 여리고로 돌아가고 선지자의 제자들이 즉시 엘리사에게 새로운 능력이 임했음을 알아채고 이렇게 외친다. "엘리야의 성령이 하시는 역사가 엘리사 위에 머물렀다"(왕하 2:15).

엘리사가 "당신의 성령이 하시는 역사가 갑절이나 내게 있게 하소서"라고 했던 의미에 대해서는 여러 해석이 있는데, 주석가들은 그가 물질의 복을 구하지 않았다는 데에는 의견의 일치를 보고 있다. 결국 엘리사는 엘리야에게 임한 영적 능력의 갑절을 구한 것이다. 어떤 사람은 엘리사의 사역이 엘리야의 사역보다 두 배나 길었고 기적도 두 배나 많이 행한 것으로 볼 때 그의 간구가 받아들여진 것이라고 말한다.[7] 엘리사는 참으로 영적 능력이 탁월한 사람이 되어 영향력을 미치고 열다섯 번 이상의 기적을 행한다.[8] 더욱이 엘리야가 배교자 아합 왕을 '힘들게' 하고 그에게 책임을 물었듯, 엘리사도 믿음을 버린 여호람 왕을 힘들게 한다.[9]

조금 다르게 해석하는 사람도 있다. 자신의 재능이 미천함을 잘 아는 엘리사가 엘리야를 대신해야 하는 엄청난 책임을 감당하기 위해 특별한 영적 힘을 간구했다는 것이다.[10] 엘리야처럼 선지자의 직분을 감당하려면 부족한 자신에 비해 두 배의 힘이 필요했다는 것이다. 일부 학자들은 엘리사가 엘리야를 계승하는 것을, 여호수아가 모세를 계승하는 것과 연결 짓기도 한다. "이스라엘에 새로운 승리를 안겨 주기로 예정된 새로운 여호수아를 떠올리게 한다."[11]

당시 역사의 시간표 속으로 들어가 보면, 주전 750년경에는 앗수르 제국이 팔레스타인 지역으로 그 세력을 확장하는 중이었고 몇십 년이 못 가 이스라엘은 종속국가가 될 처지였다.[12] 북왕국과 남왕국 모두 하나님을 신뢰하는 대신 외국과의 동맹에 더 의지하고 있었고, 이는 결국 두 왕국의 멸망으로 이어진다.

북왕국 이스라엘의 마지막 왕 호세아는 하나님의 선지자들을 무시하고 이방신 숭배를 지속한다. 그러면서 앗수르의 왕 디글랏 빌레셀에게 충성을 맹세하고 자기 왕국을 보존하려고 애쓴다. 하지만 디글랏 빌레셀이 주전 727년에 죽자 독립을 선언하고 더 이상 조공을 바치지 않는다. 앗수르의 새 지도자 살만에셀은 다시 조공을 바칠 것을 강요하고 앗수르로부터 나라를 지키는 것이 간절했던 호세아는 조공을 바치는 대신 애굽의 소 왕과 동맹을 맺는다. 그 결과 살만에셀이 사마리아를 포위하고 3년간 공격을 지속하여 결국 북왕국 이스라엘은 주전 722년에 완전한 멸망의 길을 걷는다. 포로가 된 이스라엘 사람들은 앗수르 제국 곳곳으로 잡혀 간다. 앗수르의 기록에 따르면 2만 7천 290명이 포로로 잡혀 갔다고 하는데 실제로는 그 이상일 것이다.[13]

앗수르는 자신들의 정책에 따라 패망한 민족 가운데 뛰어난 사람들을 강제로 이주시키고, 정복한 지역에는 외지인들을 데려와 살게 했다(왕하 17:24). 이스라엘로 이주해 온 외지인들이 그곳에 남아 있던 이스라엘 사람들과 통혼하면서, 신약에 언급되는 사마리아 사람들이 생겨난다.[14] 사마리아 사람들이 늘면서 히브리인의 신앙에 다신교적인 요소가 뒤섞이게 된다. "이와 같이 그들이 여호와도 경외하고 또한 어디서부터 옮겨 왔든지 그 민족의 풍속대로 자기의 신들도 섬겼더라"(왕하 17:33).

성경은 이스라엘이 타락하고 포로생활을 하게 된 이유를 이렇게 설명한다. "이 일은 이스라엘 자손이…그 하나님 여호와께 죄를 범하고 또 다른 신들을 경외하며 여호와께서 이스라엘 자손 앞에서 쫓아내신 이방 사람의 규례와 이스라엘 여러 왕이 세운 율례를 행하였음이라.…여호와의 율례와 여호와께서 그들의 조상들과 더불어 세우신 언약과 경계하신 말씀을 버리고…그들의 하나님 여호와의 모든 명령을 버리고"(왕하 17:7-16). 남왕국 유다의 경우 그 죄가 아직은 최고조에 달하지 않았으므로 하나님은 당분간 그들을 지켜 주신다.

유다 왕국 시대

북왕국 이스라엘이 패망한 후 남왕국 유다는 앗수르의 위협에 더욱 취약해지지만 그럼에도 140여 년을 더 버틴다. 하나님은 앗수르가 유다 왕국을 괴롭히도록 놔두실 테지만 유다를 멸망시키려는 그들의 계획은 결국 허락하지 않으신다. 그 일은 또 다른 이방인들에게 맡길 작정이시다(유다 왕국은 주전 586년 바벨론에 의해 멸망한다). 예루살렘에서는 선지자 이사야가 유다 사람들에게 장차 임할 하나님의 심판을 경고하고자 애쓴다.[15] "앗수르 사람은 화 있을진저 그는 내 진노의 막대기요 그 손의 몽둥이는 내 분노라. 내가 그를 보내어 경건하지 아니한 나라를 치게 하며 내가 그에게 명령하여 나를 노하게 한 백성을 쳐서 탈취하며 노략하게 하며 또 그들을 길거리의 진흙같이 짓밟게 하려 하거니와"(사 10:5-6). 이사야는 앗수르를 향해서도 그들이 결코 하나님의 심판을 피하지 못할 것이라고 선언한다. "주께서 주의 일을 시온산과 예루살렘에 다 행하신 후에 앗수르 왕의 완악한 마음의 열매와 높은 눈의 자랑을 벌하시리라"(사 10:12).

북왕국 이스라엘이 멸망하고 몇 년 후에 아하스의 아들 히스기야가 남왕국 유다의 왕위에 오르고 스스로를 돌이켜 경건한 왕이 된다. 그는 선왕 아하스가 걸어 잠근 성전 문을 다시 열어 더러운 것들을 치우고 성전을 정결케 하도록 명한다(대하 29:3-5). 그는 예배를 회복하고 희생제사를 다시 드리기 시작한다(대하 29:20-24). "히스기야가…여호와께서 보시기에 정직하게 행하여 그가 여러 산당들을 제거하며 주상을 깨뜨리며 아세라 목상을 찍으며…히스기야가 이스라엘 하나님 여호와를 의지하였는데 그의 전후 유다 여러 왕 중에 그러한 자가 없었으니…여호와께서 그와 함께하시매"(왕하 18:3-7).

히스기야의 29년 통치 중반 무렵(히스기야 통치 14년)에 앗수르가 침공하여 예루살렘 성을 제외한 온 유다를 점령한다. 히스기야는 앗수르 왕 산헤립에게 포위망을 풀고 물러나 주기를 간청하며 성전과 왕궁의 모든 은과 금을 포함하여 많은 조공을 바친다. 하지만 산헤립은 사신을 보내어 앗수르에게 멸망한 모든 나라의 신들과 마찬가지로 그의 하나님도 그를 구원할 수 없을 거라며 히스기야를 조롱한다(왕하 18:26-35). 낙담한 히스기야는 이사야 선지자에게 도움을 청하고 이사야는 하나님으로부터 온 응답을 히스기야에게 전한다. 산헤립을 결코 두려워하지 말라는 것이다. 하나님께서 "내가 한 영을 그의 속에 두어 그로 소문을 듣고 그의 본국으로 돌아가게 하고 또 그의 본국에서 그에게 칼에 죽게 하리라"(왕하 19:7)고 말씀하셨기 때문이다. 히스기야가 성전으로 가서 하나님께 기도하자, 하나님은 이사야를 통해 유다를 반드시 구원할 것이며 산헤립은 예루살렘을 정복하지 못할 것이라고 약속하신다. 하나님은 재빨리 행동에 돌입하신다. "이 밤에 여호와의 사자가 나와서 앗수르 진영에서 군사 십팔만 오천 명을 친지라.…앗수르 왕 산헤립이 떠나 돌아가서 니느웨에 거주하더니 그가 그의 신 니스록의 신전에서 경배할 때에 아드람멜렉과 사레셀이 그를 칼로 쳐 죽이고"(왕하 19:35-37).[16]

이후 얼마 되지 않아 히스기야는 위중한 병에 걸리고, 이사야는 그가 회복하지 못할 것이므로 주변을 정리하라고 말한다. 하지만 히스기야가 하나님께 치유를 위해 기도한 후, 하나님은 그에게 생명을 15년 연장해 주기로 하신다. 하지만 얼마 후 히스기야는 잘못된 믿음의 행적을 보인다. 바벨론 왕 발라단의 아들 브[므]로닥발라단이 그에게 사절단과 선물을 보내자 자만심에 우쭐대며 성전의 모든 보물을 보여 준 것이다. "내 궁에 있는 것을 그들이 다 보았나니 나의 창고에서 하나도 보이지 아니한 것이 없나이다"(왕하 20:15). 이사야는 히스기야 왕을 책망하며 장차 바벨론 사람들이 유다를 공격해 그의 아들들을 포로로 잡아가고, 그가 보여 준 모든 보물을 노략할 것이라고 경고한다. 그 예언은 훗날 바벨론이 유다를 정복하고 백성을 포로로 잡아가면서 현실이 된다.

히스기야 이후 그의 아들 므낫세가 자리를 잇는데, 신실한 히스기야와 달리 그는 영적으로 타락하여 악을 행한다. 므낫세는 하나님을 버리고 성전에 바알을 위한 제단을 세우며 우상들을 섬긴다(왕하 21:3). 심지어 자기 아들을 불에 태워 이방 신에게 제물로 바친다. 하나님은 므낫세 왕이 하나님 보시기에 악을 행하고 유다 백성을 죄의 길로 인도하므로 예루살렘과 유다에 가공할 재앙을 내리겠다고 다시금 맹세하신다.

므낫세가 죽고 그의 아들 아몬이 자리를 물려받지만 아몬 역시 아버지의 악한 길로 행하고 우상을 섬긴다. 통치한 지 2년이 될 무렵 아몬은 신하의 손에 살해당하고, 그의 여덟 살 난 아들 요시야가 왕위에 오른다. 요시야는 하나님의 율법에 어느 누구보다 열심히 순종한 경건한 왕이다(왕하 23:25). 그럼에도 불구하고 하나님은 므낫세와 그 이후의 왕들이 행한 지독한 죄악으로 인해 유다를 징계하겠다는 맹세를 거두지 않으신다. 더욱이 요시야가 우상 숭배의 땅을 정결케 하고 올바른 예배를 회복시켰음에도 그의 개혁은 백성 가운데 확립되지 못한다. 19세기의 독일 신학자 요한 페터 랑게는 예수님이 말씀하신 씨 뿌리는 자의 비유를 빌어 이렇게 설명한다(막 4:1-20, 마 13:1-23). "좋은 밭은 씨앗을 간절히 원했다. 하지만 그의 개혁은 가시덤불에 씨를 뿌리는 것이었다. 땅은 정결하게 했으나 사람들의 마음은 그렇게 하지 못하여 그의 사후에 또다시 덤불이 무성하게 자라났다."[17]

요시야 왕은 통치 18년에 이르러 성전 보수를 명한다. 성전 보수를 하다가 대제사장 힐기야가 율법책을 발견한다. 이 율법책은 이스라엘과 유다의 모든 왕들이 읽도록 되어 있었으나 악한 므낫세 왕의 통치 기간 중에 잃어버렸거나 감춰진 것이다.[18] 율법책의 내용에 대해서는 학자들 사이에 의견이 분분하다. 일부는 그 책이 모세오경 전체라고 믿는 반면, 어떤 이들은 그 정도로 포괄적인 책은 아닐 것이라고 믿는다. 최소한 신명기 내용의 전체나 일부가 담긴 책이라는 점에는 대부분 동의한다.[19]

하지만 정확히 어떤 내용인가와 상관없이, 이 책으로 말미암아 하나님의 섭리가 역사한다. 요시야는 율법책의 내용을 보고 마음이 요동치면서 백성이 얼마나 하나님의 계명에서 떠나 있는지 즉시 깨닫는다. 유다 백성이 오랜 세월 하나님의 율법을 가까이하지 않고 하나님이 명하시는 바[20]가 무엇인지도 모르고 있었음을 알고 충격을 받은 요시야는, 대제사장 힐기야와 신하들에게 명을 내려 그 율법책에 대하여 하나님께 묻게 한다. 그들이 여선지자 훌다에게 나아가 묻자 훌다는 이렇게 답한다. "여호와의 말씀이 내가 이곳과 그 주민에게 재앙을 내리되 곧 유다 왕이 읽은 책의 모든 말대로 하리니 이는 이 백성이 나를 버리고 다른 신에게 분향하며 그들의 손의 모든 행위로 나를 격노하게 하였음이라. 그러므로 내가 이곳을 향하여 내린 진노가 꺼지지 아니하리라 하라 하셨느니라"(왕하 22:16-17). 다만 하나님은 요시야의 회개하는 마음과 겸손함을 보시고 그가 평안히 조상들의 묘실에 들어가게 되고 "내가 이곳에 내리는 모든 재앙을 네 눈이 보지 못하리라"고 말씀하신다(왕하 22:20).

요시야는 유다와 예루살렘에 거주하는 모든 백성을 모으고 하나님의 율법책을 읽어 준 뒤, 백성과 함께 그 율법책에 기록된 하나님의 모든 계명과 율법을 지키겠다고 서약하는 언약을 세운다(왕하 23:1-3). 요시야는 이어 힐기야와 다른 제사장들에게 바알과 다른 많은 우상들을 섬기기 위한 기구들을 성전에서 깨끗이 쓸어 내어 예루살렘 밖 기드론 밭에서 태워 버리라고 명한다. 다른 도시에 있는 이방 종교의 제단들도 모두 파괴하고, 심지어 여로보암 왕이 300년 전 금송아지 우상을 만들어 세워 놓았던 벧엘의 제단까지 쓸어 버린다(왕하 23:15). 앞에서 언급했듯 이 일은 여로보암에게 내린 예언의 말씀이 기막히게 성취된 것이다. 장차 요시야라는 왕이 다윗의 집안에서 나타나 여로보암이 세운 산당을 지키는 제사장들을 그곳에 제물로 바칠 것이며 사람의 뼈를 사를 것이라는 예언이다(왕상 13:1-3).

주전 609년에 요시야가 애굽의 느고 왕에게 죽임을 당한 후 남왕국 유다는 (구약 시대 다윗 왕조를 잇는 마지막 왕들인) 여호아하스, 여호야김, 여호야긴, 시드기야, 단 네 명만 왕위를 이어 가다 마침내 멸망하고 만다. 남왕국 유다는, 장차 그 백성이 70년 동안 바벨론에서 포로 생활을 하다가 고향으로 돌아올 것이라고 했던 구약 선지자들의 예언대로 최후를 맞는다. 선지자 예레미야는 이렇게 선포한다. "이 모든 땅이 폐허가 되어 놀랄 일이 될 것이며 이 민족들은 칠십 년 동안 바벨론의 왕을 섬기리라"(렘 25:11). 그리고 하나님을 대언하여 이렇게 선언한다. "바벨론에서 칠십 년이 차면 내가 너희를 돌보고 나의 선한 말을 너희에게 성취하여 너희를 이곳으로 돌아오게 하리라"(렘 29:10).

바벨론은 주전 606년에 앗수르를 함락한 뒤 유다 왕국까지 점령한다. 앗수르는 갈대아 메대 연합군을 이끄는 바벨론의 부왕 나보폴라사르에게 포위되어 멸망한다.[21] 이는 (앗수르의 수도) 니느웨가 무너지고 유다가 기뻐하리라는 나훔의 예언이 성취된 것이기도 하다(나 1:15-3:19). 하나님이 왜 그분의 선한 목적을 위해 바벨론처럼 악한 나라를 사용하시는지 물었던 하박국 선지자는, 하박국서에서 바벨론이 앗수르보다 훨씬 잔인하고 야만적이라고 증언한다. "그들은 두렵고 무서우며 당당함과 위엄이 자기들에게서 나오며"(합 1:7).

앗수르가 무너진 지 얼마 지나지 않아 바벨론은 유다 백성을 노예로 삼기 위한 긴 준비를 시작한다. 주전 605년에 바벨론 왕 느부갓네살은 애굽을 물리치고 근동에 절대 권력의 바벨론 제국을 세운다.[22] 그리고 같은 해에 유다를 침공하여 선지자 다니엘을 비롯해 많은 유대인을 바벨론으로 끌고간다(단 1:1-3). 주전 597년에는 느부갓네살이 다시 유다를 급습하여 여호야긴 왕과 에스겔 선지자를 포함해 1만 명의 유대인들을 포로로 끌고 간다(왕하 24:14-15). 느부갓네살은 여호야긴 대신 그의 삼촌인 맛다니야를 유다의 왕으로 세우고 그 이름을 시드기야로 바꾼다(왕하 24:17).

시드기야가 왕위에 오른 지 10여 년이 되어 바벨론에 반기를 들자, 느부갓네살은 주전 586년에 군대를 이끌고 들어와 예루살렘과 성전을 파괴해 버린다. 그는 시드기야의 눈을 뽑고 남아 있는 유대인들을 대부분 바벨론으로 끌고 간다(왕하 25:1-7). 주전 582년에는 상대적으로 적은 수가 마지막으로 끌려가며(렘 52:30), 유다에 남아 있던 무리 가운데는 예레미야 선지자가 있었다(렘 40:1-6).

바벨론 포로생활이 70년 동안 지속되리라는 예언은 두 가지 방식으로 성취된다. 첫째, 주전 605년 첫 번째 포로로 끌려가는 사건과 주전 538-536년경 포로생활이 종식되는 사건 사이의 간격이 대략 70년이다. 이때 바벨론을 정복한 바사의 고레스 왕이 유대인들에게 고향으로 돌아가 성전을 재건하도록 허락하는 칙령을 내린다(대하 36:22-23, 스 1:1-4). 둘째, 예루살렘의 멸망(주전 586년)과 주전 516년의 성전 재건 사이의 간격이 70년이다(왕하 25:1-7, 스 6:15).

바벨론 포로 시대

바벨론 포로 시대는 유다 역사에서 가장 어두운 정점을 찍은 시기다. 하나님이 오래도록 참으시던 심판이 드디어 눈앞에 드러난 시기이기도 하다. 성경학자 J. 시들로우 백스터는 포로생활로 점철되는 이 가슴 아픈 시기를 다음과 같이 설명한다. "한 나라가 겪은 가장 비극적인 기록이다. 온 인류의 깨달음과 중생을 위해 발전해 온 하나님의 은혜로운 목적이 이 택함 받은 백성을 통해 실현되어야 함에도, 그들의 부정함과 도덕적 붕괴가 갈수록 심해져 결국 관영함에 이르렀고 하나님의 심판이 쏟아진 결과 무자비한 대적에게 패망하여 포로가 되고 비참한 신세로 유배 생활을 하게 된다."[23]

로이 깅리치는 기이한 일치점을 발견하는데 1,300년 전 아브라함은 하나님의 부르심을 받고 믿음으로 순종하여 바벨론을 떠나지만, 그의 후손들은 불신과 불순종 때문에 바벨론으로 돌아가게 된 것이다.[24] 하나님은 자신의 백성을 심판하여 멀리 흩어지게 하리라 단언하시면서도, 백성을 징계하는 일에 사용하신 악한 민족에게 내리는 심판과 달리 자신의 백성을 향한 징계는 영원하지 않을 것임을 약속하신다. 하나님은 예레미야를 통해 선포하신다. "내 종 야곱아, 내가 너와 함께 있나니 두려워하지 말라. 내가 너를 흩었던 그 나라들은 다 멸할지라도 너는 사라지지 아니하리라. 내가 너를 법도대로 징계할 것이요 결코 무죄한 자로 여기지 아니하리라"(렘 46:28).

당시 바벨론이나 이스라엘에 거하던 유다 사람들에 대해서는 상대적으로 알려진 바가 적다. 이 시기와 관련하여 우리가 알고 있는 대부분의 정보는 다니엘서, 예레미야서, 에스겔서, 열왕기하 24장에 기록된 내용이다.[25] 이에 따르면 유다에 남아 있던 사람들이나 포로에서 돌아온 사람들이나 모두 생활이 어려웠다는 점이다.[26] 19세기 성경학자 알프레드 에더스하임에 따르면, 유다 땅에는 극빈자들만 남아 농사를 짓거나 포도를 재배하며 생활했다. 식민지 정책에 따라 장차 바벨론에서 이주민이 유입될 것을 예상하고 땅을 경작하게 한 것이다.[27]

유다에서 바벨론으로 붙잡혀 온 사람들은 앗수르에서 포로생활을 한 이스라엘 사람들에 비해 조금 나은 처우를 받은 것 같다.[28] 이들을 단순 비교해 보면 바벨론 포로생활이 보다 평안하고 살기 괜찮았던 듯 보인다.[29] 이들은 주로 바벨론의 수도 인근에 배치되고, 일부는 그발 강가의 비옥한 평야 지대에 머무른다(겔 1:1). 게다가 상당한 자유를 보장받아 하고 싶은 일을 하는 데 별 제약이 없었다. 나중에 다룰 텐데, 다니엘과 친구들의 이야기에 나오듯 유다인 중에 지도자 계급의 사람들은 바벨론의 종교 관습을 따라야 했지만, 분명 일정 부분 종교의 자유도 누린다. 바벨론의 기록에 따르면 바벨론 사람들은 유다 사람들을 비교적 호의적으로 대한다. 심지어 여호야긴 왕을 옥에서 풀어 주고 궁정에서 지낼 수 있게 한다.[30] 이러한 호의를 짐작할 수 있는 또 다른 근거는, 바사 왕 고레스가 유다 사람들에게 예루살렘으로 돌아가는 것을 허락할 당시, 많은 이들이 바벨론에 그대로 남았다는 사실에서도 찾을 수 있다.[31] 그러나 하나님을 사랑하는 사람들은 예레미야애가에 통렬히 표현되듯 이 포로 시기를 징계를 받는 시기로 받아들인다.

거짓 선지자들은 포로로 끌려간 사람들을 향해 그들의 유배가 그리 길지 않을 것이라고 말하지만, 예레미야는 예루살렘에서 편지를 보내며 절대 속지 말라는 하나님의 메시지를 전한다. 오히려 그들이 바벨론에서 70년을 머물 것이므로 그 땅에 정착하여 집을 짓고 밭을 가꾸고 번성하라고 말한다. 하나님은 그들이 하나님의 약속을 붙잡고 함께 모여 고향으로 돌아갈 날을 기다리기 원하신다(렘 29:1-10).

다니엘은 주전 605년에 바벨론으로 맨 처음 끌려간 사람들 중에 속해 있다. 다니엘서의 전반부는 다니엘과 그의 세 친구 사드락, 메삭, 아벳느고가 포로 기간 중에 겪은 일을 기록한다. 그들이 하나님 앞에서 얼마나 신실한 자들이며, 하나님이 다니엘에게 환관장의 호의와 긍휼을 얻게 하심으로 그들에게 어떻게 보상하시는지 그린다(단 1:8-9). 이 이야기는 비록 백성이 반역 때문에 징계를 받는 상황이지만 여전히 하나님이 그들을 보호하심을 보여 준다. 하나님의 이러한 보호하심은 느부갓네살 왕이 그들의 신들에게 예배하지 않는 다니엘의 세 친구를 불타는 풀무불에 집어 넣는 순간에도 드러난다. 하나님은 불타는 화염 속에서 세 사람을 보호하기 위해 개입하심으로 느부갓네살 왕의 마음을 움직이신다. 이에 왕은 히브리인의 하나님을 거스르는 말을 하는 사람은 모두 사지가 찢기고 가문이 몰살될 것이라는 조서를 내린다. 그리고 세 사람을 바벨론 지방에서 높은 자리에 세운다(단 3:29-30).

바벨론이 바사에 정복된 지 얼마 되지 않아 다니엘이 연루된 비슷한 사건이 발생한다. 바사 왕 다리오가 다니엘을 온 나라의 120명 고관들을 관할하는 세 명의 총독 중 하나로 임명한다. 다니엘의 위치를 질투한 총독들과 고관들은 다니엘이 하나님 앞에 신실하여 이방 우상에게 절하지 않을 것임을 알고 왕에게 나아가 누구든 왕 외에 다른 신에게 기도하는 자들은 사자굴에 던지게 하자는 조서를 쓰도록 모의한다. 그러나 다니엘은 조서에도 아랑곳하지 않고 하나님께 기도하기를 멈추지 않는다. 다리오 왕은 다니엘을 살리고자 노력하지만 결국 법대로 처리해야 하는 상황에 놓인다(단 6:1-13). 왕은 어쩔 수 없이 다니엘을 사자굴에 던지라고 명하면서도 그에게 이렇게 말한다. "네가 항상 섬기는 너의 하나님이 너를 구원하시리라"(단 6:16). 그리고 다니엘의 친구들에게 하셨듯 하나님이 개입하여 다니엘을 죽음에서 보호하신다. 이번에는 천사를 보내어 사자의 입을 닫게 하신다.

바벨론 포로 기간 동안 여러 선지자들의 사역이 진행되는데, 이러한 현상은 앗수르 포로 기간에도 동일하게 목격된 바 있다. 예레미야뿐 아니라 에스겔의 사역은 대부분 바벨론에서 이루어진다. 주전 597년에 여호야긴 왕과 함께 끌려온 에스겔은 주전 593년에 사역을 시작하는데,[32] 예언의 말씀으로 사람들에게 영감을 주고, 이방 신앙 때문에 하나님을 떠나는 사람들에게 경고의 말씀을 전한다.[33]

하나님은 에스겔을 불러 포로로 잡혀 간 백성과 고향에 남아 있던 백성 모두에게 예언하게 하신다. 고향에 남은 이들 중 다수는 훗날 바벨론이 주전 586년에 예루살렘을 공격할 때 잡혀 간다.[34] 하지만 완고하고 신실하지 못한 자들을 향한 에스겔의 경고는 땅에 떨어지고 만다. 이는 유다가 '패역한 족속'이기 때문이다(겔 2:6, 3:26, 12:3). 유다에 남은 사람들은 회개하는 대신 자신들이 겪은 일들을 모두 조상 탓으로 돌리며 불순종과 배교를 되풀이하다가 포로로 잡혀 가고 만다(겔 18:2). 하나님은 남의 탓을 하는 그들의 목소리를 반박하시며 그들 모두가 자신들의 죄 때문에 벌 받는 것임을 분명히 하신다. "범죄하는 그 영혼은 죽을지라. 아들은 아버지의 죄악을 담당하지 아니할 것이요 아버지는 아들의 죄악을 담당하지 아니하리니 의인의 공의도 자기에게로 돌아가고 악인의 악도 자기에게로 돌아가리라"(겔 18:20).

바벨론 포로 시대에도 희망은 존재한다. P. A. 볼리외에 따르면, 사실 포로 시대는 유대교 형성에 결정적인 순간이 된다.[35] 처음에 유다 사람 대부분은 하나님이 자신들을 버리셨을 뿐 아니라 하나님이 바벨론의 신 마르둑에게 패배하셨다는 생각으로 절망에 빠진다.[36] 그리고 슬프게도 그들의 죄악된 삶은 바벨론 땅에서도 바뀌지 않는다. 반면 현실의 괴로움이 자신들이 저지른 악한 행위에 대한 하나님의 의로우신 징계임을 깨달은 이들도 있다.[37] 이들은 선지자들의 말에 격려를 얻어 하나님 앞에 더욱 신실해지고, 하나님이 자신들을 지켜 주실 뿐 아니라 고향으로 돌아가게 하셔서 성전을 다시 세우도록 도우실 것이라 확신한다. 더욱이 유다 사람들이 제사를 드릴 수 없게 되면서 도리어 율법에 대한 이해가 새롭게 일어난다.[38]

잭슨 포크스 박사가 주장한 대로 "유다 백성의 포로생활은 종교 역사상 가장 큰 사건 중 하나다.…포로생활로 인해 이스라엘의 역사는 종결되지만 유대인의 역사가 시작된다."[39] 바벨론 땅의 적개심 가득한 이방인 이웃들에 둘러싸여 있으면서 이들은 조상들의 믿음을 굳게 붙들고 점점 더 한 백성으로 뭉쳐 간다. T. 니콜은 이렇게 기록한다. "나라 없이, 제사 제도 없이, 물질적 생활 기반 없이 살아가는 백성으로서 그들은 과거로부터 전해 내려온 자신들의 영적 재산을 전에 없이 더욱 귀하게 여기는 법을 배웠다."[40] 이들은 함께 모여 예배하기 시작하는데, 이러한 모임이 훗날 고향으로 귀환하면서 생긴 회당의 시초라고 많은 학자들이 확신한다.[41] (흥미롭게도 회당에서 드리는 예배는 오늘날 우리가 드리는 교회 예배의 모델이 된다.[42]) 래리 리처즈의 말에 따르면, 유대인들은 다시 고향 땅으로 돌아온 후부터는 거짓 신들을 예배하지 않는다.[43]

예루살렘이 파괴된 이후 고향에 남아 있던 유다의 유민들과 관련하여 예레미야 40-44장에서 매우 중요한 사실을 알 수 있다. 유다의 지도자들이 유다 총독 그달리야(그다랴)를 만날 때, 총독은 그들의 안위를 약속하며 이렇게 말한다. "너희는 갈대아인을 섬기기를 두려워하지 말고 이땅에 살며 바벨론 왕을 섬기라. 그리하면 너희가 평안하리라 하니라"(왕하 25:24). 그럼에도 불구하고 이후 백성들은 봉기하여 그

달리야와 바벨론의 군사들을 살해한다(렘 41:2-3). 이후 그들은 보복이 두려워 애굽으로 달아날 것을 고민하다가 예레미야에게 조언을 구하고, 예레미야는 백성들이 반드시 유다 땅에 남아야 하며, 언젠가 바벨론 왕의 손에서 구원받을 것이라는 하나님의 말씀을 전한다. 그럼에도 그들이 하나님의 말씀을 거역하고 애굽으로 가면 칼과 굶주림에 죽을 것이라고도 경고한다. 하지만 그들은 하나님의 말씀에 불순종할 뿐 아니라 그 땅에 남아 있던 소수의 유다 사람들과 함께 예레미야를 애굽에 억지로 데려간다.[44]

성경은 애굽으로 도망간 사람들이 멸망할 것이라는 예레미야의 예언이 어떻게 성취되는지 직접 기록하고 있지 않지만, 성경의 예언을 연구하는 존 월부어드는 그 일이 실제로 일어났다고 설명한다.[45] 예레미야의 경우 이후의 운명에 대해서는 알려진 바가 없다. 어떤 이들은 그가 애굽에서 유다로 돌아갔다고 믿고, 다른 이들은 그가 바벨론으로 가서 죽었다고 생각하는데, 또 다른 전승에 따르면 그가 애굽에서 돌에 맞아 죽었다고도 한다.[46]

포로 귀환 시대

이 시대는 바벨론에서 유대인들이 돌아오는 때로부터 느헤미야의 두 번째 총독 재임(대략 주전 538-423년) 및 (성경에 언급되는 구약의 마지막 사건인) 바사 왕 다리오 2세의 즉위 때까지(느 12:22)를 말한다. 에스라서와 느헤미야서는 포로 귀환 시대의 성경 역사 기록을 많이 담고 있다.

유대인들은 거의 한 세기 동안 세 차례에 걸쳐 귀환하는데, 첫 번째와 두 번째 귀환은 에스라서에, 세 번째 귀환은 느헤미야서에 기록되어 있다. 세 차례의 귀환은 모두 비슷한 양상을 보인다. 하나님이 백성을 고향으로 돌려보내고 재건을 위한 노력이 시작되면 예외 없이 방해하는 적대 세력이 일어나지만 결국 하나님의 도움으로 재건 프로젝트가 완성되는 순서다. 에스라는 여기서 출애굽 시대를 연상케 하는 '올라가다'(스 1:3)라는 단어를 사용하는데, 포로 시대 이후의 귀환과 오래 전 조상들이 애굽에서 귀환한 것을 연결시키기 위해서다. 이는 족장 시대 이후 구약 역사의 모든 시대들이 연속선상에 있을 뿐 아니라, 포로생활을 마치고 돌아오는 유대인 역시 하나님이 그들의 조상들과 맺으신 언약의 후손이라는 의미를 강조한다.[47]

첫 번째 귀환은 스룹바벨의 주도로 진행되고(스 1-6장), 두 번째 귀환은 에스라(스 7-10장), 세 번째 귀환은 느헤미야의 주도로 이루어진다(느 1:7). 이들의 귀환은 바벨론 포로로 잡혀가기 전 하나님이 예레미야를 통해 선포하신 예언이 성취되는 것이었다(렘 18:1-6). 예레미야는 그때 토기장이가 진흙으로 만들던 그릇이 터지면 그것을 다시 다듬어 다른 그릇으로 만드는 장면을 묘사했다. 그 예언은 하나님이 이스라엘을 어떻게 다루실지를 보여 준다. 즉 하나님은 토기장이시고 이스라엘은 하나님이 (포로생활로) 깨뜨리신 후 다시 만들어 회복시키시는 그릇이다.[48]

이사야 선지자는 이 중대한 사건이 백성이 포로생활에서 풀려나 귀환하고 회복되는 시기에 일어날 것을 예언했다. 150여 년 전에 그는 이렇게 기록하고 있다. "고레스에 대하여는 이르기를 내 목자라. 그가 나의 모든 기쁨을 성취하리라 하며 예루살렘에 대하여는 이르기를 중건되리라 하며 성전에 대하여는 네 기초가 놓여지리라 하는 자니라"(사 44:28). 다음 45장에서는 이사야가 다시 고레스의 이름을 언급하며 그를 가리켜 하나님의 기름 부은 자라고 말한다. "내가 공의로 그를 일으킨지라. 그의 모든 길을 곧게 하리니 그가 나의 성읍을 건축할 것이며 사로잡힌 내 백성을 값이나 갚음이 없이 놓으리라"(사 45:13).

에스라는 에스라서 초반에 이 예언이 성취되었음을 기록하면서 고레스가 바사 왕이 된 첫 해에 공포한 조서를 전한다. "바사 왕 고레스 원년에 여호와께서 예레미야의 입을 통하여 하신 말씀을 이루게 하시려고 바사 왕 고레스의 마음을 감동시키시매 그가 온 나라에 공포도 하고 조서도 내려 이르되 바사 왕 고레스는 말하노니 하늘의 하나님 여호와께서 세상 모든 나라를 내게 주셨고 나에게 명령하사 유다 예루살렘에 성전을 건축하라 하셨나니 이스라엘의 하나님은 참 신이시라. 너희 중에 그의 백성 된 자는 다 유다 예루살렘으로 올라가서 이스라엘의 하나님 여호와의 성전을 건축하라. 그는 예루살렘에 계신 하나님이시라. 그 남아 있는 백성이 어느 곳에 머물러 살든지 그곳 사람들이 마땅히 은과 금과 그 밖의 물건과 짐승으로 도와주고 그 외에도 예루살렘에 세울 하나님의 성전을 위하여 예물을 기쁘게 드릴지니라 하였더라"(스 1:1-4).

주전 538년에 첫 번째 귀환이 이루어진다. 스룹바벨을 위시한 지도자들이 약 5만 명의 사람들을 이끌고 (바벨론이 노략했던 성전 그릇들도 함께 가지고) 고향으로 돌아간다(스 2:64-65). 예루살렘 성벽과 성전은 이미 무너져 황폐화되었고, 이들은 예루살렘과 유다 전역 각자의 성읍에 재정착하여 살다가(스 1:5-2:2)[49] 얼마 후 예루살렘에 모여 하나님을 위해 제단을 다시 만들고 번제를 드린다(스 3장). 그리고 1년 후 성전 재건을 위한 기초를 세운다. 그러나 그 일이 시작되면서부터 격렬한 반대에 직면한다. 백성이 바벨론에 포로로 끌려가 있는 동안 그 땅에 거주하던 사람들로부터 방해를 받은 것이다. 처음에 그들은 재건을 돕겠다고 제안했으나, 스룹바벨은 그 일이 귀환한 자들에게 맡겨진 거룩한 임무라고 믿고 이를 거부한다. 이후로 반대파들은 재건 계획을 비판하기 시작하고, 여기에 관여한 사람들을 낙담케 하고 겁을 주면서 이 일을 막기 위해 지역 관리들에게 뇌물을 준다(스 4:1-6). 그 결과 성전 건축은 16년 동안 중단된다.

이후에 학개 선지자와 스가랴 선지자의 격려를 받은 건축자들이 성전 재건 작업을 재개한다. 반대 세력들은 다시금 이를 방해하려고 애쓰고 그럴수록 사람들은 더욱 헌신적으로 성전 재건에 임한다. 고레스의 후계자인 다리오는 이전에 고레스 왕이 성전 재건 조서를 내렸음을 확인한 후 다시 건축을 허락하는 또 다른 조서를 내린다. 16년간 중단되었던 성전 재건은 재개 5년 만에 완료되고, 사람들은 하나님께 그 성전을 봉헌한다. 성전 재건 작업은 게으름과 무관심에 빠져 있던 건축자들이 학개 선지자의 책망에 자극을 받아 빨라진 측면도 있다.[50] 학개 선지자가 얼마나 통렬히 책망했는지 보자. "만군의 여호와가 이같이 말하여 이르노라. 이 백성이 말하기를 여호와의 전을 건축할 시기가 이르지 아니하였다 하느니라.…이 성전이 황폐하였거늘 너희가 이때에 판벽한 집에 거주하는 것이 옳으냐"(학 1:2-4).

이후 주전 458년에 유대인 서기관 에스라의 주도 아래 두 번째 귀환이 이루어진다. 이번에는 바사 왕 아닥사스다의 명령으로 이루어지는데, 그는 에스라에게 모세의 율법에 정통한 법관과 재판관을 선택하여 그 땅에서 모세의 율법을 가르치는 일을 맡기도록 허락한다(스

7:21-25). 따라서 두 번째 귀환에서는 성전 재건이 아니라 모세 율법을 근간으로 한 공동체 재건이 수반된다. 이 시기 내내 아닥사스다 같은 이방인 통치자들은 갖은 반대에도 불구하고 지속적으로 유다 사람들의 재건과 회복을 돕는다. 이는 그 땅에 성전이 재건되고 백성이 회복되는 것이 결국 구속사를 이루시는 하나님의 주권적인 뜻임을 보여준다.

그러나 이러한 회복에도 불구하고 백성들은 계속 이방인과 통혼하며 죄를 짓는다. 에스라는 이에 강력한 조치로 백성에게 명령한다. "이제 너희 조상들의 하나님 앞에서 죄를 자복하고 그의 뜻대로 행하여 그 지방 사람들과 이방 여인을 끊어 버리라"(스 10:11). 이번에는 백성이 그대로 따른다(스 10:16).

세 번째 귀환은 주전 444년에 느헤미야의 주도로 이루어진다. 그는 유다 총독으로 임명되어 예루살렘 성벽을 재건하고 사람들의 사회적 경제적 삶을 재정비하라는 임무를 받는다.[51] 그리고 마치 정해진 것처럼, 재건 계획을 방해하는 세력들이 나타난다. 산발랏은 자기 형제들과 사마리아 군대를 이끌고 나타나 '미약한' 유다 사람들이라 모욕하며 그들의 재건 노력을 비웃는다. "그들이 건축하는 돌 성벽은 여우가 올라가도 곧 무너지리라"(느 4:3). 느헤미야는 하나님께 간절히 기도하고 백성과 더불어 믿음 가운데 성벽 재건을 밀고 나간다.

이에 화가 난 대적자들은 성벽 재건을 좌절시킬 새로운 계략을 짠다. 느헤미야는 백성들을 세워 밤낮으로 성벽을 지키게 한다. 백성의 절반은 공사 현장에서 일하고, 나머지 절반은 창과 방패와 활과 갑옷으로 무장을 한다. 백성들은 이렇듯 강한 뚝심으로 52일 만에 성벽을 완성한다(느 6:15). 이들의 성공으로 이방인 대적들은 큰 두려움을 느끼고, 하나님이 건축을 감독하심을 알게 된다(느 6:16).

하지만 백성의 임무는 아직 다 완수되지 않은 상태다. 에스라는 모세의 율법책을 가져와 새벽부터 정오까지 백성 앞에서 읽는다. 이에 "뭇 백성이 그 율법책에 귀를 기울[이다가]"(느 8:3), 하나님을 예배함으로써 자신들이 율법책의 메시지를 경청하고 이해하고 받아들일 뿐 아니라 순종으로 반응한다는 사실을 보인다. 백성들은 자신들의 죄를 자복하고(느 9장), 자신들이 불순종하여 포로로 잡혀간 사실을 포함하여 하나님이 자신들을 어떻게 다루셨는지를 기억한다. 또한 하나님의 신실하심과 의로우심과 은혜로우심을 고백하면서(느 9:33) 하나님께 헌신하기로 새롭게 다짐한다(느 9:38).

이후에 바사로 갔다가 (9년 만에) 예루살렘에 돌아온 느헤미야는 백성이 하나님과 맺은 언약을 지키지 않고 있음을 발견한다. 심지어 백성의 가장 사악한 대적 도비야가 성전 뜰 안에 마련된 거처에서 생활하고 있다. 느헤미야는 도비야가 쓰던 세간을 밖에 내던지고 성전 그릇과 곡식제물과 유향을 들여 놓도록 명한다. 거기서 그치지 않고 성전을 다시 정결케 하고 제사장들과 레위인들이 수행하는 거룩한 의식을 재정립한다. 구약의 역사는 여기서 끝이 나고, 하나님의 구속사는 이후 400년이 지나 복음서가 기록될 시점까지 재개되지 않는다.

이렇듯 다소 빠른 흐름으로 구약 역사를 개관하는 것은 특별한 이유가 있다. 수년 전 처음 성경을 연구할 무렵, 성경의 주요 사건을 다루려다가 갈피를 못 잡는 나 자신을 보았다. 성경의 메시지를 흐트러뜨릴 수 있는 역사 연대기 때문에 갈팡질팡하다가, 잘 정리된 역사 개요를 찾아다녔다. 하지만 내가 목적하는 바에 비해 너무 광범위하거나 너무 일반적인 경우가 많았다. 그래서 지나치게 상세한 내용 때문에 숨막히는 일 없이 주요 사건만 기술하면서 역사를 정리해 보았는데 균형이 잘 잡힌 개관이었기를 바란다.

성경에 기록된 사건 중에 중요하지 않은 내용이 있다고 말하는 게 아니다. 단지 목적이 역사의 큰 흐름을 이해하는 것이라면 모든 사건을 일일이 다 정리할 필요는 없다는 말이다. 일단 역사의 전반적인 흐름을 이해하고 나면, 그 역사를 기반으로 하나님이 예수 그리스도에 초점을 맞춰 전하고자 하시는 메시지가 무엇인가에 좀 더 명확히 집중할 수 있다. 지금까지 개괄한 역사가 이러한 이해에 도움이 되었기를 진심으로 소망한다.

역사 개요를 마무리하고 나니 핵심이 되는 주제를 살펴볼 수 있는 더 나은 위치에 서게 되었다. 구약성경에 그림자처럼 미리 계시된 예수 그리스도를 여러 방식으로 찾아보는 일이다.

모든 길은 그리스도로 통한다

05 – 08

5
성경의 언약 [1]

그리스도는 [성경의] 모든 계시의 중심이 되신다. 그럴 거라는 추측이 아니라 실제로 그렇다. 그랬으면 좋겠다는 소망을 담은 이론이 아니라 모든 소망을 만족시키는 사실이기도 하다. 그 사실을 확인시켜 주는 증거는 다양하며 여러 방법으로 이를 제시할 수도 있다. W. 그래함 스크로기[1]

성경의 주제 그리스도

성경이 그리스도이고, 그리스도가 성경이다. 그리스도는 처음부터 끝까지 성경 안에 계시고, 성경의 모든 것은 그리스도에 관한 내용이다. 구약성경에 예수 그리스도가 계시다는 사실이 명백하고도 다양한 측면에서 드러나기에, 성경학자들 역시 구약성경이 그리스도를 가리킨다는 사실을 저마다 강조하고 있다. 이들의 주장이 나름 유익할 뿐 아니라 많은 부분 겹치면서도 모순되지 않으므로 그중 일부를 살펴보기로 하자.

그래함 스크로기에 따르면 "구약성경에서는 그리스도가 예언되고, 복음서에서는 그리스도가 등장하며, 사도행전에서는 그리스도가 선포되고, 서신서에서는 그리스도로 가득하며, 계시록에서는 그리스도가 주인공이다."[2] 구약학자 로이 깅리치도 이와 비슷하게 예수 그리스도가 구약에서는 "오실 이", 복음서에서는 "여기 계신 이", 사도행전에서는 "오신 이[예수님은 메시아시다]", 서신서에서는 "특별한 목적이 있어 오신 이[자신의 삶으로 인간에게 하나님을 계시하고, 죽음으로는 인간을 구속하여 하나님께 드리러 오셨다]", 계시록에서는 "다시 오실 이"로 나타난다고 설명한다.[3]

구약의 각 부분, 즉 율법서, 역사서, 시가서, 선지서(예언서)는 그리스도를 고대하며, 신약의 각 부분은 그분을 현실의 존재로 다룬다.[4] 구약의 율법은 그리스도가 오시기 위한 기초를 놓는다. "이같이 율법이 우리를 그리스도께로 인도하는 초등교사가 되어 우리로 하여금 믿음으로 말미암아 의롭다 함을 얻게 하려 함이라"(갈 3:24). 율법은 우리가 죄인이며 그리스도가 필요하다는 사실을 알려 준다. 그리스도가 없다면 우리는 죄 가운데서 죽을 것이다. 마틴 로이드 존스는 이렇게 말한다. "구주를 찾지 않는 사람, 구원을 갈망하지 않는 사람에게는 죄의 본질에 대한 이해가 결여되어 있다. 율법은 인간의 마음과 양심에 죄에 대한 각성을 불러일으키는 고유한 기능이 있다."[5] 사도 바울도 비슷한 맥락에서 고백하고 있다. "율법으로 말미암지 않고는 내가 죄를 알지 못하였으니"(롬 7:7). 그리고 다음과 같이 덧붙인다. "오직 죄가 죄로 드러나기 위하여 선한 그것으로 말미암아 나를 죽게 만들었으니 이는 계명으로 말미암아 죄로 심히 죄 되게 하려 함이라"(롬 7:13). 구약은 하나님이 범죄한 이스라엘을 어떻게 다루시는지 보여 줌으로 우리에게 그리스도의 오심을 준비하게 한다. 더불어 우리에게 구주가 필요하다는 사실을 알게 한다. 구약의 시편도 그리스도를 고대하고, 선지서(예언서)도 그리스도가 오실 것을 예언한다.[6]

구약의 성도들은 구속자를 갈망했다. 구약은 책 전반에 걸쳐 이 구주를 많은 예언과 예표 등을 통해 그림자처럼 미리 보여 준다. 욥이 탄식하는 장면에도 이런 예가 나온다. "내가 어찌하면 '그분'을 발견하고 그의 처소에 나아가랴"(욥 23:3. 한글 번역본에는 '그분'이 '하나님'으로 되어 있다). 그분을 발견하게 된 신약의 제자들이 크게 놀라며 기뻐했을 것은 당연한 일이다. 나다나엘에게 소식을 전하는 빌립의 말을 들어보자. "모세가 율법에 기록하였고 여러 선지자가 기록한 그이를 우리가 만났으니 요셉의 아들 나사렛 예수니라"(요 1:45).[7] 제임스 E. 스미스는 이렇게 지적한다. "구약성경은 대양으로 흘러들어가는 도도한 강에 비유할 수 있다. 구약에서 그리스도를 지워 버리면 강이 흘러들어갈 곳이 없어지게 된다. 그러면 사막으로 흘러들어 가는 강처럼, 구약성경도 시간의 모래사막에 흡수되어 사라지고 말 것이다."[8]

구약에서 그리스도가 예언과 예표 등을 통하여 미리 나타나시는 부분과 실제로 임재하시는 장면을 찾아보기 전에, 여러 학자들과 기독교 작가들이 그리스도가 성경의 중심이라는 사실을 입증하기 위해 채택한 방법론과 주제에 대해 잠시 살펴볼 필요가 있다.

일부 비평가들은 주석가들이 열정이 지나친 나머지 구약에서 그리스도를 너무 쉽게 찾는다며 싫어하기도 한다. 하지만 반대로 우리가 알아야 할 사실은, 이러한 비평가들이야말로 성경의 기적이나 초자연적 사건이 말도 안 된다는 가정에서 출발하기 때문에 그리스도를 그 안에서 찾기 어렵게 만들고 있다는 점이다. 그냥 냉정하게 읽어도 성경이 가리키는 인물이 그리스도임이 드러나는데도 말이다. 예를 들어 히브리인들이 유일신 사상을 이교 문화권에서 가져왔다고 믿거나 처음에는 다신교였다가 차츰 진화했다고 믿는 학자들의 경우, 거의 예수 그리스도를 보지 못한다고 장담할 수 있다. 본질적으로 그들은 성경이 하나님의 영감에 의해 기록되었다는 점을 부인하기 때문이다.

하나님이 구약성경에 영감을 주지 않으셨다면 구약 어느 책에도 그리스도가 예언되거나 예표로 드러날 거라고 기대할 수 없다. 하나님의 감동하심이 없다면 구약 시대에 살던 유한한 인간이 어떻게 장차 오실 메시아의 속성과 생애에 대한 그림을 그토록 정확히 볼 수 있겠는가? 하지만 성경이 하나님의 감동하심을 입은 인간의 손에 기록되었다는 사실을 받아들인다면, 하나님이 점진적으로 그분의 진리를 인간에게 계시하셨음을 믿는 데 어려움이 없게 된다. 예수 그리스도가 엠마오로 향하던 두 제자와 나눈 대화에서 보여 주시듯 말이다.

구약을 회의론자의 시선으로도 읽어 볼 필요는 있다. 하지만 그리스도가 실제로 신약성경에 기록된 그대로 말씀하셨고, 그분은 하나님이므로 결코 실수하실 수 없다는 사실에 조금이라도 마음의 문을 연다면, 구약은 전에 없이 생생한 증언으로 당신에게 다가올 것이다. 이전에는 전혀 생각지 못한 곳에서 그리스도가 보이기 시작할 것이다. 우리 모두가 엠마오 도상에서 임한 그 동일한 계시로 말미암아 구약성경에 눈이 열리는 복을 받는 것이 그리스도의 뜻임을 나는 믿는다. 그리스도가 엠마오로 향하던 길에서 만난 두 제자와 곧이어 만난 몇몇 제자들은 아마도 예수님이 이땅에 계시는 동안 구약이 계시하는 그리스도에 관해 직접 가르침을 받은 유일한 사람들이다. 그렇지만 우리를 위해 신약에 기록된 주님의 말씀 덕분에 우리 역시 제자들과 동일한 경험의 수혜자가 되고, 성령의 도우심 덕분에 그때 예수님이 제자들에게 말씀하신 바의 상당한 내용을 모을 수 있다.

『ESV 스터디 바이블』 편집자들이 관찰한 대로, 예수님이 엠마오로 향하는 제자들에게 성경을 열어 가르치시고 이후 그들의 마음을 열어 깨닫게 하시는 장면을 보면 다음과 같은 진술이 나온다. 즉 "메시아 예언은 단지 여기저기 조금 흩어져 있는 수준이 아니라는 것이다. 메시아 예언은 유대인들이 전통적으로 인정하는 구약성경 주요 길목마다 자리하고 있으며, 구약 곳곳에 등장하는 여러 약속, 상징, 구원 장면을 통해서는 예수 그리스도가 그분의 삶과 죽음과 부활 안에서 영단번에 이루실 구원의 성취를 바라보게 한다."[9]

여기서 간략하게나마 구약이 예수 그리스도와 그분의 사역을 가리키는 데 사용하는 다양한 방식들을 살펴보면 좋겠다. 우리가 반드시 알아야 할 것은, 성경이 그리스도 중심적이라는 의미는 단지 각각의 예언, 모형, 상징 같은 구약의 주제와 실마리가 어떻게 그리스도를 가리키느냐의 문제라기보다, 얼마나 통합적인 일치성을 보이느냐의 문제라는 것이다. 노먼 가이슬러가 설명하듯 그리스도는 성경 전체의 내용이기도 하고 성경 각 책의 통일된 주제이기 때문이다.[10] 즉 그리스도가 성경의 큰 틀이 된다는 말이다. 그리스도를 가리키는 여러 실마리를 공부하다 보면, 그것들이 그리스도를 모든 성경의 중심에 배치하고 있다는 사실을 보게 될 것이다. 그리스도를 향하고 있는 이런 주제와 실마리의 예를 살펴보고 다음 장에서 보다 구체적으로 살펴보려고 한다. 성경이 그리스도 중심이라는 사실을 알 수 있는 주제와 실마리는 다음과 같다.

- 하나님의 약속-계획
- 하나님이 백성과 맺은 주요 언약
- 복음의 초상
- 어린 양 교리
- 구약에 나오는 선지자, 제사장, 왕의 직분
- 창조주이자 피조물을 지키는 이로서의 그리스도 사역
- 구약에 나오는 그리스도의 호칭과 언급
- 구약에 나오는 그리스도의 구원 사역
- 구약에 나오는 그리스도의 현현(나타나심)
- 그리스도를 가리키는 구약의 모형
- 구약에 나오는 메시아 예언
- 하나님과 이스라엘의 관계 속에 나타난 그리스도

하나님의 약속-계획

나는 예수 그리스도가 모든 역사와 예언과 모형의 구심점이라고 생각한다. 그래함 스크로기는 다음과 같이 진술한다. "신약과 구약 두 부분으로 이루어진 계시는 그리스도 안에서 접점을 이룬다. 한 부분에서는 그리스도가 오실 것을 예비하고 다른 부분에서는 그리스도의 오심이 실현된다. 성경의 모든 부분이 '구속하시는 사랑'에 대한 하나님의 점진적 계시로 이루어져 있다. 하나님과 인간은 완전한 하나님이자 완전한 인간인 그리스도 안에서 만난다."[11] 구속사 전체가 그리스도를 가리키고 그리스도 안에서 모든 것이 성취된다.

여기서 다루는 '그리스도가 중심이 되는' 모든 주제가 중요하겠지만, 그중에서도 예수님이 엠마오로 향하는 길에서 제자들에게 하신 일에 가장 관심이 간다. 예수님은 구약이 어떻게 자신을 가리키는지 가르치실 때, 단지 메시아 예언을 설명하시고 자신을 예표하는 구약의 인물, 장소, 제도 및 예식을 풀어 주시는 것으로 그치지 않으셨으리라 생각한다. 창세기부터 말라기까지, 성경 전체를 관통하며 자신에 대해 예언하는 하나의 주제를 밝히 드러내셨을 것이다. 그렇게 관통하는 하나의 주제란 자기를 믿는 자에게 구원이라는 선물을 주심으로 모든 인류에게 복 주실 메시아가 오시리라는 하나님의 약속이다. 그러므로 그리스도를 가리키는 여러 주제와 실마리를 살펴볼 때마다 우리는, 하나님의 계시를 관통하는 하나의 핵심 약속이 있으며 그리스도를 가리키는 그 밖의 다른 주제와 상징은 그 약속과 유기적으로 연결되어 있음을 기억해야 한다.

구약학자 월터 카이저는 이러한 약속을 하나님의 "약속-계획"promise-plan이라고 부른다.

> 약속-계획(풀어서, 약속에 따른 계획)이란 하와에게 주어진 말씀으로 시작되어 역사 속에서 (특별히 족장 시대와 다윗의 계보를 거치는 동안) 줄곧 이어지는 하나님의 약속의 말씀을 가리킨다. 하나님은 그 약속의 말씀이 (이스라엘과 이후의 믿는 자들에게) 살아 있게 하시려고 효력 있는 방편으로 (이스라엘 안에서, 이스라엘을 통하여, 그리고 이후에는 교회 안에서, 교회를 통하여) 임재하시고 역사하심으로 구속 계획을 실행하

> 신다. 그 약속의 말씀은 열방을 위한 빛으로도 작용하며, 그럼으로써 모든 족속이 메시아를 믿음으로 새 생명을 얻게 하려는 목적이 있다.[12]

월터 카이저의 말은, 성경이 모든 인간을 구속할 메시아를 보내시겠다는 하나님의 약속에 의해 단단히 붙들려 있다는 의미다. 구약에서 그리스도를 가리키는 것으로 해석되는 많은 부분도 모두 하나님의 약속-계획이라는 맥락에서 이해할 수 있다. 따라서 메시아가 이땅에 오셔서 구속하실 것이라는 하나님의 약속이야말로 구약의 초점이라는 사실을 이해한다면, 이전에 전혀 생각지 못한 방식으로 구약 곳곳에서 그리스도를 발견하게 될 것이란 의미다.

예를 들어 우리를 그리스도에게로 이끄는 실마리 중 하나인 메시아 예언을 생각해 보자. 이 예언은 하나님의 약속-계획의 구심점이 무엇인지 명확히 설명한다. 메시아 예언은 예외 없이 기적적인 면이 있지만, 그 예언들이 놀랍도록 정확히 실현되는 점에만 눈을 돌리면 자칫 그 예언들이 하나님의 약속-계획의 일부라는 사실을 놓치게 된다. 카이저도 지적하듯, 메시아 예언은 성경이 그저 하나님의 놀라운 영감으로 되었다는 점을 입증하는 수준에서 (물론 이 사실도 중요하지만) 구약에 무작위로 들어가 있는 게 아니다. 카이저의 말을 들어 보자.

> 장차 오실 메시아와 그가 하실 일에 관한 여러 예언들이 하나님이 계속 실현해 가시는 그 (약속에 따른) 계획과 얼마나 조화를 이루는지 알고 나면 놀라지 않을 수 없다. 족장 시대 이전부터 시작된 그 약속에 따른 계획은, 족장 시대, 출애굽 시대, 사사 시대, 왕정 시대, 포로 시대, 포로 이후 시대 등을 거치면서 조금씩 보완되고 구체화되면서 줄곧

하나로 이어진다. 약속은 단 하나이고, 각각의 시대를 지나면서 그 결과들이 축적된다. 각 시대마다 별개로 주어진 여러 개의 메시아 약속들이 한데 모아지는 것이 아니다. 오히려 별개로 주어진 것 같은 그 약속들이 역사의 흐름을 따라 하나의 일관된 패턴과 목적을 구체화하고 실현해 간다.[13]

여기서 카이저가 지목하는 것은, 여기저기 흩어진 예언의 말씀과 그가 일컫는 바 "모든 것을 아우르는 한 가지 약속의 말씀"을 반드시 구별해야 한다는 점이다. 그것은 사실상 타락한 인류를 구속하겠다고 하나님이 보장하시는 약속이다. 하나님은 처음에 에덴동산에서 아담과 하와에게 하와의 '후손'이 사탄의 머리를 깨뜨리게 하겠다는 넓은 의미의 약속을 주신다(창 3:15). 이미 앞에서 이 구절은 최초로 선포되는 복음이면서 최초로 주어지는 메시아 예언이라는 점을 살펴보았다. 하와의 '후손'을 장차 오실 메시아로 이해할 수 있기 때문이다. 성경을 읽어 나가다 보면 확실해지겠지만, 하나님은 여러 언약을 포함한 다른 약속들을 주시면서 이 첫 번째 약속을 계속해서 새롭게 하고 확장시켜 가신다.

하나님은 아브라함을 큰 민족으로 만들고 그와 그의 민족을 통해 땅의 모든 사람에게 복을 주겠다고 말씀하실 때에도 그 약속을 새롭게 하고 확장시켜 가신다(아브라함 언약은 나중에 다시 살펴보겠다). 하나님의 거룩한 백성 이스라엘은 모든 사람에게 복의 근원이 될 것인데, 메시아가 장차 이스라엘에서 태어나시고 모든 사람에게 구원을 베푸실 것이기 때문이다.[14]

더 나아가 하나님은 구약 곳곳에서 족장들과 모세와 다윗 왕과 선지자들과 성경 저자들을 통해 그 약속을 확장시켜 가신다. 카이저의 설명이다. "하와, 셈, 아브라함, 이삭, 야곱, 다윗에게 주신 언약의 약속들에는 메시아에 대한 약속-계획이 명시적으로 들어 있지 않다. 그럼에도 이 약속들은 선지자들이 성경을 기록할 시점에 이르러 우리의 상상을 뛰어넘는 수준으로 확대되고 꽃을 피운다. 선지자들의 글을 읽어 보면 알겠지만, 메시아와 그분이 하실 일에 대한 교리가 하나님이 이미 행하신 일과 장차 행하실 일을 해석하고 바라보는 단단한 기준이 되어 있다."[15] 신약의 저자들 역시 약속-계획이 구약을 이해하는 통일된 실마리라고 이해할 뿐 아니라, "하나님이 행하실 장래 일의 큰 그림이 어떻게 지속적으로 발전하고 전개되는지를 추적하는 유일한 길"로 받아들인다.[16] 잠시 후 하나님의 주요 언약들을 살펴볼 텐데, 하나님이 약속-계획을 추진하기 위해 핵심적인 메시아 약속을 각 언약들과 어떻게 연결시켜 가시는지 보게 될 것이다.

하나님은 또한 여러 예언을 통해서도 그분의 약속을 확장시켜 가신다. 카이저에 따르면, 메시아가 오실 것이라는 하나님의 주된 약속은 계속적으로 주어지는 여러 예언과 그 예언의 성취를 통해서도 실현되는데 각 예언이 성취될 때마다 하나님의 신실하심을 볼 수 있을 뿐 아니라, 우리가 메시아 약속의 최종적인 성취를 향해 한 걸음 더 가까이 다가가도록 이끌기도 한다. 예를 들어 하나님이 다윗의 계보를 통해 메시아가 올 것을 약속하시는데, 다윗 가문에서 새 왕이 즉위할 때마다 그 약속이 부분적으로 성취된 것이며, 이런 일들은 그 약속이 그리스도 안에서 궁극적으로 성취되기까지의 중대한 연결점이 된다.

카이저에 따르면, 이러한 부분적 성취는 하나님의 약속-계획이 성취될 것에 대한 일종의 보증금으로 볼 수 있다.[17] 그는 성경의 저자들이 장래에 대한 많은 전망을 언급하면서 그것을 "지금"now 그러나 "아직"not-yet이라는 측면에서 다룬다고 말한다. 그래서 그들은 예언이 자기 시대에 성취된 듯하지만 그것은 일시적일 뿐, 하나님의 사역은 "마지막 날에 궁극적으로 그리고 최종적으로 성취될 것"이라고 요약한다.[18] 모든 사건을 장차 오실 메시아와 인과관계가 있는 것으로 보기 때문이다. "그러므로 (하나님이 장차 궁극적으로 행하실 일의 보증금이라는 관점에서 보면) 족장들과 그들의 자손과 유다 지파에서 나온 다윗 계열의 왕들은 저마다 메시아 약속의 성취인 셈이다. 동시에 장차 임하실 메시아에 대한 계속되는, 그리고 보다 발전된 전망이기도 하다."[19]

카이저의 말대로 하나님의 약속-계획이 성경을 이해하는 (여러 실마리들을 통합하는) 주요 실마리라면, 나는 그리스도를 가리키는 여러 실마리 중에서도 이것(약속-계획)을 가장 먼저 언급하는 것이 맞다고 생각한다. 여러 실마리들을 하나씩 살펴보기에 앞서, 이것들이 하나님의 약속-계획을 구성하는 여러 부분집합으로 이해될 수 있음도 설명하고 싶다. 예를 들어 복음의 초상과 어린 양 교리는 그 하나하나가 (우리가 논의할 다른 실마리들과 마찬가지로) 장차 오실 구속자에 대한 하나님의 약속-계획을 가리킨다.

다음으로 살펴볼 (구약을 이해하는) 실마리인 하나님의 주요 언약들 역시 특히 하나님의 약속-계획이라는 맥락에서 이해해야 한다. 이 언약들은 하나님이 이스라엘과 맺으신 일련의 여러 약속과 합의이며, 모두 하나님의 약속-계획을 실현하는 데 일조한다. 나는 그 언약들이 장차 오실 메시아 예수 그리스도를 통해 온 인류에게 복을 주시겠다는 하나님의 주된 약속을 새롭게 하고 확장시키는 역할을 한다고 생각한다.[20] 앞으로 보겠지만, 하나님이 주시는 모든 언약은 그분의 구속사를 진전시킬 뿐 아니라 그분의 약속-계획을 성취하는 방향으로 나아간다.

이제 성경의 주요 언약들로 넘어가 보자. 하나님의 모든 언약에는 하나님의 약속이 있고, 때로 이에 상응하는 백성들의 약속과 의무가 있기도 하다. 따라서 이 언약을 살펴볼 때, 언약들 자체가 일관되고 점진적으로 발전하며 하나님의 약속-계획이라는 더 거대한 틀에 맞아떨어진다는 점을 기억하자.

성경의 언약

성경은 하나님이 인간을 주권적으로 다루시는 모습을 구속사라는 맥락에서 기록한다. 일부 학자들이 구속사를 간단히 세 요점으로 요약한다는 것은 이미 살펴보았다.

- 발생: 하나님이 인간을 자신의 형상으로 창조하시고 낙원에 두심
- 타락: 인간이 죄를 짓고 낙원을 잃어버림
- 중생: 인간이 낙원을 되찾음

하나님이 인간과 맺으시는 일련의 언약들은 인간을 구속하려는 그분의 주권적 계획을 시행하시는 방편이기도 하고, 그분의 약속-계획을 펼쳐 가시는 방편이기도 하다. 그러므로 구속사의 모든 시기마다 언약을 따라 인간을 대하시는 하나님이 등장하신다.[21]

'언약'covenant이란 일반적으로 협상을 거쳐 양자 혹은 다자 간에 합의된 구속력 있는 약속을 의미한다. 하지만 하나님이 인간과 언약을 맺는 당사자가 되실 때는, 쌍방이 지켜야 할 의무 조항을 (협상에 따른 양자 합의가 아닌) 하나님이 일방적으로 규정하신다. 하나님이 주권자시기 때문이다.[22] 신학자 웨인 그루뎀은 성경에서 하나님이 인간과 맺으시는 언약을 다음과 같이 정의한다. 언약이란 "하나님과 인간의 관계를 규정하는 조건들을 담은, 그 두 당사자 사이의 (변경이 불가능하고 하나님이 일방적으로 부과하신) 법적 합의를 말한다."[23]

인간과 맺은 언약에서 하나님이 맹세하시는 의무 조항은 주로 약속, 축복, 그리고 저주의 형태로 나타난다. 하나님이 주시는 약속 중 일부는 절대적이고 무조건적인데 반해, 일부는 언약의 다른 당사자인 인간의 이행 여부가 조건으로 달리기도 한다. 이들 모든 언약 이면에 자리하고 있는 기본 요소는 "나는 그들의 하나님이 되고 그들은 내 백성이 될 것"이라는 하나님의 약속이다.[24] 신약학자 사이먼 키스트메이커는 이것을 다음과 같이 설명한다. "하나님이 그분의 말씀(즉 성경) 처음부터 끝까지 짜 넣으신 황금으로 된 실마리다."[25]

사이먼은 하나님이 맨 처음 맹세 형식으로 약속하신 때는 창세기 17장 7절이라고 말한다. "내가 내 언약을 나와 너 및 네 대대 후손 사이에 세워서 영원한 언약을 삼고 너와 네 후손의 하나님이 되리라." 이후 출애굽기 6장 7절에서 재차 확인하신다. "너희를 내 백성으로 삼고 나는 너희의 하나님이 되리니 나는 애굽 사람의 무거운 짐 밑에서 너희를 빼낸 너희의 하나님 여호와인 줄 너희가 알지라." 하나님은 레위기 26장 12절, 예레미야 7장 23절, 11장 4절, 24장 7절, 30장 22절, 31장 33절, 에스겔 11장 20절, 14장 11절, 36장 28절, 37장 26-27절, 고린도후서 6장 16절, 요한계시록 21장 3절, 그리고 다른 여러 본문에서 이 약속을 반복하신다.

하나님은 이 말씀을 통해 자신이 이스라엘을 거룩한 언약의 당사자로 택하신 사실을 선포하신다.[26] 하지만 앞의 인용에서 보듯 하나님은 신약에서도 동일하게 이를 확인하시고, 바울도 고린도 교회에 보내는 서신에서 재확인한다(고후 6:16). 이는 우리가 이 책 3장 출애굽 시대에서 살펴본 내용을 강화해 준다. 즉 하나님이 이스라엘을 택하신 것은 이스라엘을 위함이 아니라 모든 사람에게 구원을 가져다줄 (그럼으로써 아브라함을 통해 열방에 복을 주는) 도구로 쓰시기 위함이라는 것이다. 하나님이 유대인과 특별한 일련의 언약을 맺으셨다는 점에서 하나님은 유대인의 하나님이시지만, 하나님은 또한 이방인의 하나님이기도 하시다. 그 언약에 따른 축복을 모든 이방인, 즉 열방에 나눠 주시기 때문이다.

언약은 인류를 위한 하나님의 구원 행위가 전개되는 일정한 틀이 된다. 그렇기에 하나님이 인간과 상호 작용하는 행하심과 관련된 성경의 사건들은 그 언약이라는 틀에 의해 통일성을 띠게 된다.[27] 하나님의 모든 언약은 서로 연결되어 있으며 인간에게 구원을 주시려는 궁극적인 약속 성취 과정에서 점층적으로 발전하는 면이 있다. 이처럼 우리는 언약을 하나님의 약속-계획의 실행을 위한 특별한 장치로서 이해할 수 있다.

중요한 사실은 성경의 모든 언약이 예수 그리스도의 인격과 사역 안에서 정점에 이르러 성취된다는 점이다.[28] 실제로 하나님이 인간과 맺으시는 모든 언약에서 (하나님과 인간) 두 당사자가 이행해야 하는 의무 조항은 그리스도를 가리키고 있다. 이들 언약에 담긴 하나님의 약속과 축복도 (비록 그 언약에 기본적으로 여러 사람과 사건과 제도가 결부되어 있지만) 모두 그리스도에게로 향하고 있다. 그리스도가 약속의 궁극적인 성취이자 최종적인 복의 근원이 되시기 때문이다. 마찬가지로 저주도 그리스도에게로 향하고 있는데, 그분이 결국 우리를 대신해 저주를 받고, 능동적 주체로서 죄를 심판하실 것이기 때문이다. 하지만 그리스도는 또한 언약의 당사자로서 인간 편에서 감당해야 하는 의무 조항을 성취하는 핵심 인물이기도 하다. 그리스도는 완전한 순종과 죄 없는 삶을 사는 유일한 분으로서, 범죄하여 타락한 인간이 자신의 능력으로 결코 이룰 수 없는 것을 완수하시는 분이기 때문이다.[29]

이제 성경에 나오는 주요 언약을 살펴 보고 그리스도가 어떻게 각 언약을 구속사의 완결점으로 성취하시는지 보자. 하나님이 하신 모든 언약의 약속은 그리스도 안에서 온전히 성취되는데, 구원의 역사가 펼쳐지는 가운데 일부 약속들은 역사 속 인물들을 통해 부분적으로 성취되기도 한다(예를 들어, 다윗 왕조를 계승한 여러 왕들은 다윗 언약이 부분적으로 성취된 것으로 볼 수 있다). 먼저 주요 언약을 정리한 다음, 각 내용별로 자세히 살펴보겠다.

성경에는 우리가 여기서 명명하는 식의 '무슨무슨 언약'이라고 말하지 않는다는 점을 기억하자. 하나님이 분명 언약을 주시기는 하지만, 언약이라는 이름표는 훗날 신학자와 성경학자들이 붙였다. (각각의 언약을 규정하고 설명하는 방식이 서로 다른 것도 그 때문이다.) 예를 들어 하나님이 아브라함과 언약을 맺는 장면에서, 성경은 이를 가리켜 "아브라함 언약"이라고 부르지 않는다. 그러나 성경을 공부하는 이들에게는 이렇게 이름을 붙이는 것이 유익하며 언약의 주요 요소를 파악하는 데 도움이 된다. 또한 다양한 언약에 담긴 여러 약속들이 가끔은 반복되고 겹치기도 한다는 점에 유의해야 한다. 모든 약속이 서로 연관되어 있고, 앞선 언약 위에 새로운 언약이 쌓이는 식으로 점층적으로 발전하고 서로 보완함으로 하나님의 구속사를 진전시키는 측면이 있기 때문이다.

성경의 주요 언약을 역사를 따라 살펴볼 때 가장 먼저 시작하는 부분은, 하나님이 에덴에 있던 아담에게 생육하고 번성하라 명하시면서 (먹으면 죽는) 단 하나를 제외하고 동산에 있는 각종 나무의 열매를 먹도록 허락하시는 장면이다. 이것은 에덴 언약으로 알려져 있다(창 2:16). 아담과 하와에게 주신 생명과 복의 약속에는 순종이라는 조건이 붙어 있다. 두 사람이 불순종한 이후로 약속된 복은 사라지고 인류의 이야기는 거기서 끝날 수 있었다. 하지만 하나님은 우리가 상상할 수 없는 은혜로 아담과 하와에게 (결국 모든 인류에게) 구속자에 대한 첫 번째 약속을 주신다. 이것이 아담 언약이다(창 3:15).

그 다음 언약에는 세상에 관영한 인간의 죄악에 대한 홍수 심판이 동반된다. 이를 통해 하나님은 인류를 보존하겠다는 약속을 노아에게 주시는데, 바로 노아 언약이다(창 6:5-18, 9:8-17). 이후로 하나님은 아브람(훗날의 아브라함)에게 고향 갈대아 우르를 떠나 당신이 보여 주실 땅으로 가라 하시며 보다 구체화된 언약을 주신다. 아브람은 자기 자신뿐 아니라 자기로부터 시작될 민족을 포함해 모든 인류를 위한 복을 받을 것이다. 여기에는 땅과 자손에 대한 약속과 더불어 개인적이고 민족적이며 전 우주적인 복에 대한 약속이 포함되며, 아브라함 언약이라고 부른다(참조 창 12:2 이하). 이 언약이 주어짐으로 하나님의 구속사는 중대한 전환점을 맞는다. 아브라함과 맺은 언약에서 구속사가 본격적으로 그 모습을 드러내기 때문이다.[30]

다음으로 하나님은 모세에게 율법을 주시면서 백성과 언약을 맺으신다. 율법에는 백성이 순종할 때 임하는 복과 불순종할 때 임하는 저주와 함께 많은 규례가 담겨 있다. 이것이 모세 언약이다(출 19:5). 그렇다고 하나님이 아브라함 언약 및 그 이전 언약을 주시면서 더불어 이스라엘에게 부여하신, 돌이킬 수 없는 은혜가 이 모세 언약으로 인해 무효화되지 않는다. 즉, 모세 언약에 이스라엘이 지켜야 하는 많은 율법과 규례가 있다는 이유로, 아브라함 언약에 담긴 무조건적이고 영원한 복의 약속을 무효화하지 않는다는 말이다.[31]

이후에도 하나님은 다윗과 그의 후손에게 이스라엘에 대한 영원한 왕권을 약속하시면서 이전의 언약들을 갱신하고 보다 구체화하신다(삼하 7:16). 그러다 마침내 하나님은 예레미야에게 마지막 언약(새 언약)에 대해 소개하시면서 어느 날에 이르러 "옛" 언약(모세 언약)을 (더 큰 복을 가져올) 더 나은 언약으로 바꾸실 것이라고 말씀하신다(렘 31:31-34, 히 8:6-8).[32]

에덴 언약과 모세 언약은 조건이 따르는 언약이다. 즉 복을 주시겠다는 하나님의 약속은 인간이 특정한 요구 사항을 충족시켜야 한다는 조건에 기반한다. 인간이 실패하면, 언약을 통해 주어지는 특별한 복을 때로는 잃게 될 것이고 종종 징계도 받게 될 것이다.[33] 그렇다고 이스라엘이 자기 의무를 다하지 못했을 때 하나님의 율법이 효력을 잃게 된다는 의미는 아니다. 이스라엘이 때때로 그 복을 잃어버린다 해도 율법은 여전히 유효하다.

그외 다른 주요 언약은 무조건적이다. 인간이 어떻게 응답하느냐에 관계없이 하나님이 복을 주기로 약속하신 언약이다. 하나님은 자신의 약속에 조건을 붙이실 수 있지만, 그 약속의 성취가 인간의 행위에 달려 있다는 식의 조건을 붙이지는 않으신다. 이제 주요 언약들을 자세히 살펴보자.

에덴 언약

하나님은 에덴 언약을 주시면서 인간에게 다음과 같이 명하신다. "생육하고 번성하여 땅에 충만하라, 땅을 정복하라, 바다의 물고기와 하늘의 새와 땅에 움직이는 모든 생물을 다스리라"(창 1:28). 하나님은 (사람을 죽음으로 이끄는) 선악을 알게 하는 나무의 열매를 제외한 동산의 각종 나무의 열매를 먹도록 허락하신다(창 2:16-17). 물론 창세기에서는 이 내용을 '언약'이라고 부르지 않지만, 호세아 6장 7절에는 명백히 언급되어 있다. "그들은 아담처럼 언약을 어기고 거기에서 나를 반역하였느니라."

여기서 분명하게 표현되진 않지만, 하나님이 아담에게 주시고 그를 통해 온 인류에게 주시는 약속은 생명과 복이다. 하나님이 아담에게 불순종하면 분명히 죽으리라고 말씀하신 것은, 달리 말해 그가 순종하면 산다는 의미이기 때문이다. 불순종의 결과는 육체적 죽음뿐 아니라 영적 죽음이다. 영적 죽음이란 인간의 영혼이 하나님과 분리되는 것이다.[34] 에덴 언약은 '행위 언약'이라고도 하는데, 언약을 유지하는 것이 아담의 공로에 달려 있기 때문이다. 언약의 조건에 대한 그의 순종이 필요한 일이다. 일부 학자들은 에덴 언약을 언약에 포함시키지 않지만, 다른 학자들은 아담 언약과 연결지어 포함시키기도 한다. 하지만 에덴 언약이 구속이라는 연결 사슬에서 중요한 첫 연결고리가 된다는 점을 부인하는 이들은 소수에 불과하다. 낙원에 있는 아담조차 실패했다는 사실은, 인간이 스스로의 힘으로 하나님과 바른 관계를 유지할 능력이 없음을 입증하는 것이기 때문이다.[35]

인간의 타락으로 인류는 끔찍한 결과를 맞는다. 아담의 죄가 모든 인간에게 확산되기 때문이다(롬 5:12). 하지만 인간의 타락으로 하나님이 은혜로운 구속 계획을 시작하시는 토대가 마련되며, 이후의 여러 언약들이 주어지다가 예수 그리스도의 십자가 죽음으로 정점에 다다르게 된다.

바울은 "무릇 율법 행위에 속한 자들은 저주 아래에 있[다]"고 강조한다(갈 3:10). 하지만 "그리스도가 우리를 위해 십자가에 달려 대신 저주를 받으심으로 우리를 율법의 저주에서 구해 주셨다. 성경에도 '나무에 달린 사람마다 저주를 받은 자'라고 기록되어 있다. 이것은 그리스도 예수 안에서 이방인들도 아브라함의 복을 받고 우리도 믿음으로 약속된 성령을 받도록 하기 위함이다"(갈 3:13-14, 현대인의성경).

그리스도가 아담이 실패한 (죽음을 불러온) 지점에서 어떻게 승리하시는지 (즉 생명을 주시는지) 알아보기 위해 바울의 서신서를 잠시 살펴보자. 바울은 그리스도를 가리켜 '마지막 아담'이라고 설명하며 '첫 번째 사람 아담'과 비교하고, 그분의 구속 사역에 주목한다. "아담 안에서 모든 사람이 죽은 것같이 그리스도 안에서 모든 사람이 삶을 얻으리라"(고전 15:22). 그리고 이렇게 덧붙인다. "첫 사람 아담은 생령이 되었다 함과 같이 마지막 아담은 살려 주는 영이 되었나니"(고전 15:45). 나아가 다음과 같이 언급한다. "그러므로 한 사람으로 말미암아 죄가 세상에 들어오고 죄로 말미암아 사망이 들어왔나니 이와 같이 모든 사람이 죄를 지었으므로 사망이 모든 사람에게 이르렀느니라.… 한 사람의 범죄로 말미암아 사망이 그 한 사람을 통하여 왕 노릇 하였은즉 더욱 은혜와 의의 선물을 넘치게 받는 자들은 한 분 예수 그리스도를 통하여 생명 안에서 왕 노릇 하리로다"(롬 5:12, 17).

신학박사 정성욱 교수는 '첫 번째 아담'은 하나님이 에덴 언약을 통해 주신 위임과 명령을 완수하지 못하지만, '마지막 아담'인 예수 그리스도가 이를 모두 성취하신다는 사실에 주목한다. 정 박사는 또한 이렇게 이야기한다. 첫째, 그리스도는 이땅에 계실 때 주로 기적을 통하여 "모든 피조물에 대한 만왕의 왕으로서 통치권을 행사하신다. 둘째, 그리스도는 대제사장으로서 온 마음과 뜻과 영과 힘을 다해 하나님을 사랑하신다. 하나님을 향한 그리스도의 사랑은 십자가에 죽기까지 아버지의 뜻에 온전히 순종하시는 모습으로 입증된다. 첫 번째 아담은 사탄에게 복종하고 하나님께 불순종하는 데 반해, 마지막 아담은 하나님께 순종하고 사탄의 유혹을 물리친다. 마지막 아담은 하나님에 대한 사랑과 순종을 통해 하나님이 첫 번째 아담뿐 아니라 온 인류에게 주신 창세기 2장 16-17절의 언약을 성취해 가기 시작하신다.…예수 그리스도는 타락한 인류를 구속하고 저주받은 우주를 회복하려는 하나님의 계획과 뜻을 밝히 드러내신다."[36]

아담 언약

구약 역사 첫머리(고대 시대)에 대한 앞의 이야기에서 보듯, 하나님은 창세기 3장에서 아담과 하와가 저지른 죄에 대한 형벌로서 고난을 내리시지만 그와 더불어 (흐릿한 그림자 형태로) 복음을 선포하신다(창

3:14-19). 하나님의 은혜가 드러나는 대목이다.

하나님은 죄인들이 맞이할 결과를 그들이 범죄한 순서에 따라 전달하신다. 먼저는 뱀을 저주하시고 다음으로 여자와 남자에게 저주를 내리시되, 여자는 해산의 고통을 겪을 것이며 남자는 사는 날 동안 땀 흘려 수고하게 될 것이라 말씀하신다.[37] 땅도 저주를 받아 가시와 덤불을 내게 될 것이다. 범죄함으로 인해, 인간은 영적으로 사망하고 조만간 육체적으로도 죽음을 맞이할 것이다.

하나님은 이러한 판결을 내리시는 동안에도 장래에 인류에게 임할 복을 선포하신다. "네가 이렇게 하였으니 네가 모든 가축과 들의 모든 짐승보다 더욱 저주를 받아…내가 너로 여자와 원수가 되게 하고 네 후손도 여자의 후손과 원수가 되게 하리니 여자의 후손은 네 머리를 상하게 할 것이요 너는 그의 발꿈치를 상하게 할 것이니라"(창 3:14-15). 바울은 갈라디아서 4장 4절에서 여기에 언급된 여자의 후손이 그리스도라고 확언한다. "때가 차매 하나님이 그 아들을 보내사 여자에게서 나게 하시고 율법 아래에 나게 하신 것은 율법 아래에 있는 자들을 속량하시고 우리로 아들의 명분을 얻게 하려 하심이라."

사탄이 아담과 하와를 유혹하여 죄를 짓게 하고 인류 전체를 타락시켰지만, 그는 장차 여자의 후손으로 나실 예수 그리스도(에게 고통을 가함으로 그)의 발꿈치를 '상하게' 할 뿐이고, 예수님은 사탄(을 철저히 파괴하여 그)의 머리를 상하게 할 것이다. 바울은 로마의 그리스도인들에게 보내는 편지에서 창세기의 이 장면을 떠올릴 만한 진술을 한다. "평강의 하나님께서 속히 사탄을 너희 발 아래에서 상하게 하시리라. 우리 주 예수의 은혜가 너희에게 있을지어다"(롬 16:20). 요한계시록은 하나님의 약속이 성취됨으로 사탄이 어떤 운명을 맞이할지 서술하고 있다. "또 그들을 미혹하는 마귀가 불과 유황 못에 던져지니 거기는 그 짐승과 거짓 선지자도 있어 세세토록 밤낮 괴로움을 받으리라"(계 20:10).

나는 사탄이 육체의 죽음에 이르는 고통을 그리스도에게 가하지만, 그가 그리스도에게 상처를 입히는 일조차 그리스도가 이를 허락하셨기 때문이라는 사실을 생각할 때 무척이나 놀라게 된다. 요점은 이것이다. 그리스도가 우리를 사랑하시기 때문에 이를 허락하셨다는 것이다. 그리스도는 우리를 죄에서 구속하기 위해 기꺼이 징계를 당하시고 사탄을 모든 면에서 철저히 짓밟아 버리셨다. 그리스도가 우리를 구속하고 생명을 주기 위해 이 동일한 고통을 사용하신다는 점은 역설적이다.

영원의 관점에서 볼 때, 사탄은 그리스도께 치명적인 상처를 입히지 못함은 물론이고 그 상처가 도리어 우리에게 구속을 가져다준다. 사탄이 그리스도와 벌이는 싸움에서 얼마나 무력하고 일방적인 열세인지 잘 보여 준다. 그리스도는 사탄과 죄와 죽음을 물리치고 우리에게 구속이라는 생명을 선물로 주시려는 특별한 목적을 위해 사람이 되신다. 사도 요한은 이를 간단하게 설명한다. "하나님의 아들이 나타나신 것은 마귀의 일을 멸하려 하심이라"(요일 3:8).

노아 언약

노아 시대에 이르러 인간이 너무 악해지자 하나님은 인류뿐 아니라 짐승과 땅에 기는 생물과 공중의 새까지 모두 쓸어 버리겠다고 맹세하신다(창 6:5-7). 악이 세상에 가득함에도 불구하고 하나님은 주권적으로 시작하신 구속 계획까지 좌절되는 것은 허용하지 않으신다. 노아가 의로운 사람임을 보신 하나님은 그와 아내와 세 아들(셈, 함, 야벳)과 며느리들을 (수를 제한한) 각 동물들과 더불어 보존하신다. 홍수 이후 지면에서 물이 줄어 들자 하나님은 노아와 가족에게 동물들을 이끌어 방주 밖으로 나오게 하시고, 생육하고 번성하라 지시하신다(창 8:16-17).

노아는 감사와 경외의 마음으로 하나님께 "제단을 쌓고 모든 정결한 짐승과 모든 정결한 새 중에서 제물을 취하여 번제로 제단에 드[린다]"(창 8:20). 이에 하나님은 노아와 더불어 언약을 맺으신다. "내가 다시는 사람으로 말미암아 땅을 저주하지 아니하리니 이는 사람의 마음이 계획하는 바가 어려서부터 악함이라. 내가 전에 행한 것같이 모든 생물을 다시 멸하지 아니하리니"(창 8:21-22). 하나님은 노아와 그의 아들들에게 복을 주시면서 생육하고 번성하여 땅에 충만할 것을 다시금 명하시고(창 9:1) 그들이 다시 한번 모든 피조물을 다스리게 될 것을 확언하신다.

하나님은 인간이 당신의 형상으로 창조된 존엄한 존재임을 강조하며 노아에게 말씀하신다. "다른 사람의 피를 흘리면 그 사람의 피도 흘릴 것이니 이는 하나님이 자기 형상대로 사람을 지으셨음이니라"(창 9:6). 더 나아가 이렇게 선언하신다. "내가 너희와 언약을 세우리니 다시는 모든 생물을 홍수로 멸하지 아니할 것이라. 땅을 멸할 홍수가 다시 있지 아니하리라"(창 9:11). 또한 언약의 증표로 무지개를 보이겠다고 말씀하신다(창 9:13-17). 이러한 방식으로 하나님은 에덴에 창조하셨던 본래의 모습을 따라 그분의 나라를 다시 세우신다.[38] 노아와 맺으신 언약에는 인간의 통치 원칙, 즉 사람이 다른 사람을 다스리는 원칙 또한 담겨 있다(창 9:5-6).[39]

하나님은 (노아의 입을 통해) 함의 아들 가나안을 저주하시며 그가 셈과 야벳의 종이 될 것이라 하시고, 셈은 장차 하나님과 특별한 관계가 될 것이라 선언하신다(창 9:26-27).[40] 그 말대로 하나님은 셈의 자손들로 한 민족을 이루시고 그들에게 율법을 주실 뿐 아니라 그들을 통해 (열방에 복 주실) 메시아를 보내실 것이다. 아브라함(아브람)은 바로 이 셈의 자손(셈족)이자 노아 언약의 계승자이며,[41] 하나님과 맺은 특별한 언약의 일원인 셈이다.

셈과 하나님의 특별한 관계는 타락 전 아담이 하나님과 누리던 특별한 관계의 연장으로 간주되며, 그것은 하나님의 은혜로 말미암아 회복된 결과다.[42] 구약학 교수 게라르드 반 그로닝겐은 이렇게 쓰고 있다. "셈은 주님이 시행하시는 회복 프로그램의 특별한 통로다.…히브리인이자 셈족의 후손이며 최종적으로 구속을 이룰 왕의 대행자가 셈에게서 나올 것이기 때문이다."[43] 예수님은 다음과 같이 선포하며 이를 확인해 주신다. "구원이 유대인에게서 남이라"(요 4:22). 그리스도는 셈의 가장 위대한 '후손'으로서 셈과의 특별한 관계에 대해 노아에게 주신 하나님의 약속을 성취하신다.[44] 반 그로닝겐은 노아 언약이 지니는 메시아적 중요성을 설득력 있게 요약한다. "하나님은 피조세계와 왕의 자녀였던 타락한 인류를 온전히 회복시키기 위해 자기 자신을 나타내실 뿐 아니라 원대한 계획을 알려 주신다.…노아는 자신의 입으로 예언을 전할 때, 그것이 영화롭고 생명을 주며 언약을 붙들고 나라를 다시 세우는 하나님의 회복의 말씀임을 고백하고 있다.[45]

아브라함 언약

창세기 12장은 구약 역사의 주요 전환점을 기록하고 있다. 마크 데버는 다음과 같이 말한다. "아담의 타락과 그리스도 탄생 사이의 성경 속 가장 중대한 사건이 창세기 12장에서 일어난다. 하나님이 아브람을 부르시는 장면이다(창 12:1-3). 이 부르심에서 성경의 나머지 이야기가 시작된다."[46] 무엇보다 데버는 하나님이 창세기 3장 15절에 약속하신 구속 사역이 역사 속에서 본격적으로 출발하는 지점이 여기라고 지적한다.

앞에서 살펴본 아브라함 언약을 다시 요약하자면, 하나님은 아브라함을 고향에서 불러내어 당신이 보여 줄 땅으로 가라고 말씀하신다. 하나님은 아브라함의 이름을 창대하게 하고 그에게 복을 주며 (그를 축복하는 자에게 복을 내리고 저주하는 자에게 저주를 내고), 그로 큰 민족을 이루게 하고, 그와 그의 자손에게 영원한 기업으로 소유할 땅을 주며, 그에게서 나올 씨를 통하여 천하 만민이 복을 얻게 할 것이라고 약속하신다(창 12:1-4, 13:14-17, 15:1-7, 17:1-8, 22:17-18). 셈의 자손이자 데라의 아들인 아브라함은 약속으로 주어진 복을 계속 이어갈 하나님의 대표 주자가 된다.[47] 우리는 여기서 여러 언약들이 장차 그리스도 안에서 이루어질 최종 성취를 향해 서로 맞물려 세워져 가고 있음을 볼 수 있다.

이 언약이 그리스도를 명백히 가리킨다고 보는 이유는, 아브라함의 자손이자 히브리 민족에서 태어나실 그리스도를 통해 모든 민족과 백성이 (믿음으로) 복을 얻을 것이기 때문이다. 사도 베드로는 사도행전에 실린 그의 두 번째 설교에서 이 주제를 언급한다. 베드로는 이스라엘을 죄에서 돌이키게 하려고 하나님이 일으키신 종이 예수님이라고 설명한다. 베드로의 말이다. "사무엘 때부터 이어 말한 모든 선지자도 이때를 가리켜 말하였느니라. 너희는 선지자들의 자손이요 또 하나님이 너희 조상과 더불어 세우신 언약의 자손이라. 아브라함에게 이르시기를 땅 위의 모든 족속이 너의 씨로 말미암아 복을 받으리라 하셨으니 하나님이 그 종을 세워 복 주시려고 너희에게 먼저 보내사 너희로 하여금 돌이켜 각각 그 악함을 버리게 하셨느니라"(행 3:24-26). 크레이그 A. 블레이징에 따르면 "베드로는 아브라함 언약에 따르는 복을 중보자 되시는 그리스도가 현실화시킨다는 점을 확인해 준다."[48] 바울 역시 언약의 복이 예수 그리스도에 대한 믿음으로 말미암아 유대인뿐 아니라 이방인에게 임한다는 사실을 강조한다. "이는 그리스도 예수 안에서 아브라함의 복이 이방인에게 미치게 하고 또 우리로 하여금 믿음으로 말미암아 성령의 약속을 받게 하려 함이라"(갈 3:14). 그러므로 비록 언약은 아브라함과 그의 후손에게 주어진 것이기는 하지만, 결국 그 혜택과 복은 모든 믿는 자에게 임할 것이다.

학자들 사이에 이견은 있지만 나는 아브라함 언약에 조건이 달려 있지 않다고 확신하며, 조건이 달렸느냐 아니냐를 놓고 깊이 논의하는 것이 이 책의 목적에는 맞지 않는다고 본다. 다만 아브라함 언약은 영원히 유효한 것으로 언급되며, 하나님은 이 언약을 자주 말씀하실 뿐 아니라 때로 확장시키기도 하신다. 역사적으로 보면, 언약 관계를 맺을 때 희생 제물로 바쳐져 둘로 쪼개진 짐승 사이를 두 당사자가 지나간다.[49] 하지만 하나님은 아브라함이 잠든 사이에 홀로 그 의식을 치르며 언약 관계를 공식화하신다(창 15:12-21). 그리하여 그 합의가 일방적이고 아브라함의 순종 여부와 상관없이 유효하다는 점을 상징적으로 드러내신다. 심지어 아브라함이 이런저런 이유로 불순종한 후에도 여전히 그 언약을 지키실 것을 재확인하신다. 마치 이렇게 말씀하시는 듯하다. "네가 아무리 불순종하고 배반을 일삼아도 나는 끝까지 이 길을 갈 것이다."

히브리서 기자는 그 약속이 변경의 여지 없이 확정되었다고 주장한다. "하나님이 아브라함에게 약속하실 때에 가리켜 맹세할 자가 자기보다 더 큰 이가 없으므로 자기를 가리켜 맹세하여 이르시되 내가 반드시 너에게 복 주고 복 주며 너를 번성하게 하고 번성하게 하리라 하셨더니…하나님은 약속을 기업으로 받는 자들에게 그 뜻이 변하지 아니함을 충분히 나타내시려고 그 일을 맹세로 보증하셨나니 이는 하나님이 거짓말을 하실 수 없는 이 두 가지 변하지 못할 사실로 말미암아 앞에 있는 소망을 얻으려고 피난처를 찾은 우리에게 큰 안위를 받게 하려 하심이라. 우리가 이 소망을 가지고 있는 것은 영혼의 닻 같아서 튼튼하고 견고하여 휘장 안에 들어가나니"(히 6:13-19).[50] 이런 내용을 미루어 볼 때, 하나님의 약속은 구속력이 있을 뿐 아니라 우리로 하여금 '큰 안위'와 '튼튼하고 견고한 영혼의 닻'을 소유하게 하시려고 주어진 것임을 알 수 있다.

아브라함 언약에는 이후 하나님이 주시는 다른 언약들을 통해 더욱 발전되는 여러 약속들이 포함되어 있다. 복에 대한 약속은 모세 언약과 새 언약에서 모퉁잇돌 역할을 하며, 씨(후손)에 대한 약속은 다윗 언약에 담긴 왕의 후손들에 대한 약속의 기초가 된다.[51]

아브라함 언약이 성경 전체를 아우르는 주제를 담고 있다고 말해도 결코 과장이 아니다. 이 언약은 최소한 하나님의 약속-계획의 기초가 되기 때문이다. 아브라함 언약의 주요 메시지는, 하나님의 은혜로운 구속 계획이 그분의 아들 예수 그리스도를 믿음으로 말미암아 인류에게 실현된다는 것이다. 윌리엄 라소르의 말이다. "아브라함을 택하시고 순종 여부와 상관없이 (무조건적으로) 땅과 나라를 주시겠다는 하나님의 약속의 최종 목표는 이땅의 모든 공동체가 복을 얻는 것이다. 구속사가 시작되는 지점에서 그 마지막에 관한 말씀도 나오는 셈이다. 하나님이 아브라함에게 약속하신 구원은 궁극적으로 온 인류를 포함한다. 그래서 하나님은 진노 가운데서도 인류를 완전히 버리지 않으신다. 오히려 하나님과 세상 사이에 죄가 파 놓은 깊은 골짜기를 메우려 애쓰신다. 이 약속은 모든 성경을 이해하는 열쇠다."[52]

모세 언약(시내산 언약)

모세 언약은 하나님이 시내산에서 모세에게 율법을 주시는 것으로 시작된다. 율법을 제정하는 것에 더해, 이 언약은 아브라함의 자손에게 주신 많은 약속들을 재확인해 준다. 하나님은 모세 언약을 주시면서 더불어 이스라엘에게 복을 주시고(레 26:4-12, 신 7:13-15, 28:3-12), 번성케 하시며(레 26:9, 신 6:3, 8:1, 28:11), 땅을 주시고(레 26:5, 신 6:3, 8:1, 9:4, 28:11), 모든 민족 위에 뛰어나게 하시며(신 7:14, 28:1, 3), 그들의 하나님이 되고 그들은 자기 백성이 되리라 약속하시고(레 26:11-12, 신 7:6-10, 28:9-10), 그들과 맺은 언약을 이행할 것임을 다짐하신다(레 26:9).[53]

모세 언약에서 재확인되는 (아브라함 언약의) 약속들은 서로 비슷한 용어로 서술되기는 하나, 모세 언약과 달리 앞선 아브라함 언약에서 약속된 복들은 (인간의 순종 여부와 상관없이) 무조건적이고 약속의 실현도 언제일지 모르는 장래를 상정하고 있다는 점에서 차이가 있다. 이와 대조적으로 하나님은 모세 언약을 주시면서 아브라함의 후손인 특정 세대에게 현재적으로 이러한 복을 누릴 기회를 제공하신다. 하지만 이러한 복을 누리려면 이스라엘이 하나님께 순종하고 하나님이 언약의 일부로 주신 율법에 순종해야 한다는 조건이 달린다. 반면 이스라엘이 불순종하면 이러한 복이 무효가 될 뿐 아니라 하나님의 저주와 징계를 불러올 것이다(출 15:25-26, 19:3-8, 26:3-36, 신 28장).[54]

로이 B. 주크는 아브라함 언약과 모세 언약의 연속성에 주목하면서도 모세 언약에는 좀 더 특정되고 조건적인 특성이 있음을 강조한다. "이스라엘이 하나님의 백성이 된다는 (지금도 그분의 백성이라는) 것은 순전히 하나님이 주도하시는 일이었고, 이스라엘이 하나님의 백성으로서 특별하게 살아가는 것은 그들의 자유 선택에 달려 있었다."[55]

모세 언약은 여러 가지 면에서 아브라함 언약의 특정 약속을 발전시키고 있다. 아브라함 언약은 이스라엘에게 약속의 땅을 줄 것을 절대적이고 영구적으로 보장하지만 그 일이 언제 이루어질지는 구체적으로 밝히지 않는다. 모세 언약은 이스라엘이 순종하는 한 그 약속이 지속될 것이지만, 불순종할 경우 저주를 받을 뿐 아니라 포로가 되어 그 땅에서 다른 곳으로 끌려가리라는 내용이 있다.[56] 아브라함 언약은 이스라엘을 통해 모든 민족이 복을 받게 될 것이라는 일반적인 약속을 한 데 비해, 모세 언약은 이스라엘을 제사장 나라와 거룩한 백성으로 세워 모든 민족에 복을 주는 역할을 이스라엘에게 부여한다(출 19:4-6). 로이 B. 주크는 이렇게 쓰고 있다. "하나님의 소유가 된 이스라엘은 무엇보다 거룩한 제사장 나라로서 기능하는 데 특별한 가치를 갖는다."[57]

하나님은 이스라엘과 언약을 세우는 목적이 어디에 있는지 모세에게 설명하신다. "내가 애굽 사람에게 어떻게 행하였음과 내가 어떻게 독수리 날개로 너희를 업어 내게로 인도하였음을 너희가 보았느니라. 세계가 다 내게 속하였나니 너희가 내 말을 잘 듣고 내 언약을 지키면 너희는 모든 민족 중에서 내 소유가 되겠고 너희가 내게 대하여 제사장 나라가 되며 거룩한 백성이 되리라. 너는 이 말을 이스라엘 자손에게 전할지니라"(출 19:4-6). 이스라엘 백성은 "여호와께서 명령하신 대로 우리가 다 행하리이다"(출 19:8)라고 맹세하며 언약의 조건을 받아들인다.[58]

이스라엘을 하나님의 귀한 소유와 제사장 나라와 거룩한 백성으로 삼겠다는 하나님의 약속은 앞서 지적한 바와 같이, 하나님이 이스라엘에게만 관심을 가지고 계시지 않는다는 사실을 강조한다. 로이 B. 주크는 제사장의 주된 기능이 중재와 중보라고 말한다. "제사장은 하나님을 만나야 할 사람(들)과 하나님 사이에 선다. 따라서 이스라엘은 중재하는 책임을 맡고 거룩하신 하나님과 이땅의 모든 민족 사이에서 중보자로 섬기게 되었다고 보아야 한다."[59] 하나님이 모든 백성을 사랑하시되 특별히 이스라엘을 제사장 나라로 부르셨다는 점에 나는 동의한다. 하지만 하나님이 이스라엘에 단순히 중재자 역할을 맡기신 것 이상으로 그들에게 특별한 사랑을 품고 계심을 성경이 말하고 있다는 점도 나는 강조하고 싶다.

하나님은 모세 언약과 더불어 이스라엘에게 613개 항목에 이르는 세 가지 유형의 율법, 즉 도덕법, 시민법, 의식법을 주신다. 도덕법은 이스라엘의 삶과 하나님과의 관계를 규정하는 십계명으로 구성되어 있다(출 10:2-17, 신 5:6-21). 시민법의 경우 출애굽기 21장 1절에서 24장 18절까지의 본문, 그리고 레위기, 신명기에 나오는 여러 구체적인 법으로 구성되어 있다. 백성들의 개인생활과 사회생활을 위한 율례와 규례들이 자세하게 마련되어 있다. 성경은 이러한 율법들을 '언약서'라고 부른다(출 24:7). 출애굽기 25장 1절에서 40장 38절까지의 본문과 레위기, 신명기 등에 나오는 의식법은 성막과 각종 의식, 제사장의 역할과 의복, 희생제물과 예물에 대한 율례를 설명하며, 백성이 거룩한 하나님께 나아가려면 어떻게 자신을 정결케 해야 하는지 가르치는 데 목적이 있다. 물론 이 정결케 하는 일은 어떤 경우에도 중재자 없이는 불가능하다.[60]

모세 율법의 핵심 요소는 레위기 17장 11절에서 설명하는 피의 희생제사다. "육체의 생명은 피에 있음이라. 내가 이 피를 너희에게 주어 단에 뿌려 너희의 생명을 위하여 속하게 하였나니 생명이 피에 있으므로 피가 죄를 속하느니라." J. 버논 맥기는 이렇게 기록한다. "피는 생명을 의미한다. 이는 위대하고 영원한 진리다. 왜 아벨의 제사는 받아들여지고 가인의 제사는 그러지 못했는지 그 이유를 설명해 준다. 속죄를 가져오는 것은 피다."[61] 히브리서 기자는 다음과 같이 확언한다. "피 흘림이 없은즉 사함이 없느니라"(히 9:22).

제사 제도에 따라 드리는 희생제사는 인간의 죄를 '영원히' 제거하는 효력이 담겨 있지 않다. 히브리어로 "속죄"atonement란 죄를 가리는 것이지 아주 없애는 것을 의미하지 않는다.[62] 히브리서 기자는 이렇게 말한다. "율법은 장차 올 좋은 일의 그림자일 뿐이요 참 형상이 아니므로 해마다 늘 드리는 같은 제사로는 나아오는 자들을 언제나 온전하게 할 수 없느니라. 그렇지 아니하면 섬기는 자들이 단번에 정결하게 되어 다시 죄를 깨닫는 일이 없으리니 어찌 제사 드리는 일을 그치지 아니하였으리요.…황소와 염소의 피가 능히 죄를 없이 하지 못함이라"(히 10:1-4).

오직 예수 그리스도의 피만이 죄를 영구히 없앨 수 있다. 그럼에도 구약의 희생제사는 예수님이 단번에 완성하시는 희생을 미리 보여 주는 예시foreshadow다. 히브리서에서 설명하듯 완전한 대제사장이신 그리스도는 "염소와 송아지의 피로 아니하고 오직 자기 피로 영원한 속죄를 이루사 단번에 성소에 들어가셨[다]"(히 9:12). 히브리서 기자는 또한 이렇게 선포한다. "이러한 대제사장은 우리에게 합당하니 거룩하고 악이 없고 더러움이 없고 죄인에게서 떠나 계시고 하늘보다 높이 되신 자라. 그는 저 대제사장들이 먼저 자기 죄를 위하고 다음에 백성의 죄를 위하여 날마다 제사 드리는 것과 같이 할 필요가 없으니 이는 그가 단번에 자기를 드려 이루셨음이라"(히 7:26-27). 번 S. 포이트레스가 설명한 대로, "그러므로 구약은 율법으로 인한 절망을 종식시키고 율법이 약속하는 바를 성취하시는 그리스도를 갈망하게 된다. 그리스도는 모든 짐승 제사가 고대하던 바 마지막 제물이시다."[63]

다시 말하지만 모세 언약은 (인간의 순종 여부와 관계없이 무조건적이고 영구적인) 아브라함 언약을 대체하지 않는다. 모세 언약은 아브라함 언약에서 비롯되는 하나님의 약속들을 무시하지 않으며, 오히려 그 약속들을 재확인하고 보완한다. 바울은 갈라디아서에서 아브라함 언약보다 430년 후에 주어진 모세 언약이 전자를 폐하지 않으며, 서로 구별된다는 사실을 확인한다(갈 3:17-19, 4:24).

종합하자면, 아브라함 언약은 모세 언약을 뒷받침하는 '신학적 척추'의 의미가 있다. 하나님은 아브라함 언약 아래 있는 이스라엘 백성이 어떻게 살아가고 어떻게 하나님의 보호를 받을 수 있는지 지침을 주기 위해 아브라함 언약과는 별개로 모세 언약을 더해 주시는 것이다. 이러한 상황은 메시아가 오실 때까지만 지속될 것이며[64] ("율법은 약속하신 자손이 오시기까지 있을 것이라"), 그리스도가 오시면 이후로 구약의 희생제사 제도는 더 이상 필요치 않게 될 것이다(갈 3:19). 폴 윌리엄슨은 이렇게 지적한다. "모세 언약은 아브라함의 피를 이은 자손들을 통해 (그리고 자손들 안에서) 그 아브라함 언약에 담긴 약속의 목표가 더욱 진전해 가는 방편이었다(창 12:2. 비교 18:18-19)."[65] 크레이그 A. 블레이징과 대럴 복은 이에 동의하면서 이렇게 지적한다. "모세 언약을 주심으로 하나님은 족장들의 자손을 한 민족으로 삼아 상대하려 하셨다. 그것도 이땅의 다른 모든 민족과 특별히 구별되는 민족으로 말이다. 모세 언약은 한 민족에게 복을 줄 뿐 아니라 그 민족을 통해 땅의 모든 민족에게 복을 주는 방편이기도 하다."[66]

더욱이 율법은 구원의 방편으로 주어지는 것이 아니다. 도리어 율법은 사람들에게 스스로의 힘으로는 죄 없는 거룩한 존재로 사는 것이 도저히 불가능함을 보여 주는 데 일부 목적이 있다. 갈라디아서에 나오는 그대로다. "율법이 우리를 그리스도께로 인도하는 초등교사가 되어 우리로 하여금 믿음으로 말미암아 의롭다 함을 얻게 하려 함이라"(갈 3:24). 율법은 우리가 스스로를 구원할 힘이 없으므로 구주가 필요하다는 사실을 보여 준다(갈 3:19). 찰스 스펄전은 이렇게 주장한다. "율법의 영은 우리를 정죄한다. 이것은 율법이 지닌 유용한 속성이다. 우리를 겸손하게 하고 자신이 죄인임을 깨닫게 하여 그리스도를 받아들이도록 이끈다."[67] 그리고 다음과 같이 덧붙인다. "율법을 낮추면 낮출수록 인간이 죄인임을 깨닫게 하는 빛은 흐려질 것이다. 이는 죄인에게는 유익이라기보다 매우 심각한 피해가 아닐 수 없다. 죄인임을 확신하고 회개할 가능성이 줄어들기 때문이다. 율법을 눈앞에서 치워 버린다면 복음의 가장 든든한 지원군(가장 강력한 무기)를 빼앗는 것이라고 감히 말하고 싶다. 그것은 우리를 그리스도께로 인도하는 초등교사(후견인)의 역할을 율법에게서 박탈하는 것이기도 하다."[68]

그럼에도 율법으로는 결코 구원을 얻지 못한다. 구원은 언제나 그리스도에 대한 믿음으로 말미암는다. 구약에서는 오실 메시아에 대한 믿음으로 구원을 얻는다(창 15:6). 모세 언약 아래서 주어지는 율법은 이스라엘의 헌법으로서 기능하며, 언약은 이미 하나님과 백성의 관계를 맺은 이스라엘에게 주어진다. 언약은 하나님과의 관계 속에 들어가기 위해서가 아니라 이미 그 관계 속에 있는 이들에게 어떻게 살아야 하는지를 보여 주기 위해 주어진다.[69]

더 나아가 언약은 하나님의 거룩하심을 드러내고, 하나님과 바른 관계를 유지하는 데 필요한 의의 기준을 보여 주며, 그 기준을 충족시키기 위한 정결 수단을 알게 하는 데에도 도움이 된다(레 11:44, 19:1-2, 37, 벧전 1:15-17). 율법 역시 히브리인들이 하나님이 거룩한 목적을 위해 특별히 택하신 백성으로 구별되게 살아갈 수 있도록 돕는다(레 11:44-45, 신 7:6, 14:1-2).

하나님의 아들이자 하나님의 종으로서 이스라엘을 대표하는 예수 그리스도는 모든 언약의 이면에 본질로 자리하시는 분이다. 그분은 죄 없는 삶을 사시고 실패한 우리를 대신하여 저주를 온몸에 지고 완전한 희생제물이 되심으로 모세 언약을 철저하고도 완벽하게 성취하신다.[70] 바울이 로마서에 기록한 바와 같다. "그러므로 이제 그리스도 예수 안에 있는 자에게는 결코 정죄함이 없나니 이는 그리스도 예수 안에 있는 생명의 성령의 법이 죄와 사망의 법에서 너를 해방하였음이라. 율법이 육신으로 말미암아 연약하여 할 수 없는 그것을 하나님은 하시나니 곧 죄를 인하여 자기 아들을 죄 있는 육신의 모양으로 보내어 육신에 죄를 정하사 육신을 따르지 않고 그 영을 따라 행하는 우리에게 율법의 요구를 이루어지게 하려 하심이니라"(롬 8:1-4).

그리스도는 마지막이자 완전한 중재자가 되심으로 언약을 성취하신다. 거룩한 하나님을 섬기고 우리와 하나님과의 관계를 회복하는 데 피가 절대적으로 중요하다는 사실을 모세 언약이 분명하게 보여준다는 점은 몇 번이고 반복할 가치가 있다. 피가 없이는 우리의 속죄가 불가능하고 하나님께 나아갈 수도 없다. 언약에서 요구하는 이 피를 (짐승의 피 제사가 예표하는 바) 십자가에서 흘리시는 그리스도의 피가 완전히 만족시킨다.

그렇다면 오늘날 모세 언약은 어떤 위치에 있는가? 그리스도 안에서 모든 것이 성취되었으므로 그 언약은 이제 종결되었다고 보아야 한다. 그렇다고 율법에 나오는 십계명까지 무효화되었다는 의미는 아니다. 신약에서도 십계명의 거의 모든 항목을 되풀이하여 강조하고 있으며, 다만 어길 시에 적용되는 특정한 처벌과 거기에 덧붙은 약속이 구약과 다르기는 하다. 예를 들어 노먼 가이슬러는 모세 언약에서 간음을 저지른 자는 사형에 처해지는 데 반해 새 언약 아래서는 출교에 그친다는 점을 지적한다. 모세 언약에서 부모를 공경하라는 계명에 덧붙은 약속은 하나님이 주시는 땅에서 오래 살리라는 것인 반면(출 20:12), 새 언약에서 동일한 계명에 덧붙는 약속은 "이로써 네가 잘되고 땅에서 장수하리라"(엡 6:3)는 것이다.[71]

교회 시대 속 우리는 모세 시대의 신정 국가가 아닌 은혜의 시대를 살고 있으므로 더 이상 율법 아래에 있지 않다. 가이슬러 박사는 그러한 차이점을 다음과 같이 압축적으로 요약한다. "하나님의 성품을 반영하는 기본적인 도덕 원칙이 구약 이스라엘의 신정 체제에 깊이 새겨져 있는 한편, 이와 동일한 불변의 원칙이 신약 교회를 위한 은혜 속에도 담겨 있다. 교회 시대 신자들이 이미 성취되고 종결된 모세의 율법 아래에 있지 않음에도 말이다."[72]

여기서 율법과 복음의 관계 혹은 율법과 은혜의 관계에 대해 신학자들 사이에 일부 이견이 존재함을 인정한다. 카이저는 "모든 믿는 자에게 율법이 요구하는 바를 예수님이 성취하셨으므로 율법이 더 이상 유효하지 않다는 말을 우리가 거부해야 한다"고 주장한다. 율법 그 자체는 여전히 유효하며 우리가 믿음으로 율법에 순종할 수 있는 힘을 얻는다는 주장이다. 카이저는 우리가 율법을 지킴으로 구원받는다고 주장하지는 않는다. 우리의 구원은 순전히 그리스도와 그분이 십자가에서 완성하신 일을 믿음으로 얻기 때문이다. 그렇지만 카이저는 율법이 여전히 거룩함의 완전한 기준으로 남아 있다고 말하려는 듯하다. 그 점을 어느 누가 반박하겠는가? 그는 바울의 말을 인용한다. "그런즉 우리가 믿음으로 말미암아 율법을 파기하느냐. 그럴 수 없느니라 도리어 율법을 굳게 세우느니라"(롬 3:31).[73]

새 언약과 관련해서는 다음 장에서 더 논의하겠지만, 율법을 제정하신 이가 완전하시므로 그분의 율법도 완전하다는 점은 우리 모두가 인정할 수 있다. 그러나 율법의 목적은 결코 생명을 주는 데 있지 않다(갈 3:21).

6
성경의 언약 [2]

성경의 언약을 이해하기 위해 모든 신학자는 열쇠인 그리스도께 초점을 맞춘다.
래리 페티그루 [1]

팔레스타인 언약*

하나님은 아브라함 언약의 일부로서 이스라엘에게 약속의 땅을 영원한 기업으로 보장하신다. 팔레스타인 언약(신 28:1-30:20)은 이러한 보

● 팔레스타인 언약
여기서 저자는 '점진적 세대주의' 관점에서 말하고 있다. 신명기 28-30장을 '모세 언약'에서 이어지는 새로운 언약으로 규정하고 이를 '팔레스타인 언약'으로 다룬다. 하지만 전통적인 언약 신학에서는 이 언약을 다루지 않으며 신명기의 말씀은 새로운 언약이 아닌 모세 언약의 연장으로 이해한다. 그러므로 점진적 세대주의 입장이 무엇인지 이해하는 차원에서 이 부분을 읽을 필요가 있다.

장을 다시금 확인하고 발전시킨다. 아브라함 언약과 마찬가지로 팔레스타인 언약도 영구적이며 무조건적인 특성이 있다. 이스라엘에게 약속의 땅에 들어갈 수 있는 일종의 권리 증서이며, 그 땅과 관련하여 장래에 이스라엘에게 일어날 일들, 그리고 마지막 회복과 돌이킴에 관한 내용이 담겨 있다.[2] 신학자 C. I. 스코필드는 팔레스타인 언약에 일곱 가지 요소가 있다고 설명한다.

1. 이스라엘이 불순종으로 약속의 땅에서 멀리 흩어짐(신 28:63-68, 30:1)
2. 흩어져 지내는 동안 이스라엘이 회개함(신 30:2)
3. 주님이 마음을 돌이키심(신 30:3, 암 9:9-14, 행 15:14-17)
4. 땅을 회복함(신 30:5, 사 11:11-12, 렘 23:3-8, 겔 37:21-25)
5. 민족이 회심함(신 30:6, 롬 11:26-27, 호 2:14-16)
6. 이스라엘을 압제하는 자들에게 심판이 내림(신 30:7, 사 14:1-2, 욜 3:1-8, 마 25:31-46)
7. 민족이 번영함(신 30:9, 암 9:11-14)[3]

아브라함 언약이나 팔레스타인 언약 모두 이스라엘의 지속적이며 조속한 땅의 소유를 보장하지는 않는다. 물론 그들이 장래에 온전하고 철저하며 영구적으로 땅을 소유하겠지만 말이다. 월터 카이저가 기록한 대로다. "신명기 기자는 이스라엘이 언젠가 약속된 땅을 '차지하고 유업으로 받을 것'이라는 약속을 무려 예순아홉 번이나 반복한다."[4] 하나님은 이스라엘에게 이렇게 약속하신다. "네가 네 하나님 여호와의 말씀을 삼가 듣고…지켜 행하면 네 하나님 여호와께서 너를 세계 모든 민족 위에 뛰어나게 하실 것이라"(신 28:1). 이 말씀은 이스라엘이 순종할 때 그 땅을 차지하고 그곳에서 번성하며 안전과 보호를 누릴 것이라는 의미다(신 28:3-7).[5]

반면 이스라엘은 순종하지 않을 때 하나님께 저주와 징계를 받게 된다(신 28:15-68). 하나님이 이스라엘을 이방 민족들 사이로 흩으시는 일도 이러한 징계에 포함된다. 하지만 팔레스타인 언약은 이스라엘 백성을 그 땅으로 다시 모아 들이고 그 땅에서 백성은 신실하게 살며 번성하고, 이스라엘의 대적들은 징계를 받을 것을 약속하고 있다.[6] 드와이트 펜테코스트는 이렇게 주장한다. "하나님은 이스라엘에게 주실 그 땅을 매우 중요하게 여기신다. 단지 그 땅을 주시겠다는 것이 아니라, 그 땅을 이스라엘에게 주시기에 앞서 그들의 모든 대적을 심판하고 제거하시며, 이스라엘에게는 새 마음을 주시고 돌이키게 하실 것을 스스로에게 다짐하시기 때문이다."[7]

다만 이스라엘이 순종할 경우 그 땅을 복으로 주시고 불순종하면 징계를 내리신다고 하면서도(땅의 소유가 이스라엘의 순종 여부에 달린 일이므로 조건적인 특성이 명백한데도), 이 언약이 무조건적인 특성이 있다고 설명하는 점이 다소 모순되는 것처럼 보인다. 간단히 설명하자면 땅을 차지하고 향유하는 것은 조건이 달린 일이지만 그 땅의 소유권만은 무조건적이라는 얘기다.[8] 그래서 하나님은 선지자들을 통해 이 언약을 주시면서, 이스라엘이 불순종하면 그 땅에서 쫓아내겠다고 구체적인 실마리를 제시하시는 것이다. 하지만 하나님은 장래에(일부 학자는 이를 '천년왕국'이라고 표현하기도 한다) 최종적으로 그 땅이 이스라엘에게 회복될 것이라고 약속하신다.[9] 다만 팔레스타인 언약이 완전히 성취되기 전에 이스라엘은 반드시 회개하고 메시아에게 돌아와야 한다(슥

12:10-14). 여기서 예수 그리스도가 이 언약과 완전하고도 근본적으로 연결된다. 그리스도가 다시 돌아와 이스라엘을 다스릴 때에야 그리스도를 통해 언약이 성취될 것이고, 그 땅도 온전히 회복될 것이기 때문이다.

『법정에서 만난 예수』에서 언급했던 핵심을 다시금 반복해야 할 것 같은데, 이런 언약을 통해 나는 이스라엘에 대한 하나님의 약속과 그분의 신실하심을 입증할 수 있다고 본다. 오늘날 이스라엘은 (비록 온전하지는 않지만) 다시 그 땅으로 돌아왔다. 그들은 2,500년 전에 선지자 예레미야가 예언했으며(렘 31:38-40), 이사야(사 11:11-13)와 에스겔(37:21-28)이 "땅 사방에서" 이스라엘이 고향으로 다시 돌아오게 되리라고 예언한 것에 대한 성취로 받아들인다.

1948년에 이스라엘이 재건되고 수백만의 유대인들이 그 땅으로 돌아왔다. 이스라엘의 주요 건국자 데이비드 벤구리온은 1948년 5월 14일에 새로운 유대인의 고향을 "이스라엘"로 부르겠다고 공표하면서 에스겔의 예언을 인용했다. 이 사건이 예언의 성취인가의 여부에 대해 논란이 있지만, 거의 2,000년간 흩어져 있던 한 민족이 정체성을 되찾고 쫓겨났던 땅으로 다시 돌아왔다는 사실은 놀랍기 그지없다. 조시 맥도웰은 이 모든 사건의 놀라운 특징을 강조하면서, 역사를 통틀어 고향을 잃은 민족들은 모두 다섯 세대 만에 민족적 정체성을 잃었다고 말한다.[10] 더 나아가 토니 에반스는 역사상 다른 어떤 민족도 50년 넘게 고향을 떠났다가 다시 돌아와 모국어를 사용한 경우가 없다는 점을 지적한다.[11]

다윗 언약

다윗 언약은 본래 나단 선지자가 선포한 것으로, 다윗의 후손들이 영원히 이스라엘을 다스리게 하고, 이스라엘 민족은 다윗의 씨에서 나올 왕들이 다스리는 왕국으로 높이시겠다는 하나님의 약속이다(삼하 7:5-16, 대상 17:10-14, 23-27, 대하 6:10, 15-17, 7:17-18, 13:8, 23:3).[12] 그 언약의 일환으로 다윗은 장차 영구히 "집"(왕조)과 보좌(왕권의 상징)와 나라(통치 영역)를 얻게 될 것이다. 불순종은 심판과 징계를 불러오지만 언약이 파기되지는 않을 것이다.[13] 시편 기자는 이 점에 관해 분명하게 기록한다. "만일 그 자손이 내 법을 버리며 내 규례대로 행하지 아니하며 내 율례를 깨뜨리며 내 계명을 지키지 아니하면 내가 회초리로 그들의 죄를 다스리며 채찍으로 그들의 죄악을 벌하리로다. 그러나 나의 인자함을 그에게서 다 거두지는 아니하며 나의 성실함도 폐하지 아니하며 내 언약을 깨뜨리지 아니하고 내 입술에서 낸 것은 변하지 아니하리로다. 내가 나의 거룩함으로 한 번 맹세하였은즉 다윗에게 거짓말을 하지 아니할 것이라. 그의 후손이 장구하고 그의 왕위는 해같이 내 앞에 항상 있으며 또 궁창의 확실한 증인인 달같이 영원히 견고하게 되리라 하셨도다"(시 89:30-37).

이 언약은 다윗 왕조의 권위를 인정하는 원천이자 장차 솔로몬이 세울 성전에 관한 약속의 원천이 된다.[14] 이는 시편 132편에도 언급되는데, 시편 기자는 다윗의 궁전은 있으되 하나님의 전이 없음을 보고 다윗이 슬퍼하며 성전을 짓게 해달라고 기도했음을 기억해 달라고 하나님께 호소한다. 그런 후에 다윗과 맺은 하나님의 언약 중에 다윗의 후손 가운데 하나를 영원히 이스라엘을 다스릴 보좌에 세워 주시기로 한 부분을 하나님께 상기시킨다.

다윗 언약에는 다음의 항목들이 포함된다.

1. 하나님은 아브라함에게 약속하셨듯 다윗의 이름도 위대하게 만들어 주겠다고 다윗에게 약속하신다(삼하 7:9).
2. 다윗에게서 장차 왕위를 물려받을 아들이 나올 것이며, 하나님이 그의 나라를 견고하게 하실 것이다(삼하 7:12).
3. 이 아들이 성전을 건축할 것이다(삼하 7:13).
4. 이 나라와 보좌와 다윗의 계보는 영원할 것이다(삼하 7:13).
5. 하나님은 이 왕조가 약속의 땅의 중심이 되게 할 것이며 백성에게 안식과 평안을 주실 것이다(삼하 7:10).
6. 비록 죄를 짓더라도 다윗의 집을 향한 하나님의 사랑은 영원할 것이다(삼하 7:15). 과장된 말이 아님에 유의하자. "영원하다"는 것은 (장차 이 모든 약속을 성취하고 영원히 다스리실) 하나님의 아들 예수 그리스도를 마음에 두고 계신다는 말이다.[15]

이 언약은 하나님의 구속사에서 필수적인 부분이다. 물론 언약으로 명시되지는 않았으나(삼하 7:5-16) 사무엘하 23장 5절을 보면 분명하게 드러난다. "내 집이 하나님 앞에 이 같지 아니하냐. 하나님이 나와 더불어 영원한 언약을 세우사 만사에 구비하고 견고하게 하셨으니." 시편 89편 3절도 이렇게 확증한다. "나는 내가 택한 자와 언약을 맺으며." 시편 132편 11-12절도 이를 확인해 주고 있다. "여호와께서 다윗에게 성실히 맹세하셨으니 변하지 아니하실지라. 이르시기를 '네 몸의 소생을 네 왕위에 둘지라. 네 자손이 내 언약과 그들에게 교훈하는 내 증거를 지킬진대 그들의 후손도 영원히 네 왕위에 앉으리라' 하셨도다."

이 언약은 다윗에게는 무조건적이지만 그의 후손에게는 그렇지 않다.[16] 즉 궁극적 성취라는 면에서는 무조건적이지만, 불신과 죄가 개입하면 다윗의 계보에서 항상 왕이 나와 그 복을 누릴지는 보장할 수 없다.[17] 앞에서 지적했듯 하나님의 주권적인 계획은 늘 어떤 난관에도 불구하고 변함없이 진행되기는 하지만, 하나님은 또한 언제나 인간에게 책임을 물으실 것이기 때문이다. 따라서 다윗의 왕위가 이 세대에서 다음 세대로 단절 없이 이어져 가는 것은 그 세대 왕의 신실함 여부에 달린 문제이며, 이후의 본문에서도 구체적으로 드러난다(대상 28:7, 왕상 2:3-4, 3:14).[18] 그럼에도 다윗의 계보를 향한 하나님의 영원한 계획은 좌절되지 않을 것이며(삼하 7:16, 렘 33:17) 신약에서도 확인되듯 궁극적으로는 그리스도 안에서 성취될 것이다. "그가 큰 자가 되고 지극히 높으신 이의 아들이라 일컬어질 것이요 주 하나님께서 그 조상 다윗의 왕위를 그에게 주시리니 영원히 야곱의 집을 왕으로 다스리실 것이며 그 나라가 무궁하리라"(눅 1:32-33).

다윗이 곧 간음과 살인을 저지를 것임을 다 알면서도 하나님이 그 언약을 선포하신 걸 생각해 보면, 이 언약의 무조건성과 영원성은 더욱 분명해진다.[19] 물론 다윗은 하나님의 마음을 닮은 사람이다. 그는 곧 죄를 회개하고, 자신의 불순종에도 불구하고 하나님이 약속을 신실하게 지키신다는 사실을 찬양한다. 마지막 숨을 거두는 순간까지 그는 이 사실을 고백한다.

하나님은 이스라엘의 보좌에 앉기에 합당한 다윗의 후손이 항상 있을 것이며, 최종적으로 다윗의 후손 중 하나가 영원한 나라를 다스리게 될 것이라고 분명히 밝히신다. 그 나라는 이땅에서 이루어질 나라일 뿐 아니라 영적으로도 중요한 의미를 갖는다. 존 배리는 이렇게 쓰고 있다. "이스라엘은 지정학적 실체를 지니는 나라일 뿐 아니라 다윗 계열의 왕이 다스리는 하나님의 나라이기도 하다."[20]

영화로운 통일 왕국 시기 동안 솔로몬에 의해 성전이 건축되고 다윗 언약이 부분적으로 성취되지만, 왕국은 분열과 쇠퇴라는 기나긴 내리막길을 걷기 시작한다(왕상 12장). 이후에 선지자들이 다윗 언약을 지속시키고 회복시킬 새 언약을 선포하게 되며, 이는 여러 본문에 나와 있다(렘 33:14-26, 사 9장, 11장, 55:3, 겔 37:15-28).[21]

예루살렘이 무너지고 이스라엘 백성이 바벨론에 잡혀가 있는 동안, 구약의 기자들은 다윗 언약이 위험에 처했다고 염려했을 수 있다. 가장 위대한 왕이라던 다윗과 솔로몬조차 심각한 흠결을 드러내며 실패하지 않았는가. 크레이그 에반스와 피터 플린트는 이에 대해 말한다. "그럼에도 장래에 대한 기대와 더 나은 세상을 향한 소망은 사라지지 않는다. 오히려 사람들이 시선을 돌려 마지막 때를 바라보면서 평화와 의와 번영의 황금 시대를 고대하기 시작한다."[22] 선지자들도 언젠가 장래의 때에 새로운 다윗이 권세를 얻어 황금 시대를 열어 놓음으로 언약이 성취될 것이란 예언을 내놓기 시작한다. 즉 마지막 때에 이스라엘을 구원할 메시아(기름 부음 받은 자)에 대한 기대를 언약과 연결 짓기 시작한 것이다. 이런 방식으로 다윗 언약은 유대의 메시아 대망론이 싹트는 개념 틀로 자리잡는다. 그 기대감은 구약뿐 아니라 신약 시대 이전 유대인들의 저작물에도 나타난다.[23]

복음서의 주요 주제 가운데 하나는 예수 그리스도가 다윗 언약 안에 있는 하나님의 약속들을 성취하신다는 것이다. 실제로 신약성경 첫 본문이 이 주제를 소개하고 있다. "아브라함과 다윗의 자손 예수 그리스도의 계보라"(마 1:1). 이 주제는 복음서 전체에 걸쳐 계속되며, 예수님을 (하나님의 언약에서 약속한) 다윗의 자손이요 영원한 의의 왕으로 언급하고 있다(마 9:27, 12:23, 막 10:48, 12:35, 눅 18:38-39, 20:41).[24] 이 주제는 성경의 가장 마지막 책인 요한계시록까지 이어지고, 요한은 그가 본 환상 가운데 그리스도를 "유대 지파의 사자"요 "다윗의 뿌리"로 묘사하고 있다(계 5:5). 이 주제를 강조하기 위해 요한은 "나는 다윗의 뿌리요 자손이니 곧 광명한 새벽별이라"는 예수님의 말씀을 인용한다(계 22:16).

따라서 신약 맨 앞부분과 마지막 부분, 그리고 그 사이의 많은 본문에서 그리스도가 '다윗의 자손'이라는 정체성이 언급되고 있다. 창세기 초반에 등장하는 (왕들이 네게로부터 나오리라는) 약속이 본래 아브라함에게 주신 것임을 생각하면(창 17:6, 11, 35:11), 이는 성경의 연속성과 통일성, 역사에 대한 하나님의 주권적 개입을 보여 주는 놀라운 예가 아닐 수 없다. 이보다 놀라운 것은 야곱이 그의 아들 유다를 축복하면서 그의 지파로부터 다스리는 자가 나올 것이라고 예언하는 장면이다. (야곱의 아내 레아의 네 번째 아들) 유다는 야곱의 열두 아들 가운데 오직 칭송만 받은 첫 아들이다.[25] 야곱은 유다에게 이렇게 말한다.

> 유다야, 너는 네 형제의 찬송이 될지라. 네 손이 네 원수의 목을 잡을 것이요 네 아버지의 아들들이 네 앞에 절하리로다. 유다는 사자 새끼로다. 내 아들아, 너는 움킨 것을 찢고 올라갔도다. 그가 엎드리고 웅크림이 수사자 같고 암사자 같으니 누가 그를 범할 수 있으랴. 규가 유다를 떠나지 아니하며 통치자의 지팡이가 그 발 사이에서 떠나지 아니하

기를 실로가 오시기까지 이르리니 그에게 모든 백성이 복종하리로다. 그의 나귀를 포도나무에 매며 그의 암나귀 새끼를 아름다운 포도나무에 맬 것이며 또 그 옷을 포도주에 빨며 그의 복장을 포도즙에 빨리로다. 그의 눈은 포도주로 인하여 붉겠고 그의 이는 우유로 말미암아 희리로다(창 49:8-12).

고든 존스턴은 이렇게 말한다. "다소 수수께끼 같은 이 예언은 하나님의 계획에 의해 유다 지파로부터 첫 번째 왕(다윗)이 역사 속에서 태어날 뿐 아니라 궁극적으로는 장래에 종말론적인 왕(예수 그리스도)이 나실 것을 말한다."[26] 바로 그렇다. 다윗의 후손을 통해 이스라엘 땅에 영원한 왕이 임할 것이라는 하나님의 약속은 성경의 가장 첫 부분과 마지막 부분, 그리고 신약의 가장 첫 부분과 마지막 부분에 드러나 있다. 이 모든 것이 시간이 존재하기도 전에 계신 놀라운 창조주께서, 그분의 거룩한 계획에 따라 북엔드(책들이 넘어지지 않도록 양 끝에서 지지해 주는 받침대)처럼 성경의 양 끝에 두기로 작정하신 일이라는 걸 누가 의심할 수 있겠는가?

이 주제와 관련한 메소포타미아 주술사 발람의 예언 하나를 마지막으로 덧붙이고 싶다.[27] 모압 땅에 야영하면서 약속의 땅으로 들어갈 준비를 하는 이스라엘 세력을 두려워한 모압 왕 발락은 발람에게 사람을 보내어 모압으로 건너와서 이스라엘을 저주해 달라고 부탁한다(민 22:1-6). 발람은 하나님이 자신에게 그곳에 가지도 말고 저주하지도 말라 하셨기에 처음에는 제안을 거절하지만(민 22:12) 결국 모압으로 가서 네 번의 예언을 하는데 모두 축복하는 내용이다(민 23-24장). 발람은 마지막 네 번째 예언을 하면서 자신이 성경의 하나님 여호와를 대신하여 말하는 것임을 표명한다. "브올의 아들 발람이 말하며…하나님의 말씀을 듣는 자가 말하며 지극히 높으신 자의 지식을 아는 자, 전능자의 환상을 보는 자, 엎드려서 눈을 뜬 자가 말하기를, '내가 그를 보아도 이때의 일이 아니며 내가 그를 바라보아도 가까운 일이 아니로다. 한 별이 야곱에게서 나오며 한 규가 이스라엘에게서 일어나서 모압을 이쪽에서 저쪽까지 쳐서 무찌르고 또 셋의 자식들을 다 멸하리로다. 그의 원수 에돔은 그들의 유산이 되며 그의 원수 세일도 그들의 유산이 되고 그와 동시에 이스라엘은 용감히 행동하리로다. 주권자가 야곱에게서 나서 남은 자들을 그 성읍에서 멸절하리로다'"(민 24:15-19). D. 스튜어트 브리스코는 이 예언에 관해 다음과 같이 주장한다. "몇몇 세부적인 부분에서 의견 차이가 있으나 메시아의 오심에 관한 예언이라는 점에서는 수세기에 걸친 동의가 있었다."[28]

이방인 주술사가 하나님의 백성을 저주하지 말라는 경고를 받고 나서, 장차 야곱에게서 메시아가 나실 것이라고 예언을 바꾼다는 사실이 너무 놀랍지 않은가? 누구든 굳이 일부러 눈을 가리지 않는 한 이 말씀이 메시아 예언이 아니라고 보기는 불가능하다. 나의 주장에 무게감을 더하기 위해 구약학자 유진 메릴의 관찰을 나누고자 한다. "발람이 본 것은 장차 이스라엘에서 별과 규가 나오는 것이다. 시적으로 볼 때 별과 규는 병행parallel을 이루며 (이 책 13장에서 다루는 병행구조/대구법을 참조하라), 한편으로는 왕권을 언급하는 게 분명하다. 그에 대해서는 마리Mari 문서*의 내용을 보면 확인할 수 있다. 거기서는 여러

● 마리 문서
유프라테스 강 중류에 위치한 옛 앗수르의 도시 마리에서 발견된 2만 장 이상의 점토판 형태 문서로 왕실 행정, 각종 계약서 및 서신들로 분류되며, 당시의 정보 및 생활상을 알 수 있다.

왕들을 '별'로 통칭하고 있다. 이러한 예언을 야곱에 대한 예언과 연결지어 볼 때, 발람은 유다에서 이스라엘을 다스릴 통치자가 나온다는 예언을 한 것이다(창 49:10)."[29]

혈통으로는 다윗의 자손으로 나실 예수 그리스도는 천 년 동안 보좌에 앉으심으로, 그리고 이후에도 영원히 다스리심으로 다윗 언약을 최종적으로 성취하실 것이다.[30] 가브리엘 천사가 마리아에게 말한 그대로다. "보라, 네가 잉태하여 아들을 낳으리니 그 이름을 예수라 하라. 그가 큰 자가 되고 지극히 높으신 이의 아들이라 일컬어질 것이요 주 하나님께서 그 조상 다윗의 왕위를 그에게 주시리니 영원히 야곱의 집을 왕으로 다스리실 것이며 그 나라가 무궁하리라"(눅 1:31-33). 예수님도 직접 이를 확인하신다. "인자가 자기 영광으로 모든 천사와 함께 올 때에 자기 영광의 보좌에 앉으리니"(마 25:31).

여기서 우리의 믿음을 세워 줄 만한 흥미로운 사실 한 가지를 짚고자 한다. 구약 비평가들은 종종 메소포타미아와 바벨론 사람들도 자신의 신들이 (신들에 의해 지명된) 통치자들을 통해 역사에 적극 개입하는 것으로 생각했다는 주장을 펴며 하나님의 '주권'이라는 고유한 속성을 축소시키려 한다. 하지만 칼 F. H. 헨리는 겉으로만 그렇게 보일 뿐이라고 주장한다. 성경의 하나님은 오직 말씀으로 무에서 우주와 인류를 창조하시고, 지금도 "생명을 보존하시며, 구속이라는 목표를 이루기 위해 자연과 역사에 개입하시고, 미리 예고하신 뜻을 위해 나라를 지키고 보호하신다. 히브리 사람들은 전쟁에 대해 여러 신들 간의 전쟁이라는 다신교적 견해를 가지고 있지 않다." 성경의 하나님은 바벨론과 기타 유사한 문서에서 묘사되는 "신적 존재들"보다 모든 면에서 탁월하실 뿐 아니라 하나님의 하나님 되심에 대한 증거로 구약 전체에 걸쳐 예언과 그 성취를 기록하고 있기 때문이다. 칼 F. H. 헨리는 이렇게 말한다. "모세 언약을 통해 시작되는 야훼와 히브리 백성의 관계는 다윗 언약에서 재확인되고, 이는 이스라엘 밖에서 발견되는 모든 신성한 언약 개념을 뛰어넘는다. 하나님은 행하기 전에 미리 말씀하시고 택하신 백성과의 고유한 관계와 그분의 위상을 역사 속에서 확연히 입증하신다. 무엇과도 비교할 수 없는 하나님만의 역사다"(참조 신 33:29, 삼상 2:2, 시 19:7, 사 46:9).[31]

새 언약

예수님은 자신의 살과 피가 하나님이 구약의 선지자들을 통해 약속하신 새 언약이라고 증거하며 이렇게 선포하신다. "이 잔은 내 피로 세우는 새 언약이니 곧 너희를 위하여 붓는 것이라"(눅 22:20, 고전 11:25). 하나님이 점진적으로 발전시켜 가며 베푸신 여러 언약은 마침내 새 언약에서 정점에 다다르는데, 이는 하나님이 선지자 예레미야를 통해 말씀하신 바이기도 하다.

> 여호와의 말씀이니라. 보라, 날이 이르리니 내가 이스라엘 집과 유다 집에 새 언약을 맺으리라. 이 언약은 내가 그들의 조상들의 손을 잡고 애굽 땅에서 인도하여 내던 날에 맺은 것과 같지 아니할 것은 내가 그들의 남편이 되었어도 그들이 내 언약을 깨뜨렸음이라. 여호와의 말씀이니라. 그러나 그날 후에 내가 이스라엘 집과 맺을 언약은 이러하니 곧 내가 나의 법을 그들의 속에 두며 그들의 마음에 기록하여 나는 그

들의 하나님이 되고 그들은 내 백성이 될 것이라. 여호와의 말씀이니라. 그들이 다시는 각기 이웃과 형제를 가르쳐 이르기를 너는 여호와를 알라 하지 아니하리니 이는 작은 자로부터 큰 자까지 다 나를 알기 때문이라. 내가 그들의 악행을 사하고 다시는 그 죄를 기억하지 아니하리라. 여호와의 말씀이니라.…보라, 날이 이르리니 이 성은 하나넬 망대로부터 모퉁이 문에 이르기까지 여호와를 위하여 건축될 것이라. 여호와의 말씀이니라.…영원히 다시는 뽑거나 전복하지 못할 것이니라(렘 31:31-34, 38, 40. 참조 50:4-5).

오리게네스 교부는 구약의 바로 이 말씀에 감동을 받아 성경 27권을 "새 언약(신약)"으로 부르기 시작했다.[32] 예레미야 31장 31-34절은 신약에서 지속적으로 인용되는 가장 긴 본문이기도 하다. 히브리서 8장 8-12절에 등장하고 다시 히브리서 10장 16-17절에서 부분적으로 반복된다.[33]

하나님은 에스겔 선지자를 통해서도 약속을 주시고 더 나아가 새 언약으로 확장시키신다. 하나님은 이스라엘과 다른 민족들이 먹칠한 그분의 위대한 이름의 거룩하심을 입증하기 위해, 민족들 사이에 흩어 놓으신 이스라엘 백성을 모아 그들의 소유가 된 땅으로 돌아오게 하겠다고 말씀하신다. "맑은 물을 너희에게 뿌려서 너희로 정결하게 하되 곧 너희 모든 더러운 것에서와 모든 우상 숭배에서 너희를 정결하게 할 것이며 또 새 영을 너희 속에 두고 새 마음을 너희에게 주되 너희 육신에서 굳은 마음을 제거하고 부드러운 마음을 줄 것이며 또 내 영을 너희 속에 두어 너희로 내 율례를 행하게 하리니 너희가 내 규례를 지켜 행할지라. 내가 너희 조상들에게 준 땅에서 너희가 거주하면서 내 백성이 되고 나는 너희 하나님이 되리라"(겔 36:25-28).

이사야 역시 이 언약을 언급하고 있다. "구속자가 시온에 임하며 야곱의 자손 가운데에서 죄과를 떠나는 자에게 임하리라. 여호와께서 이르시되 '내가 그들과 세운 나의 언약이 이러하니 곧 네 위에 있는 나의 영과 네 입에 둔 나의 말이 이제부터 영원하도록 네 입에서와 네 후손의 입에서와 네 후손의 후손의 입에서 떠나지 아니하리라' 하시니라. 여호와의 말씀이니라"(사 59:20-21).

새 언약과 옛 언약의 차이

예레미야와 에스겔, 신약 기자들이 전하듯, 새 언약은 이스라엘 백성들이 깨뜨려 버린 옛 언약 또는 모세 언약과는 달라야 했다. 새 언약의 주요 내용은 다음과 같다.

1. 중생: 백성에게 새로운 마음을 주셔서 하나님의 법이 그들의 생각과 마음에 새겨지게 하신다.
2. 나라의 회복: 하나님은 이스라엘의 하나님이 되시고 이스라엘은 하나님의 백성이 되며 그 나라는 영원할 것이다.
3. 각 사람에게 내주하시는 성령의 사역을 통해 하나님과 관계를 맺고 하나님을 친밀하게 알아 가게 된다: 하나님이 한 사람 한 사람을 직접 가르치실 것이다.
4. 완전한 칭의와 죄 사함: 그들이 죄는 철저히 제거될 것이다.
5. 예루살렘이 재건되고 영원히 온전하게 보전될 것이다.[34]

하나님은 이 언약이 이스라엘의 불순종에도 불구하고 무조건적으로 성취될 것이라고 명시하신다(에스겔 36장 23-36절에서 하나님이 언약의 내용을 말씀하시며 "내가 하리라"는 약속을 얼마나 반복하시는지 눈여겨보라).[35] 이 언약이 무조건적인 이유는 이스라엘이 아니라 하나님의 거룩한 이름을 위해 주어지기 때문이다(겔 36:21-22). 게다가 하나님은 언약이 영원하리라고 선언하신다(렘 32:40, 겔 16:60, 37:26, 사 61:8-9).[36]

노먼 가이슬러 박사는 옛 언약과 새 언약의 차이를 간결하게 잡아내고 있다. 그의 설명에 따르면,

- 옛 언약은 일시적인 반면, 새 언약은 영원하다.
- 옛 언약은 돌에 새기지만, 새 언약은 마음에 새긴다.
- 옛 언약에는 짐승의 피가 필요하지만, 새 언약에는 그리스도의 피가 필요하다.
- 옛 언약에는 여러 번의 제사가 필요하지만, 새 언약에는 한 번의 영원한 제사가 필요하다.
- 옛 언약에서는 모세가 중재자지만, 새 언약에서는 예수 그리스도가 중재자시다.
- 옛 언약에서는 죄 사함을 고대하지만, 새 언약에서는 십자가를 통해 죄 사함이 실현된다.
- 옛 언약에서는 성령이 영구히 내주하지 않으시지만, 새 언약에서는 믿는 자 안에 영구히 내주하실 것을 보장한다.
- 옛 언약에서는 하나님이 대제사장 아론과 그 계승자들을 통해 임하시지만, 새 언약에서는 그리스도가 우리의 대제사장이 되신다.
- 옛 언약에서는 십자가를 고대하며 희생제사를 드리지만, 새 언약에서는 십자가를 되돌아보며 성찬을 나눈다.[37]

예레미야는 새 언약에 대해 말하면서, 언젠가 하나님이 옛 언약, 즉 모세 언약을 더 나은 언약으로 대체하시리라고 약속한다. 히브리서 기자는 이렇게 말한다. "그러나 이제 그(그리스도)는 더 아름다운 직분을 얻으셨으니 그는 더 좋은 약속으로 세우신 더 좋은 언약의 중보자시라.…새 언약이라 말씀하셨으매 첫 것은 낡아지게 하신 것이니"(렘 8:6, 13).

히브리서 기자가 단언하듯 새 언약이 우월한 이유는 무엇보다 결코 파기될 수 없으며, 예수 그리스도를 믿음으로 말미암아 하나님의 임재로 즉시 나아갈 수 있기 때문이다. 여기서 또 다른 제사장이 부각되는데, "그는 육신에 속한 한 계명의 법을 따르지 아니하고 오직 불멸의 생명의 능력을 따라 되었으니…전에 있던 계명은 연약하고 무익하므로 폐하고 (율법은 아무것도 온전하게 못할지라) 이에 더 좋은 소망이 생기니 이것으로 우리가 하나님께 가까이 가느니라.…(그들은 맹세 없이 제사장이 되었으되 오직 예수는 자기에게 말씀하신 이로 말미암아 맹세로 되신 것이라. 주께서 맹세하시고 뉘우치지 아니하시리니 네가 영원히 제사장이라 하셨도다.) 이와 같이 예수는 더 좋은 언약의 보증이 되셨느니라"(히 7:16-22). 히브리서 기자는 믿는 자들에게 담대함으로 하나님께 나아가라고 격려한다. "그러므로 우리는 긍휼하심을 받고 때를 따라 돕는 은혜를 얻기 위하여 은혜의 보좌 앞에 담대히 나아갈 것이니라"(히 4:16). 히브리서 기자는 그리스도가 영단번에 흘리신 피로 말미암아 세워지는 새 언약이므로 옛 언약보다 우월하다는 점을 이후에도 밝힌다(히 7:27).

모세 언약은 사람들에게 마땅히 해야 할 바를 알려 주는 규례를 제시하지만, 타락한 인간으로서 그 규례를 온전히 지킬 수 있는 방편을 제공하지는 않는다.

로이 B. 주크는 새 언약이 다른 점을 이렇게 설명한다. "언약이 기본적으로 요구하는 바에 차이가 있는 게 아니라 이를 순종하는 사람들의 능력에 차이가 있다."[38] 그리스도인들이 새 언약에 순종할 힘을 얻는 것은 그리스도가 그들에게 성령을 주시기 때문이다(행 1:8, 고전 12:13, 고후 3:4-18). 하나님은 그분의 율법을 우리 속에 두시고 우리 마음에 새겨 넣으실 것이다(히 8:10). 더욱이 새 언약은 영원하여(히 13:20), 이를 통해 우리는 하나님과 영구적이며 내밀한 교제를 나눌 수 있으며 "그분은 우리의 하나님이 되고 우리는 그분의 백성이 된다."[39] 하나님도 약속하시지만, 믿는 자 가운데 부어지는 새 영을 기반으로(성령의 내주하심을 통하여) 우리가 마음의 변화를 경험하게 될 것을 새 언약은 보장한다. 이 마음의 변화는 우리가 예수님을 직접 만나는 날, 죄로부터 자유함을 얻고 영화롭게 될 때 마침내 완성될 것이다(롬 8:18-30).[40]

결국 새 언약이 보장하는 영적 복은 이전의 모든 언약보다 훨씬 우월하다. 예수님이 우리 죄의 대속을 위해 죽으시기 때문이다(히 9:24-28). 예수님은 자신을 통해 우리에게 하나님을 보여 주신다. "이는 하나님의 영광의 광채시요 그 본체의 형상이시라"(히 1:3, 요 14:9). 새 언약에는 십자가에서 완성되는 그리스도의 사역이 담겨 있다. 믿는 자들이 그리스도가 이루신 일을 힘입어 법적으로 의롭다 함을 받고, 하나님이 그들을 보실 때에도 그들의 악한 죄를 보지 않으시게 하려고 그리스도는 십자가에서 죽으셨다.

찰스 스펄전이 주장한 대로다. "이스라엘의 거룩하신 이가 우리의 모습 그대로를 보면 결코 기뻐하실 수 없다. 하지만 예수 그리스도 안에 있는 우리를 보면 기뻐하신다.…하나님은 우리를 이런 방식으로 보신다. 즉 휘장(더 정확히 말하면 하나님의 사랑하는 독생자) 뒤에 숨은 우리를 보시고 휘장의 탁월한 영광을 보신다. 또한 하나님은 인간의 허물과 죄를 덮어 줌으로 더 이상 기억하지 않게 하신 그리스도를 매우 기뻐하신다. 하나님은 희생제물이 된 아들, 곧 휘장을 통해 바라보실 때 어떤 영혼도 내치지 않으신다. 우리를 덮어 준 그 아들을 받아들일 수밖에 없기에 우리 또한 받아 주신다."[41] 우리는 예수 그리스도에 대한 믿음을 통해 새로운 언약의 약속(우리가 완전한 죄 사함을 받고 아들 안에서 영생을 얻으리라는 약속)을 풍성히 경험한다.

새 언약의 필요성

새 언약이 옛 언약보다 낫다. 그렇다 해도 완전하고 거룩한 하나님이 애초에 잘못된 일을 바로잡지 않아 새 언약이 필요했다고 여겨서는 안 된다. 월터 카이저는 이렇게 말한다. 모세 언약으로 발생한 문제는 "언약을 만드신 하나님의 잘못이 아니고, 족장들에게 주신 옛 언약의 약속이나 도덕법이 잘못된 것도 아니다. 문제는 백성에게 있었다."[42] 카이저 박사는 다음과 같이 주장한다. 인간이 죄 문제에 관해 율법을 탓하며 잘못을 뒤집어씌울 수 없는 이유는 "율법 그 자체는 '거룩하고 의롭고 선하고 신령하기' 때문이다"(롬 7:7, 7:14).[43] 웨인 스트릭랜드도 이와 같이 주장한다. 모세 율법은 "율법을 주신 자가 도덕적으로 완전한 분이신 것을 반영한다."[44] 시편 기자 역시 그렇게 확언한다. "여호와의 율법은 완전하여 영혼을 소성시키며"(시 19:7). 로버트 마운스도 동일한 사실을 상기시킨다. "율법은 하나님이 주신 것이므로 그분의 거룩한 속성과 반드시 일치한다"(사 6:3).[45]

카이저는 예레미야와 히브리서 기자 모두 잘못은 백성에게 있지 율법에 있지 않다는 사실에 동의한다는 점을 지적한다. "예레미야는 하나님이 남편이 되시는데도 백성이 하나님과의 언약을 깨뜨렸다는 사실을 지적한다." 히브리서 기자는 이렇게 덧붙인다. "그들의 잘못을 지적하여 말씀하시되 '주께서 이르시되 볼지어다 날이 이르리니 내가 이스라엘 집과 유다 집과 더불어 새 언약을 맺으리라.…그들은 내 언약 안에 머물러 있지 아니하므로 내가 그들을 돌보지 아니하였노라'"(히 8:8-9).[46]

율법 그 자체가 거룩하고 선하고 심지어 완전하다는 데 사실상 동의한다고 해도, 왜 인간의 죄를 종식시키기에 충분하지 못한가? 바울은 율법이 그런 일을 할 수 없는 이유를 설명한다. "만일 능히 살게 하는 율법을 주셨더라면 의가 반드시 율법으로 말미암았으리라"(갈 3:21). 바울은 율법이 절대 생명을 주지 못한다고 말한다. 생명을 주는 것은 율법의 목표가 아니기 때문이다. 앞에서 언급하듯 율법은 기준을 제시할 뿐 타락한 인간을 순종하게 만들진 않는다. 하지만 새 언약은 우리의 마음을 변화시켜 보다 의롭게 살 수 있는 힘을 준다.

위의 구절에서 바울이 '생명'이라는 개념을 의롭게 하는 것과 곧장 연계하는 데 주의하자. 이 말로 모든 것이 설명되지 않는가? 바울은 여기서 복음이 무엇인지 대강의 그림을 그려 준다. 살게 하는 것은 어떤 '것'을 통해서가 아니라 예수 그리스도를 통해서만 가능한 일이다. 예수 그리스도는 율법에 순종하실 수 있고 실제로 그렇게 하셨다. 이는 그분의 죄 없는 삶과 희생적인 대속의 죽음을 통해 그분을 믿는 자들이 생명을 얻고 더욱 풍성히 얻게 하기 위함이다. 그러니 우리 자신이 부패했다고 해서 율법을 탓하지는 말자. H. D. 스펜스는 이렇게 말한다. 모세의 율법은 "그 자체로 완전하다. 만일 생명을 주기에 가장 알맞은 법이 있다면…모세의 율법일 것이다. 그것은 그 어떤 순전한 인간의 법보다 상위에 있다.… 그럼에도 실제로 율법이 의를 얻게 하지 못하는 것은, 단지 율법으로는 그런 일이 불가능하기 때문이다."[47]

새 언약은 이전 모든 언약의 완성이며 구속사의 정점이라고 생각해야 한다. 팔머 로벗슨은 이렇게 지적한다. "새 언약은 하나님이 역사 속에서 베푸신 다양한 언약적 약속들을 통합하는 독특한 역할을 한다. 그렇기 때문에 하나님이 이 마지막 언약은 완성의 의미를 갖는 것으로 의도하셨다고 보아야 한다. 이 언약은 하나님이 이전에 주신 언약적 경륜을 대체한다."[48] 앞에서 가이슬러 박사가 두 언약을 대조한 내용에서 알 수 있듯, 새 언약은 옛 언약을 완전히 성취한다. 히브리서 기자도 이렇게 선포한다. "염소와 황소의 피와 및 암송아지의 재로 부정한 자에게 뿌려 그 육체를 정결케 하여 거룩케 하거든 하물며 영원하신 성령으로 말미암아 흠 없는 자기를 하나님께 드린 그리스도의 피가 어찌 너희 양심으로 죽은 행실에서 깨끗하게 하고 살아계신 하나님을 섬기게 못하겠느뇨. 이를 인하여 그는 새 언약의 중보니 이는 첫 언약 때에 범한 죄를 속하려고 죽으사 부르심을 입은 자로 하여금 영원한 기업의 약속을 얻게 하려 하심이니라"(히 9:13-15).

새 언약은 구원 역사 속에서 주어진 다른 언약들을 성취한다.[49] 앞에서 언급했듯, 예수님은 다윗의 자손이시고 이스라엘뿐 아니라 하늘의 예루살렘을 영원히 다스리실 왕이시므로 다윗 언약도 새 언약을 통해 회복되고 완성된다(히 12:22-24). 크레이그 A. 블레이징과 대럴 복은 이렇게 말한다. "예수님을 그리스도로 선포하는 새 언약에서 가장 잘 알려진 사실은, 그분이 다윗 계열의 왕이요 이스라엘의 왕임을 선포한다는 것이다."[50] 예수님은 새 아담으로서 아담 언약도 성취하시는

데(롬 5:12-21), 믿는 자들을 새로운 피조물로 완전히 변모시키신다는 점에서 그렇다(고후 5:17, 갈 6:15). 스코트 한은 다음과 같이 요약한다. "언약이라는 개념은 그리스도 안에서 정점에 다다른다. 그분은 성부 하나님의 영원한 아들이자 스스로 존재하시는 분으로서 모든 언약의 성취일 뿐 아니라, 우리로 하나님의 자녀라 일컬음을 받게 하시려고 완수하신 일을 통해서도 모든 언약을 성취하신다(요일 3:1-2). 그리스도의 새 언약은 옛적 이스라엘 사람들의 가장 큰 소망을 훌쩍 뛰어넘고, 심지어 우리의 기대마저 넘어서는 방식으로 옛 언약을 성취하고 마무리한다(고전 2:9)"[51]

새 언약의 유효 범위

더욱이 새 언약은 하나님이 아브라함을 통해 모든 민족에게 복을 주겠다고 약속하며 베푸신 (신약의 계시가 주어지기 전까지 그 구체적인 내용이 신비에 가려 있던 약속이기도 한) 아브라함 언약의 내용을 모두 성취한다(창 12:3, 17:4). 에베소서에서 바울이 교회의 신비를 설명하면서, 구약에서는 한 번도 언급되지 않은 그 내용이 분명하게 드러난다. "이러므로 그리스도 예수의 일로 너희 이방인을 위하여 갇힌 자 된 나 바울이 말하거니와 너희를 위하여 내게 주신 하나님의 그 은혜의 경륜을 너희가 들었을 터이라. 곧 계시로 내게 비밀을 알게 하신 것은 내가 먼저 간단히 기록함과 같으니 그것을 읽으면 내가 그리스도의 비밀을 깨달은 것을 너희가 알 수 있으리라. 이제 그의 거룩한 사도들과 선지자들에게 성령으로 나타내신 것같이 다른 세대에서는 사람의 아들들에게 알리지 아니하셨으니 이는 이방인들이 복음으로 말미암아 그리스도 예수 안에서 함께 상속자가 되고 함께 지체가 되고 함께 약속에 참여하는 자가 됨이라"(엡 3:1-6).

이전의 언약들처럼 하나님은 이 새 언약을 이스라엘과 맺으신다. 하지만 아브라함 언약을 성취하는 새 언약의 일부 약속, 즉 죄 사함(과 구속)이라는 영적인 복은 예수 그리스도를 믿는 모든 사람에게 적용된다.[52] 우리는 모두 아브라함에게 약속된 하나님의 복을 받는 수혜자다. 아브라함의 후손인 예수 그리스도가 우리 죄를 위해 죽으시고 그분을 믿는 모든 자에게 영생의 복을 가져다 주신 덕분이다.

구약학자 월터 카이저는 새 언약이, 유대인뿐 아니라 이방인을 위해, 아브라함의 씨에게 주신 영적 약속을 성취한다고 말한다.[53] 바울이 설명한 바와 같다. 이방인들이 한때는 "그리스도 밖에 있었고 이스라엘 나라 밖의 사람이라. 약속의 언약들에 대하여는 외인이요 세상에서 소망이 없고 하나님도 없는 자이더니 이제는 전에 멀리 있던 너희가 그리스도 예수 안에서 그리스도의 피로 가까워졌느니라.…이는 그로 말미암아 우리 둘이 한 성령 안에서 아버지께 나아감을 얻게 하려 하심이라. 그러므로 이제부터 너희는 외인도 아니요 나그네도 아니요 오직 성도들과 동일한 시민이요 하나님의 권속이라"(엡 2:12-13, 18-19)는 것이다.

바울은 갈라디아서에서 그 점을 더욱 확장시켜 이방인을 포함하여 모든 믿는 자가 언약의 약속을 받는 아브라함의 자손이라고 분명하게 말한다. "너희가 다 믿음으로 말미암아 그리스도 예수 안에서 하나님의 아들이 되었으니 누구든지 그리스도와 합하기 위하여 세례를 받은 자는 그리스도로 옷 입었느니라. 너희는 유대인이나 헬라인이나 종이나 자유인이나 남자나 여자나 다 그리스도 예수 안에서 하나이니라. 너희가 그리스도의 것이면 곧 아브라함의 자손이요 약속대로 유업을 이을 자니라"(갈 3:26-29).

하나님은 아브라함 언약을 비롯한 모든 언약을 이스라엘과 맺으셨듯 새 언약도 이스라엘과 더불어 맺으시면서 그들의 나라와 예루살렘이 영원할 것을 보장하신다. 하지만 그 새 언약이 여전히 이스라엘에 적용되는가에 관해서는 적어도 두 가지의 다른 의견이 있다. 요약하면, 세대주의자들은 언약이 여전히 이스라엘에 적용되지만(일부는 두 개의 새 언약이 있다고 주장하기도 한다)[54] 언약의 일부가 모든 믿는 자, 이를테면 신약 교회에 적용된다고 믿는다. 즉 처음의 약속과 복은 이방인이 아니라 특별히 유대인에게 주어진 것이지만, 이방인도 이러한 복 중 일부의 (구원의 약속 같은 영적인 복에 한정된다) 수혜자라는 것이다. 반대로 언약신학자들은 이스라엘이 언약에 따른 복을 반역과 불신으로 걷어차 버렸으므로[55] 이제는 교회가 영적 이스라엘로서 그 자리에 서 있다고 주장한다.[56]

이 문제는 매우 복잡하므로 중요한 몇 가지만 짚어 보겠다. 나는 새 언약이 이스라엘과 더불어 맺어진 것이며 여전히 이스라엘에게 적용된다고 믿는다. 하나님이 이스라엘을 '보배롭고 존귀한' 존재로 바라보시며 사랑하신다는 사실을 잊어서는 안 된다(사 43:4). 게다가 하나님은 에스겔을 통해 약속을 주시면서, 이스라엘 백성을 위해 반드시 약속을 이루리라 분명히 말씀하신다(겔 36:26-30). 더욱이 언약에 따른 약속의 일부는 영적인 것이어서 (예를 들어 새로운 마음을 주시고 성령이 내주하신다는 내용) 이방인과 유대인 모두에게 동일하게 적용되긴 해도, 다른 약속은 물질적인 복을 말하는 데다 이스라엘에게만 적용되는 특정한 것들이다.[57]

레널드 샤우어스의 말대로 이런 약속들은 교회와 연결되어 성취되지 않는다. 예를 들어 장차 그 나라가 다른 나라에게 위협을 받지 않으리라는 약속이 그러하다. 반면 교회는 탄생 이후 오랜 역사를 거치는 동안 줄곧 박해를 받아 왔고 그 박해는 지금도 진행중이다. 이로 미루어 보건대, 아직 성취되지 않은 어떤 약속은 장차 이스라엘 민족에게 성취될 것이다. 바울은 여기에 덧붙여 새 언약의 약속이 그리스도의 재림 때 이스라엘을 위해 성취될 것이라고 설명한다(롬 11:25-29). 이 일에 있어 하나님이 마음을 바꾸지 않으실 것임을 바울이 어떻게 말하고 있는지 눈여겨보자. "하나님의 은사와 부르심에는 후회하심이 없느니라"(롬 11:29). 이 개념은 구약의 가르침과 온전히 일치한다(사 59:20-21, 렘 32:37-44, 50:4-5, 겔 36:22-38, 37:21-28).[58]

구약은 교회와 새 언약의 관계에 대해 침묵하고 있지만, 나는 (기독교로 회심한 유대인을 비롯해) 그리스도를 믿는 자들 역시 아브라함 언약을 통해 하나님이 약속하시는 영적 복의 수혜자가 된다고 확신한다.[59] 예수님이 성찬을 거행하시면서 이렇게 선포하신 것에 유의하자. "이 잔은 내 피로 세우는 [그] 새 언약the New Covenant이니"(눅 22:20).

바울은 이 부분에 관한 예수님의 말씀을 인용하면서 교회가 새 언약의 울타리 안에 있음을 확인한다.[60] 정황으로 볼 때, 예수님은 구약의 선지자들을 통해 이스라엘에게 약속하신 새 언약이 교회에도 적용되며 이 언약이 성찬을 통해 기억되리라고 말씀하신 것이다. 특히 예수님이 오직 하나만 있는 듯 '그'the 새 언약이라고 말씀하시고 또한 그것이 타당하게 받아들여지는 이유는, 하나님이 구약의 선지자들을 통해 오직 하나의 새 언약만 약속하셨기 때문이다. 예수님이 그 말씀을 하실 당시 주변에 있던 유대인들은 예수님이 단 하나의 '그' 새 언약을 언급하고 계심을 알았을 것이다.[61]

레널드 샤우어스는 새 언약이 교회에도 적용된다는 결론을 지지하는 또 다른 이유를 제시한다. 신약성경이 교회를 이루는 믿는 자들에게 새 언약의 동일한 영적 복을 적용시키고 있다는 것이다. 믿는 자들은 영적으로 거듭나고(딛 3:5), 죄 사함을 받으며(엡 1:7, 4:32, 골 1:14, 요 2:12), 성령이 내주하시고(고전 6:19), 새로운 성품을 받는데 이는 율법이 그들 마음에 새겨지기 때문이다(롬 7:22, 고후 3:3, 벧후 1:4).[62] 새 언약의 복이 교회에 적용된다고 믿는 마지막 강력한 이유는, 바울이 교회의 사도들을 가리켜 '새 언약의 일꾼'이라 부르기 때문이다.[63]

많은 (아마 대부분의) 언약신학자들이 교회가 새 언약의 수혜자로서 영적 이스라엘이 되었고 문자적인 이스라엘을 대체했다고 믿는다. 그래서 문자적인 이스라엘을 위해 새 언약이 성취되는 일은 결코 일어나지 않으리라 생각한다. 하지만 세대주의자들은 새 언약을 현재의 교회에 적용하는 것과, 이스라엘에 대한 약속의 성취가 장래에 있을 것이라는 두 개념이 서로 충돌하지 않는다고 생각한다. 노먼 가이슬러 박사는 이렇게 주장한다. "아브라함 언약 안에 땅의 모든 족속이 너로 말미암아 복을 얻으리라(창 12:3)는 약속이 있다 해서 아브라함과 그 직계 자손에게 약속된 다른 것들(예를 들면 땅에 대한 약속)이 취소되는 것은 아니다. 예수님도 마태복음 13장에서 영적이고 신비로운 하나님 나라를 말씀하시는데, 거기에는 장차 임할 정치적 메시아의 모습도 담겨 있다."[64] 이상이 신약에 대한 세대주의자와 언약신학자 사이에 일치하지 않는 핵심 내용이다. 세대주의자들은 그 약속이 여전히 이스라엘에 적용된다고 믿고, 언약신학자들은 그렇지 않다고 믿는다.[65]

요약하면 세대주의자와 언약신학자를 포함하여 대다수 보수학자들은 새 언약의 많은 약속이 교회에 적용된다고 믿는다. 그 약속이 적용되는 것이 교회가 '영적 이스라엘'이 되었기 때문인지(언약신학자의 관점), 아니면 별도의 새 언약 때문인지(일부 세대주의자의 관점), 혹은 교회가 새 언약의 복에 접붙임 받았기 때문인지(대부분 세대주의자의 관점)는 제쳐 놓더라도 말이다. '접붙임 받았다'는 면에서 볼 때, 바울은 이방인들을 향해 유대인의 믿음 없는 것을 보며 자만하지 말라고 경고한다. "또한 가지 얼마가 꺾이었는데 돌감람나무인 네가 그들 중에 접붙임이 되어 참감람나무 뿌리의 진액을 함께 받는 자가 되었은즉 그 가지들을 향하여 자랑하지 말라. 자랑할지라도 네가 뿌리를 보전하는 것이 아니요 뿌리가 너를 보전하는 것이니라"(롬 11:17-18).

새 언약이 이스라엘에 의해 성취되지 않았다는 점에서는 양쪽 모두가 동의하는 것 같다. 다만 앞으로도 그럴 것인지에 대해서는 의견이 일치하지 않는다. 쉽게 말해 세대주의자들은 새 언약이 장차 이스라엘에 의해 성취될 것이라 믿고, 언약신학자들은 그렇지 않을 것이라 믿는다.

이쯤에서 이 모든 혼란스러운 내용을 명료하게 정리하고 싶다는 생각이 간절해진다. 세대주의자인지 언약신학자인지 하는 논쟁은 그들에게 맡겨 두자. 사실 성경을 믿는 대다수는 새 언약에 포함된 (혈통에 따른 이스라엘에게만 적용되는 물질적이고 민족적인 약속과 반대되는) 영적 약속이 예수 그리스도를 믿는 자들, 즉 교회에게 적용된다는 사실에 동의한다. 그들에게 적용되는 별개의 새 언약이 있다고 생각하든 말든 상관없이 말이다. 예수 그리스도를 믿는 모든 사람을 위해 허락된 영적 약속이란 것이 죄 사함과 영적 중생과 성령의 내주하심 같은 복음 그 자체라면, 우리가 어떻게 다른 것을 믿을 수 있겠는가? 따라서 구약의 처음부터 신약의 마지막에 이르기까지 하나님의 약속-계획이 구속사 속에서 점차 발전해 가는 언약을 따라 실행되는 장면을 보며 우리는 성경의 놀라운 통일성을 보게 된다. 성경은 처음부터 끝까지 예수 그리스도, 우리 구주에 관한 내용이다!

하나님의 언약에는 성경 전체와 구속사를 관통하여 예수 그리스도에게로 다다르는 (점진적으로 발전하는) 실마리가 들어 있다. O. 팔머 로벗슨의 말이다. "이렇듯 실현되고 완성되는 언약의 중심에는 유일한 한 분이 계신다. 그분은 메시아에 관한 모든 약속을 성취하는 이로서, '나는 너희의 하나님이 되고 너희는 나의 백성이 되리라'는 언약의 핵심을 자기 안에서 성취하신다. 그러므로 그분은 모든 언약을 완성하는 그리스도이시다."[66] 이러한 진술은 앞에서 다룬 내용을 떠오르게 한다. 즉, 모든 언약의 밑바탕에 흐르는 기본 요소는 (즉 처음부터 마지막까지 하나님이 말씀에 짜 넣은 황금으로 된 실마리는) "나는 그들의 하나님이 되고 그들은 나의 백성이 되리라"는 하나님의 약속이다.

로벗슨의 말이다. "그 유일한 한 분 안에서 하나님의 모든 목적이 최종적으로 성취된다. 그분은 하나님 나라의 머리이시며 하나님 언약의 중심이시다.…구속을 향한 여러 갈래의 소망이 이 유일한 분에게로 집중되고 있으므로, 그분은 모든 성경을 하나로 묶는 구심점이 되신다.…하나님의 모든 언약은 성육신하신 예수 그리스도 안에서 통일성을 드러낸다.…또한 그분이 여러 언약의 통일성을 입증하는 근거가 되시는 이유는, 그분 스스로가 여러 언약적 경륜의 핵심이 되시기 때문이다."[67]

지금까지 성경의 여러 언약과 예수 그리스도 사이의 관계를 살펴보았다. 다음 장에서는 구약의 면면을 채우고 있는 예수님의 또 다른 (크고 작은) 흔적들을 살펴보기로 하자.

7
초상, 직분, 창조 그리고 구원

선지자들은 찾아 헤맸다. 천사들은 보기를 갈망했다. 제자들은 이해하지 못했다. 하지만 모세와 선지자들과 구약의 모든 말씀은 오직 그 한 가지에 관해 말하고 있었다. 장차 예수님이 오셔서 고난당한 뒤 영광을 얻으실 것에 대해 말이다. 구약 속에서 하나님은 결말이 너무나 기대되는 이야기를 시작하셨다. 하지만 구약의 청중은 기다려야 했다. 이야기가 펼쳐지지만 클라이맥스는 아직 멀었다. 끝나지 않는 이야기는 어느 새 끝나기만을 고대했다. 하나님은 오직 그리스도 안에서만 구약 이야기가 클라이맥스에 다다르도록 만드셨다. 이안 더귀드, 매튜 하먼[1]

복음의 초상

성경을 아우르는 주제와 성경의 역사는 인류를 위한 하나님의 구속 계획을 중심으로 흘러간다. 우리에게 구원을 주실 유일한 분 예수 그리스도가 성경의 구심점이 되시는 것은 당연하다. 구약학 교수 마이클 배럿은 다음과 같이 주장한다. "성경의 목적이 사람들을 하나님께 인도하는 것이고, 하나님께로 향하는 유일한 길이 예수 그리스도의 구속하심에 있다면, 그리스도에 대한 계시가 성경에서 가장 거대하고 현저한 주제가 되는 것이 마땅하다. 정말로 그러하다. 모든 진리는 어떤 식으로든 '메시아, 그리스도, 기름 부음 받은 자'라는 핵심 진리와 연결되어 있을 뿐 아니라 그 핵심 진리에 의해 최종적으로 규정된다."[2]

신약의 기자들도 강조한 바, 그리스도는 구약의 모든 신비를 푸는 열쇠다.[3] 모든 성경이 예수 그리스도라는 분에 초점이 맞춰져 있다고 해도 과장이 아니다. 분명 그리스도인들은 하나님에 관해 배우고 그분의 속성을 알기 위해 그분의 계시된 말씀에서 많은 것을 얻으라는 가르침을 받는다. 하지만 우리는 궁극적으로는 예수 그리스도를 통해 하나님을 알아 가야 한다. 바울은 고린도 교회에 보내는 편지에서 그 핵심을 잘 포착하고 있다. "형제들아, 내가 너희에게 나아가 하나님의 증거를 전할 때에 말과 지혜의 아름다운 것으로 아니하였나니 내가 너희 중에서 예수 그리스도와 그의 십자가에 못박히신 것 외에는 아무것도 알지 아니하기로 작정하였음이라"(고전 2:1-2).

앞에서는 구속에 대한 하나님의 약속-계획과 그 계획 실행을 위한 주요 언약들에 대해 살펴보았고, 이제는 구약 속 그리스도에 대한 다른 증거를 찾아볼 텐데, 먼저 커트 스트라스너가 '복음의 초상'gospel portraits (은유적으로 그리스도를 암시하는 복음 메시지)이라고 언급한 내용부터 보자. 그의 책 『오실 왕에 대한 암시와 징조: 구약 속 예수』에서 스트라스너는 성경, 특히 구약에서 하나님이 (영적 개념을 은유적 방식으로 표현하기 위해) 생생하게 그림을 그려 가실 때가 있는데 이런 시각화가 우리의 이해를 돕는다는 점을 아시기 때문이라고 말한다. 한 예로 요한복음 1장 29절이 있다. "보라, 세상 죄를 지고 가는 하나님의 어린 양이로다." 예수님도 이런 은유를 자주 사용하신다. "천국은 마치 사람이 자기 밭에 갖다 심은 겨자씨 한 알 같으니"(마 13:31).

여기에 덧붙여 스트라스너는 성경의 가르침뿐 아니라 성경의 사건 속에서도 이런 은유가 나타난다고 말한다. 때로 하나님은 "출애굽기 12장의 유월절 양처럼 성경의 역사 속에서 은유를 통해 우리에게 보여 주신다"[4]는 것이다. 나는 그 생각을 받아들이는 편이다. 앞에서 언급했듯, 나는 하나님이 우리에게 교훈을 주시기 위해 성경에서 여러 방법으로 가르치시는 것 외에, 역사 속에서 일어나는 그분의 주권적 사건들을 통해서도 보여 주신다고 믿는다.

스트라스너는 복음의 초상 여덟 가지를 인용한다. 그중 몇 가지 예를 들어, 하나님이 우리에게 그리스도와 그분의 구원 사역을 알려 주시려고 어떻게 구약의 사건들을 사용하시는지 간단히 설명하고자 한다. 너무 깊은 내용은 다루지 않을 것이므로 더 관심이 있는 이들은 스트라스너의 책을 읽어 보기 권한다.

첫 번째 초상은 "하나님의 심판인 홍수에서 살아 남기 위해 올라타도록 만든" 노아의 방주다. 홍수는 하나님이 인간의 관영한 죄를 쓸어 버리기 위해 내리신 심판이다. 이 사건은 역사상 실제로 일어난 일이며, 스트라스너의 지적에 따르면, 심판은 장차 다시 일어날 일이다. 물론 다음에 있을 하나님의 심판은 물이 아닌 불에 의한 것일 테지만 말이다(벧후 3:5-7). 하지만 하나님은 의인들을(노아와 가족) 위해 피할 길을 내셨듯, 죄에 대한 현재와 장래의 심판에서도 그분을 믿는 모든 자를 위해 구원 받을 '한' 길을 마련해 주신다. 예수님에 대한 믿음은,

방주와 마찬가지로, 심판의 날에 우리를 붙들어 줄 유일한 해결책이라고 스트라스너는 말한다.

다음은 스트라스너가 제시한 그 밖의 초상들이다.

- 열정적인 사랑(아 1-8장): 소박한 시골 처녀인 신부를 향한 솔로몬 왕의 열정적인 사랑은 인류를 향한 그리스도의 무한한 사랑을 보여 준다.
- 숫양(창 22장): 하나님이 이삭 대신 바치도록 아브라함에게 허락하신 숫양은 우리 죄를 위해 생명을 내놓으신 그리스도를 가리킨다.
- 놋뱀(민 21장): 하나님은 불뱀에 물린 사람들이 "바라보고 살 수 있도록" 놋뱀을 만들어 장대에 매달라고 모세에게 명하시는데, 이 놋뱀은 그리스도가 십자가에서 이루시는 사역을 가리킨다.

구약의 각 책에 등장하는 사건들이 어떻게 그리스도를 가리키는지 논의할 때, 그리스도를 미리 보여 주는 몇 가지 예시들을 좀 더 자세히 살펴볼 예정이다. 여기서는 스트라스너의 통찰들을 나누는데, 하나님이 모든 성경의 중심에 그리스도가 계심을 보여 주시는 많은 방법 중 하나로 실제 역사적 사건 속에서 언어 그림을 사용하신다는 점을 다루려고 한다.

어린 양 교리와 점진적 계시

목회자이자 신학자인 J. 시들로우 백스터는 내가 개인적으로 좋아하는 저자 중 한 사람이다. 약 20여 년 전에 그의 고전 『성경 탐구』*Explore the Book*를 우연히 구입하게 되었는데, 성경의 각 권을 연구한 1,760쪽 분량의 책이다. 당시 나는 그의 통찰에 감명을 받았다. 기독교 지식이 부족하던 내게 그 책은 성경과 기독교에 대해 더 알고 싶다는 열망에 불을 붙였다. 게다가 그 책은 단순한 기독교 입문서가 아니었다. 열심히 공부하면 할수록 내게 통찰을 더해 주었다.

이 책을 준비하는 동안 『성경의 핵심 주제』[5]라는 그의 또 다른 책을 알게 되어 얼마나 기뻤는지 모른다. 백스터는 그 책에서 그리스도가 중심이 되는 두 개의 실마리(하나님의 어린 양과 그리스도의 십자가)가 성경 전체를 꿰뚫고 있다고 말한다. 그 실마리들은 하나님의 영감으로 말미암아 놀라운 통일성을 보이는데, 그중 첫 번째를 간단히 설명하고자 한다.

백스터는 도입부에서 다음과 같이 쓰고 있다. "내가 생각하기에, 성경이 하나님의 영감으로 되었음을 보여 주는 가장 만족스러운 증거는, 온갖 종교적 주장과 기독교 변증서를 '독파'하여 찾아낸 것들이 아니라 스스로 성경을 연구하면서 직접 찾아낸 것들이다." 성경은 기도하며 연구하는 자에게 성경 속에 자리한 신뢰성을 발견할 수 있는 고유한 길을 열어 놓고 있다. 나의 전작 『법정에서 만난 예수』에도 이와 비슷한 내용이 나온다. "참으로 내게 신학과 성경은 모든 변증론 가운데 최고다. 이 책에서 말했듯, 나는 그리스도의 가르침과 신약 기자들의 편지와 성경 다른 부분에 나오는 역사와 교훈이야말로 지성적, 감성적, 영적 매력을 지니고 있고, 기독교의 진리를 입증해 준다는 사실을 깨달았다."[6]

백스터는 어린 양 주제를 논의하면서 점진적 계시에 대해 말하는데, 이에 대해서는 이미 앞에서 다루었다. 점진적 계시란 하나님이 성경에서 인류를 위한 메시지와 계획을 단계적으로 계시하신다는 개념이다. 하나님이 구약에서 상징과 모형 등으로 진리를 전하시는데, 이는 하나님의 계시가 구약을 거쳐 신약으로 넘어가면서 보다 분명해진다고 성경 교사들이 가르치는 내용이기도 하다. R. C.스프라울이 설명한 대로다. "성경 속에서 계시는 점점 깊게, 점점 넓게 펼쳐친다."[7] 놀랍게도 하나님은 성경을 통해서만 그 진리를 점진적으로 계시하시는 게 아니라 역사 속에서도 그렇게 하신다. 따라서 (하나님의 계시일 뿐 아니라) 역사를 기록하여 전달하는 성경이야말로 점진적인 특성을 보여준다.

시드니 그레이다누스는 점진적 계시를 제대로 설명할 줄 아는 사람이다. 그는 『전도서의 그리스도 어떻게 설교할 것인가』에서, 어느 동료가 그의 원고 제목을 보더니 별 생각 없이 "바윗돌마다 뒤집어서 그리스도를 찾으려고 애쓴다"며 꼬집었다는 말을 한다. 그레이다누스는 다음과 같이 설명한다. "바윗돌 밑에 숨긴 그리스도를 찾는 게 아니라 여러 점을 연결하는 게 관건이다. 그 점들은 구약의 주변부에서 튀어나와 (예수 그리스도 안에서 하나님이 보여 주신) 계시의 중심부로 향하고 있다. 구속사의 진행은 이 점들을 연결하는 가장 기본적이고 기초적인 방식이다. 구속사는 인간이 죄로 타락한 이후인 창세기 초반에서 시작하여(창 3:15) 이스라엘을 다루시는 부분을 지나 그리스도의 성육신과 삶과 죽음과 부활과 승천과 재림까지 계속 진행되고 있으므로,

기독교 설교가들은 구약의 말씀을 구속사에 비추어 이해해야 한다."[8]

백스터는 점진적 계시를 '교리의 발전'이라고 말한다. 계시가 점진성을 띤다는 것은 하나님의 진리가 변하거나 개선된다는 의미가 아니며, 단지 시간이 지날수록 우리에게 좀 더 명확해진다는 의미라고 그는 지적한다. 그리고 우리가 계시가 점진적이라고 말한다 해서 "오류로부터 진리를 향해 더듬더듬 찾아간다는 의미가 아니라…어슴프레한 여명의 빛으로부터 밝은 정오의 빛으로 나아간다는 의미다. 이는 성경 전체를 비추는 하나님의 빛과 동일하며 다만 계시가 드러날수록 그 빛이 더욱 밝아질 뿐이다"[9]라고 말한다. 그는 말하길, 성경에 처음 등장한 교훈은 이어지는 페이지에서 종종 반복되고, 그렇게 계속 언급될 때마다 그 교훈의 의미와 중요성이 발전하다가 신약에 이르러 열매를 맺으며 그 모습을 완전히 드러낸다. "그래서 신약에 담긴 교훈은 전형적인 요약 형태거나 완성된 열매로 나타난다."

어떤 주제가 처음 언급될 때는 그 자체로 불완전해 보이거나 굳이 추가적으로 발전해 갈 필요성이 보이지는 않는다. 구약 기자들도 우리에게 전하라고 그들에게 주어진 계시가 어떤 식으로든 미완성이라거나 점진적으로 펼쳐지는 계시의 일부라는 생각은 전혀 가지고 있지 않은 듯 보인다. 백스터는 그러한 점 때문에 "교리의 발전이 더욱 초자연적이고 대단하게 보인다"고 말한다.[10] 잠시 곱씹어 생각해 보면 그 말의 의미를 알게 될 것이다. 성경 기자들은 그들에게 이해되는 방식으로 그들의 이야기와 계시를 기술하고 있으며, 수년 후나 수세기 후 혹은 수천 년 후에 또 다른 성경 기자들이 이전에 계시된 교리를 무효화하는 게 아니라 당대의 독자들과 후손에게 자세히 설명하게 될 줄은 전혀 몰랐을 것이다.

그런 후에 백스터는 어린 양에 대한 성경의 교리를 점진적 계시의 가장 뛰어난 예로 설명한다. 분명히 예수님이 엠마오로 가는 길에서 설명하셨을 법한 부분이므로 거기서 중요한 내용을 나누어 보겠다.

성경에는 어린 양이 두드러지게 언급된 본문이 열 군데다. 창세기 4장 3-7절에서 가장 처음 등장하는데, 가인은 하나님께 땅의 소산을 드린 반면 아벨은 양떼 중 첫 새끼의 기름을 하나님께 드린 이야기다. 가인의 제사는 훌륭했으나 하나님은 이를 거부하시고 아벨의 제사를 받으신다. 백스터는 다른 어떤 이야기 중에서도 이 부분이 어린 양의 '필요성'을 보여 준다고 지적한다.

그 다음 본문은 창세기 22장인데, 모리아산에서 하나님이 아브라함에게 아들 이삭을 해치지 말라고 하신 후에 덤불 사이에서 (이삭 대신 바칠) 숫양이 발견된다. 여기서 강조점이 어린 양의 '필요성'에서 하나님의 '공급하심'으로 전환된다(하나님은 예수 그리스도를 통해 우리를 위해 궁극적인 희생제물을 공급해 주셨다).

그 다음은 출애굽기 12장으로, 하나님이 백성에게 흠 없는 어린 양을 죽여 그 피를 집 문설주에 바르라고 명하시는 내용이다. 하나님이 처음 난 것을 치기 위해 애굽 전역을 지나실 때 피가 묻은 집은 넘어가신다. 여기서는 어린 양의 '죽음'이 강조된다. 아무리 흠 없는 양일지라도 죽지 않으면 희생제물로서 소용이 없고 피가 없이는 그 집을 지킬 수 없다.

이어 백스터는 레위기로 넘어가는데, 앞에서 살펴보았듯 여기에는 제사와 절기 등에 관한 규례를 포함한 일종의 예배 설명서가 담겨 있다. 그는 레위기 전체가 어린 양의 '특성'에 초점을 맞추고 있으며, 제물은 반드시 "흠이 없는 것"이어야 한다는 내용이 스무 번 이상 언급된 점에 주목한다. 히브리인들은 흠 있는 동물을 드려서는 안 되었다. 그것은 진정한 희생물이 될 수 없기 때문이다. "기쁘게 받으심이 되도록 아무 흠이 없는 온전한 것으로 할지니"(레 22:21).

이사야 53장은 성경에서 가장 유명한 메시아 예언, 즉 그리스도를 가리키는 예언이다. 53장의 짧은 본문이 그리스도를 가리킨다. "우리는 다 양 같아서 그릇 행하여 각기 제 길로 갔거늘 여호와께서는 우리 모두의 죄악을 그에게 담당시키셨도다. 그가 곤욕을 당하여 괴로울 때에도 그의 입을 열지 아니하였음이여. 마치 도수장으로 끌려가는 어린 양과 털 깎는 자 앞에서 잠잠한 양같이 그의 입을 열지 아니하였도다. 그는 곤욕과 심문을 당하고 끌려갔으니 그 세대 중에 누가 생각하기를 그가 살아 있는 자들의 땅에서 끊어짐은 마땅히 형벌 받을 내 백성의 허물 때문이라 하였으리요"(사 53:6-8). 여기에 나오는 어린 양에 대한 설명은 참으로 기념비적인 발전을 이룬다. 그 전에는 '어린 양'이 항상 동물을 의미했지만, 여기서 우리는 하나님이 공급해 주시는 어린 양이 사람임을 알게 된다.

백스터는 신약으로 옮겨 요한복음 1장 29절에서 시작하는데, 예수님이 나아오실 때 세례 요한이 이를 알아보고 선포하는 내용이다. "보라, 세상 죄를 지고 가는 하나님의 어린 양이로다." 여기서 백스터는 어린 양이 그저 어떤 한 사람이 아니라 '바로' 예수 그리스도시라는 점을 알아야 한다고 주장한다. 다음 날 요한은 예수님을 가리켜 다시금 "보라, 하나님의 어린 양이로다"(요 1:36)라고 외친다. 따라서 백스터는 이제는 우리가 "어린 양이 누구의 모형인지" 알 수 있게 되었다고 말한다.

사도행전(초대교회의 역사)으로 넘어가서 전도자 빌립이 주의 사자로부터 지시를 받아 에티오피아 여왕 간다게의 관리이자 내시에게 이사야 53장의 내용을 이해하도록 도와 주는 장면이 나온다. 에티오피아 내시는 7-8절을 읽고 있었다. "마치 도수장으로 끌려가는 어린 양과 털 깎는 자 앞에서 잠잠한 양같이 그의 입을 열지 아니하였도다. 그는 곤욕과 심문을 당하고 끌려갔으나 그 세대 중에 누가 생각하기를 그가 살아 있는 자들의 땅에서 끊어짐은 마땅히 형벌받을 내 백성의 허물 때문이라 하였으리요." 본문에 나오는 사람이 누구인지 내시가 묻자 "빌립이 입을 열어 이 글에서 시작하여 예수를 가르쳐 복음을 전하[였다]"(행 8:35). 백스터는 여기서 어린 양인 예수님이 바로 약속된 '그리스도'임을 알 수 있다고 말한다.

이제 서신서로 넘어가 베드로전서를 보면 다음의 구절이 나온다. "너희가 알거니와 너희 조상이 물려준 헛된 행실에서 대속함을 받은 것은 은이나 금같이 없어질 것으로 한 것이 아니요 오직 흠 없고 점 없는 어린 양 같은 그리스도의 보배로운 피로 된 것이니라. 그는 창세 전부터 미리 알린 바 되신 이나 이 말세에 너희를 위하여 나타내신 바 되었으니 너희는 그를 죽은 자 가운데서 살리시고 영광을 주신 하나님을 그리스도로 말미암아 믿는 자니 너희 믿음과 소망이 하나님께 있게 하셨느니라"(벧전 1:18-21). 백스터는 앞뒤 문맥으로 볼 때 이것이 점진적으로 발전하는 어린 양 교리의 정점이라고 말한다.

그 말은 성경에서 이전에 계시되었던 어린 양의 다양한 면면들을 베드로가 요약하고 거기에 "장래에 있을 놀라운 완성을 가리키는, 아주 놀라운 새 진리를 덧붙이고 있다"는 것이다. 베드로는 어린 양의 필요성("없어질 것으로 한 것이 아니요")과 공급하심("창세 전부터 미리 알린 바 되신"), 죽음("그리스도의 보배로운 피"), 특성("흠 없고 점 없는")을 밝히고,

그 어린 양이 사람이며, 특히 그리스도시라는 사실을 확증한다. 여기서 우리는 점진적이고 점층적으로 드러나는 (가장 정교한 형태의) 계시가 요약되고 있음을 보게 된다. 더욱이 이것은 그 다음 계시, 즉 죽임당한 어린 양의 부활("그를 죽은 자 가운데서 살리시고 영광을 주신")이라는 계시의 기반이 된다. 이것은 새로운 계시다. 구약에서 부활에 대한 단서들은 있었지만 분명하게 밝혀진 적은 없기 때문이다. 백스터는 베드로가 '부활'의 개념과 더불어 그것에 동반되는 '소망'을 소개한다고 말한다("그를…살리시고…너희 믿음과 소망이 하나님께 있게 하셨느니라"). 백스터는 "그렇다면 이 소망은 무엇인가?"라고 질문하고, 그 다음 계시에 정답이 나와 있다고 말한다.

그 계시는 요한계시록 5장에 등장하는데, 하늘에서 열리는 어린 양의 즉위식 장면이다. "내가 또 보니 보좌와 네 생물과 장로들 사이에 어린 양이 서 있는데 일찍 죽임을 당한 것 같더라. 그에게 일곱 뿔과 일곱 눈이 있으니 이 눈들은 온 땅에 보내심을 받은 하나님의 일곱 영이더라. 그 어린 양이 나아와서 보좌에 앉으신 이의 오른손에서 두루마리를 취하시니라. 그 두루마리를 취하시매 네 생물과 이십사 장로들이 그 어린 양 앞에 엎드려 각각 거문고와 향이 가득한 금 대접을 가졌으니 이 향은 성도의 기도들이라"(계 5:6-8). 이제 어린 양은 하늘 보좌에 앉아 계신다. 이 보좌는 온 우주를 다스리는 자리이며, 어린 양에 관해 점진적으로 발전하던 계시는 마지막 계시에 이르러 최종적인 의미를 드러낸다.

신약의 마지막 부분인 요한계시록 21-22장은 성경에 담긴 구속사의 클라이맥스다. "다시 저주가 없으며 하나님과 그 어린 양의 보좌가 그 가운데에 있으리니 그의 종들이 그를 섬기며 그의 얼굴을 볼 터이요 그의 이름도 그들의 이마에 있으리라. 다시 밤이 없겠고 등불과 햇빛이 쓸 데 없으니 이는 주 하나님이 그들에게 비치심이라. 그들이 세세토록 왕 노릇 하리로다"(계 22:3-5).

백스터는 다음의 본문을 언급하지 않지만 이 구절이야말로 그가 말하려는 바가 무엇인지 잘 설명하고 있다고 나는 생각한다. 21장 초반으로 다시 돌아가 보면, 요한이 새 하늘과 새 땅에 대한 환상을 이야기한다. "또 내가 새 하늘과 새 땅을 보니 처음 하늘과 처음 땅이 없어졌고 바다도 다시 있지 않더라. 또 내가 보매 거룩한 성 새 예루살렘이 하나님께로부터 하늘에서 내려오니 그 준비한 것이 신부가 남편을 위하여 단장한 것 같더라. 내가 들으니 보좌에서 큰 음성이 나서 이르되 보라, 하나님의 장막이 사람들과 함께 있으매 하나님이 그들과 함께 계시리니 그들은 하나님의 백성이 되고 하나님은 친히 그들과 함께 계셔서 모든 눈물을 그 눈에서 닦아 주시니 다시는 사망이 없고 애통하는 것이나 곡하는 것이나 아픈 것이 다시 있지 아니하리니 처음 것들이 다 지나갔음이러라"(계 21:3-4). 백스터는 이 마지막 계시가 그리스도의 영원한 '왕권'을 드러내고 있다고 주장한다.

아브라함 언약에서 시작하여 다윗 언약을 거쳐 새 언약에 이르기까지 언약에 나오는 영원한 왕권에 대한 약속과 그리스도의 왕권이 어떻게 상응하고 있는지 이해가 되는가? 이 일련의 계시들을 함께 놓고 바라볼 때 우리는 마침내 알게 된다. 하나님은 창세 전부터 우리가 범죄할 것을 알고 계셨으며, 독생자 예수 그리스도를 보내어 우리 죄를 위한 대속 죄물이 되셔서 피를 쏟으실 것을 미리 아셨고, 그리스도가 죽음을 이기고 부활하여 하늘 보좌에 영원히 앉으실 것을 미리 아셨으며, 구속 받은 죄인들이 그리스도와 더불어 그분의 임재를 영원히 누리게 될 것을 미리 아셨다는 것이다.

백스터는 여기서 더 나아가 점진적 계시의 확장성이라는 특성까지 잡아 내고 있으나, 우리가 여기서 다룰 부분은 아니다. 다만 지금까지 요약한 백스터의 분석을 보면, 우리에게 주어진 성경 말씀이 하나님의 영감을 입었다는 사실과 그 말씀 안에 담긴 점진적 계시가 참 아름답고 독창적이라는 사실에 충분히 공감하게 된다. 그 말씀과 그 안에 담긴 점진적 계시는 (처음부터 끝까지 역사 속에서 임재하신) 하나님의 은혜로운 구속 활동을 보여 주며, 우리를 향한 하나님의 비교할 수 없는 사랑을 보여 줄 뿐 아니라, 이 모든 것이 당신의 영광을 드러내시려는 그분의 계획에 따른 일임을 깨닫게 된다.

선지자, 제사장, 왕

하나님의 구속 사역은 아담이 범죄하기 전부터 시작되었다. 사실상 그 일은 아담이 창조되기 전에 시작되어 역사를 거치며 계속 이어져 왔다. 하나님이 인류를 구속받은 상태로 순식간에 옮기실 수도 있지 않느냐고 의문을 품는 사람도 있지만, 무한히 지혜로우신 하나님은 그러한 조치로는 문제 해결이 불가하거나 당신이 정하신 방법보다 좋지 않다고 여기셨다. 하나님이 인간을 그분의 형상으로 창조하셨다는 것은 인간에게 자유의지를 주셨다는 의미이기도 하다. 하나님은 인간을 억지로 밀어붙여 하나님을 사랑하게 만들지 않으신다. 그래서 하나님을 거부한 이들은 역사의 모든 순간마다 존재한다. 사랑은 자유로운 의지에 따른 것이어야 하며, 단순히 우리를 천국으로 순식간에 옮기는 방식은 우리의 자유의지와 모순된다.

게다가 우리는 인간이 경험을 통해 배우고 역경을 통해 강해지며, 과정을 거치면서 생각이 바뀌고 하나님께 가까이 나아간다는 사실을 구원 역사와 성경의 반복되는 가르침 속에서 보게 된다.

구약학자 이안 더귀드는 하나님이 여시는 '구속의 길'이 우리를 갈등과 역경과 고통이 없는 곳으로 인도하지는 않는다고 말한다. "오히려 인생을 향한 하나님의 완전한 계획은 종종 폭풍의 눈 한가운데를 지나도록 우리를 이끈다. 그곳은 가족과 친구들뿐 아니라 우리의 약점과 죄가 철저히 그리고 가장 비참하게 드러나는 지점이다. 그래야 하나님의 강력한 은혜와 주권적 자비라는 복음이 철저히 그리고 강력하게 드러날 수 있기 때문이다."[11] 하나님은 이스라엘 민족을 빚고 다듬으시려고 기나긴 역사 속에서 이러한 과정을 사용하셨음을 우리는 토기장이의 비유를 통해 이미 살펴보았다.

희생 제물이 되신 그리스도의 죽음과 부활이라는 구속 행위야말로 구속사에서 최고봉을 이루지만, 그것이 이야기의 전부는 아니며 이 책의 목적은 그 나머지 이야기를 하는 데 있다. W. 스탠포드 리드 교수는 "(그리스도의 죽음과 부활에 앞서) 오랜 준비 기간이 있었으며, 거기에 더해 그 구속 사건에 대한 설명과 해석"이 이어진다고 말한다.[12] 또한 리드 교수는 그리스도가 사람들을 믿음으로 이끌기 위해, 그분의 최고의 구속 행위 이전뿐 아니라 이후에도 변함없이 늘 역사 속에서 일하고 계신다고 말한다.

역사 속에서 이루어지는 그리스도의 구속 사역의 의미와 중요성을 제대로 이해하려면 그분의 사역을 체계적으로 살펴볼 필요가 있다.[13] 이해를 돕기 위해 신학자들이 정리한 방식 중 하나는 그리스도의 사역을 선지자, 제사장, 왕이라는 직분의 관점으로 보는 것이다. 이 세 가지는 구약 시대 이스라엘 백성에게 매우 중요한 직분이다.

모세로부터 시작된 선지자는 하나님의 메시지를 백성에게 전달한다. 아론으로부터 시작된 제사장(출 29:9)은 백성을 위해 중재자가 되어 하나님께 제사를 드리며 기도한다. 다윗으로 대표되는 왕은 백성을 다스린다.[14] 이 세 가지 직분은 서로 구별되지만 앞에서 보았듯 때로 어떤 사람들은 한 가지 이상의 직분을 맡기도 한다. 일반적으로 제사장이 하나님과 백성 사이를 중재하지만, 선지자도 때로는 (그보다는 덜하지만 왕도 가끔은) 하나님과 이스라엘 사이를 중재한다. 하지만 제사장은 백성을 하나님의 임재 앞으로 이끌어 오는 반면, 선지자는 하나님과 그분의 말씀을 백성에게로 가져간다는 점이 다르다.[15]

이 직분을 맡은 사람들도 타락한 인류의 한 구성원이기에 임무 수행이 불완전하고 불충분할 수밖에 없다. 그럼에도 우리가 알아야 할 것은 이들 각 사람이 예수 그리스도를 예표하고 있다는 사실이다.[16] 그리스도는 완전한 선지자이자 제사장이며 왕으로서 세 직분을 자기 안에 구현하여 구속 사역을 행하시기 때문이다.[17] 리처드 D. 필립스는 이렇게 쓰고 있다. "우리에게 하나님을 완전하게 계시한다는 점에서 그리스도는 선지자시다. 우리 죄를 위해 자신을 드리고 우리를 정결케 하며 우리와 하나님 사이를 중보한다는 점에서 제사장이시고, 지금 하늘에서 통치하고 주권자로 다스린다는 점에서는 왕이시다."[18]

현대에 와서 이런 비교를 시도한 것은 아니다. 이런 시도는 가이사랴의 주교이자 초대 교부인 유세비우스 때로 거슬러 올라간다. 당시 성경 해석자들은 그리스도의 사역을 구약의 세 가지 직분이라는 측면에서 보았다. 이것이 다른 무엇보다 논리적인 분석인 까닭은 메시아는 말 그대로 기름 부음을 받은 자이고, 구약의 세 직분도 선지자든(왕상 19:16, 사 61:1), 제사장이든(출 30:30, 40:13), 왕이든(삼상 10:1, 15:1, 왕상 19:15-16) 기름 부음을 받아 위임되기 때문이다.[19]

유세비우스도 그와 같이 설명한다. "선지자가 되는 것 그 자체로, 기름 부음을 받는 행위로 말미암아, 그리스도의 모형이 된다. 이들 세 직분은, 하늘로부터 오신 말씀이며 모든 제사장 중 영원한 대제사장이시고 모든 피조물의 유일한 왕이시며 성부 하나님의 선지자 중 최고의 선지자이신, 참된 그리스도를 바라보게 한다. 제사장이든 왕이든 선지자든 상징적으로 기름 부음을 받았다고 보는 구약 시대의 인물 가운데 우리 주 예수 그리스도, 참 되고 유일하신 그리스도처럼 강한 능력을 소유한 이가 없다는 것이 그 증거다."[20]

그가 이런 결론을 내리며 근거로 제시하는 본문은 다음과 같다.

1. "내가 그들의 형제 중에서 너와 같은 선지자 하나를 그들을 위하여 일으키고 내 말을 그 입에 두리니 내가 그에게 명령하는 것을 그가 무리에게 다 말하리라"(신 18:18). 이 구절은 하나님이 모세에게 그와 같은 또 다른 선지자가 올 것이라고 말씀하시는 대목이다.
2. "여호와는 맹세하고 변하지 아니하시리라. 이르시기를 너는 멜기세덱의 서열을 따라 영원한 제사장이라 하셨도다"(시 110:4).
3. "그가 여호와의 전을 건축하고 영광도 얻고 그 위에 앉아서 다스릴 것이요 또 제사장이 자기 자리에 있으리니 이 둘 사이에 평화의 의논이 있으리라 하셨다 하고"(슥 6:13).[21]

이제 각 직분에 대해 하나씩 살펴보자.

선지자

앞에서 잠시 언급한 신명기 18장에서, 모세는 백성에게 이렇게 말한다. " 네 하나님 여호와께서 너희 가운데 네 형제 중에서 너를 위하여 나와 같은 선지자 하나를 일으키시리니 너희는 그의 말을 들을지니라.…여호와께서 내게 이르시되…'내가 그들의 형제 중에서 너와 같은 선지자 하나를 그들을 위하여 일으키고 내 말을 그 입에 두리니 내가 그에게 명령하는 것을 그가 무리에게 다 말하리라'"(신 18:15-18).

이스라엘 백성은 이 약속에 근거하여 하나님이 장차 모세와 같은 선지자를 일으키실 것을 고대한다. 실제로 그분은 모세보다 위대하시며 이스라엘을 구원하여 새로운 시대로 이끄실 것이다.[22] 히브리서 기자는 예수님이 모세보다 탁월한 분임을 다시 한 번 주장한다. "그는 모세보다 더욱 영광을 받을 만한 것이 마치 집 지은 자가 그 집보다 더욱 존귀함 같으니라.…또한 모세는 장래에 말할 것을 증언하기 위하여 하나님의 온 집에서 종으로서 신실하였고 그리스도는 하나님의 집을 맡은 아들로서 그와 같이 하셨으니"(히 3:3, 5-6).

예수님 역시 지상에서 사역하시는 동안 분명 선지자로 섬기셨고, 제자들과 백성들도 예수님을 선지자로 여기곤 했다. 여기 몇 가지 예가 있다. "갈릴리 나사렛에서 나온 선지자 예수라"(마 21:11). "대제사장과 바리새인들이 예수의 비유를 듣고 자기들을 가리켜 말씀하심인 줄 알고 잡고자 하나 무리를 무서워하니 이는 그들이 예수를 선지자로 앎이었더라"(마 21:45-46). 예수님이 사마리아 우물가에서 여인을 만나실 때도 여인은 예수님을 선지자로 여긴다(요 4:19). 예수님이 오병이어로 5천 명을 먹이셨을 때 백성들은 이렇게 외친다. "이는 참으로 세상에 오실 그 선지자라"(요 6:14). 예수님이 과부의 아들을 일으키자 사람들은 "큰 선지자가 우리 가운데 일어나셨다" 하고 또 "하나님께서 자기 백성을 돌보셨다"고 외친다(눅 7:16). 예수님은 사람들이 자신을 선지자로 부른다는 사실을 잘 알고 계셨고(눅 4:24, 13:33), 선지자 역할을 수행하는 가운데 율법의 중요성을 설명하시며(마 5:17-18), 하나님 나라에 대한 메시지를 지속적으로 선포하신다(마 24:14, 막 1:14-15, 눅 22:18). 또한 구약 시대의 여러 선지자들과 마찬가지로 장래의 일들에 대해 예언하신다(마 24:2-31, 눅 19:41-44).[23]

예수님 안에서 정점을 이루는 구속사를 설명하는 가운데, 우리는 예수님이 단순히 선지자 중 하나가 아니라 완전한 선지자라는 사실을 알게 된다. 점진적 계시라는 관점에서 보아도, 신약은 구약이 가리키는 유일한 대상이 누구인지 분명하게 확인해 주면서 하나님의 아들이기에 가질 수밖에 없는 예수님의 선지자로서의 우월성을 주목한다. 예수님은 여느 선지자들처럼 하나님의 말씀을 대변하신 게 아니다. 그분은 다름 아닌 하나님이시기에 아버지와 그 자신을 위해 말씀하신다. 히브리서 기자는 이렇게 선포한다. "이 모든 날 마지막에는 아들을 통하여 우리에게 말씀하셨으니 이 아들을 만유의 상속자로 세우시고 또 그로 말미암아 모든 세계를 지으셨느니라. 이는 하나님의 영광의 광채시요 그 본체의 형상이시라. 그의 능력의 말씀으로 만물을 붙드시며 죄를 정결하게 하는 일을 하시고 높은 곳에 계신 지극히 크신 이의 우편에 앉으셨느니라"(1:2-3).

제사장

제사장은 하나님과의 관계에서 인간을 대표하고, 사람을 위해 예물과 속죄하는 제사를 드리는 역할을 감당한다(히 5:1). 완전한 제사장이신 그리스도가 수행하시는 제사장 사역에는 죄를 대속하고 중보하는 일이 포함되어 있다.[24] 앞에서 지적했듯 제사장들은 자신의 연약함 때문에 자기 죄를 위해서도 제사 드리는 일이 필요하므로 영원한 제사를 드릴 수 없다(히 5:2-3). 더욱이 공의에 대한 하나님의 거룩한 요구를 만족시키는 완전한 제사를 드릴 수도 없다. "이는 황소와 염소의 피가 능히 죄를 없이 하지 못함이라"(히 10:4).

하지만 죄가 없으신 예수님은 하나님께 완전한 제사를 드리고 영원한 대속을 이루시는 것이 온전히 가능하다. 그분은 아무 흠이 없으시기에 완전한 제사를 드릴 수 있을 뿐 아니라 완전한 제물이 되실 수 있기 때문이다. 구약의 제사장들은 짐승을 제물로 바치는 데 반해, 그리스도는 자신을 흠 없는 하나님의 어린 양으로 드리신다. 히브리서 기자에 따르면, "제사장마다 매일 서서 섬기며 자주 같은 제사를 드리되 이 제사는 언제나 죄를 없게 하지 못하거니와 오직 그리스도는 죄를 위하여 한 영원한 제사를 드리시고 하나님 우편에 앉으사 그 후에 자기 원수들을 자기 발등상이 되게 하실 때까지 기다리시나니 그가 거룩하게 된 자들을 한 번의 제사로 영원히 온전하게 하[신다]"(10:11-14).

그리스도가 자기를 드리심으로 하나님의 진노를 만족시키셨기에 우리는 죄 사함을 얻고 자유케 되며 하나님과의 친밀한 교제를 회복한다.[25] 그리스도는 대속 사역과 더불어 우리를 위해 중보 사역도 하신다. "그러므로 자기를 힘입어 하나님께 나아가는 자들을 온전히 구원하실 수 있으니 이는 그가 항상 살아 계셔서 그들을 위하여 간구하심이라"(히 7:25). 그리스도가 자기를 드리신 제사와 마찬가지로 이 중보 역시 완전하고 적극적이며 지금도 계속되고 있다. "그리스도께서는 참 것의 그림자인 손으로 만든 성소에 들어가지 아니하시고 바로 그 하늘에 들어가사 이제 우리를 위하여 하나님 앞에 나타나시고"(히 9:24). 바울은 이렇게 덧붙인다. "누가 정죄하리요. 죽으실 뿐 아니라 다시 살아나신 이는 그리스도 예수시니 그는 하나님 우편에 계신 자요 우리를 위하여 간구하시는 자시니라"(롬 8:34). 사도 요한은 이 진리를 다음과 같이 확증한다. "나의 자녀들아, 내가 이것을 너희에게 씀은 너희로 죄를 범하지 않게 하려 함이라. 만일 누가 죄를 범하여도 아버지 앞에서 우리에게 대언자가 있으니 곧 의로우신 예수 그리스도시라"(요일 2:1).

히브리서 기자는 이렇게 설명한다. "대제사장마다 사람 가운데서 택한 자이므로 하나님께 속한 일에 사람을 위하여 예물과 속죄하는 제사를 드리게 하나니…이 존귀는 아무도 스스로 취하지 못하고 오직 아론과 같이 하나님의 부르심을 받은 자라야 할 것이니라. 또한 이와 같이 그리스도께서 대제사장 되심도 스스로 영광을 취하심이 아니요 오직 말씀하신 이가 그에게 이르시되 '너는 내 아들이니 내가 오늘 너를 낳았다' 하셨고 또한 이와 같이 다른 데서 말씀하시되 '네가 영원히 멜기세덱의 반차를 따르는 제사장이라' 하셨으니"(히 5:1, 4-6). 칼 F. H. 헨리에 따르면 "신약 기자들은 어디에서든 중보자가 중심이 되는 종교를 언급하고 있다.…(요한)복음은 예수님이 "길이요 진리요 생명"(요 14:6)이라고 담대하게 선포한다."[26]

예수님은 하나님 앞에 전무후무한 완전한 제사장이시고 모든 면에서 아론보다 우월하시다. 아론은 백성의 죄뿐 아니라 자신의 죄를 위해서도 온전한 제사를 드리지 못한다. 아론 자신도 죄인이기 때문이다. 하지만 그리스도는 죄가 없으시므로 오직 그분만이 백성을 위해 대속죄물이 되신다. 아론은 인간이 손으로 만든 없어질 성막에서 제사장직을 수행하지만, 그리스도는 우리를 위해 하늘에 계신 아버지께 직접 나아가신다(히 9:1, 24). 아론은 짐승의 피를 제물로 드리지만, 그리스도는 자신의 피를 제물로 드리신다. 가장 중요한 것은 아론의 희생제사는 일시적이며 반복되어야 하지만, 그리스도의 제사는 영단번once and for all에 드려진다(히 9:25).[27]

왕

시편 기자는 우리에게 이렇게 말한다. "여호와께서 다윗에게 성실히 맹세하셨으니 변하지 아니하실지라. 이르시기를 네 몸의 소생을 네 왕위에 둘지라"(시 132:11). 나단 선지자도 이와 비슷한 말을 다윗에게 한다. "여호와가 또 네게 이르노니 여호와가 너를 위하여 집을 이루고 네 수한이 차서 네 조상들과 함께 누울 때에 내가 네 몸에서 날 네 씨를 네 뒤에 세워 그 나라를 견고하게 하리라"(삼하 7:11-12). 다윗의 계보에서 영원한 왕이 나올 것이라는 약속은 앞서 다윗 언약에서 살펴 보았듯 그리스도 안에서 성취된다.

바울은 이 약속이 성취된 것을 다음과 같이 기록한다. "그의 아들에 관하여 말하면 육신으로는 다윗의 혈통에서 나셨고 성결의 영으로는 죽은 자들 가운데서 부활하사 능력으로 하나님의 아들로 선포되셨으니 곧 우리 주 예수 그리스도시니라"(롬 1:3-4). 그는 디모데후서에서 다시 기록하고 있다. "다윗의 씨로 죽은 자 가운데서 다시 살아

나신 예수 그리스도를 기억하라"(딤후 2:8. 참조 마 19:28, 25:31, 눅 1:32, 행 2:30, 13:23, 롬 1:3, 딤후 2:8, 히 1:8, 8:1, 12:2, 계 22:1).

그리스도는 완전하고 영원하신 모든 피조물의 왕이시지만, 이전의 왕들은 이땅에서 어떤 위대한 일을 했든 관계없이 불완전한 인간일 뿐이다. 솔로몬은 세상에서 가장 지혜로운 사람이지만, 그리스도는 지혜 그 자체시고 지혜를 구한 솔로몬의 기도에 응답하신 분이다. 다윗은 하나님의 마음에 합한 사람이지만, 그리스도는 하나님이시다. "천사가 이르되 '마리아여, 무서워하지 말라. 네가 하나님께 은혜를 입었느니라. 보라, 네가 잉태하여 아들을 낳으리니 그 이름을 예수라 하라. 그가 큰 자가 되고 지극히 높으신 이의 아들이라 일컬어질 것이요 주 하나님께서 그 조상 다윗의 왕위를 그에게 주시리니 영원히 야곱의 집을 왕으로 다스리실 것이며 그 나라가 무궁하리라'"(눅 1:30-33).

우리는 하나님이 아담에게 세상을 다스리라고 내리신 명령 또한 예수님을 통하여 완수할 것이다. 성경은 하나님이 지금이나 장래에도 항상 최고의 주권자이심을 가리키는데, 우리도 예수님과 함께하며 그분의 나라를 다스리고 누리는 기쁨을 조금이나마 맛보게 될 것이다. 바울은 이렇게 쓰고 있다. "우리가 주와 함께 죽었으면 또한 함께 살 것이요 참으면 또한 함께 왕 노릇 할 것이요"(딤후 2:11-12). 요한도 이를 확증한다. "그들로 우리 하나님 앞에서 나라와 제사장들을 삼으셨으니 그들이 땅에서 왕 노릇 하리로다 하더라"(계 5:10). 그리스도는 창조의 시간에도 계시고 일하셨을 뿐 아니라, 창조 이후 피조세계를 내버려 두는 이신론자들의 거짓 신과 달리, 지금도 주권자의 능력과 사랑의 손으로 온 우주를 계속 붙드시는데, 이는 그리스도가 왕으로서 영원히 다스리신다는 사실을 분명히 보여 준다. 히브리서 기자는 다음과 같이 설명한다. "그의 능력의 말씀으로 만물을 붙드시며"(히 1:3). 이에 대해서는 좀더 자세히 살펴볼 필요가 있다.

만물의 창조자이신 그리스도

성경은 하나님이 온 우주를 창조하셨다고 분명하게 말한다. 많은 이들이 주장하듯 우주는 순전히 물질적인 원인으로 인해 생겨 난 게 아니다. 어떤 그리스도인은 성부 하나님이 홀로 창조하셨다고 생각하겠지만 성경은 삼위 하나님이 함께 창조하셨다고 분명하게 지적한다. 신학자 토마스 오덴은 이렇게 말한다. "성경에 나오는 창조 사역은 언제나 일부가 아닌 전적이고 온전하며 완전한 (성부, 성자, 성령의 삼위일체) 하나님에 의한 것이다."[28] 게다가 니케아 신경도 창조 사역의 공을 삼위일체의 세 위격 모두에게 돌리고 있다.[29] 성 토마스 아퀴나스가 확언한 대로다. "창조의 능력은 삼위 모두에게 공통된다."[30]

성령에 관해서는 창세기의 두 번째 구절을 기억해야 한다. "땅이 혼돈하고 공허하며 흑암이 깊음 위에 있고 하나님의 영은 수면 위에 운행하시니라"(창 1:2). 욥기에도 유사한 내용이 나온다. "하나님의 영이 나를 지으셨고 전능자의 기운이 나를 살리시느니라"(욥 33:4). 시편 기자도 그렇게 말하고 있다. "주의 영을 보내어 그들을 창조하사"(시 104:30. 참조 사 40:12-13).

바울은 고린도전서에서 성부 하나님(그리고 그리스도)의 사역을 인정한다. "우리에게는 한 하나님 곧 아버지가 계시니 만물이 그에게서 났고 우리도 그를 위하여 있고 또한 한 주 예수 그리스도께서 계시니 만물이 그로 말미암고 우리도 그로 말미암아 있느니라"(고전 8:6). 요한은 아들이신 그리스도의 역할을 강조한다. "만물이 그로 말미암아 지은 바 되었으니 지은 것이 하나도 그가 없이는 된 것이 없느니라"(요 1:3). 오덴은 이 구절을 언급하며 이렇게 진술한다. "복음을 전하려던 요한으로서는 창조 때에 그리스도가 말씀으로 계셨다는 사실만큼 놀라운 증언도 없을 것이다. 세상이 그로 말미암아 창조되었다는 말이기 때문이다."[31] 요한은 이렇게도 주장한다. "그가 세상에 계셨으며 세상은 그로 말미암아 지은 바 되었으되 세상이 그를 알지 못하였고"(요 1:10). 바울은 골로새서에서 그리스도의 역할을 이렇게 증거한다. "만물이 그에게서 창조되되 하늘과 땅에서 보이는 것들과 보이지 않는 것들과 혹은 왕권들이나 주권들이나 통치자들이나 권세들이나 만물이 다 그로 말미암고 그를 위하여 창조되었고"(골 1:16).

만물을 지키고 보존하시는 그리스도

그리스도는 피조물을 능동적으로 관할하신다. 앞에서 말했듯 피조물을 지키고 붙드실 뿐 아니라 사랑으로 돌보신다. 데이비드 맥레오드는 이렇게 쓰고 있다. "그는 최종적으로 온 우주에 화목을 가져다 줄 분이시다. 예수 그리스도는 '창조'의 과거요 현재요 미래이시다."[32] 바울은 골로새서에서 동일한 맥락으로 기록하고 있다. "또한 그가 만물보다 먼저 계시고 만물이 그 안에 함께 섰느니라"(골 1:17. 참조 히 1:3). 존 월부어드는 성경 안에 하나님의 섭리를 드러내는 증거가 가득하다는 점을 언급한다. 여기서 '섭리'Providence란 피조물을 향한 하나님의 돌보

심을 의미한다.[33]

월부어드는 섭리와 관련한 성경 구절이 100여 개에 이르지만, 그 구절에 나오는 하나님의 이름이 삼위일체의 특정한 한 분 위격과만 연결되는 것은 아니라고 말한다. 더불어 하나님의 섭리에 따른 돌보심이 언급될 때 우리는 삼위 하나님의 사역이 곧 그리스도의 사역이라 말할 수 있다고 강조한다.[34] 결정적으로는, 이스라엘을 지키고 인도하는 일에 그리스도가 분명히 참여하신다는 점이다. 이스라엘을 지키시는 여호와(하나님)의 천사를 언급하는 대목은 곧 그리스도를 언급하는 것이다. 이는 "하나님의 아들이 이스라엘을 지키고 인도하신다는 기념비적인 증거"로 여겨진다.[35] 이에 대해서는 그리스도의 현현Christophanies에 대한 논의에서 더 자세히 살펴보겠다.

더 나아가 여호와를 이스라엘의 목자라고 언급하는 구절이 많다. 월부어드는 이런 구절들이 "그리스도에 대한 구체적인 언급으로 쓰일 수 있다"고 말한다. 그 예로 창세기 49장 24절을 살펴보자. "요셉의 활은 도리어 굳세며 그의 팔은 힘이 있으니 이는 야곱의 전능자 이스라엘의 반석인 목자의 손을 힘입음이라." 시편 23편 1절도 보자. "여호와는 나의 목자시니 내게 부족함이 없으리로다." 이와 비슷한 내용이 시편 80편1절, 이사야 40장 11절, 예레미야 31장 10절, 에스겔 34장 11-12절, 23절, 37장 24절에도 나온다. 월부어드는 "목자"라는 말은 오직 삼위일체 하나님에게 쓸 수 있는데도, 요한복음 10장에서 그리스도가 자신을 선한 목자라고 언급한 것은 앞의 구절들이 그리스도를 언급한다는 결론에 당위성을 부여한다고 판단한다. 동일한 판단이 시편 22편(선한 목자가 자기 양을 위해 죽었다), 히브리서 13장 20절(큰 목자), 베드로전서 5장 4절(목자장)에도 적용된다. 게다가 이사야 63장 9절은 하나님의 아들을 가리켜 하나님의 백성을 구원하는 "자기 앞의 사자"라고 말함으로써, 그리스도가 구약 시대에 섭리와 보호하심에 관한 일을 하심을 강조한다.

마지막으로 시편 72편은 하나님의 변함없으신 목적이 땅의 모든 피조물을 그리스도의 권세 아래 두는 것이라고 말한다. "하나님이여, 주의 판단력을 왕에게 주시고 주의 공의를 왕의 아들에게 주소서.…그가 바다에서부터 바다까지와 강에서부터 땅 끝까지 다스리리니…모든 왕이 그의 앞에 부복하며 모든 민족이 다 그를 섬기리로다"(시 72:1, 8, 11). 어떤 이는 이 본문이 이땅의 왕을 가리킨다고 주장하지만, 도널드 윌리엄스 박사가 지적하듯 이땅의 어느 왕도 이런 비전을 성취하리라고 소망할 수 없으므로, 이 본문은 분명 메시아를 가리키는 예언적인 내용이다.[36] 이 주제는 신약까지 이어져 예수님은 이렇게 선포하신다. "하늘과 땅의 모든 권세를 내게 주셨으니"(마 28:18). 바울은 빌립보서에도 동일한 메시지를 담는다. "이러므로 하나님이 그를 지극히 높여 모든 이름 위에 뛰어난 이름을 주사 하늘에 있는 자들과 땅에 있는 자들과 땅 아래에 있는 자들로 모든 무릎을 예수의 이름에 꿇게 하시고 모든 입으로 예수 그리스도를 주라 시인하여 하나님 아버지께 영광을 돌리게 하셨느니라"(빌 2:9-11).

구약에 나오는 그리스도의 구원 사역

앞에서 언급했지만 성경의 영감설을 믿지 않는 사람이라면 구약에 그리스도의 모습이 나온다는 사실을 인정하지 않을 것이다. 성경을 하나님의 손길 없이 그저 인간이 기록한 책이라고 믿는다면, 그리스도를 암시하는 내용이 그 안에 있다고 생각지 않을 테고, 하나님이 주시는 예언 따위도 없다고 여길 것이다. 특히 구약에 나오는 구원 교리(구원에 있어 그리스도가 감당하시는 사역에 관한 교리)[37]에 대해 그렇게 생각할 것이다. 존 월부어드는 이렇게 쓰고 있다. "구약의 구원 교리에 대해 논의할 때 가장 어려운 부분은, 구약의 가르침이 모더니즘과 진화론에 의해 끊임없이 공격을 받아 왔다는 점이다. 첫 인류의 주된 종교가 다신교나 정령숭배 또는 변성된 물신숭배나 토템숭배였다면, 분명 우리는 참된 구원의 계시 따위는 찾지도 않았을 것이다.…(하지만) 성경이 하나님의 영감으로 말미암아 무오함을 받아들인다면 구원 계시는 예언서 기자들이 뒤늦게 발전시킨 것이 아니라, 하나님이 최초의 인류와 그 후손에게 주신 주요하고 기본적인 계시가 된다."[38]

에덴에서 아담이 범죄한 이후 인류에게 내린 죽음의 형벌로 인해 인간은 잃어버린 바 되고 구원을 필요로 하게 되었다. 창세기 초반과 성경 전체를 통틀어 가장 놀라운 교훈 중 하나는, 인간이 하나님을 떠나 부패하고 무력해졌다는 사실이다. 인간이 자기만의 길을 가며 스스로 신이 되려 하는 시도는 이미 에덴에서 시작되었고 지금도 계속되고 있다. 이것이 성경적 기독교와 세속적 인본주의 사이에서 일어나는 충돌의 핵심이다.[39]

하지만 앞에서도 지적했듯 하나님은 아담과 하와에게 심판을 내리시면서 동시에 (다소 모호한 표현이지만) 여자의 후손이 뱀의 머리를 상하게 하리라는 말씀으로(창 3:15) 장차 구원의 방편을 제공하겠다고 약속하신다. 이후로 특히 구약과 신약의 계시를 통해 구원자를 보내시겠다는 하나님의 약속을 어렵지 않게 볼 수 있는데, 여기에는 그 구원자가 남자가 아닌 여자를 통해 올 것이라는, 즉 동정녀 탄생이 암시되어 있다(사 7:14, 마 1:21-22).[40] 나는 구약 시대의 독자들이 이 계시에 담긴 모든 내용을 이해할 수 있었을 것이라는 견해에 결코 반대하지 않는다. 월부어드 박사가 설명한 대로다. "바울에게 주신 은혜의 복음은 '새로운' 계시였다(롬 1:2-4). 하나님은 신약에서 주신 계시에 관해서는 구약의 성도들에게 책임을 묻지 않으신다.…구원자의 구체적인 특징과 사역이 차츰 구약에서 펼쳐지면서 사람들의 믿음은 여호와에 대한 신뢰로 자리를 잡아 간다. 굳이 여호와가 어떤 방식으로 구원을 주실지 구체적으로 알지 못하더라도 말이다."[41] 하지만 우리는 구약 시대를 살아 가는 것이 아니므로 신약의 계시를 알지 못하는 것이 변명이 될 수 없다.

실제로 히브리서 기자는 모세에게 그리스도에 대한 믿음이 있었다고 밝힌다. "믿음으로 모세는 장성하여 바로의 공주의 아들이라 칭함 받기를 거절하고 도리어 하나님의 백성과 함께 고난 받기를 잠시 죄악의 낙을 누리는 것보다 더 좋아하고 그리스도를 위하여 받는 수모를 애굽의 모든 보화보다 더 큰 재물로 여겼으니 이는 상 주심을 바라봄이라. 믿음으로 애굽을 떠나 왕의 노함을 무서워하지 아니하고 곧 보이지 아니하는 자를 보는 것같이 하여 참았으며 믿음으로 유월절과 피 뿌리는 예식을 정하였으니 이는 장자를 멸하는 자로 그들을 건드리지 않게 하려 한 것이며"(히 11:24-28).

이런 상황 속에 있던 모세는 바울과 비견될 수 있다. "그러나 무엇이든지 내게 유익하던 것을 내가 그리스도를 위하여 다 해로 여길 뿐더러 또한 모든 것을 해로 여김은 내 주 그리스도 예수를 아는 지식이 가장 고상하기 때문이라. 내가 그를 위하여 모든 것을 잃어버리고 배

설물로 여김은 그리스도를 얻고 그 안에서 발견되려 함이니"(빌 3:7-9). 베드로도 이와 비슷하게 기록한다. "너희가 그리스도의 이름으로 치욕을 당하면 복 있는 자로다. 영광의 영 곧 하나님의 영이 너희 위에 계심이라"(벧전 4:14). 가장 중요하게는, 그리스도가 직접 산상수훈에서 사실상 동일한 말씀을 하신다. "나로 말미암아 너희를 욕하고 박해하고 거짓으로 너희를 거슬러 모든 악한 말을 할 때에는 너희에게 복이 있나니 기뻐하고 즐거워하라. 하늘에서 너희의 상이 큼이라. 너희 전에 있던 선지자들도 이같이 박해하였느니라"(마 5:11-12).

다시 말하지만 이후에 주신 계시 없이 구약만 읽으면 모세가 어떤 방식으로 그리스도를 바라보았는지 우리로서는 알 길이 없다. 하지만 히브리서는 그 점에 관해 꽤 분명하게 말해 준다. 더욱이 "모든 성경은 하나님의 감동으로 된 것으로 교훈과 책망과 바르게 함과 의로 교육하기에 유익하[다]"(딤후 3:16)는 사실을 믿는다면, 모세가 어떤 생각을 가지고 있었는지 히브리서 기자가 자기 마음대로 지어 내어 계시처럼 알리지 않았으리라는 점도 쉽게 믿을 수 있다. 오히려 성령이 그에게 영감을 주어 모세의 행동 이면에 있는 생각을 알게 하셨을 것이다. 레온 모리스는 히브리서 기자가 어제나 오늘이 동일하신 그리스도를 보고 있다고 말한다(히 13:8). 즉 히브리서 기자가 예수님을 구약 시대의 이스라엘과 연결지어 생각한다는 의미다.[42] 이스라엘에 관해 바울이 확언한 바를 살펴보자. "모세에게 속하여 다 구름과 바다에서 세례를 받고 다 같은 신령한 음식을 먹으며 다 같은 신령한 음료를 마셨으니 이는 그들을 따르는 신령한 반석으로부터 마셨으매 그 반석은 곧 그리스도시라"(고전 10:2-4).

히브리서 기자가 의도적으로 모세가 구원 사역에 있어 그리스도의 역할을 온전히 이해하고 있다는 개념을 전하려는지 여부는 알 수 없지만, 분명한 것은 그리스도가 모세를 이끄시면서 이스라엘이 애굽에서 구원 받도록 하셨다는 것이다. 참으로 흥분되는 일이다. 무엇보다 하나님은 예나 지금이나 영원히 동일하고 변치 않으시는 분이다. 구약의 구주는 곧 신약에서도 구주시다(그럴지도 모른다가 아니다).[43] 앞에서 인용한 본문에도 분명히 나오지만, 바울은 그리스도가 이스라엘 백성이 광야에 있을 때 그들과 함께하셨고, 반석에서 터져 나온 초자연적 물의 근원이시라고 말한다. 이에 관해서는 뒤에서 다시 살펴보겠다.[44]

여기서 바울은 "그 반석은 그리스도시라"고 했지 "그 반석은 그리스도와 같다"고 말하지 않는다. 또한 구약에서 "반석"은 주로 하나님을 의미하는 말로 사용되는데, 예를 들어 창세기 49장 24절에 나오는 "이스라엘의 반석"이라는 표현과 모세가 하나님을 반석으로 묘사한 부분(신 32:4, 14 18, 30, 31), 그리고 시편 기자가 동일하게 묘사한 부분이 그러하다(시 18:31, 62:2, 78:35, 89:26, 95:1). 더욱 중요한 사실은 "반석"이라는 단어가 구약에서 때로 그리스도의 구속 사역과 연관된다는 점이다. 예를 들어 구원의 반석(신 32:15, 시 62:2, 95:1, 89:26)이나 구속자의 반석(시 78:35), 너를 낳은 반석(신 32:18)으로 나온다.[45] 여기서 볼 수 있듯 구약 시대에 인간의 구원과 관련하여 그리스도가 맡으신 역할은 단지 인간을 죄에서 구속하는 일에 한정되지 않고, 하나님의 백성을 애굽과 모든 위험에서 건져 내는 일에도 연관된다.

8
호칭, 현현, 모형론, 예언, 비유

예수님은 예고 없이 오지 않으셨다. 그분의 오심은 이미 구약에서 선포되었다. 분명한 메시아 예언으로도 선포되었을 뿐 아니라 구약의 모든 사건과 인물과 배경에 담긴 이야기로도 선포되었다. 하나님은 매우 거대하고 중대하며 일관된 한 가지 이야기를 말씀하고 계신다. 창세기의 창조 이야기로부터 포로 귀환의 마지막 이야기까지, 하나님은 그분이 주도하시는 구원 계획을 점진적으로 펼쳐 놓으셨다. 그리고 그 계획이 담긴 구약의 기사들은 언제나 어떤 방식으로든 예수 그리스도를 가리켰다. 이안 더귀드 [1]

구약에 나오는 그리스도의 호칭과 언급

성경 곳곳에 그리스도를 가리키는 호칭이 많이 나오는데, 여기서는 구약에 나오는 호칭을 중점적으로 보겠다. 성경학자들은 하나님의 여러 가지 이름이 그분이 어떤 분인지 설명한다는 점에 오랫동안 주목했다. 그 이름이 그저 임의로 갖다 붙인 게 아니라는 것이다. 그 이름은 하나님의 속성과 성품과 사역을 드러낸다. 성경에서 예수 그리스도를 가리키는 호칭 역시 마찬가지다.

구약에서 그리스도에게 붙인 호칭으로는 여호와, 엘로힘, 아도나이, 하나님의 아들, 처음 나신 자, 여호와의 사자 등이 있다.[2] 그중 몇 가지를 간략히 살펴보자. '여호와'라는 단어는 히브리인의 하나님이란 뜻의 히브리어 단어 '야훼'에서 나왔다. 한글성경에서는 주로 주님으로 표시되고 영어성경에서는 작은 대문자인 LORD로 표시된다. 많은 보수학자들은 여호와라는 단어가 삼위일체 하나님을 집합적으로 가리킬 때 사용하는 전형적인 단어라고 본다. 하지만 때로는 그리스도를 포함하는 삼위일체의 각 위격을 개별적으로 가리키기도 한다.

스가랴서에 나오는 유명한 메시아 예언에서 여호와(영어성경에서는 LORD로 표시됨)는 이렇게 말씀하신다. "내가 다윗의 집과 예루살렘 주민에게 은총과 간구하는 심령을 부어 주리니 그들이 그 찌른 바 그를 바라보고 그를 위하여 애통하기를 독자를 위하여 애통하듯 하며 그를 위하여 통곡하기를 장자를 위하여 통곡하듯 하리로다"(슥 12:10). 이것은 여호와가 자신을 '그리스도'라고 부르신 것이다. 찔리신 이가 그리스도이기 때문이다. 요한계시록 1장 7절에서 이 점이 분명해진다. "볼지어다. 그가 구름을 타고 오시리라. 각 사람의 눈이 그를 보겠고 그를 찌른 자들도 볼 것이요 땅에 있는 모든 족속이 그로 말미암아 애곡하리니." 예레미야는 하나님이 다윗을 위해 의로운 가지(그리스도에 대한 명백한 언급)를 일으키실 것이라고 선포한 직후에 그리스도를 여호와라고 직접적으로 언급한다. "그의 이름은 여호와 우리의 공의라 일컬음을 받으리라"(렘 23:6). 바울은 고린도 교회를 향해 동일한 내용을 다시금 선포한다. "너희는 하나님으로부터 나서 그리스도 예수 안에 있고 예수님은 하나님으로부터 나와서 우리에게 지혜와 의로움과 거룩함과 구원함이 되셨으니"(고전 1:30).

월부어드는 구약에서도 그리스도를 성전의 여호와라 불렀다고 지적한다. "보라, 내가 내 사자를 보내리니 그가 내 앞에서 길을 준비할 것이요 또 너희가 구하는 바 주LORD가 갑자기 그의 성전에 임하시리니"(말 3:1). 복음서에서는 마태가 이것이 과연 그리스도를 일컫는 호칭일까 하는 의심을 일거에 제거한다. "예수께서 성전에 들어가사 성전 안에서 매매하는 모든 사람들을 내쫓으시며 돈 바꾸는 사람들의 상과 비둘기 파는 사람들의 의자를 둘러엎으시고 그들에게 이르시되 '기록된 바 내 집은 기도하는 집이라 일컬음을 받으리라 하였거늘 너희는 강도의 소굴을 만드는도다' 하시니라"(마 21:12-13).

그리스도를 암시할 때도 사용되는 '여호와'라는 단어는 너무 중요하다. 여호와는 구약에서 하나님을 칭하는 가장 거룩한 이름이기 때문이다. 유대인은 성경에서 그 이름이 나올 때 소리 내어 부르지 못했기 때문에 다른 말로 대체하여 불렀다. 그런 이름이 예수 그리스도께 사용되었다는 것은 "예수 그리스도의 신성과 그 이름에 더불어 붙는 하나님의 모든 속성에 아무 의구심이 없음을 확인해 준다."[3]

그리스도는 구약에서 하나님의 다른 이름인 '엘로힘'으로 불리기도 한다. 실제로 이사야 40장 3절을 보면 동일한 위격을 설명하기 위해 '여호와'와 '엘로힘'을 둘 다 사용하고 있다. "외치는 자의 소리여, 이르되 너희는 광야에서 여호와의 길을 예비하라. 사막에서 우리 하나님(엘로힘)의 대로를 평탄하게 하라." 마가도 그리스도를 분명하게 언급하기 위해 이 구절을 인용한다(막 1:2-3). 이사야는 9장 6절에서 다시금 엘로힘을 언급한다. "이는 한 아기가 우리에게 났고 한 아들을 우리에게 주신 바 되었는데 그의 어깨에는 정사를 메었고 그의 이름은 기묘자라, 모사라, 전능하신 하나님(엘로힘)이라, 영존하시는 아버지라, 평강의 왕이라 할 것임이라." 이 말씀이 그리스도를 의미한다는 사실을 부인하기는 어렵다. 더욱이 이 본문에서는 그리스도에 대한 다른 묘사와 호칭까지 나오는데, "엘로힘", 즉 전능하신 하나님이라고 부른다. 월부어드가 지적하는 것은, 그리스도가 정말로 구약의 엘로힘이라면 창세기 1장 1절에서 창조의 하나님으로 소개되는 그분도 그리스도시라는 점이다. 그렇다면 앞에서 그리스도가 창조 사역에 참여하셨다고 말한 내용과도 일치한다.[4]

구약에는 앞에서 언급한 것 말고도 그리스도를 가리키는 여러 다른 이름과 호칭이 등장한다. 예를 들어 '메시아' 혹은 '기름 부음 받은 자'(단 9:24), '가지'(렘 23:5, 33:15, 사 4:2, 11:1), '임마누엘'(사 7:14), '거룩한 자'(시 16:10, 22:3, 89:18) 등이 있다. 베드로는 사도행전에 나오는 그의 첫 번째 설교에서 시편 16편 10절을 인용하면서 그 말씀이 가리키는 이가 부활하신 그리스도임을 분명하게 지목하고 그분에 관해 가르친다. 그리스도를 가리키는 구약의 또 다른 호칭으로는 '영광의 왕'(시 24편), '질고를 아는 자'(사 53:3), '귀하고 견고한 기촛돌'(사 28:16), '건축자가 버린 돌'(시 118:22), '만왕의 왕'(단 8:25), '이새의 뿌리'(사 11:10), '다스릴 자'(미 5:2), '씨'(창 3:15, 언약 부분에서 다루었음), '야곱에서 나온 한 별'(민 24:17, 역시 앞에서 다룸)이 있다.

신약 기자들은 때로 구약의 말씀을 그리스도께 적용하면서 예수님을 구약의 하나님으로 확인하기도 한다. 그 말씀은 본래 구약의 하나님을 언급하기 위해 기록된 것이다. 구약에서 요엘은 이렇게 기록하고 있다. "누구든지 여호와의 이름을 부르는 자는 구원을 얻으리니"(욜 2:32). 바울은 구원이 예수 그리스도를 믿음으로 말미암는다고 가르치면서 로마서에서 이렇게 기록하고 있다. "누구든지 주의 이름을 부르는 자는 구원을 받으리라"(행 2:21). 구약에서 이사야는 이렇게 기록한다. "내게 모든 무릎이 꿇겠고 모든 혀가 맹세하리라"(사 45:23). 바울은 같은 주제를 언급하면서 빌립보서에서 이렇게 기록하고 있다. "하늘에 있는 자들과 땅에 있는 자들과 땅 아래에 있는 자들로 모든 무릎을 예수의 이름에 꿇게 하시고 모든 입으로 예수 그리스도를 주라 시인하여 하나님 아버지께 영광을 돌리게 하셨느니라"(빌 2:10-11).

이와 비슷하게 구약에서 예레미야는 이렇게 기록한다. "자랑하는 자는 이것으로 자랑할지니 곧 명철하여 나를 아는 것과 나 여호와는 사랑과 정의와 공의를 땅에 행하는 자인 줄 깨닫는 것이라. 나는 이 일을 기뻐하노라. 여호와의 말씀이니라"(렘 9:24). 바울은 고린도전서에서 이 본문을 그리스도께 적용하고 있다. "기록된 바 자랑하는 자는 주 안에서 자랑하라 함과 같게 하려 함이라"(고전 1:31). 구약에서 시편 기자는 이렇게 선포한다. "주께서 높은 곳으로 오르시며 사로잡은 자들을 취하시고 선물들을 사람들에게서 받으시며 반역자들로부터도 받으시니 여호와 하나님이 그들과 함께 계시기 때문이로다"(시 68:18). 바울은 에베소 교인들에게 이렇게 말한다. "그러므로 이르기를 그가 위로 올라가실 때에 사로잡혔던 자들을 사로잡으시고 사람들에게 선물을 주셨다 하였도다"(엡 4:8). 사무엘하에는 이렇게 기록되어 있다. "여호와는 악행한 자에게 그 악한 대로 갚으실지로다"(삼하 3:39). 그리고 바울은 구리 세공업자 알렉산더가 그에게 "해를 많이 입혔다"고 말하면서 "주께서 그 행한 대로 그에게 갚으시리니"(딤후 4:14)라고 기록한다.[5] 이 외에도 많은 예들이 있다.

그리스도의 현현

"현신" theophany이란 하나님이 인간의 눈 앞에 모습을 드러내시는 것을 말한다.[6] 구약에서 그리스도와 관련된 현신을 "그리스도의 현현" Christophanies이라고 부른다. 따라서 그리스도의 현현이란 그리스도가 인간의 몸을 입고 성육신하기 전에 나타나신 특별한 현신을 말한다. 하나님이 나타나시는 환상이나 하나님과 연관된 은유가 아니라 실제로 일시적이지만 인간의 형체로 하나님이 나타나신 것이다.[7] 그리스도는 성육신 상태가 아님에도 구약성경에 나타나셨다. 신약에서는 하나님이 일시적으로 인간의 형체로 나타나신 것이 아니고 온전히 영구적으로 하나님이자 사람인 예수 그리스도로 나타나신다.[8]

구약학자 헨튼 데이비스가 말한 것처럼, "신약에 사실상 그리스도의 현현은 없다. 이는 그리스도 안에서 하나님의 나타나심으로 이 현현이 일어나기 때문이다(요 1:14, 골 1:15, 히 1:1-3)."[9] 올리버 버스웰은 그리스도의 성육신이 현현과 다른 이유는, 예수님이 베들레헴에 태어나실 때는 실제로 인간의 속성을 영구적으로 취하시기 때문이라고 설명한다. 구약에서 그리스도의 현현은 특정 시간과 장소에서 인간의 형체로 나타나지만 그리스도가 실제로 인간이 되시는 것은 아니다.[10]

또 다른 차이도 있는데, 성육신은 "하나님과 인간 사이의 영구적인 연합"이다.[11] 알다시피 예수님은 온전한 하나님이자 온전한 인간이

시다. 그러므로 성육신은 현현과 완전히 구별된다. 정리하면, 현현이라고 할 때는 거룩한 삼위일체의 두 번째 위격이 인간의 형체로 나타나지만 실제 인간은 아니다. 인간의 형체를 취하기는 하지만 인간의 속성을 갖지는 않으신다. 그렇지만 성육신에서 그리스도는 온전한 신성을 가지신 채로 인간이 되시는 것이다.[12]

그리스도의 현현은 하나님의 점진적 계시에서 매우 귀중한 요소다. 하나님이 사람들에게 자신을 분명하게 알리시는 한 가지 방법이기 때문이다. 성경에 나오는 많은 현현을 통해 하나님은 삼위일체 하나님 중 한 위격을 소개하면서, 보이지 않는 하나님을 보이게 하신다. 그리스도의 현현은 인간에게 하나님에 대한 정보나 그분의 속성과 사역(선지자, 제사장, 왕으로서 하시는 일), 인간을 다루시는 방식을 계시할 뿐 아니라, 장차 그리스도가 성육신하여 인간의 몸으로 나타나실 것을 준비한다.[13]

구약에서 가장 분명하게 드러나는 그리스도의 현현은 여호와의 천사(때로는 "여호와의 사자")의 등장인데, 하나님의 아들이 천사의 모습으로 나타나시는 것이다.[14] 그리스도가 현현하실 때마다 여호와의 천사로 나타나는 것은 아니지만, 여호와의 천사가 거론되는 대목마다 그리스도를 가리킨다고 보면 된다.[15] 구약에는 이러한 나타나심이 반복적으로 기록되어 있다. 구약에서 '여호와의 천사(사자)'를 검색하면 창세기 16장 7절에서 스가랴 12장 8절까지 총 56번이 나온다. 여호와의 천사는 이스라엘이 광야를 헤맬 때, 혹은 하나님이 구름(출 40:38)과 구름기둥(출 33:9-23)으로 그들과 함께하시는 동안에 특히 나타나신다.[16] 그렇지만 대부분의 경우 그 나타나시는 시간은 아주 짧다.[17]

친숙한 몇 가지 예를 더 살펴보자. 여호와의 천사가 아브라함에게 나타나 제물로 바쳐진 아들 이삭을 해치지 말라고 말한다(창 22:11). 불붙은 떨기나무에도 천사가 나타난다(출 3:2). 여호와의 천사가 예루살렘과 유다를 보호하기 위해 앗수르 군 18만 5천 명을 친다(왕하 19:35). 경우에 따라 여호와의 천사라고 명확히 밝히지는 않지만 하나님이 여호와의 천사처럼 보이게 나타나는 현현도 있다. 예를 들어 여러 학자들은 야곱과 씨름한 '사람'이 천사라고 믿는데, 그 사람은 씨름이 끝난 뒤 야곱을 축복하고, 야곱은 그곳을 '하나님의 얼굴'이라는 뜻의 브니엘로 명명하며 이렇게 말한다. "내가 하나님과 대면하여 보았으나 내 생명이 보전되었다"(창 32:30). 창세기에서 야곱은 구체적으로 하나님을 여호와의 천사라고 언급하지 않았지만 호세아 선지자는 야곱의 상대가 천사였다고 밝힌다(호 12:4)

고대 교부들과 관점을 같이하는 대부분의 보수학자들은 구약에 나오는 모든 현신이 성부나 성령이 아닌 성자의 나타나심으로 이루어져 있다고 믿는다. 따라서 이들의 관점으로 볼 때 모든 현신은 그리스도의 현현인 셈이다. 순교자 유스티누스, 이레니우스, 알렉산드리아의 클레멘트, 테오필루스, 터툴리아누스, 키프리아누스, 키릴로스, 힐라리우스, 크리소스토무스도 모두 성육신하기 전의 그리스도가 이때 나타나신 것이라고 믿었다.[18]

일부 비평가들은 삼위일체 하나님의 두 번째 위격인 성자의 나타나심으로 보는 의견을 "단순한 추측"이라며 일축한다. 구약에는 삼위일체에 대한 결정적인 증거가 없다는 것이다.[19] 하지만 구약이 얼마나 강하게 삼위일체를 주장하고 있는지 (단순한 추측이 아니라는 것을) 보여줄 수만 있다면, 이러한 나타나심이 성육신하기 전의 그리스도이심을 훨씬 쉽게 알 수 있을 것이다.

삼위일체 교리가 구약에 분명하게 표현되어 있지 않다 해도 하나님이 복수의 위격임을 언급하는 다양한 증거가 있다고 제임스 볼랜드는 확신한다. 예를 들어 시편 2편 7절(너는 내 아들이라. 오늘 내가 너를 낳았도다)과 시편 45편 6-7절(하나님이여 주의 보좌는 영원하며 주의 나라의 규는 공평한 규이니이다. 왕은 정의를 사랑하고 악을 미워하시니 그러므로 하나님 곧 왕의 하나님이 즐거움의 기름을 왕에게 부어 왕의 동료보다 뛰어나게 하셨나이다)이 그렇다. 히브리서 기자는 두 번째 예를 성부와 성자에 대한 명백한 언급으로 지목한다(히 1:8).

이 외에도 시편 110편 1절과 같은 여러 다른 예들이 있다. 지혜서의 기자 아굴은 하나님의 다양한 창조 사역을 읊은 후에 이렇게 묻는다. "그의 이름이 무엇인지, 그의 아들의 이름이 무엇인지 너는 아느냐"(잠 30:4). 예레미야 선지자는 여호와가 다윗을 위해 의로운 가지를 일으킬 것인데 그가 장차 '여호와 우리의 공의'(렘 23:5-6)로 불릴 것이라고 말한다. 이사야 48장 16절에는 이렇게 나온다. "주 여호와께서 나와 그의 영을 보내셨느니라." 이사야 61장 1절은 이렇게 말한다. "주 여호와의 영이 내게 내리셨으니." 예수님은 이 말씀을 인용하여 자신이 이사야 본문에 언급되는 '나'라는 것을 밝히신다(눅 4:18-21). 게다가 이사야 63장 9-10절이 삼위일체 하나님의 세 위격 모두를 언급하고 있음은 부인하기 힘들다. "자기 앞의 사자로 하여금 그들을 구원하시며 그의 사랑과 그의 자비로 그들을 구원하시고…그들이 반역하여 주의 성령을 근심하게 하였으므로." 볼랜드에 따르면 '자기 앞'이란 성부를 뜻하고, '사자'는 성자를 말하며, '성령'은 삼위일체를 완성한다.[20]

또한 볼랜드는 신약 기자들이 구약의 '여호와의 사자'나 여호와를 그리스도로 언급하고 있는 예를 몇 가지 제시한다. 이는 그리스도의 현현뿐 아니라 더 나아가 삼위일체이신 하나님을 가리키는 구약의 예가 되기도 하며, 여호와와 (여호와와 분명히 구별되는 하나의 위격인) 여호와의 사자가 구분되어 나온다. 그 한 예가 히브리서 12장 18-26절인데 학개 2장 6절과 함께 읽어 보자. 전자는 시내산을 흔드시는 예수님을 보여 주고, 후자는 여호와가 그 일을 하셨다고 말한다. 볼랜드는 이 밖에도 여러 예를 제공한다(비교 고전 10:4과 히 11:26, 요 12:38-41과 사 6장. 참조 눅 1:15-17).[21]

마이클 배럿 교수는 구약이 하나님이 삼위일체이심을 제시한다는 데 동의하면서, 그리스도의 현현과 관련될 때 특히 그렇다고 강조한다. "구약에 현현하신 위격 역시 하나님이긴 하지만, 그럼에도 그분은 하나님과 구별된다." 그에 대한 증거로 천사가 가끔은 여호와를 1인칭으로 표현하지만 3인칭으로도 말한다는 점을 든다. 이는 삼위일체의 놀라운 신비다. 배럿 교수는 창세기 16장 11절을 한 예로 인용한다. "여호와의 사자가 또 그에게 이르되 '네가 임신하였은즉 아들을 낳으리니 그 이름을 이스마엘이라 하라. 이는 여호와께서 네 고통을 들으셨음이니라.'"

여기서 천사는 하갈에게 자신이 하나님으로서 무슨 일을 하실지 이야기한다. 그런데 그는 또한 "여호와께서 네 고통을 들으셨음이니라"고 말하며 하나님을 3인칭으로 언급한다. 비슷한 경우를 창세기 21장 17절에서도 찾아볼 수 있다. "하나님이 그 어린아이의 소리를 들으셨으므로 하나님의 사자가 하늘에서부터 하갈을 불러 이르시되 '하갈아, 무슨 일이냐. 두려워하지 말라. 하나님이 저기 있는 아이의 소리를 들으셨나니.'" 창세기 22장 12절에서는 천사가 아브라함에게 말한다. "네가 네 아들 네 독자까지도 내게 아끼지 아니하였으니 내가 이제야 네가 하나님을 경외하는 줄을 아노라." 여기서는 1인칭과 3인칭이 모두 나온다.[22] 삼위일체에 대한 이 같은 인유는 구약 곳곳에서 그리스도를 보여 주는 강력한 증거물이다.

볼랜드는 구약의 현현 장면에 나타나는 유일한 분이 그리스도임을 보여 주는 다섯 가지 증거를 제시한다.

1. 삼위일체 하나님의 두 번째 위격은 신약에서 성육신을 통해 하나님으로 나타나신다. 그러므로 동일한 성자 하나님이 구약에서도 하나님의 모습으로 나타나시는 것은 당연하다.
2. 구약에 나오는 여호와의 사자[혹은 천사]는 그리스도의 성육신 이후에는 다시는 나타나지 않는데, 이는 그가 동일한 성자라는 추론을 뒷받침한다.
3. 보내신 이가 있다는 것은 (보냄을 받는) 신격을 소유한 또 다른 위격이 있음을 암시한다. 여호와의 천사와 그리스도를 보내신 이는 성부 하나님이시다. 그렇다면 보냄을 받는 이는 (성부가 아니라) 그리스도이거나 성령이시다.
4. "본래 하나님을 본 사람이 없으되 아버지 품속에 있는 독생하신 하나님이 나타내셨느니라"(요 1:18). 아무도 하나님을 본 사람이 없다고 말할 때 요한이 언급하는 이는 성부 하나님이라고 볼랜드는 말한다. 이런 경우 구약에서 현현으로 사람들 앞에 나타나시는 하나님은 분명 성부가 아닌 (성육신하실) 성자 하나님이시다. 영이신 성령은 사람으로 나타난 적이 없고 비둘기의 형상으로 나타나신 적은 있다(참조 요 6:46, 16:27-28).
5. 구약의 "여호와의 사자"와 성육신한 그리스도가 각각 행하시는

역할과 사랑의 섬김은 서로 병행을 이루는 부분이 많다.[23]

마지막으로 우리는 그리스도의 현현이 하나님에 대해 중대한 교훈을 주고 있음을 알아야 한다. 그분은 추상적인 어떤 에너지가 아니라 인격적인 존재시다. 구약에서 하나님이 사람들에게 나타나셨다는 것은 하나님이 인격적이고 관계적인 자신의 속성과 사랑이 넘치는 긍휼을 인간에게 나타내 보이셨음을 뜻한다. 배럿 교수는 "이러한 현현 덕분에 인간은 삼위일체 안에 계시는 그리스도와 관련한 지극히 깊은 신학을 알게 되며, 그 지극히 깊은 신학이 바로 구약성경"이라고 말한다.[24]

그리스도를 가리키는 구약의 모형론

모형론typology을 정의하면, 성경을 해석하는 하나의 방법으로서 이를 통해 구약에 나오는 인물과 사건, 제도 등의 모형type이 구속사라는 틀 안에서 신약의 또 다른 것, 즉 원형antitype에 연결된다는 것이다.[25] 이 말은 구약에서 하나님이 백성을 위해 구속 사역을 행하실 때 그 과정에서 모형이란 걸 사용하시는데, 그 모형은 장차 그리스도 안에서 완전하게 성취될 어떤 것을 예시하거나 예표한다는 의미다.

구약에서 하나님이 모형을 통해 부분적으로 성취하시는 일은 장차 하나님이 그리스도를 통해 온전히 성취하실 일과 서로 상응한다. 그 성취된 일은 모형보다 훨씬 탁월하다.[26] 한마디로 '모형'은 그리스도의 그림자이고, '원형'은 그리스도가 온전히 성취하시는 실체다.[27] 예를 들어 구약의 희생제사는 그리스도의 모형이면서 전반적으로 (원형에 비해) 열등하고 일시적이다. 그러므로 구약의 인물과 사건과 사물은 그 자체로 진실된 역사적 유효성을 지니고 있기는 하나, 장차 올 것을 미리 보여 주도록 (하나님에 의해) 선택된 대상으로서 자기 역할이 있다.[28]

일부 학자들은 모형으로 등장하는 구약 속 인물과 사건과 제도가 단지 신약뿐 아니라 구약의 다른 상황에도 연결된다고 믿는다.[29] 구약에서 사용되는 모형 중 가장 잘 알려진 예로는 출애굽 사건(사 51:9-11, 52:7-12), 소돔과 고모라(렘 23:14), 장래에 주어질 복의 모형으로 언급되는 에덴동산(겔 36:33-35)을 들 수 있다.[30] 많은 학자들은 모형에는 인물과 사건과 제도뿐 아니라 특히 예식도 포함된다고 주장한다.[31]

이 책에서는 신약의 그리스도와 그분의 구원 사역을 예표하는 모형이 나오는 구약 속 장면에 관심을 두려고 한다. 여기에 잘 맞는 몇 가지 예가 있다.[32] 예수님이 니고데모에게 하신 말씀을 생각해 보자. "모세가 광야에서 뱀을 든 것같이 인자도 들려야 하리니"(요 3:14). 이 장면에서 예수님은 민수기 21장 9절에 기록된 사건을 언급하신다. 게다가 출애굽기에서 유월절 어린 양(12:1-13, 49)은 그리스도의 모형이다(고전 5:7). 모세가 광야에서 사람들에게 물을 내려고 쳤던 바위 역시 그리스도의 모형으로(출 17:6), 신령한 반석으로부터 신령한 음료를 공급하시는 그리스도를 바라보게 한다(고전 10:3-4). 이러한 그리스도의 모형은 성경 전체에 골고루 흩어져 있기도 하지만, 특히 히브리서에 집중되어 있다.

모형론와 풍유(알레고리)allegory를 구분하는 것이 중요하다. 앞에서 말했듯 모형론이란 구약의 인물과 사건과 제도와 예식이 신약의 대상을 예시하고 예표하는 것이다. 양쪽 모두 역사 속에서 일어나는 사건이다. 이와 반대로 풍유는 성경의 인물과 사건과 제도와 예식 등을 일반적인 영적 진리의 상징으로 사용한다.[33] 따라서 풍유는 대개 성경의 역사를 영적으로 푼다.[34] 예를 들어 갈라디아서 4장 21-31절에서 바울은 사라와 하갈의 이야기를 다루면서 구약의 두 여성을 (영적으로 치환하여) '두 가지 언약'에 비유한다.[35] 모형과 관련하여 말하면, 통상적으로 학자들은 하나님이 그분이 베푸시는 점진적 계시의 일부로서 역사 속에 모형을 두실 뿐 아니라, 그와 동시에, 성경 본문 안에도 모형을 두신다고 믿는다.

나도 인정하는 바지만, 성경을 연구하는 일부 학자들은 모형이 너무 주관적이라는 생각 때문에 지나치게 깊이 파고 들어가기를 꺼린다. 그들은 초대 교부들을 포함하여 많은 사람들이, (근거가 있든 없든 관계치 않고) 모든 것에서 모형을 찾으려 한다고 우려를 표한다. 배럿 교수는 이 분야의 연구가 그동안 다소 왜곡되어 왔음을 인정한다. 무엇보다 성경을 읽는 일부 사람들이 "애매하기 그지없고 신학적으로 의미 없는 본문을 가져다가 가장 심오한 복음의 주제인 양 설교하거나 가르치면서 그것들을 그리스도의 모형이라고 외쳤기 때문이다." 배럿 교수는 왜 자신은 그런 예에서 모형을 보지 못하는지 의아하게 생각했다. "거기엔 모형이랄 것이 없고, 누군가 열심히 본문을 읽다가 그리스도를 떠올리게 하는 어떤 것을 발견했다고 해서 그것이 모형이 되는 게 아님"을 깨닫기 전까지 그랬다. 모형론이란 그리스도와의 연관성을 끄집어 내기 위해 임의대로 구약의 본문을 이용하는 해석 기법이 아니라고 그는 경고한다.[36]

이러한 우려 탓인지 모형론은 신학 분야에서 가장 푸대접을 받는 분야가 되었다.[37] 일부 사람들이 이 주제를 꺼려하는 것은 참 안타까운 일이다. 모형론 연구를 통해 충분한 가치가 있는 통찰을 얻을 수 있기 때문이다. 해석상의 오류를 피하기 위해 사용하는 기법으로, 배럿은 신약 기자들이 모형을 어떻게 사용하는지 연구해 볼 것을 제안한다. 단지 합당한 모형들을 하나하나 찾아 나열하는 식이 아니라 합당한 모형을 확인하고 해석하는 바른 방법을 찾는 통찰을 얻기 위해서다.[38] 노먼 가이슬러 박사는 구약에는 엄밀히 말하면 모형으로 분류할 수 없지만 그리스도와 잘 연결되는 그림들도 많다고 지적한다. 모형이라는 정의에 정확히 부합하지는 않지만, 그리스도를 예표하는 몇 가지 예들도 이후에 살펴보려고 한다. 일부 신학자들의 세밀한 기준에는 맞지 않더라도 충분히 살펴볼 만한 놀라운 내용이다.

구약에 나오는 메시아 예언

메시아 예언이란 장래에 오실 메시아를 예언하는 구약 속 말씀이다.[39] 프레드 존 멜다우는 그의 책 『구약과 신약의 메시아』*Messiah in Both Testaments*에서 영국의 D. M. 팬턴 목사의 말을 빌어 이렇게 적고 있다.

> 구약 속 예언에 기록된 드라마와 신약 사복음서에 기록된 한 인물의 생애야말로 인간에게 주어진 가장 놀라운 이야기로, 그것은 예수 그리스도가 등장하는 내러티브다. 무엇보다 한 가지 두드러진 사실이 그리스도를 완벽히 돋보이게 만든다. 태어나서 살고 죽고 부활하기 전에 그 모든 세세한 내용이 분명하게 예견된 인물은 역사상 오직 한 분뿐이라는 것이다. 모든 자료는 그분이 출현하기 수세기 전에 문서로 기록

되어 전달되고, 그분이 태어나기도 훨씬 전에 널리 확산되었다는 것을 어느 누구도 부인하지 못한다. 그분의 삶에 대한 실제 기록을 고대 문서와 직접 비교해 보면 서로 완벽히 일치한다는 사실을 누구라도 알 수 있다.[40]

이제 구약의 각 책들을 살펴보면서 구약에 나오는 메시아 예언과 그 예언의 성취가 기록된 신약의 본문들을 모두 소환해 보자. 그 과정에서 이 놀라운 현상의 엄청난 규모와 구체성이 잘 드러날 수 있기를 소망한다. 둘을 나란히 두고서 살펴보고 싶다면, 메시아 예언과 그 성취를 한눈에 볼 수 있도록 정리한 부록의 표를 참조하라.

구약의 많은 예언이 하나님이 주신 약속이라는 사실을 기억하자. 성경의 예언은 인간이 만들어 내는 전형적인 미래의 예견과는 다르다. 예언은 하나님의 대언자(선지자)가 선포하는 것으로서 (인간의 예견과 달리) 성취에 있어 불확실성이란 없기 때문이다. 실제로 예언은 장래에 어떤 일이 일어날 것을 하나님이 '보증'하신다. 주권자이신 하나님이 그 약속을 성취하는 능동적 주체시고, 하나님의 생각은 무한하며, 하나님은 시공간을 초월하여 존재하시기 때문이다. 그분은 장래의 일을 이미 일어난 일처럼 분명하게 보고 계신다.

하나님과 이스라엘의 관계 속에 나타난 그리스도

구약 속에 찍힌 그리스도의 발자국을 볼 수 있는 또 다른 유용한 방법은 하나님이 이스라엘을 다루시는 과정에 담긴 교훈을 관찰하고,

하나님이 백성에게 주신 가르침과 그리스도가 그의 백성, 즉 교회에 주신 가르침 사이에 있는 (병행이라고 부르는) 신비로운 연결고리들을 찾아 보는 것이다. 마찬가지로 하나님이 이스라엘에게 주신 약속과 그리스도가 교회에 주신 약속 사이에도 교훈이 될 만한 연결고리가 있고, 하나님이 이스라엘에게 따르라고 명하신 율법과 그리스도가 교회에게 요구하신 것 사이에도 유사성이 있다.[41]

예를 들어 하나님은 백성에게 약속의 땅 가나안을 영원한 기업으로 주겠다고 맹세하시지만, 이 거래에는 약속 이상의 것이 담겨 있다. 우리가 살펴본 대로 하나님은 그들에게 (처음에는 가나안 사람들을 두려워하여 거부했던) 그 땅의 소유권을 주장할 것과 그 땅 전부를 온전히 정복할 것을 요구하신다. 이스라엘의 예배가 순결함을 잃지 않으려면 백성은 정복 당한 가나안의 모든 종교 의식과 전례들을 제거할 뿐 아니라 그들과 통혼해서도 안 되었다. 하나님이 이스라엘에게 가나안을 온전히 차지할 것을 명하시는 것처럼, 예수 그리스도는 그의 교회를 향해 이렇게 요구하신다. "모든 민족을 제자로 삼아 아버지와 아들과 성령의 이름으로 세례를 베풀고 내가 너희에게 분부한 모든 것을 가르쳐 지키게 하라"(마 28:18-20).

하나님이 백성을 대하시는 모습과 그리스도가 교회를 대하시는 모습은 때로 차이가 나기도 하는데, 하나님의 점진적 계시라는 측면에서 보면 논리적으로 그럴 수밖에 없다. 하나님은 백성 중 모든 남자에게 할례 받도록 율법을 제정하시지만, 그리스도의 죽음과 부활로 인해 할례에 대한 요구는 힘을 잃고, 이후로 교회에 속한 언약 백성이라는 표시로 세례가 등장한다. 이들 두 의식 간의 차이는 전적으로 예수 그리스도와 그분이 영단번에 이루신 피의 제사가 가져온 결과이며,[42]

이러한 차이에서 우리는 그리스도의 완전하심과 우리를 향한 그분의 무한한 사랑, 그리고 우리를 구원하는 (예수님을 믿는) 믿음의 필수성을 더욱 분명히 알게 된다.

지금까지 그리스도를 가리키는 다양한 구약의 실마리를 살펴보았으므로, 이제 성경의 각 권에서 그리스도가 어떻게 중심이 되시는지 들여다보자.

성경 전체에 계신 그리스도

09 – 16

9
창세기

예수님은 [제자들에게] 모세의 글(모세오경)로 시작하여 모든 선지자의 글(구약의 나머지 부분)을 들어 구약을 설교하시면서, 영광을 받기 전에 반드시 고난받는 일이 하나님 백성의 역사 속에 실타래처럼 끊임없이 얽혀 왔음을 보여 주신다. 제자들이 구약을 좀 더 잘 이해했더라면 예수님의 죽음과 부활을 충격적으로 받아들이지 않았을 것이다. 오히려 하나님을 향한 흔들리지 않는 믿음으로 인생의 거친 현실을 마주하도록 잘 준비되었을 것이다. 이안 더귀드[1]

성경 전체에 계신 그리스도

M. R. 드한 목사는 다음의 유려한 문장에서 모든 성경이 예수 그리스도에 관한 내용이라고 열정적으로 주장한다.

충분히 오랫동안 찾아다닌 사람이라면 성경의 지면마다 그림자처럼 등장하는 중심 인물인 주 예수 그리스도를 발견할 수밖에 없다. 그분은 성경의 목표이자 종착점이기 때문이다. 성경의 마지막 책은 "예수 그리스도의 계시라"는 말로 시작하는데, 이는 요한계시록뿐 아니라 성경 모든 책의 제목으로 써도 무방하다. 성경 전체가 참으로 "예수 그리스도의 계시"이기 때문이다. 경건한 사역자였고 이제는 고인이 된 한 지인이 나의 사역 초기에 이런 말씀을 해준 적이 있다. "여보게, 성경에서 예수 그리스도를 찾기 전까지는 성경의 어떤 구절도 제대로 해석하지 못한 거네. 충분히 오랫동안 찾으면 그분이 배경 곳곳에 서 계신 것을 깨닫게 되지. 때론 분명하고 명확하고, 때론 희미하고 흐릿하지만 분명 거기에 계신다네."[2]

이 책의 남은 부분에서는 구약의 모든 책 안에 그리스도의 예표가 무수히 다양하게 나온다는 드한 목사의 말이 옳음을 증명하는 데 최선을 다할 생각이다.

먼저 그리스도가 모든 성경의 역사적 진실성과 하나님의 영감과 무오성無誤性과 무류성無謬性을 확증하셨음을 기억하자. 성경이 진실로 하나님의 영감으로 기록되었다고 생각한다면, 무한한 경의와 존중의 자세로 성경 전체를 대하게 될 테고, 구약이든 신약이든 모든 책 안에 계신 그리스도를 어렵지 않게 보게 될 것이다. 그리스도가 엠마오로 향하는 길에서 성경을 가르쳐 주신 것은 단지 두 제자를 위해서가 아니라 우리 모두의 눈을 열어 성경의 중심이신 그리스도를 보게 하시기 위함이었다고 나는 굳게 믿는다. 그리하여 우리에게 말씀을 이해하는 힘이 살아 나고 그리스도를 아는 지식과 그분과의 관계가 깊어지도록 말이다.

예수님은 신약 전체에 걸쳐 구약의 정통성을 거듭 단호하게 확증하신다. 예수님은 대제사장으로 아버지께 기도하시면서 "아버지의 말씀은 진리니이다"(요 17:17)라고 말씀하신다. 다른 곳에서는 "성경은 폐하지 못하나니"(요 10:35)라고 선포하신다. 모세오경에 대해서는 이렇게 선언하신다. "진실로 너희에게 이르노니 천지가 없어지기 전에는 율법의 일점일획도 결코 없어지지 아니하고 다 이루리라"(마 5:18). 그뿐 아니라 바리새인과 서기관들이 예수님께 왜 제자들이 먹기 전에 손을 씻지 않고 전통을 깨뜨리는지 비난할 때 이렇게 대답하신다. "너희는 어찌하여 너희의 전통으로 하나님의 계명을 범하느냐…너희의 전통으로 하나님의 말씀을 폐하는도다"(마 15:3, 6).

앞에서 보았듯 예수님은 구약에 기록된 여러 구체적인 사건들도 그 진실성을 확인해 주신다. 사람들이 이혼의 허용 여부에 대해 물을 때, 예수님은 창세기 22장 23-24절을 인용하신다. "사람을 지으신 이가 본래 그들을 남자와 여자로 지으시고 말씀하시기를 '그러므로 사람이 그 부모를 떠나서 아내에게 합하여 그 둘이 한 몸이 될지니라' 하신 것을 읽지 못하였느냐"(마 19:4-5). 또한 아담과 하와의 창조, 요나와 큰 물고기, 홍수, 아벨의 죽음, 엘리야의 기적 등의 이야기들이 단지 풍유적인 내용이 아니라 역사적 사실임을 확인해 주신다.[3]

오늘날 상당수의 자유주의 비평가들이 하나님의 실제 말씀인 성경을 폄하하고 자신이 동의하지 않는 부분들은 문맥을 무시하고 읽는다. 하지만 인간의 타락을 기록한 창세기는 하나님의 말씀을 무시하는 일에 단호한 경고를 보낸다. 하나님이 아담에게 분명하게 명하시는 장면에서 이야기는 시작된다. "동산 각종 나무의 열매는 네가 임의로

먹되 선악을 알게 하는 나무의 열매는 먹지 말라. 네가 먹는 날에는 반드시 죽으리라"(창 2:16-17). 뱀은 하와에게 그 명령에 관해 질문하는데, 하나님이 실제로 하신 말씀에 대한 하와의 확신을 교묘히 파고든다. 하나님이 "선악을 알게 하는 나무의 열매를 먹지 말라. 너희가 죽을까 하노라"고 명하셨다고 하와가 대답하자 뱀은 이를 왜곡한다. "너희가 결코 죽지 아니하리라"(창 3:4). 뱀은 의도적으로 하나님의 말씀을 반박하면서 하나님이 그런 명령을 내리신 이유는, 아담과 하와가 하나님과 같이 되어 선악을 알게 되는 것을 원하지 않으시기 때문이라고 주장한다. 마침내 뱀은 하와를 설득하여 금지된 열매를 먹게 하고, 이후에 아담도 열매를 먹는다. 여기서 보듯 인간의 타락은 하나님의 말씀을 있는 그대로 받아들이지 못한 데에도 부분적으로 그 원인이 있다.

(예수 그리스도가 중심 되시는) 하나님의 말씀을 진지하고 경외하는 자세로 받아들이라는 창세기의 이 교훈보다 더 중요한 교훈은 없다. 드한 목사는 사탄이 아담과 하와에게 드러내지 않은 교활한 속마음이 무엇인지 기록한다. "사탄의 계략은 말 그대로 쉽고도 분명하여 결코 오해할 수 없는 '주님의 말씀'을 의심하도록 만드는 데 있다."[4]

창세기

성경은 하나님이 자신의 형상으로 지으신 존재를 향해 측량할 수 없는 사랑을 베푸시는 이야기라는 사실을 마음 깊이 담아 두자. 창세기는 당연히 그 이야기의 시작이지만, 또한 대략적으로나마 이야기가 어떻게 끝날지 말해 주기도 한다. 모세를 통해 들려주는 창세기의 이야기는 인간이 죄 없는 모습으로 하나님의 임재 안에서 창조되고, 비극적인 범죄로 말미암아 타락하여 하나님으로부터 분리되지만, 결국 인간을 구속하려는 하나님의 계획이 있음을 말하기 때문이다. 따라서 창세기는 인간의 창조와 타락만 설명하지 않고, 앞에서 보았듯, 하나님이 최초로 주신 복음의 약속이 무엇인지도 보여 준다. 인간을 구속하여 그들과 화목을 이루겠다는 하나님의 계획 말이다.

그래서 궁극의 메시지는 절망이 아닌 소망을 전한다. 하나님은 인간이 범죄할 것과 그들을 구속하기 위해 아들을 보내어 희생시켜야 한다는 사실을 아시면서도 인간을 창조하셨음을 기억하자. 그러므로 하나님이 가혹하고 잔인하게 보일 수 있는 구약의 몇몇 이야기와는 상관없이 성경은 본질적으로 사랑의 이야기이고, 그 중심에 예수 그리스도가 계심을 기억하자. 하나님은 우리를 구속하기 위해 창조하셨다. 굳이 이 세상과 인간을 창조해야 할 필요가 없으시지만, 당신의 한없는 사랑을 표출하고자 그 선택을 내리신 것이다.

삼위일체의 두 번째 위격인 그리스도는 성경의 중심이 되시는 영원한 분이시므로 성경 곳곳에서 그 발자국을 찾아볼 수 있는 것이 당연하다. 앞에서 살펴보았듯 그리스도는 창세기가 시작되는 지점부터 창조의 주인공으로 등장하신다(요 1:1-3, 10, 고전 8:6, 골 1:15-16).

창세기 1-11장과 택하심의 중요성

성경 역사의 첫 부분을 여러 측면에서 살펴보기는 했지만, 나는 50장에 이르는 창세기에서도 특히 1-11장의 중요성을 강조하고 싶다. 12장에서 하나님은 히브리 민족을 세우는 과정의 시작으로 아브라함을 부르시는데, 이에 앞서 창조, 심판, 최초의 복음 선포, 가인과 아벨, 홍수, 노아를 통한 인류의 생존, 바벨탑에서 인류의 흩어짐 등 여러 사건이 일어난다. 1-11장에 압축된 이 역사는 인간이 어떻게 하나님에게서 멀어지고 부패하게 되었는지 설득력 있게 보여 준다. 하나님과 분리된 인간이 만들어 내는 것이라고는 혼돈과 파괴와 죽음뿐이다.

죄라는 실체는 결코 가볍게 다루어서는 안 된다. 온 인류의 문제가 인간이 죄를 짓고 하나님에게서 분리된 데 기인하기 때문이다. 죄는 우리를 하나님으로부터 분리시키므로 하나님과의 관계를 회복하고 다시 연합을 이루기 위해서는 반드시 죄를 처리해야 한다. 하나님에게서 분리된 우리는 무력하고 허무할 수밖에 없으며 구속자가 절대적으로 필요하다는 사실을 잊지 않아야 한다. 그러려면 교회가 끊임없이 인간의 죄에 관심을 두어야 한다.

창세기 1-11장의 내용을 알지 못하면 하나님의 구속 계획이 왜 필요한지 이해할 수 없다. 창세기 12장부터는 성경 전체에 걸쳐 그 계획의 실현이 서술되고 있다. 그레이엄 골즈워디의 말이다. "창조와 타락, 심판, 악의 진화, 하나님의 은혜와 택하심, 언약, 주권, 구속사 같은 많은 기독교 교리가 여기서 출발한다. 창세기 1-11장은 하나님이 왜 아브라함을 부르시고 이스라엘 족장들과 더불어 은혜의 언약을 맺으시는지 그 이유와 배경을 제공한다. 창세기 12장 1-3절에서 하나님이 아브라함과 맺으시는 언약의 조건은 앞의 내용을 배제하고서는 결코 이해할 수 없다."[5]

그런데 왜 하나님은 구속사에서 구속 계획을 성취하는 도구로 굳이 상대적으로 미약한 민족을 택하여 특별하게 다루시는가? 왜 이스라엘을 "장자"로 택하시고(출 4:22, 신 33:17, 시 89:27, 렘 31:9) 이스라엘 민족을 선민으로 만들어 그분의 소유로 삼으시는가?(신 14:2) 유진 카펜터는 이렇게 쓰고 있다. "하나님이 이스라엘을 자녀 삼으신다는 것은 매우 놀라운 개념이다. 이스라엘이 출애굽하기 전, 모세에게 율법을 주시기 전부터 하나님은 이미 아버지시기 때문이다."[6]

하나님이 특별한 방법으로 이스라엘을 보호하시는 장면을 보라. 바울은 이렇게 기록한다. "그들은 이스라엘 사람이라. 그들에게는 양자 됨과 영광과 언약들과 율법을 세우신 것과 예배와 약속들이 있고 조상들도 그들의 것이요 육신으로 하면 그리스도가 그들에게서 나셨으니 그는 만물 위에 계셔서 세세에 찬양을 받으실 하나님이시니라. 아멘"(롬 9:4-5). J. A. 위트머는 이 구절을 언급하면서 "일곱 가지 영적 특전"을 나열한다. 하나님이 택하신 백성인 이스라엘에게 주시는 특전은 아들로 삼으심과 하나님의 영광, 언약, 율법, 성전 예배, 약속(특히 오실 메시아에 대한 약속), 족장(이 족장들에게서 만유의 하나님이신 메시아가 오신다)이다.[7] 이 모든 특전은 모든 인류에게 구원을 주시려는 하나님의 최종 목적에 기여한다.

이스라엘이 '제사장 나라'가 되는 특별한 역할을 부여받았음을 기억하자(출 19:6). 이를 이해하려면 제사장 직분에 대해 이해해야만 한다.[8] 대니얼 저스터의 말이다. "제사장 직분은 사람들을 하나님께로 이끌고, 하나님을 사람들에게로 이끄는 것이다. 무엇보다 이스라엘은 하나님의 진리를 전하는 일로 섬겨야 한다. 구체적으로는 하나님의 지침서인 토라에 순복하고, 그 결과인 삶의 열매로 열방에 증거가 되어야 한다. 또한 이스라엘 가운데 임하시는 하나님의 능력과 그분이 주님으로서 세상을 다스리신다는 사실을 증거해야 한다."[9]

의의 대표성이라는 원칙을 이해하지 못하면 제사장 직분의 성경적 개념을 온전히 받아들이기 힘들다고 저스터는 말한다. "하나님은 인간을 전체로 보시기 때문에 소수의 의가 다수에게 임할 심판을 막을 수도 있다." 이런 개념은 소돔과 고모라 등 성경의 여러 이야기에서 찾을 수 있다. 하지만 예수 그리스도야말로 의의 대표성을 보여 주는 최고의 주인공이다. "한 사람의 희생으로 인류 전체를 대속하기 때문이다."[10] 그렇다고 하나님이 우리 한 사람 한 사람을 심판하신다는 사실이 바뀌지 않는다는 점을 잊지 말자. 우리 모두는 각자 하나님 앞에서 책임을 져야 한다. 그리스도의 희생이 모든 인류의 죄를 대속하시지만, 각 개인이 구속을 받으려면 예수님을 믿음으로 그분의 희생 사역을 자기에게 적용해야만 한다.

우리가 이를 인정할 때 하나님은 우리를 재빨리 천국으로 옮기실 수도 있지만, 그보다는 우리를 이땅에 둔 채 구원하기로 선택하셨다. 왜 그러시는지는 불가사의하지만, 인류를 자유 의지를 지닌 존재로 만드신 것과 부분적으로 연관이 있다고 나는 믿는다. 더욱이 성경은 하나님이 고난이나 고통 같은 경험을 통해 우리를 연단하여 영적으로 성숙하게 하신다고 분명히 말한다. 하나님은 우리의 경험을 사용하여 성품을 빚으시고, 지혜를 나눠 주시며, 우리가 하나님을 떠나서는 아무것도 할 수 없고 그분만 의지할 수밖에 없는 존재임을 알게 하심으로 그분께 나아가게 하신다. 하나님은 이스라엘 민족에게 바로 이런 일을 행하신다. 이사야서의 말씀을 보자. "보라, 내가 너를 연단하였으나 은처럼 하지 아니하고 너를 고난의 풀무불에서 택하였노라"(사 48:10). 예레미야서에도 유사한 말씀을 선포한다. "보라, 내가 내 딸 백성을 어떻게 처치할꼬. 그들을 녹이고 연단하리라"(렘 9:7). 그것은 우리 모두에게 행하시는 일이기도 하다. "다만 이뿐 아니라 우리가 환난 중에도 즐거워하나니 이는 환난은 인내를, 인내는 연단을, 연단은 소망을 이루는 줄 앎이로다. 소망이 우리를 부끄럽게 하지 아니함은 우리에게 주신 성령으로 말미암아 하나님의 사랑이 우리 마음에 부은 바 됨이니"(롬 5:3-5).

이안 더귀드는 이런 연단 과정을 "고난을 통한 하나님의 훈련 프로그램"이라 부른다. 그는 요셉의 삶을 들어 이것의 원리를 설명한다. 요셉은 그리스도의 모형이지만 처음부터 그랬던 것은 아니다. 무엇보다 더귀드는 요셉이 아직 지도자로 준비되지 않았기 때문에 하나님이 그의 마음을 만지는 작업을 하셔야 했다고 말한다.

> 요셉은 지나치게 자신만만하고 자기중심적인 청년이었다.…그가 하나님을 섬길 수 있는 단계에 이르렀다고 하나님이 결정하시기까지 요셉은 시험과 유혹과 고통의 나날을 거치며 준비되어야 했다. 요셉은 영적 성숙으로 가는 길에서 학대와 혹사, 가정의 분열과 가족과의 이별을 겪고, 자신의 도움을 받은 사람들에게 오랫동안 홀대 당하고 잊힌 상태로 진흙탕을 뒹굴어야 했다. 하지만 하나님이 부르신 사람에 걸맞기 위해서는 이런 훈련 과정이 필수였다. 정확히 이런 시험과 어려움을 통해 자신의 강점뿐 아니라 약점도 발견했으며, 지속적으로 하나님만 의지해야 하는 상황에 내던져졌다. 색동옷을 입고 아버지 집에 편안히 앉아 있었더라면 결코 배울 수 없는 교훈이다.[11]

이스라엘이 역사를 지나며 겪은 일들을 통해서도 우리는 이런 성숙의 과정에 관해 많은 것을 배울 수 있다. 하나님은 온 인류에게 구원을 가져다 줄 전달자로 한 민족을 택하시고, 성경의 역사 속에서 이스라엘과 하나님 사이의 매우 복잡미묘한 관계를 기록하심으로, 순종하는 삶과 불순종하는 삶의 결과가 각각 어떠한지 우리에게 본보기로 보여 주신다. 우리 인간이 삶에서 의미와 성취를 얻으려면 반드시 하나님께 가까이 나아가야 한다는 사실도 보여 주신다. G. 캠벨 모건은 이스라엘이 열방에 본이 되어 섬기는 풍요로운 길을 다음과 같이 포착하여 설명한다.

> 하나님의 통치가 얼마나 넓고 아름답고 선한지를 온 세상에 드러내는 백성을 창조하시는 것이 그분의 계획이었다. 백성들은 하나님의 보좌와 제단을 중심으로 한 민족을 이루어 살며 그분의 계명에 순종하고 그분을 예배하면서, 하나님의 왕권이 어떤 의미인지를 열방에 드러내야 했다. 하나님은 보기에 아름다운 민족을 택하시지 않고, 그저 어떤 이들을 민족으로 택하여 빚어 가기로 하셨다. 그리하여 그 민족의 이야기는 하나님이 빚어 가시는 창조의 증거를 담은 이야기가 되고, 그 백성의 실패와 성공은 하나님의 어떠하심을 선포하는 이야기가 된다. 인간을 인간답게 빚어 가시는 하나님의 방법은 너무 길고 지루해 보이나, 하나님이 선택하시는 단 하나의 유일한 방법이다. 하나님도 오직 그 한 길만을 가신다. 하나님은 진리를 드러내기 위해 한 사람, 한 사회, 한 민족을 도구로 사용하셔서 다른 사람, 다른 사회, 다른 민족의 이해를 돕는다. 그렇게 하여 자기들 가운데 증거를 갖게 된 사람들은 그 증거로 인해 책임과 한계를 갖는다.[12]

마지막 몇 문장을 무심코 흘려듣지 말기 바란다. 모건은 하나님이 사람들에게 단순히 명제적 진리를 가르치는 것이 아니라 역사 속 본보기를 통해 진리가 무엇인지 보여 주신다고 말한다. 하나님이 한 민족을 택하여 모든 인류에게 구원을 주시는 이유는, 비록 '길고 지루해도' 그것만이 유일한 방법이기 때문이다. 그것이 하나님의 길이다. 하나님은 역사 속의 여러 예들, 특히 택하신 백성의 본보기를 통해 우리에게 보여 주신다.

이스라엘의 경험은 단지 순종의 중요성과 하나님과 바른 관계를 세우는 일의 중요성만 예시하는 게 아니라 우리를 하나님께 가까이 이끌어 줄 중재자의 필요성까지 보여 준다. 그들의 경험은 장차 예수님이 우리를 위해 성취하실 의의 대표성 개념을 또렷이 보여 준다. 나는 또한 하나님이 한 민족을 택하심으로 구속 계획에 질서를 세우셨다고 믿는다. 하나님은 땅의 특정 지역에 있는 한 민족을 통해 일하시면서, 항상 (그리고 역사의 마지막 날까지) 그 백성과 그 땅에 초점을 두신다. 물론 언급했듯 그리스도에 대한 믿음으로 지구상의 모든 백성이 구원의 선물이라는 복을 받지만 말이다.

하나님은 때로 이스라엘의 잘못과 불순종에 징계를 내리시지만 그들을 결코 버리시지 않는다. 그레이엄 골즈워디는 이렇게 쓰고 있다. "이는 모순과 반항과 악으로 가득한 한 백성의 삶 속에서도 축소되지 않고 지속되는 놀라운 하나님의 은혜다. 물론 정죄의 심판을 받아 마땅한 자들에게 결코 합당하지 않은 자비를 베푸시는 일은 은혜를 더욱 은혜답게 한다."[13] 참으로 하나님은 여전히 이스라엘에 은혜를 베푸시고, 역사가 구속이라는 결말에 이를 때까지 그 일을 멈추지 않으실 것이다. 주님은 우리에게도 마찬가지로 행하실 것이다. 그렇지만 결국 우리는 반드시 그분께 믿음을 두어야 한다.

우리는 성경의 역사 곳곳에서 하나님의 은혜를 본다. 이 역사를 모래시계 형태로 나타낼 수 있는데, 처음 창세기 1-11장에는 (아직 민족으로 세워지지 않은) 히브리 사람들뿐 아니라 모든 사람이 등장한다.[14] 그런 다음 창세기 12장이 시작되고 아브라함이 부르심을 받으면서 초점의 범위가 줄어들고, 하나님은 택하신 백성의 역사로 우리의 시선을 좁히기 시작하신다. 이 일은 예수 그리스도의 삶과 죽음과 부활이 있기까지 계속되다가, 이후에는 범위가 다시 인류 전체로 확장된다.

성경이 오직 이스라엘에 초점을 맞추는 긴 시간 동안에도 하나님의 목적은 변하지 않는다. 하나님의 풍성한 은혜도 결코 줄어들지 않는다. 하나님의 의도는 처음부터 모든 민족에게 구원의 방편을 제공하시는 것이었다. 다만 그 과정에서 성경 역사의 초점이 좁아진다. 이는 하나님이 구원 계획에 따라 인간이 되시고 유대인과 이방인을 하나로 연합하시는 때가 이르기까지 지속된다.

사도 바울이 확언한 그대로다. "그는 우리의 화평이신지라 둘로 하나를 만드사 원수 된 것 곧 중간에 막힌 담을 자기 육체로 허시고 법조문으로 된 계명의 율법을 폐하셨으니 이는 이 둘로 자기 안에서 한 새 사람을 지어 화평하게 하시고 또 십자가로 이 둘을 한 몸으로 하나님과 화목하게 하려 하심이라 원수 된 것을 십자가로 소멸하시고"(엡 2:14-16). 바울은 골로새서에서도 동일한 내용을 되풀이한다. "거기에는 헬라인이나 유대인이나 할례파나 무할례파나 야만인이나 스구디아인이나 종이나 자유인이 차별이 있을 수 없나니 오직 그리스도는 만유시요 만유 안에 계시니라"(골 3:11). 골즈워디는 에덴동산에서 인류가 누리던 행복이 "새 피조물의 중심인 새 예루살렘에 에덴의 행복으로 돌아올 것"[15]이라고 말한다.

그런데 여기서 에덴이라는 낙원에 창조된 그대로의 상태로 머물던 인간과 그리스도의 십자가 사역으로 구속 받아 새 예루살렘에 있게 된 인간 사이의 분명한 차이를 구분하는 것이 중요하다. 영국의 설교자 찰스 스펄전은 "만약 아담이 범죄하지 않았다면 인간은 과연 어떤 상태에서 살고 있을지" 깊이 생각해 보기를 제안한다. 아마도 우리는 타락하지 않은 존재, 다시 말해 원죄의 오염 때문에 고통받지 않은 상태일는지 모른다. 하지만 아담이 언제라도 죄를 범하여 우리를 끌어내릴 위험은 늘 존재할 것이다. 수천 년이 지나도 우리는 여전히 보호관찰이라는 항구적 상태에서 벗어나지 못할 것이다. 하나님이 아담에게 주신 첫 언약에는 만료 기한이 없기 때문이다.

두 말할 것 없이 스펄전의 말이 옳다. 에덴 언약에는 한 나무의 열매를 먹지 말라는 절대 금지 사항이 있다. 거기에는 만료 기한이 없다. 스펄전은 이렇게 쓰고 있다. "그러므로 여러분과 나는 내일을 보장하지 못하는 상태이기에 행복을 보류하고 있을 것이다. 예수 그리스도 안에서 절대적 안전과 영생을 보장 받은 상태에서 영광을 돌리지는 못했을 것이다. 하지만 우리는 아담 안에서 모든 것을 잃었고, 불확실한 소유권에 종지부를 찍었으며, 에덴동산에서 누리던 기쁨도 모두 떠나 보내야 했다. 그러나 우리는 사탄이 반박할 수도, 부정할 수도, 없앨 수도 없는 기업을 믿음으로 얻었다.…주 예수 그리스도가 완성하신 사역으로 말미암아 그분의 백성은 구원을 얻고, 그분의 사역은 죽은 자 가운데서 살아나심으로 말미암아 확증되었다. 이제 언약에 '만약'이라는 가정은 더 이상 없다.…미완의 조건 때문에 실패할 가능성도 없다.…그러므로 이제 그리스도 예수 안에 있는 자에게는 결코 정죄함이 없다. 따라서 우리는 첫 번째 아담 아래 있을 때보다 훨씬 더 확실한 자리를 얻게 되었다."[16]

정리하면, 창세기 1-11장과 신약의 일부를 제외하고 성경 역사의 초점이 철저히 이스라엘에 맞춰져 있음을 인정하더라도 구속사가 세계사와 별개의 것이라고 결론지어서는 안 된다. 골즈워디는 이렇게 설명한다. "이스라엘이 비록 편협한 관점 탓에 하나님이 열방 가운데 일하신다는 사실을 보지 못했지만, 하나님의 시선은 모든 나라를 향해 열려 있다. 성경의 관점은 포괄적이다. 예수 그리스도 안에서만 의미를 찾을 수 있는 역사 속에는 모든 나라가 포함되어 있다."[17]

창세기에 나오는 그리스도의 모형과 모습

이제 창세기에 나오는 그리스도의 모형(예시)과 모습을 살펴보자. 먼저 창조에서 출발하겠다. "하나님이 이르시되 '빛이 있으라' 하시니 빛이 있었[다]"[18]고 창세기 1장 3절은 말한다. 이것은 역사적 진리이지만, 풍유적으로는 신약에 나오는 진리, 즉 반복적으로 예수님을 지칭하고 예수님 스스로도 지칭한 "빛"과 연관 지을 수 있다. 예수님은 사람들의 빛이고(요 1:4), 세상의 빛이며(요 8:12, 9:5, 12:46), 또한 변화산에서 "그 얼굴이 해같이 빛나며 옷이 빛과 같이 희어졌[다]"(마 17:2).

이와 동일한 주제가 구약에서 반복된다. "여호와는 나의 빛이요 나의 구원이시니"(시 27:1). "진실로 생명의 원천이 주께 있사오니 주의 빛 안에서 우리가 빛을 보리이다"(시 36:9). "흑암에 행하던 백성이 큰 빛을 보고"(사 9:2).

흥미롭게도 바울은 그리스도인에게 그리스도를 닮아 가는 삶에 대해 가르칠 때, 그리스도인이 스스로 구별되어 "어그러지고 거스르는 세대 가운데서…그들 가운데 빛으로 나타내며 생명의 말씀을 밝혀"야 한다고 말한다(빌 2:15-16). 이러한 비유는 요한계시록에도 이어진다. "그 성은 해나 달의 비침이 쓸 데 없으니 이는 하나님의 영광이 비치고 어린 양이 그 등불이 되심이라. 만국이 그 빛 가운데로 다니고 땅의 왕들이 자기 영광을 가지고 그리로 들어가리라. 낮에 성문들을 도무지 닫지 아니하리니 거기에는 밤이 없음이라"(계 21:23-25). 창조 때 나타난 빛을 신약에서 우리에게 완전히 계시된 세상의 빛(하나님의 어린 양)의 실마리로 보는 것이 무리라고 나는 생각지 않는다.

드한 목사는 창세기 2장 21절에서 아담이 잠든 동안 하나님이 그의 상처난 옆구리에서 갈빗대를 취하여 하와를 만드실 때, 그 상처 입고 피흘림이 암시하는 바 그리스도의 모습을 본다고 말한다. "아담이 이르되 '이는 내 뼈 중의 뼈요 살 중의 살이라. 이것을 남자에게서 취하였은즉 여자라 부르리라' 하니라. 이러므로 남자가 부모를 떠나 그의 아내와 합하여 둘이 한 몸을 이룰지로다"(창 2:23-24). 드한 목사에 따르면 우리는 바울의 해설을 통해 그 본문의 중요성을 제대로 볼 수 있다. "우리는 그 몸의 지체임이라. 그러므로 사람이 부모를 떠나 그의 아내와 합하여 그 둘이 한 육체가 될지니 이 비밀이 크도다. 나는 그리스도와 교회에 대하여 말하노라"(엡 5:30-32).

드한 목사는 또한 아담이 그리스도의 모습을 보여 준다면서, 그분이 자기 목숨을 버리면서까지 신부를 얻으러 아버지의 집을 떠나기 때문이라고 한다. "마지막 아담이신 예수님은 신부인 교회를 값을 치르고 사기 위해 첫 번째 아담과 마찬가지로 잠드셔야 했다. 예수님은 십자가 위에서 죽으시고 사흘 밤낮을 무덤에 잠들어 계셨다." 잠들어 계신 후에도 그의 옆구리는 열려 있고, 그의 상처 입은 옆구리에서 구속함이 나와 교회가 탄생했다. 교회는 하와와 마찬가지로 예수님의 옆구리에서 초자연적으로 태어난 새 피조물인 것이다. 그렇다면 창조의 바로 그 첫 지점에서 "남자의 옆구리에서 나와 그의 일부, 즉 뼈 중의 뼈요 살 중의 살이 될 새 피조물에 대한 암시를 볼 수 있다"고 드한 목사는 말한다.[19]

아담

신약이 확인해 주는 바와 같이 창세기에는 그리스도의 모형이 많이 나온다. 첫 번째 모형은 당연히 아담이다. 예수님이 사탄에게 시험을 받으시듯 아담도 사탄에게 시험을 받는다.[20] 하지만 두 사람은 서로 다르게 반응한다. 아담은 유혹에 굴복하지만 예수님은 물리치신다. 이처럼 이른 바 모형론에서는 비교되는 두 대상의 대조적인 면이 부각되는 경우가 많다. 아담은 죄인을 대표하고 그리스도는 죄를 이긴 정복자를 대표하므로, 아담은 우리가 본받아야 하는 대상이라는 측면에서는 그리스도의 모형이 아니다. 하지만 어떤 면에서는 아담도 그리스도처럼 인간의 대표자이고, 그의 행위가 온 인류에게 영향을 미친다.[21] 에버렛 F. 해리슨은 이렇게 논증한다. "아담을 그리스도의 모형으로 보는 이유는 다음과 같은 유사점이 있기 때문이다. 즉 아담은 그에게 속한 이들을 대표하며 하나님과 교제를 나누었고, 그리스도 역시 그에게 속한 이들을 대표하며 하나님과 교제하신다."[22]

바울은 사망이 어떻게 아담을 통해 세상에 들어왔고, 어떻게 그리스도의 삶과 죽음과 부활을 통해 정복되었는지 로마서에서 보여 주면서 그 관련성을 더욱 확장시킨다. "그러므로 한 사람으로 말미암아 죄가 세상에 들어오고 죄로 말미암아 사망이 들어왔나니 이와 같이 모든 사람이 죄를 지었으므로 사망이 모든 사람에게 이르렀느니라.…그러나 아담으로부터 모세까지 아담의 범죄와 같은 죄를 짓지 아니한 자들까지도 사망이 왕 노릇 하였나니 아담은 오실 자의 모형이라"(롬 5:12-14).

바울은 이어 아담의 범죄보다 하나님의 은혜가 얼마나 더 큰지 이야기한다. "한 사람의 범죄로 말미암아 사망이 그 한 사람을 통하여 왕 노릇 하였은즉 더욱 은혜와 의의 선물을 넘치게 받는 자들은 한 분 예수 그리스도를 통하여 생명 안에서 왕 노릇 하리로다. 그런즉 한 범죄로 많은 사람이 정죄에 이른 것같이 한 의로운 행위로 말미암아 많은 사람이 의롭다 하심을 받아 생명에 이르렀느니라"(롬 5:17-18). 이와 동일한 맥락에서 바울은 고린도 교회에도 이렇게 가르치고 있다. "기록된 바 첫 사람 아담은 생령이 되었다 함과 같이 마지막 아담은 살려 주는 영이 되었나니…첫 사람은 땅에서 났으니 흙에 속한 자이거니와 둘째 사람은 하늘에서 나셨느니라"(고전 15:45, 47).

이어 바울은 다음과 같이 대조를 이루는 모형론을 들어 설명하면서 단락을 마무리한다. "무릇 흙에 속한 자들은 저 흙에 속한 자와 같고 무릇 하늘에 속한 자들은 저 하늘에 속한 이와 같으니"(고전 15:48). 이 말씀이 내게는 그리스도에 대한 믿음이 삶과 죽음을 가른다는 분명한 선포로 들린다. 바울은 우리 스스로 깊이 생각하고 계산해 보라고 강권하면서 우리가 선택하지 않으면 원치 않는 선택이 일어날 수 있음을 일깨운다. 우리는 예수 그리스도가 십자가에서 이루신 일과 예수 그리스도 안에 있는 생명을 믿음으로 받아들일 수 있다. 그렇지 않으면 아담의 길을 선택하여 죄 가운데서 흙으로 돌아갈 것이다. 고린도전서의 다음 구절은 그 의미를 좀 더 확장하고 있다. "우리가 흙에 속한 자의 형상을 입은 것같이 또한 하늘에 속한 이의 형상을 입으리라"(고전 15:49). 바울은 다른 서신서에서 가르친 바 있는 신학, 즉 우리가 그리스도를 믿음으로 다시 태어나 새 피조물이 되고 그분의 형상을 닮아 간다는(롬 8:29) 사실을 여기서도 확언한다. 데이비드 머레이는 이렇게 단언한다. "하나님이 아담을 인간의 대표자로 세우시지만 슬프게도 그는 사망을 선택한다. 그 때문에 우리는 예수가 대표자로 이루신 (생명을 주는) 사역을 붙잡을 수 있게 된다."[23]

이외에도 아담과 연관된 구절이 또 있는데, 보기보다는 담긴 의미가 훨씬 깊다. 창세기 3장 9절에서 하나님은 아담에게 물으신다. "네가 어디 있느냐." 하나님은 지금 아담이 물리적으로 어디 있는지 물으시는 게 아니라 이렇게 선포하시는 것이다. "너는 나와의 관계 속에서 어디에 있느냐? 내게서 숨지 말거라. 그렇지 않으면 내가 너를 창조한 목적이 실패하고 말 것이다." 생각해 보면 이 구절은 영원한 운명을 좌우할 결정 앞에서 하나님이 우리 각자에게 하시는 질문일 수 있다.[24] 이것은 선악을 알게 하는 나무의 열매를 먹지 말라고 하나님이 금지하신 것에서 더욱 두드러진다. 하나님이 아담과 하와에게 내리신 금지 명령은, 뱀이 교활하게 말하듯, 그들이 열매를 나눠 먹고 하나님처럼 될까 우려해서가 아니라, 그 열매를 먹음으로 불순종하여 스스로 신이 되려 하고 더 이상 하나님을 의지하지 않게 될 것이기 때문이다.[25]

이 사건을 신약의 계시라는 프리즘을 통해 보면, 오늘날 우리 문화를 지배하고 있는 인본주의 관점에도 불구하고 하나님을 의지하는 것이 얼마나 소중한 일인지 알게 된다. 하나님을 (경외함으로) 두려워하는 것이 지혜의 시작이고, 거기서 하나님과의 바른 관계가 형성된다. 인간을 타락으로 이끄는 죄는 당연히 우리에게 구속과 회복을 가져다주는 태도와 정반대된다. 의롭게 살면서 우리 자신을 구원하려면, 우리가 죄인일 뿐 아니라 하나님을 떠나서는 철저히 무력한 존재임을 인정해야 한다. 우리가 예수 그리스도께 의지해야 하는 존재임을 인정하는 것은 우리를 사망으로 이끈 아담의 행위와는 정반대되는 태도다. 그리스도를 의지할 때 하나님과 함께하는 영생이 우리에게 찾아 온다. 그런 점에서 하나님이 선악과를 금하신 것은 풍성한 은혜에서 비롯된 일이었다. 인간은 그 은혜를 거부했고, 그에 따른 결과는 오직 구주의 피를 통해서만 되돌릴 수 있다.

아벨과 그의 제사

하나님이 가인의 제사를 거부하신 이유는 거기에 피가 없었기 때문이다. 아벨의 제물은 그리스도의 모형이다. 제사에서는 무고한 살아 있는 짐승, 즉 흠이나 점이 없는 어린 양의 피가 흘러야 하기 때문이다. 가인은 자신이 수고하여 생산한 "땅의 소산"을 바친다는 점에서 행위의 종교를 대표한다. 반대로 아벨은 피로 세워진 믿음의 종교를 대표한다.[26] 가인의 제물이 열납되지 않고 가치를 인정받지 못하는 이유는, 거기에 무고한 희생제물의 대속적 죽음이 없기 때문이다.[27]

더욱이 아벨은 선한 목자이신 예수님처럼 목자로서 하나님께 제사를 드린다는 점에서 그리스도의 모형이다(창 4:2). "나는 양을 위하여 목숨을 버리노라"(요 10:25). 많은 사람들이 이유 없이 그리스도를 미워하는 것처럼(요 15:25) 형 가인도 이유 없이 아벨을 미워한다. 사람들이 시기심에 그리스도를 십자가에 넘긴 것처럼 가인도 시기와 질투 때문에 아벨을 죽인다(마 27:18). 아벨이 형에게 죽임을 당하듯 그리스도도 자기 형제들(동족)에게 죽임을 당하신다.[28]

한편으로 아벨과 그의 제사에서 그리스도와 뚜렷한 차이를 보이는 면도 있다. 아벨의 피는 살인자에 대한 복수를 요구하지만, 그리스도의 피는 궁극적으로 긍휼과 대속과 죄 사함을 가리킨다. 게다가 아벨의 양은 아벨을 위해 죽지만, 그리스도는 자신의 양을 위해 죽으신다(요 10:15). 마지막으로 가인의 태도와 그리스도의 태도도 뚜렷한 대조를 보인다. 예수님은 자기를 버리는 섬김의 사역을 하시는 반면, 가인은 동생을 지키는 자로서의 책임을 저버린다.[29]

노아와 방주

노아는 신약에서 그리스도의 모형으로 특별히 제시되지는 않지만,[30] 우리의 구속을 그림자로 미리 보여 준다는 점에서 그리스도를 가리킨다. 노아는 하나님이 그와 가족을 살리겠다고 하신 약속을 믿음으로 말미암아 구원을 받는다. 그것은 믿음으로 말미암아 그리스도 안에서 이루어지는 신자의 구원을 예표한다. 노아는 '두 번째 아담'이라 불리기도 하는데, 어떤 면에서는 온 인류가 아담에서 시작하듯 홍수 이후 노아로부터 다시 시작되기 때문이다. 반면 그리스도 역시 '두 번째 아담'이라 불리는 이유는 오직 그분 안에서만 영원한 생명을 찾을 수 있기 때문이다. 엄밀히 말해 노아에게는 모형이라 볼 만한 내용이 없다. 하지만 방주에 문이 하나밖에 없고 오직 하나님만 이 문을 열고 닫으실 수 있다는 점이 흥미롭다. 예수님이 영생으로 들어가는 유일한 문이신 것과 같은 맥락이다. "내가 문이니 누구든지 나로 말미암아 들어가면 구원을 받고 또는 들어가며 나오며 꼴을 얻으리라"(요 10:9).

그리스도의 교회가 유대인이든 이방인이든 관계 없이 온 인류에게 구원을 제공하듯 방주는 모든 피조물에게 피난처를 제공한다. 요한 페터 랑게는 노아를 그리스도와 비교한다. 노아가 자신도 구원 받았을 뿐 아니라 어떤 면에서는 "그의 집을 구원하는 자 내지는 그의 집에 하나님의 구원이 임하게 하는 중재자"가 되기 때문이다.[31] "그는 절대적 중재자이신 그리스도의 모형이다." 피로 제사를 드린 노아(창 8:20)와 자신의 피를 제물로 드린 그리스도 사이에도 비교점이 있다.[32] 흥미롭게도 방주가 유대력으로 니산월 17일에 아라랏산에 안착한 날과 그리스도가 부활하신 날이라고 종종 언급되는 날짜 역시 동일하다.[33]

영국의 성경학자 아더 핑크는 창세기 6장 8절에서 하나님이 노아에 대해 처음 하신 말씀에 주목한다. "그러나 노아는 여호와께 은혜를 입었더라." 노아의 가족이 아니라 오직 노아에게만 은혜를 베푸신 점에 유의하자. 아더 핑크는 이렇게 쓰고 있다. "노아는 하나님이 마음으로 기뻐하시는 한 사람이다." 여기서 하나님이 하시는 말씀은 예수님이 공생애를 시작할 당시에 하나님 아버지께 들으시는 말씀과 유사하다. "이는 내 사랑하는 아들이요 내 기뻐하는 자라"(마 3:17). 아더 핑크는 노아가 혼자서 방주를 지었다고 말한다.[34] 이 말은 상징적으로 볼 때 하나님이 맡기신 생명체를 안전하게 하는 방편을 오직 노아만이 제공한다는 의미다. 이는 그리스도의 유일하고 완전하신 구속 사역을 예표한다. "친히 나무에 달려 그 몸으로 우리 죄를 담당하셨으니"(벧전 2:24). 게다가 그 일을 하면서 노아는 하나님께 철저히 순종한다. "노아가 그와 같이 하여 하나님이 자기에게 명하신 대로 다 준행하였더라"(창 6:22). 예수님도 그와 같이 아버지의 계명을 지키신다(요 15:10).[35]

멜기세덱

창세기 14장은 위대한 살렘의 왕이자 "가장 높은 하나님의 제사장"인 멜기세덱을 소개한다. 그는 여러 왕들을 쳐서 죽이고 돌아온 아브라함에게 빵과 포도주를 가지고 온다. 그런 뒤 하나님을 대신하여 아브라함을 축복하고, 아브라함은 그에게 소유한 모든 것의 10분의 1을 바친다. 시편 110편 4절로 넘어가면 그리스도가 멜기세덱의 서열을 따라 영원한 제사장이 되실 것이라는 예언이 나온다. 히브리서 기자는 이 구절을 언급하면서 이 신비스런 인물에 대해 좀 더 자세한 정보를 주는데, 그 이름을 해석하면 '의의 왕'이고 또한 살렘 왕, 즉 평강의 왕이라고 말한다. 일부 학자들은 멜기세덱이 천사라고 믿고, 또 다른 일부는 그가 예수님의 현현이라고 믿으며,[36] 존 월부어드와 같은 이들은 멜기세덱이 왕이자 제사장이기 때문에 그리스도의 모형이라고 믿는다.[37]

이삭과 숫양

어떤 이들은 이삭을 그리스도의 모형으로 본다. 하나님이 아브라함에게 그의 아들 이삭을 희생제물로 바치라고 명하신 일 때문이다. 아브라함이 믿음의 시험을 통과하여 기꺼이 이삭을 바치려고 하자 하나님은 이삭을 살려 주시며 주권적으로 숫양을 준비하여 이삭 대신 바치도록 하신다. 여기서 숫양 역시 그리스도의 모형이다(창 22:13). 하나님은 우리를 위한 궁극적이고 최종적인 희생 제물로 자신의 아들을 주시듯 아브라함을 위한 제물도 준비해 주신다. 존 맥아더는 하나님이 그리스도를 예표하는 특정한 제물을 예비하신 데 놀라움을 금치 못하며 이렇게 말한다. "이삭이 자신의 죽음을 위해 직접 나무를 지고 간 사실을 아는가? 이삭이 예수님의 모형으로 간주되는 것은 예수님도 그렇게 행하셨기 때문이다. 예수님은 문자 그대로 그 일을 이루셨다. 하나님의 감동하심에 따른 일이라고 말할 수밖에 없다.…예수 그리스도의 죽음에 대한 아주 세세한 부분까지 문자적으로 예견되는 아주 전형적인 예언이다."[38] 이삭은 100세 노인과 90세 노파 사이에서 기적적으로 잉태되어 태어난다는 점에서도 그리스도를 닮았다(창 17장, 갈 4:21-31).[39]

요셉

요셉이야말로 진정한 그리스도의 모형이다. 신약에는 비록 그에 대한 언급은 없지만[40] 두 인물은 비교점이 참으로 많다. 요셉은 그리스도와 마찬가지로 하나님의 초자연적인 일하심으로 태어난다. 그는 잉태하지 못하던 라헬의 소생이고(창 30:22-24), 아버지의 특별한 사랑을 받으며(창 37:3), 형제들에게 미움을 받고(창 37:4), 늘 형제들 안에서 소란의 대상이 되며, 과연 다스리는 자가 되겠느냐며 거부를 당하고(창 37:8), 입던 옷을 빼앗기며(창 37:23), 그를 죽이려는 자들에게 모함을 받고(창 37:18), (그리스도가 부활하셨듯) 감옥에서 나와 다스리는 자가 되며(창 41:39-41), 은돈 몇푼에 팔리고(창 37:28), 종이 되며(창 39:4), 무고함에도 유죄 판결을 받고(창 39:11-20), 훗날에는 형제들의 인정을 받고 구원자로 높임을 받으며(창 45:1-15), 그의 형제들을 세워 존경과 안위 속에서 살게 한다(창 45:16-18).[41]

스데반은 사도행전에 나오는 설교 중에 이렇게 선포한다. "여러 조상이 요셉을 시기하여 애굽에 팔았더니 하나님이 그와 함께 계셔 그 모든 환난에서 건져내사 애굽 왕 바로 앞에서 은총과 지혜를 주시매"(행 7:9-10). 누가는 그리스도에 대해 이와 유사한 설명을 하고 있다. "예수는 지혜와 키가 자라가며 하나님과 사람에게 더욱 사랑스러워 가시더라"(눅 2:52).[42] 그밖에도 요셉이 죽음에 내버려졌음에도 불구하고 모든 사람의 구원자가 된다는 점에서 예수님을 암시하는 구절이 있다. "각국 백성도 양식을 사려고 애굽으로 들어와 요셉에게 이르렀으니 기근이 온 세상에 심함이었더라"(창 41:57).[43]

베냐민

라헬은 아들을 낳다가 죽으면서 그 아들의 이름을 베노니라고 부르지만, 아버지 야곱은 그를 베냐민이라고 부른다(창 35:18). 베노니란 '슬픔의 아들'이란 의미고, 베냐민은 '오른손의 아들'이란 의미다.[44] 일부 학자들은 그 이름과 그리스도 사이에 연관성이 있다고 본다. 신약에서 마리아는 아들 예수의 죽음 앞에서 견딜 수 없는 슬픔을 겪는다. "보라, 이는 이스라엘 중 많은 사람을 패하거나 흥하게 하며 비방을 받는 표적이 되기 위하여 세움을 받았고 또 칼이 네 마음을 찌르듯 하리니 이는 여러 사람의 마음의 생각을 드러내려 함이니라"(눅 2:34-35). 그렇게 예수님은 처음에는 슬픔의 아들이었으나 훗날에는 아버지의 오른편에 앉으신다(눅 22:69).[45]

야곱의 사다리

야곱은 꿈에서 땅부터 하늘까지 이어진 사다리를 본다. 사다리 위에는 하나님의 천사들이 오르락내리락 하고 하나님은 그 위에 서서 아브라함에게 주신 약속을 야곱에게 다시금 말씀하신다(창 28:10-17). 많은 이들이 야곱의 사다리를 그리스도의 모형으로 본다. 사다리로 인해 하늘이 보이고(요 1:51, 마 3:16), 그것이 땅으로 이어지며(요 12:46), 하나님께 닿고(벧전 3:18), 축복의 장소가 되며(엡 1:3), 하늘로 들어가는 문이 되고(요 10:9, 롬 5:2), 야곱이 십일조의 헌신을 드린다는(창 28:22, 행 2:44-45, 4:32) 점에서 그러하다.[46] 사다리를 오르내리는 천사들에 대한 언급 역시 예수님의 말씀과 유사하다. "진실로 진실로 너희에게 이르노니 하늘이 열리고 하나님의 사자들이 인자 위에 오르락 내리락 하는 것을 보리라"(요 1:51. 참조 히 1:6, 눅 2:9, 18).

아담의 옷

인류가 타락한 후 하나님이 은혜롭게도 아담과 하와에게 옷을 지어 입히신다고 창세기는 기록한다(창 3:21). 이는 단순히 육체적 필요를 채워 주시는 것 이상의 의미를 갖는다. 존 월부어드가 주장하듯 하나님은 그들의 드러난 죄를 의로 덮어 주신다는 뜻으로 그와 같이 하신 것이다.[47] 성경에는 이러한 주제를 담은 말씀이 있다. "내가 의를 옷으로 삼아 입었으며 나의 정의는 겉옷과 모자 같았느니라"(욥 29:14). "주의 제사장들은 의를 옷 입고"(시 132:9). "내가 여호와로 말미암아 크게 기뻐하며 내 영혼이 나의 하나님으로 말미암아 즐거워하리니 이는 그가 구원의 옷을 내게 입히시며 공의의 겉옷을 내게 더하심이"(사 61:10). "그에게 빛나고 깨끗한 세마포 옷을 입도록 허락하셨으니"(계 19:8).

찰스 스펄전은 아담이 무화과 잎으로 만든 옷과 그리스도의 의라는 옷 사이에 드러나는 명징한 대비를 다음과 같이 지적한다. "아담은 옷을 얻으려고 무화과나무로 가서 되는 대로 옷을 만들어 입었다. 하지만 우리는 그리스도께로 가서 무화과 잎이 아닌 의의 옷을 발견한다. 그 옷은 어디에도 아름다움을 비길 수 없고 조화롭게 어울리며 결코 해어지지 않기에 머리부터 발끝까지 우리의 벌거벗은 몸을 완벽히 덮는다. 그 옷을 입은 우리는 그리스도가 보시기에도 아름다운 자가 된다."[48]

안식일

안식일에 관해서는 그다지 기록이 많지 않으나(장 칼뱅과 H. A. 아이언사이드의 글을 제외하고는)[49], 두 가지 이유에서 안식일이 그리스도의 모형이라는 이야기로 이 장을 마무리하는 것이 옳을 듯하다. 첫 번째 이유는 우리가 그리스도 안에서 궁극적인 안식을 찾기 때문이다. 두 번째 이유는 바울이 선포한 다음의 내용 때문이다. "그러므로 먹고 마시는 것과 절기나 초하루나 안식일을 이유로 누구든지 너희를 비판하지 못하게 하라. 이것들은 장래 일의 그림자이나 몸은 그리스도의 것이니라"(골 2:16-17).

지금까지 살펴보았듯 창세기는 창조 이야기부터 요셉의 삶까지 하나님의 영감으로 된 그리스도의 모형과 예시로 가득하다. 그리스도를 그림자처럼 미리 보여 주는 이런 형태들은 신약의 계시라는 빛 아래에서 명징하게 그 모습을 드러낸다. 다음 장에서는 출애굽기로 넘어가 이런 여러 예표들을 살펴보겠다.

10
출애굽기

역사 전체에서 출애굽기만큼 놀라운 장관이 있는가? 시내산의 장면보다 더 장엄하고 엄숙한 하나님의 계시가 있는가? 이스라엘의 성막만큼 중요한 건축물이 있는가? 모세보다 더 위대한 인물이 있는가? 이스라엘이 신정국가를 형성하는 것만큼 놀라운 국가의 신기원이 있는가? 이 모든 것이 성경의 두 번째 책에 등장한다. 이 책은 이스라엘의 국가적 삶과 법과 종교에 대한 원천이요 기원이다. J. 시들로우 백스터[1]

출애굽기는 구약성경의 핵심으로, 그 안에 담긴 (신약에 대한) 풍성한 예시들을 보면 이 책이 성경 전체에서도 중요한 위치를 차지하고 있음을 알 수 있다. 출애굽기에는 기독교에 대한 이미지와 상징이 가득한데, 그리스도의 모형인 모세에서 시작하여 유월절과 출애굽 사건, 하나님이 세세하게 지시하신 성막 건축에도 나타난다. 이 고대 문헌에는 신약의 주요 사건들을 가리키는 내용도 많다. 특히 그리스도 안에서 하나님의 구속사가 완성될 것을 예표하는 여러 모형이 대표적이다.

출애굽기 2장에 (그리고 이후에도 계속 반복되는) 짧은 구절이 있는데, 이 구절은 하나님의 구속 계획이 결코 방해받을 수 없음을 보여 준다. 출애굽기의 모세 언약이 창세기에 나오는 아브라함 언약을 계속 잇고 강화시키듯, 출애굽기 2장의 이 구절은 성경의 첫 책에서 시작된 하나님과 그 백성의 특별한 관계가 두 번째 책을 거치는 동안에도 계속되고 있음을 잘 보여 준다. "여러 해 후에 애굽 왕은 죽었고 이스라엘 자손은 고된 노동으로 말미암아 탄식하며 부르짖으니 그 고된 노동으로 말미암아 부르짖는 소리가 하나님께 상달된지라. 하나님이 그들의 고통 소리를 들으시고 하나님이 아브라함과 이삭과 야곱에게 세운 그의 언약을 기억하사"(출 2:23-24).

전지하신 하나님은 자신이 세우신 언약을 잊을 수 없으시며 이스라엘의 부르짖음을 듣지 못하시는 것도 아니다. 그렇다면 왜 그런 분명한 사실을 굳이 이 구절에서 언급하는가? 나는 (성경 곳곳에 나오는) 그런 언급이 우리에게 확신을 주기 위함이라고 믿는다. 하나님은 변치 않으시고, 멀리 계시지 않으며, 백성의 신음을 듣고 그 아픔을 심각하게 여기신다는 것이다. 아브라함에게 약속하신 바, 이스라엘을 향한 하나님의 헌신은 참으로 무조건적이며 영원하다. 따라서 하나님이 무슨 일을 행하시든 이스라엘을 향한 그분의 신실하심은 결코 줄어들거나 취소되지 않는다. 이스라엘을 애굽에서 구하시고 그들과 모세 언약을 맺으시며 하신 말씀을 보면, 하나님이 최초에 주신 약속-계획은 변함없이 유효함을 알 수 있다.

월터 카이저는 이 사건의 중요성을 다음과 같이 강조한다. "언약의 당사자이신 하나님이 자신의 약속에 대해 보이시는 신실한 사랑과 은혜는 여러 세대를 지나는 동안에도 언제나 두드러진다. 하나님은 애굽에 살던 이스라엘의 신음 소리를 들으셨다. 백성을 향한 그분의 관심과 일하심은 다음과 같은 말로 요약될 수 있다. '아브라함과 이삭과 야곱과 맺으신 언약을 기억하시고.' 구원의 하나님은 오직 한분이시며 그들 조상이 섬기던 하나님(곧 아브라함의 하나님, 이삭의 하나님, 야곱의 하나님)과 동일한 분이시다"(출 3:13).[2] 앞으로도 변함없이 하나님은 자신의 백성을 구원하시고, 그들과 특별한 관계를 맺으시며, 구속사에서 그들이 택함 받은 청지기로 살아 가도록 계속 함께하실 것이다.

출애굽기의 핵심 주제는 백성을 구원하고 구속하시는 하나님이며, 이는 예수 그리스도를 향하고 있다. 앞에서 언급했듯 하나님은 인류 구원의 약속을 출애굽기에서 본격적으로 실행하기 시작하신다. 출애굽기는 하나님이 주권자시며 모든 약속, 특별히 백성을 구속하겠다는 약속에 신실하시다는 사실에 조금의 의심도 남기지 않는다.

그렇다고 구속이라는 주제가 출애굽기에서 하나의 신학 교리처럼 제시되진 않는다. 이야기가 흘러가는 과정에서 구속이라는 주제가 전반적인 주제임이 드러날 뿐이다. 상징적으로 해석하면, 애굽은 세상이라 할 수 있다. 애굽은 죄인들이 구원받기 전에 거주하던 장소가 된다. 이때 바로는 마귀가 되며, 하나님을 거역하고 하나님의 백성이 구원받지 못하도록 맞서는 대적자다. 애굽에 속박되어 있는 이스라엘은 타락하여 구속이 절실한 상태의 인간을 대표한다. 백성들의 노예생활은 죄로 인한 끔찍한 속박을 상징한다. 신음하는 이스라엘 백성은 자신이 범죄하여 잃어버린 바 된 형편임을 인정하고 영적으로 애통해하는 죄인으로 비유될 수 있다. 애굽에 내린 하나님의 재앙은 구속하시는 자의 주권적 능력을 보여 준다. 하나님이 제정하신 유월절과 제사 제도는 구속이 반드시 피로 값을 치르고 이루어져야 한다는 점을 보여 준다. 모세는 백성을 구원하는 자, 곧 그리스도의 모형이다. 출애굽 사건은 죄인이 죄로부터 자유함을 얻는 것을 상징하고, 홍해를 건너는 장면은 대속 제물로 죽으시고 부활하신 그리스도와 우리의 연합을 예표한다.

하나님의 율법과 규례는 백성들이 왜 순종해야 하고 어떻게 하나님과 바른 관계를 유지할 수 있는지 알려 준다.[3] 하나님은 우리가 한 번 구속을 받고 마는 게 아니라 하나님과의 지속적인 관계 속으로 들어가기를 원하신다. 모세도 하나님께 직접 말씀드린 바 있다. "주의 인자하심으로 주께서 구속하신 백성을 인도하시되 주의 힘으로 그들을 주의 거룩한 처소에 들어가게 하시나이다"(출 15:13).

이스라엘이 겪는 고난과 시련은 모든 사람이 겪는 갈등을 상징한다. 율법을 주신 것은 우리가 하나님께 순종해야 하는 필요성을 알게 한다. 그리고 이제 곧 보겠지만 성막은 여러 면에서 그리스도의 모형이다.[4] 바울이 설명한 대로 출애굽 이야기는 우리에게 위로와 소망을 준다. "무엇이든지 전에 기록된 바는 우리의 교훈을 위하여 기록된 것이니 우리로 하여금 인내로 또는 성경의 위로로 소망을 가지게 함이니라"(롬 15:4).

구속이라는 개념은 다양한 모형과 상징에 의해 놀랍게 표현된다. 이런 모형과 상징은 신약에서 보다 분명하게 드러날 기독교 교리를 암시하면서 장차 일어날 일들을 미리 보여 준다.[5] 도널드 포트너에 따르면, 출애굽기에 담긴 예수 그리스도의 예표는 그 수와 내용이 풍성하며 흥미롭기도 하다. 그는 어느 목사의 구약 설교를 들으며 경험한 일을 나누고 있다. "그 목사는 예수님의 모형과 모습을 눈앞에 그려 주듯 설명했다.…모세 당시의 많은 사건과 율법, 예식, 의식이 생생하게 살아서 튀어나오는 듯했다."[6]

출애굽기에 나타난 그리스도의 모형과 모습

출애굽기에는 예수님의 예표가 정말 많기 때문에 일일이 다 찾아 내기가 쉽지 않다. 다음에 나오는 예수님의 모형 또는 모습 중에서 일부는 간단히 언급하고 몇 가지만 자세히 살펴보겠다.

모세

메시아적 특징을 지닌 모세는 특별한 그리스도의 모형이다. 그는 강하지만 겸손하고 순종적이며 마음이 깨끗하고 긍휼이 많아 백성들이 금송아지를 섬기며 문란함에 빠졌을 때조차 그들을 구해 달라고 하나님께 간구할 정도다(출 32:11-13).[7] 선지자, 제사장, 왕(모세의 경우는 통치자)의 세 가지 직분을 모두 감당한 인물은 그리스도 외에 모세 한 사람밖에 없다(출 34:10-28, 32:31-35, 33:4-5).[8]

모세는 백성에게 이렇게 말한다. "네 하나님 여호와께서 너희 가운데 네 형제 중에서 너를 위하여 나와 같은 선지자 하나를 일으키시리니 너희는 그의 말을 들을지니라"(신 18:15). 예수님 역시 자신을 선지자로 언급하시고(막 6:4, 눅 13:33), 사람들이 세례 요한에게 그가 "선지자"냐고 묻는 장면에서 알 수 있듯(요 1:21, 25) 예수님 당시에도 하나님이 선지자를 보내 주시리라는 기대가 많았다. 사람들은 예수님이 5천 명을 먹이시고 자신의 신성을 주장하시며(요 8:58) 권세를 가진 자처럼 말씀하시는 모습을 보면서 그분을 선지자로 인정한다(요 6:14, 7:40).

모세로부터 시작하여 그리스도에 이르기까지 구약 시대에는 많은 선지자가 있었다. 그렇다면 선지자 역할을 감당하는 모세에게서 특별히 그리스도의 모형으로 볼 만한 특징은 무엇이 있는가? 어떤 이들은 모세가 다른 모든 선지자들처럼 하나님의 말씀을 단지 대언하기만 한 게 아니라 하나님과 특별한 교제를 나눈다는 점을 고유한 특징으로 지적한다.[9] 이는 그가 율법을 받기 위해 산으로 올라가 혼자 하나님과 대면하는 모습에서 찾아볼 수 있다(출 24:15-18). 하나님은 거기서 모세에게 직접 말씀하시고 십계명을 맡기신다(신 22-27장). "너희 중에 선지자가 있으면 나 여호와가 환상으로 나를 그에게 알리기도 하고 꿈으로 그와 말하기도 하거니와 내 종 모세와는 그렇지 아니하니 그는 내 온 집에 충성함이라. 그와는 내가 대면하여 명백히 말하고 은밀한 말로 하지 아니하며 그는 또 여호와의 형상을 보거늘"(민 12:6-8). 출애굽기 역시 하나님이 "자기 친구와 이야기함 같이" 모세와 "대면하여" 말씀하신다고 기록한다(출 33:11). 아무도 하나님을 직접 보고 살아 남을 사람이 없음을 생각하면 이는 하나님이 특별히 강조하시려는 놀라운 장면이다(출 33:20).[10] 모세가 여호와의 형상을 본다는 말은(민 12:8) 문자적으로 하나님을 본다는 의미는 아니지만, 하나님이신 예수님을 제외하고 전후의 어떤 선지자도 모세가 하나님과 누리던 친밀한 관계를 누리지 못할 것임을 가리킨다.

선지자로서 모세는 그리스도의 특별한 모형이기도 하지만, 모형론의 측면에서, 모세의 삶과 연관된 많은 중요 사건을 통해서도 그가 그리스도를 예표한다는 것을 알 수 있다.[11]

- 모세와 예수님 모두 유아기에 큰 위험에 처했다가 구조된다(출 2:1-10, 마 2:14-15).
- 백성의 구주요 구원자로 택하심을 받는다(출 3:7-10, 행 7:25).
- 백성에게 거부를 당한다(출 2:11-15, 요 1:11, 행 7:23-28, 18:5-6). 백성에게서 멀리 떠났던 모세는 다시 이스라엘을 구원하기 위해 돌아가는데, 이는 하나님이 이스라엘을 구원하러 다시 오시리라는 약속의 말씀을 생각나게 한다(출 4:19-31, 롬 11:24-26, 행 15:14, 17).
- 사탄 혹은 그 세력과 싸워야 했다(출 7:11, 마 4:1).
- 40일간 금식한다(출 34:28).
- 바다를 어거한다(출 14:21, 마 8:26).
- 많은 무리를 먹인다(출 16:15, 마 14:13-21).
- 하나님의 영광으로 얼굴이 빛난다(출 34:35, 마 17:2).
- 모세는 백성의 지도자이고 예수님은 왕이시다(신 33:4-5, 요 1:49).
- 가족에게 불신과 저항을 받는다(민 12:1, 요 7:5).
- 자기 백성을 변호한다(출 32:32, 요 2:1-2, 17:9).
- 자기 백성을 위해 중보한다(출 17:1-6, 히 7:25).
- 약 70명(예수님은 72명)의 돕는 자를 세운다(민 11:16-17, 눅 10:1).
- 하나님을 기억하는 절기를 제정한다(출 12:14, 눅 22:19).
- 치유 사역을 행하며 특히 문둥병자를 고친다(민 12:10-13, 마 8:2-3).
- 열두 사자(使者)를 세운다(민 13:2-16, 마 16:17-19, 막 3:16-17).
- 매우 중요한 역사적 사건의 무대가 산이다(출 19:20, 신 6:5-25, 마

5:1-12).

- 구름이 모세와 아론과 미리암을 덮을 때 하나님의 음성이 들렸듯, 구름이 베드로와 야고보, 요한과 예수님을 덮을 때도 하나님의 음성이 들린다(민 12:5-8, 마 17:1-5).[12]
- 비록 형태는 다르지만 둘 다 육신의 죽음 이후 다시 나타난다(마 17장, 행 1:3).[13]

둘 사이의 유사점은 이보다 훨씬 많다. 그리스도와 마찬가지로 모세도 겸손히 그리고 잠잠히 백성의 죄를 감당한다. 미리암과 아론이 대항할 때도 그는 입을 다물고 있기만 한다(민 12장).[14] 모세는 지도자일 뿐 아니라 하나님과 친밀한 관계를 맺고 있으면서도 그 "온유함이 지면의 모든 사람보다 더하[였다]"(민 12:3). 모세는 하나님의 종이라 불리고(신 3:24, 34:5) 그리스도도 그러하시다(계 15:3). 모세는 백성들이 약속의 땅에 들어갈 수 있도록 죽음을 맞이하고(신 1:37, 4:21-22), 예수님은 우리가 생명에 들어갈 수 있도록 목숨을 내어 주신다.[15] 그리스도와 마찬가지로 모세도 제사장이고(시 99:6, 히 7:24) 그의 제사장 사역은 선지자 사역과도 긴밀히 연결되어 있다.[16] 그리스도와 마찬가지로 모세도 목자이며(출 3:1, 요 10:11-14), 그는 신실하고(히 3:5) 순종적이며 말과 행함에 능력이 있다(행 7:22, 막 6:2).[17]

하나님이 모세를 하나님과 백성 사이의 중재자로 택하신 이유는 당신이 차마 죄악을 보지 못하시기 때문이다(합 1:13). 하나님은 어떤 더러움도 참지 못하신다. 팀 켈러는 이러한 점에서 볼 때 하나님의 거룩하심에 대한 우리의 개념이 적절치 못하다고 말한다. "우리가 갖고 있는 하나님 개념은 예쁘게 장식된 크리스마스카드 수준에 머물러 있다. 우리에게 거룩함이란 무언가 경건한 것, 감동적인 것, 오르간 연주 따위를 의미한다." 이런 개념으로는 하나님과 인류 사이에 있는 거대한 간극을 제대로 이해할 수 없다.

모세가 불붙은 떨기나무에서 하나님을 만날 때 하나님은 이렇게 말씀하지 않으신다. "모세야, 이리 오너라. 너를 안아 주마." 오히려 "거기 서라! 가까이 오지 마라"고 하셨다. 팀 켈러는 모세가 두려워하는 것이 당연하다고 말한다. "그 거룩한 땅에 소가 발을 디뎠더라도 하나님의 타자성, 하나님의 초월성, 하나님의 장엄하심 때문에 그 소는 죽고 말았을 것이다." 하지만 모세는 몸이 상하기는커녕 아무 해도 입지 않고 그곳에 서 있다. 팀 켈러는 이렇게 논증한다. "그것이 가능한 단 하나의 이유는, 하나님의 천사가 떨기나무 가운데 계셨기 때문이며…그는 하나님의 임재를 중재하는 천사다."[18] 우리가 앞에서 논의하여 알고 있듯 하나님의 천사는 당연히 성육신 이전의 (현현하신) 그리스도시다. 모세는 백성을 대신하여 중재자 역할을 감당한 그리스도의 모형이지만, 그런 모세조차 바로 그 순간에는 중재자가 필요했고, 그 중재자는 바로 예수 그리스도시다.

대표적인 중재자인 모세조차 중재자가 필요했다는 사실을 곰곰이 생각해 보자. 이런 사실은 찰스 스펄전이 지적한 바, "우리는 반드시 중재자(이신 그리스도)를 통해 하나님께 나아가야만 한다"[19]는 말을 더욱 강조한다. 이 중재자는, 모세가 그러했듯, 그의 백성들 사이에 계시면서 백성을 위해 일하신다. 스펄전이 말한 대로다. "모세는 진실한 하나님의 백성이었다. 그는 백성을 깊이 사랑하고 긍휼한 마음으로 백성을 품었다. 백성이 그를 격노케 할지라도 그는 그들을 향한 사랑을 포기하지 않았다. 그토록 악한 백성을 변함없이 사랑한 하나님의 사람

모세를 우리는 존경하지 않을 수 없다."[20] 모세와 그리스도 사이에 가장 두드러지는 한 가지 유사성은, 둘 다 하나님께로 나아가는 유일한 다리가 된다는 점이다. 백성과 특별한 관계를 맺을 뿐 아니라 하나님과의 사이에서도 특별한 관계를 누리기 때문이다. 어떤 면에서 둘 다 양쪽 세계, 즉 인간의 세계와 하나님의 세계에 발을 딛고 있다. 그리스도에 비하면 한참이나 부족하지만, 그럼에도 모세는 그 누구보다 그리스도를 닮아 있고, 따라서 그분을 예표한다.

유월절

아홉 가지 재앙을 겪고도 바로가 마음을 돌려 이스라엘을 풀어 주지 않자 (사실 재앙이 횟수를 더할수록 바로의 마음은 더욱 완악해진다) 하나님은 최후의 일격을 가하신다. 이제는 애굽뿐 아니라 바로까지 치시는데, 모든 애굽인의 장자들을 죽게 하시지만 이스라엘의 장자들은 살려 주신다(출 11:5-7). 하나님은 이스라엘의 장자를 따로 구별하여 구원하시기 위한 방편으로 유월절을 제정하신다.

유월절은 그리스도와 그분의 희생과 구원 사역을 다른 무엇보다 잘 보여 주는 모형이다. 유월절은, 우리가 그리스도 안에서 구원을 받는다는, 하나님의 주권과 은혜로운 뜻을 잘 보여 준다. 유월절은 하나님이 어떻게 피 흘림을 통해 죄인을 구원하시는지를 실제 역사 속 사건으로 잘 보여 준다. 유월절 이야기에는 구약에 나오는 어떤 사건보다 신약에 대한 상징이 많이 담겨 있다. 유월절 사건과 이를 해마다 기념하는 행위는 정확히 십자가를 가리킨다.

하나님은 백성으로 하여금 흠 없는 양을 따로 구별하여 준비하도록 모세에게 지시하신다. 백성들은 지시된 말씀대로 해질 무렵에 양을 잡아 그 피를 자기 집 좌우의 문설주와 인방에 발라야 한다(출 12:5-17). 하나님이 그날 밤 애굽 땅을 두루 다니면서 사람이든 동물이든 처음 난 것을 쳐서 애굽과 그 신들에게 심판을 내리겠다고 말씀하셨기 때문이다. 양의 피는 이스라엘 백성의 집을 '넘어가'pass over 재앙을 면하게 하시겠다는 하나님의 표적이다(출 12:12-13). 하나님은 또한 이 날을 기념하여 여호와의 절기로 삼고 영원한 규례로 대대로 지키라고 명하신다(출 12:14). 이스라엘 백성은 하나님의 지시에 순종하고, 하나님이 약속하신 대로 재앙을 면한다.

유월절 사건이 상징하는 것, 그리고 심지어 그 유월절이라는 용어 자체는 신약성경에서 중요하게 다루어진다. 유월절의 피가 히브리 민족을 구원하듯, 그리스도의 피는 죄 가운데 있던 신자를 구원하기 때문이다. 유월절 사건을 언급하는 신약의 예를 들면, 바울은 로마서에서 "하나님께서 길이 참으시는 중에 전에 지은 죄를 간과하심pass over으로 자기의 의로우심을 나타내"(롬 3:25)시려고 그리스도를 제물로 삼으셨다고 말한다. 유월절 희생을 위해 따로 구별된 양도 특별한 의미가 있다. 세례 요한은 예수님을 가리켜 "보라, 세상 죄를 지고 가는 하나님의 어린 양"(요 1:29)이라고 선포한다. 바울 또한 "우리의 유월절 양 곧 그리스도께서 희생되셨느니라"(고전 5:7)고 말한다. 더욱이 유월절 양은 반드시 흠이 없어야 하는데, 이는 그리스도가 죄가 없고 흠 없이 사셨기 때문이다. 베드로는 이 둘을 연결 짓는다. "너희가 알거니와 너희 조상이 물려준 헛된 행실에서 대속함을 받은 것은 은이나 금같이 없어질 것으로 된 것이 아니요 오직 흠 없고 점 없는 어린 양 같은 그리스도의 보배로운 피로 된 것이니라"(벧전 1:18-19).

하나님은 모세에게 희생 제물로 삼을 양에 대해 이렇게 말씀하신다. "뼈도 꺾지 말지며"(출 12:46). 이 내용은 그리스도의 십자가 사건과 연결된다. "예수께 이르러서는 이미 죽으신 것을 보고 다리를 꺾지 아니하고 그중 한 군인이 창으로 옆구리를 찌르니 곧 피와 물이 나오더라. 이를 본 자가 증언하였으니 그 증언이 참이라. 그가 자기의 말하는 것이 참인 줄 알고 너희로 믿게 하려 함이니라. 이 일이 일어난 것은 그 뼈가 하나도 꺾이지 아니하리라 한 성경을 응하게 하려 함이라"(요 19:33-36).

하나님의 열 번째 재앙을 면하기 위해 이스라엘 백성은 들은 말씀 그대로 하나하나 실행해야 한다. 즉 문설주에 피를 바르지 않으면 애굽 사람과 동일한 운명을 맞이해야 한다. 따라서 유월절이 가르치는 바는, 하나님의 구원이 자신에게 유효하려면 반드시 그 일을 자신에게도 적용해야 한다는 것이다. 나의 구원이 예수 그리스도를 믿는 믿음 안에 있음을 인정하는 징표로, 이를 풍유적으로 해석하여, 반드시 나의 문에도 피를 발라야 한다는 것이다. 로이 매티슨 박사는 이렇게 기록한다. "구원은 반드시 개인적으로 적용되어야 한다. 나의 죄를 위하여 갈보리에서 십자가 희생이 이루어진 것으로는 부족하다. 반드시 그리스도를 신뢰함으로 이를 나 자신에게 적용해야 한다."[21] 이는 우리 각 사람에게도 구원이 유효하려면 그리스도의 피가 (그리스도와 그분의 피 흘리심을 통한 구속 사역을) 믿음으로 각 사람에게 적용되어야 한다는 하나님의 요구를 가리킨다. 레이 스테드먼 목사가 이를 잘 설명하고 있다. "유월절은 그리스도의 십자가를 보여 주는 아름다운 그림이다.…그런데 이스라엘 백성은 철저히 안전했다. 그들은 단지 단순한 믿음에서, 어린 양의 피를 취하여 문설주에 바르는 일만 했을 뿐이다. 그때나 지금이나 구원이란 단순한 믿음으로 얻어진다. 그 믿음이란 게,

사랑 많으신 하나님이 우리의 죄책을 해결하시려고 구주를 보내셨다는 사실에 신뢰로 반응하는 것이다. 그때나 지금이나 죽음의 천사는 어린 양의 피로 덮인 사람들을 넘어 간다."[22]

출애굽

트렘퍼 롱맨은 이렇게 기록한다. "출애굽은 구약에서 가장 중대한 구원의 사건이다. 하나님은 기적적이고 특별한 방법으로 그 백성을 애굽의 속박에서 구해 내셨다."[23] 출애굽은 성경에 나오는 다른 사건들에 비해 이스라엘 역사 초기에 일어난 구속 사건이다. 게라르드 반 그로닝겐은 이렇게 감탄한다. "이 일은 하나님이 아브라함에게 약속하신(창 15:16) 참으로 놀라움을 금치 못할 사건이다. 모세가 행한 고별 설교의 중심 주제이기도 하다.…여호수아가 승리를 거둔 히브리 민족 앞에서 하나님이 언약에 신실하심을 마지막으로 설명하는 장면에서도 핵심이 된다"(수 24:5-7). 훗날 시편 기자들과 선지자들도 이 사건을 자주 언급한다.[24]

하나님이 이스라엘을 애굽에서 건져 내어 약속의 땅으로 옮기신 사건은 (악한 세상을 심판하고[25] 하나님의 백성을 구원하는) 그리스도의 구원 사역을 가리킨다. 반 그로닝겐은 출애굽을 핵심적인 메시아 사건으로 설정하면서 그 이야기를 중심으로 다른 많은 구속 사건들을 정리한다. 이스라엘이 당한 속박과 학대, 구원을 갈망하는 백성들의 탄식, 구원자 모세를 준비시키고 부르시는 특별한 사건들, 스스로를 신이라고 부르는 애굽 왕과 모세의 대결, 재앙, 이스라엘의 이동, 애굽 군대의 멸망, 무사히 자유의 땅에 도착한 이스라엘, 광야에서 특별한 섭리로 채우시는 하나님, 언약의 법제화, 군대의 조직화, 예식에 대한 지침 등

이 그것이다.[26]

하지만 반 그로닝겐은 출애굽이 “모든 시대 모든 장소에서도 핵심이 되는 메시아 사건”은 아니라고 경고한다. 이스라엘은 출애굽으로 말미암아 광야의 경험과 더불어 구원과 자유를 얻지만, 그것은 “완전하고 온전하며 새로운 출애굽을 위해 필요했던 예비 사건이기 때문이다.…첫 번째 출애굽도 그 자체로 유효하고 결과가 있었지만 그것은 모형에 불과하다. 모형이 가리키는 원형인 그리스도의 구속 사역, 즉 새로운 출애굽이 있기에 최초의 출애굽 사건이 모형으로서 유효한 것이다.”[27]

J. 시들로우 백스터는 출애굽이 이스라엘에 네 가지 중대한 의미가 있다고 말한다. 새로운 생명, 새로운 자유, 새로운 교제, 그리고 새로운 확신이다. 백스터는 이렇게 주장한다. “이 네 가지에 상응하는 것이 그리스도의 복음 안에 모두 들어 있다. 모세가 이끈 출애굽은 그리스도가 우리를 위해 행하신 일의 모형이다. 출애굽이 이스라엘에게 네 가지 핵심적인 의미를 부여하듯, 그리스도의 복음은 믿는 자들에게 이와 동일한 의미를 부여한다.”[28] 자연히 출애굽 사건은 애굽에게 전혀 다른 의미가 된다. 거짓된 우상 숭배와 무능한 거짓 신들, 하나님과 그분의 뜻에 대한 헛된 저항, 애굽이 하나님과 동떨어진 ‘세상’에 속했다는 개념을 부여한다.[29]

만나

애굽을 나와 광야에 들어간 백성들은 곧 불평을 늘어놓기 시작한다. 그들은 자신들을 굶어죽게 할 작정이라면 왜 굳이 애굽에서 이끌어 냈느냐고 원망한다(출 16장). 이에 하나님은 모세에게 하늘에서 양식을 내려 주겠다고 말씀하신다. 실제로 하나님은 백성들이 하루하루 살아갈 만큼의 양식을 주신다. 이는 하루하루 하나님만 의지해야 할 뿐 아니라 영적으로도 하나님만 의지해야 살아 남을 수 있음을 알게 하시려는 보다 큰 뜻이 담겨 있다.

만나는 백성과 함께하시고 목자처럼 돌보시는 하나님의 임재를 상징한다. 또한 그리스도의 모형이기도 한데, 이는 (그리스도가 그렇듯) 모든 백성에게 절대적으로 필요한 존재이기 때문이다.[30] 만나는 실제로 이스라엘 백성이 가나안에 들어가기 전까지 먹은 유일한 양식이다(수 5:12). H. D. 스펜스 목사는 이렇게 말한다. "이 세상이라는 광야를 지나는 순례길 내내 그리스도는 영혼의 양식이 되신다. 이스라엘 백성이 먹을 것이 없어 위태한 상황에 놓이고 원망할 때 하나님은 그들에게 만나를 주셨다. 세상이 영적 양식이 없어 죽음에 내몰릴 때 (그래서 어리석은 원망을 계속할 때에도) 하나님은 귀를 기울이고 하늘에서 독생자를 보내셨다. 그리스도는 단지 가르치고 구원하실 뿐 아니라 우리의 '영적 양식'이 되기 위해 세상에 오셨다. 그분은 생명의 양식으로 우리를 먹이신다. 우리를 풍성케 하시려고 자기 자신을 내어주신다. (다른 어떤 것이 아닌) 오직 그분만이 우리의 영혼을 먹이실 수 있다."[31]

훗날 유대인들이 예수님을 찾아와 모세가 광야에서 만나를 주었듯 자신들에게도 (예수님이 하나님이심을 믿을 수 있는) 표적을 보여 달라고 요구할 때, 예수님은 자기 자신이 '만나'라는 충격적인 계시로 대답하신다. "내가 진실로 진실로 너희에게 이르노니 모세가 너희에게 하늘로부터 떡을 준 것이 아니라 내 아버지께서 너희에게 하늘로부터 참 떡을 주시나니 하나님의 떡은 하늘에서 내려 세상에 생명을 주는 것이니라"(요 6:32-33).

반석의 물

하나님이 만나를 공급하신 지 얼마 되지 않아 백성들이 모세와 다투며 마실 물을 달라고 요구한다. 이에 모세는 그들이 하나님을 시험한다고 책망한다. 모세가 하나님이 명하신 대로 호렙산에 있는 반석을 내리치자 여기서 물이 흘러나온다(출 17:1-7). 이후에 나오는 또 다른 사건에서는 하나님이 모세더러 반석에게 물을 내라고 명하라 하시지만 모세는 손을 들어 지팡이로 반석을 두 번 내리친다(민 20:11). 반석에서 물이 나오기는 하나 하나님은 모세의 믿음 없음을 기뻐하지 않으시고 결국 모세가 약속의 땅에 들어가는 것을 막으신다.

이 두 사건에서 반석은 그리스도를 나타낸다. 반석과 마찬가지로 그리스도도 맞으셨고(십자가), 요한복음 4장 14절에 나오듯 생명의 물이 나오기 때문이다. "내가 주는 물을 마시는 자는 영원히 목마르지 아니하리니 내가 주는 물은 그 속에서 영생하도록 솟아나는 샘물이 되리라." 바울은 "그 반석은 곧 그리스도시라"(고전 10:4)고 선포하면서 그리스도가 우리의 공급자요 보호자요 늘 함께하시는 주님이라는 사실을 확증한다.[32] 여기에 더해 구약에서 하나님은 반석으로 표현될 때가 많은데(창 49:24, 신 34:4, 15, 18, 30, 31, 시 18:31, 62:2, 78:35, 89:26, 95:1), 반석이라는 용어는 전형적으로 그리스도, 특히 그분의 구원 사역과 종종 연결된다(신 32:15, 시 62:2, 95:1, 89:26, 78:35, 신 32:18).[33]

성막

하나님은 모세에게 율법을 주시면서, 더불어 백성이 광야에서 예배용으로 사용할 이동식 성전, 즉 성막 건축에 대한 규례를 주신다.[34] 성막은 하늘의 성전을 예표한다.[35] 그런데 이상하게도 성막 건축 규례가 나오는 중간에 갑자기 이스라엘이 언약을 깨뜨리고 시내산 아래서 금송아지를 만드는 사건이 등장한다. 그 일이 있고 나서 다시 성막으로 이야기가 돌아온다. 로이 매티슨은 이렇게 성막 건축 규례와 금송아지 사건을 나란히 배치한 것은, 하나님께 나아갈 방편이 절실하게 필요했던 이스라엘의 상황을 강조하기 위해서라고 지적한다. "이스라엘은 율법을 받고 이를 지키겠다고 약속한다. 하지만 기회가 오자마자 시내산 어귀에서 십계명의 첫 두 계명을 어기고 만다. 이 사건은 그들에게 계명을 지킬 능력이 없으므로 (범죄한 백성들이) 하나님께 나아갈 방편이 필요하다는 점을 보여 준다. 즉 성막은 하나님께 나아가기 위한 그 방편을 제공하는 것이다. 율법 아래에서도 여전히 하나님의 은혜가 드러나는 장면이다."[36] 한편 필립 젠슨은 규례가 두 차례 주어졌다고 주장하는데, 이는 "신의 영역으로 들어가는 것의 의미와 그 행위의 중요성을 강조하기 위해서"라고 말한다.[37]

하나님은 아담과 함께 에덴동산을 거니시고 족장들에게 찾아와 말씀하셨지만, 성막이야말로 하나님이 이땅에 거하신 첫 번째 장소다.[38] 물론 하나님은 어느 곳에나 계시지만 성막은 이스라엘 백성에게 하나님의 임재하심을 확인해 준다.[39] 성막은 장막 형태로 되어 있고, 너비는 10규빗(1규빗은 성인의 중지 끝에서 팔꿈치까지의 길이로 45cm정도), 길이는 30규빗이다.[40] 이후 특정 장소에 영구적으로 건축된 성전에서도 나타나지만, 성막은 (문의 기능을 하는) 휘장이나 막에 의해 (성소와 지성소 이렇게) 두 공간이 나뉜다. 성소라고 불리는 바깥 공간은 제사장들이 일상적 임무를 수행하는 주된 장소다. 지성소라 불리는 안쪽 공간은 오직 1년에 하루 (대속죄일에) 대제사장만 들어갈 수 있다.[41] 성막 주변으로는 길이 100규빗, 너비 50규빗의 너른 뜰이 있고, 그 둘레에는 5규빗 높이

성막

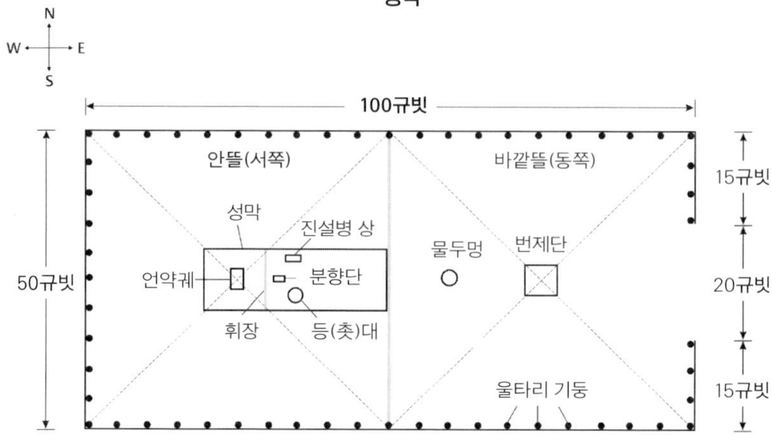

성막 재현 그림

이스라엘 성막과 뜰을 재현한 모습. 성막과 뜰은 60개의 싯딤나무 기둥에 흰 세마포 천으로 두른 울타리가 쳐져 있다. 성막 앞에 번제단과 물두멍이 자리하고 있다. 성막은 항상 동쪽을 향해 세워졌으므로 이 그림은 동북쪽에서 바라본 모습이다.

의 울타리가 있다. 서쪽 뜰과 달리 동쪽 뜰에는 놋 번제단과 물두멍이 있다.[42]

성막 뜰로 들어가는 입구는 동쪽에 있는 문이 유일하다. 이것이 중요한 이유는, 가인과 아벨이 불 칼로 막힌 에덴동산의 동쪽 문으로 번제물을 가져온 것으로 보이기 때문이다.[43] 아담과 하와가 추방된 이후 에덴동산에 들어가지 못하도록 하나님은 "에덴동산 동쪽에 그룹들과 두루 도는 불 칼을 두어 생명나무의 길을 지키게"(창 3:24) 하신다.[44] 그러나 성막에서는 동쪽 문을 통해 이스라엘이 그분의 임재로 나아오도록 허락신다. (솔로몬의 성전 역시 에덴동산의 동쪽 문처럼 성전 문을 만들어 에덴동산의 이미지를 연상케 한다.[45]) 앞의 성막 배치도를 참조하라.[46]

데이비드 레비는 성막이 그리스도인 각 개인을 예표한다고 주장한다. "바울은 이렇게 말한다. '너희 몸은 너희가 하나님께로부터 받은 바 너희 가운데 계신 성령의 전[성전]인 줄을 알지 못하느냐. 너희는 너희 자신의 것이 아니라'(고전 6:19). 하나님의 영이 임재하시는 성전과 마찬가지로, 믿는 자들도 각자의 몸에 대해 하나님이 품으신 목적과 다르게 자기 몸을 사용하도록 허락할 자유가 없다."[47] 성막과 성전 역시 예수 그리스도의 모형이다. 그리스도는 "말씀이 육신이 되어 우리 가운데 거하시[는]"(요 1:14) 분이기 때문이다. 하나님이 새 하늘과 새 땅에 대해 말씀하시는 요한계시록에서 이 주제가 어떻게 발전하는지 주목해 보자. "보라, 하나님의 장막이 사람들과 함께 있으매 하나님이 그들과 함께 계시리니 그들은 하나님의 백성이 되고 하나님은 친히 그들과 함께 계셔서 모든 눈물을 그 눈에서 닦아 주시니 다시는 사망이 없고 애통하는 것이나 곡하는 것이나 아픈 것이 다시 있지 아니하리니 처음 것들이 다 지나갔음이러라"(계 21:3-4).

광야에 세워진 성막은 우리 가운데 거하시며 우리의 슬픔을 끝내고 영원한 기쁨을 주실 그리스도를 미리 보여 주는 그림자다. 마이클 배럿은 이에 동의한다. "복합적인 성막의 기능, 희생제사와 각종 예식을 통해 하나님은 장차 그리스도가 하실 일을 미리 그려 주고 계신다. 그리스도로 가득한 이런 그림들을 보면, 우리가 그리스도를 어디서 찾아야 하는지 알게 된다. 성막이야말로 그리스도를 발견하는 핵심 장소다."[48] 또한 앞 단락에서 인용한 요한계시록 말씀을 보면, 하나님이 베푸신 핵심적인 언약의 약속이 (신약성경 맨 마지막에서) 다시금 반복되고 있음을 알 수 있다. "그들은 내 백성이 되고 나는 그들의 하나님이 되리라"(겔 11:20. 비교 창 17:7).

성막 기물

하나님은 성막에서 쓰이는 기물에 대해서도 상세한 규례를 주신다. 각 기물은 정확히 그리스도를 가리킨다.

○ 놋 번제단

바깥뜰에 있는 놋 번제단에서는 짐승을 희생제물로 바치는데, 이는 (우리를 위해 흘리신 피를 믿는 모든 자를 구원하시려고) 예수님이 십자가에서 행하시는 사역을 나타낸다(롬 3:24-25). 오늘날 어떤 죄인도 예수님의 십자가를 통하지 않고서는 하나님과의 교제에 들어갈 수 없듯, 어떤 이스라엘 백성도 번제단에서 희생제물 없이 하나님의 임재로 나아갈 수 없다.[49] 번제단은 그리스도의 대속을 상징한다.[50]

○ **물두멍**

물두멍은 바깥뜰의 놋 번제단과 성막 사이에 위치한다. 물두멍은 성막에 들어가기 전에 손을 씻어야 하는 제사장들만 사용할 수 있다. 정결에 대한 그리스도인의 필요를 예표하는 이 물두멍은 그리스도가 우리의 의가 되심을 말하고 있다(롬 6:1-9). 그리스도의 구원 사역을 적용하시는 성령의 사역을 미리 보여 주는 것이기도 하다.[51] 죄 사함을 받고 구원을 얻은 그리스도인은 이후에도 성화 과정 가운데 계속해서 하나님과 동행해야 한다. 래리 리처즈는 이렇게 적고 있다. "우리 각 사람에게 필요한 지속적인 정결은 그리스도 안에서만 공급받는다. 이 모습이 성소로 들어가는 문 앞에 놓인 물두멍에 나타나 있다. 정결케 된 자만이 자유롭게 하나님의 임재로 들어갈 수 있다."[52]

○ **진설병 상**

(이스라엘 열두 지파를 상징하는) 열두 개의 떡이 놓인 진설병 상은 성소 안에 있다. 이는 우리의 영적 양식이 되시는 그리스도를 미리 보여 주는 예시다. 예수님이 선포하신 그대로다. "나는 생명의 떡이니 내게 오는 자는 결코 주리지 아니할 터이요"(요 6:35, 48).

○ **등(燈)대**

등(燈)대는 직무를 수행하는 제사장에게 조명을 제공하면서 성소를 빛으로 채운다.[53] 등(燈)대는 (우리의 영적 깨달음을 상징하는 바) "세상의 빛"(요 8:12)이신 그리스도를 가리킨다. 하지만 모든 사람이 예수님을 세상의 빛으로 받아들이는 건 아니다. "그 정죄는 이것이니 곧 빛이 세상에 왔으되 사람들이 자기 행위가 악하므로 빛보다 어둠을 더 사랑한 것이니라. 악을 행하는 자마다 빛을 미워하여 빛으로 오지 아니하나니 이는 그 행위가 드러날까 함이요 진리를 따르는 자는 빛으로 오나니 이는 그 행위가 하나님 안에서 행한 것임을 나타내려 함이라"(요 3:19-21). 이런 점에서 등(燈)대에서 비추는 빛은 요한1서 1장에 기록된 것처럼 그리스도의 거룩하심을 보여 주기도 한다.[54] "하나님은 빛이시라. 그에게는 어둠이 조금도 없으시다"(요일 1:5). 진실로 그리스도의 빛은 그 자체로 너무나 찬란하여 새 예루살렘을 영원히 밝힐 것이다(계 21:23).

○ 분향단

성소 안 휘장 앞에 놓인 분향단(출 30:1-10)은 하나님 임재 앞에 지속적으로 올려드리는 하나님 백성의 기도를 의미한다. 대제사장에게 하나님의 임재 앞에서 기도할 필요성을 상기시키는데(계 8:3-4), 이는 그리스도가 우리의 중보자요 대제사장으로서 드리시는 기도를 상징한다(히 7:25, 요 17:9). 그리스도인은 그리스도가 대제사장으로 우리를 위해 일하신다는 사실을 기억해야 한다. 그리스도는 우리를 위해, 교회를 위해 그리고 성부 하나님께 기도로 중보하신다. 특히 그분이 대제사장으로서 성부 하나님께 드리신 요한복음 17장의 기도에 친숙해져야 한다. 그분의 기도는 성부 하나님이 기쁘게 흠향하시는 향기로운 연기처럼 하늘로 올라간다.

이 기도는 성막이 영원히 우리와 함께 거하시는 그리스도를 예표한다는 맥락에서 보아야 한다. 예수님은 이 기도에서 우리가 장차 그분과 누리게 될 영원한 교제를 준비할 수 있게 해달라고 간구하시는데, 그럼으로써 우리를 향한 그분의 최우선 관심사가 무엇인지 보여 준다.[55] 더 나아가 예수님은 우리를 위해 간구하시되, 주님의 기쁨으로 충만케 하시고(요 17:13) 사탄에게서 보호하시며(요 17:15), 말씀과 진리 안에서 거룩하게 되고(요 17:17), 아들과 아버지가 하나이듯 교회로 연합된 신자들도 하나가 되게 해달라고(요 17:20-23) 기도하신다.[56]

우리는 이 놀라운 기도를 반드시 눈여겨 살펴보아야 한다. 워렌 위어스비는 이 기도를 진정한 주기도문이자 "가장 위대한 기도"라고 표현한다.[57] 이 기도에서 예수님은 아버지께 아들을 영화롭게 해달라고 간구하시는데, 이것은 하나님 자신이 아니고서는 감히 언급할 수 없는 (예수님 역시 하나님과 같이) 신성을 소유하고 있다는 선언이기도 하다. 기억하겠지만 모세는 하나님의 영광을 보게 해달라고 간구했지(출 33:18) 그 영광의 일부가 된다는 것은 생각조차 못했을 것이다.

이 기도를 보면 처음에 예수님은 자신을 위해 기도하신다. 하지만 그것은 이기심 없는 간구다. 십자가를 앞두고 우리를 구속으로 이끌 그 임무를 완수할 힘을 주시라는 기도이기 때문이다. 위어스비가 설명한 대로다. "예수 그리스도가 영화롭게 되신다는 것은 위대한 구원 사역을 완수하셨다는 의미가 된다."[58] 예수님이 직접 말씀으로 확인해 주신다. "아버지여, 때가 이르렀사오니 아들을 영화롭게 하사 아들로 아버지를 영화롭게 하게 하옵소서. 아버지께서 아들에게 주신 모든 사람에게 영생을 주게 하시려고 만민을 다스리는 권세를 아들에게 주셨음이로소이다"(요 17:1-2). 극한 고뇌 속에서도 예수님은 우리와 우리의 영생을 생각하고 계신다.

○ 언약궤

지성소에 놓인 유일한 기물인 언약궤는 순금으로 된 '시은소'mercy seat

로 덮여 있는데, 이를 문자 그대로 해석하면 '속죄의 덮개'atonement covering다.[59] 하나님의 보좌와 임재의 상징인 언약궤는 성막에서 가장 신성한 기물이다. 실제로 성막은 언약궤를 보관하기 위해 세운 것으로, 이를 통해 하나님이 백성 가운데 거하실 수 있다.[60] 언약궤 안에는 십계명이 새겨진 돌판이 있어 증거궤라고도 부른다. 대속죄일이 되면 대제사장은 지성소 안 언약궤에 희생제물의 피를 뿌린다.

언약궤는 성경 전체를 통틀어 가장 뚜렷한 그리스도의 모형 중 하나이기도 하다. 언약궤의 재료인 조각목(아카시아나무)은 그리스도의 삶과 사역을 나타내며, 그리스도의 인성을 아름답게 대변한다. 그분은 "마른 땅에서 나온 뿌리"이며(사 53:2) 날 때부터 죄가 없고 거룩하시며(눅 1:35) 죄 없이 완전한 삶을 사셨다(벧전 1:19, 2:22). 진설병 상을 감싸는 재료인 정금은 예수님의 신성을 나타내고,[61] 언약궤는 우리 죄를 위한 화목제물이신 그리스도를 나타낸다(요일 2:2).

제사장은 성막 (그리고 훗날 성전) 예식에서 핵심 역할을 수행한다. 모든 사람을 위한 희생 제사는 대제사장이 드려야 하며, 궁극적으로 제사장 제도를 통하지 않고서는 하나님께 나아갈 수 없게 되어 있다. 하지만 우리의 대제사장이신 그리스도의 대속적 죽음이 이를 완전히 바꾸어 놓았고, 모든 사람이 예수 그리스도를 통해 하나님께 나아갈 수 있게 되었다. 예수님이 십자가에서 우리를 위한 사역을 다 이루시고 죽으시던 순간[62] 성소와 지성소를 가로막은 휘장이 "위로부터 아래까지 찢어져 둘이 되[는]"(마 27:51) 하나님의 초자연적 역사가 일어났음을 기억하자. 그 결과 누구나 언제라도 그리스도에 대한 믿음으로 하나님의 임재 안으로 직접 들어갈 수 있게 되었다.[63]

이 점에 대해 히브리서 기자는 우리에게 다음과 같이 확신을 준다. "그러므로 형제들아 우리가 예수의 피를 힘입어 성소에 들어갈 담력을 얻었나니 그 길은 우리를 위하여 휘장 가운데로 열어 놓으신 새로운 살 길이요 휘장은 곧 그의 육체니라. 또 하나님의 집 다스리는 큰 제사장이 계시매 우리가 마음에 뿌림을 받아 악한 양심으로부터 벗어나고 몸은 맑은 물로 씻음을 받았으니 참 마음과 온전한 믿음으로 하나님께 나아가자"(히 10:19-22).

우리를 위한 예수님의 사역이 여기서 정점에 이른다. 그분이 죽으셨기에 우리는 어떠한 것에도 막히지 않고 하나님과 영원한 교제를 누릴 수 있게 되었다. "그는 새 언약의 중보자시니 이는 첫 언약 때에 범한 죄에서 속량하려고 죽으사 부르심을 입은 자로 하여금 영원한 기업의 약속을 얻게 하려 하심이라"(히 9:15).

레이 스테드먼은 이렇게 설명한다. "하나님이자 인간이신 분이 십자가에서 드린 완전한 희생제사, 곧 예수님의 보혈이 구약 시대 피의 제사가 상징하던 바를 완성시킨다. 예수님의 완전한 희생제사를 통해 이제 우리는 (모세 당시 사람들에게 금지되었던) 하나님의 임재로 나아갈 수 있게 되었다."[64] 스테드먼은 우리를 위한 그리스도의 죽음 덕분에 성전은 더 이상 필요하지 않게 되었다고 덧붙인다. 우리의 몸이 하나님의 성전이고(고전 3:16) 모든 신자 안에 성령을 통하여 그리스도가 거하시기 때문이다. "여기서 우리가 발견하는 위대한 진리는 하나님이 우리 안의 죄 문제를 완전히 해결하셨다는 사실이다. 절대적이고 완전하게 해결하셨다!"[65] 바울이 로마서에 기록한 그대로다. "그러므로 이제 그리스도 예수 안에 있는 자에게는 결코 정죄함이 없나니"(롬 8:1).

휘장이 찢어진 사건은 우리가 예수 그리스도를 통해 하나님의 임재로 곧장 들어갈 수 있다는 의미일 뿐 아니라 하나님의 영광이 이제 교회 가운데 계신다는 의미이기도 하다. 팀 켈러 목사는 다음과 같이 쓰고 있다. "그리스도는 '적은 무리여 무서워 말라. 너희 아버지께서 그 나라를 너희에게 주시기를 기뻐하시느니라'(눅 12:32)고 말씀하신다. 이제 우리의 삶은 변화되었다. 에덴동산에 있었고, 그 다음엔 성막 안에 있던 하나님 나라의 능력이 지금 우리 삶 가운데 나타나고 있기 때문이다."[66]

출애굽기에 나오는 메시아 예언

앞에서 우리는 이미 유월절 어린 양이 그리스도와 연관된 메시아 예언임을 살펴보았다. 특히 죽임 당하는 어린 양의 뼈를 꺾지 말라는 지시는, 십자가에 달리셨을 때 뼈가 하나도 꺾이지 않으신 그리스도를 의미한다. 그런데 출애굽기에는 흥미로운 예언이 또 있다. 이는 하나님이 모세에게 사람이나 짐승이나 처음 난 모든 것을 하나님 앞에 구별하도록 하신 지시와 관련이 있다(출 13:1-2, 민 8:17). 신약의 누가복음을 보면 예수님은 마리아의 처음 난 아들이었다(눅 2:7). "모세의 법대로 정결예식의 날이 차매 아기를 데리고 예루살렘에 올라가니 이는 주의 율법에 쓴 바 첫 태에 처음 난 남자마다 주의 거룩한 자라 하리라 한 대로 아기를 주께 드리고"(눅 2:22-23). 신약의 다른 곳에서는 그리스도를 '독생자'(요 1:14, 18, 3:16, 18), 또는 하나님의 '맏아들'(롬 8:29), '먼저 나신 이'(골 1:15, 18)라고 부르기도 한다.

히브리 문화에서 맏아들(장자)은 상당한 특혜를 받는다. 예를 들어 장자의 권리에 따라 동생들보다 앞서고 "위풍이 월등하고 권능이 탁월했다"(창 43:33, 49:3). 또한 아버지의 재산을 다른 형제들보다 두 배로 받을 수 있다(신 21:15-17). 그렇지만 이 장자권이 항상 절대적이지는 않다. 혹 잘못을 저지를 경우에는 장자로서의 권리를 빼앗길 수 있다. 다윗이 하나님께 순종하여 장자가 아닌 솔로몬을 계승자로 선택하듯, 때로는 아버지가 장자권을 따르지 않을 수도 있다(왕상 1:12-30).

하나님은 모세를 바로에게 보내어 이스라엘이 자신의 장자이므로 반드시 "내 아들을 보내 주어 나를 섬기게 하라. 네가 보내 주기를 거절하니 내가 네 아들 네 장자를 죽이리라"고 말씀하신다(출 4:23). 이 말씀에는 하나님이 이스라엘을 특별하고 특권을 지닌 탁월한 백성, 즉 장차 열방 가운데 하나님을 드러낼 택함 받은 일꾼으로 선포하신다는 풍성한 의미가 있다. 하나님의 맏아들인 이스라엘에게는 또한 특별한 의무가 있다. "너희는 거룩하라. 이는 나 여호와 너희 하나님이 거룩함이니라"(레 19:2). 장자인 이스라엘은 반드시 하나님을 공경하고 감사하며 순종해야 한다.[67] 하나님이 이스라엘을 애굽에서 이끌어 낼 때 맏아들(처음 난 모든 것)을 구별하게 하신 것같이(출 13:2), 이스라엘의 장자라는 위치도 반드시 구별되어야 한다. 그래서 하나님이 이스라엘에게 거룩하라고 명하시는 것이다(이는 레위기에서도 다룰 내용이다). 하나님은 바로가 하나님의 맏아들을 풀어 주지 않으면 바로의 맏아들을 취하실 것이라고 분명하게 말씀하신다. 그러므로 '맏아들'의 개념은 하나님의 구속 계획과 완전히 연결되어 있으며, 이 점에 있어 하나님은 어떤 방해도 허용치 않으신다.[68]

신약 기자들이 예수님을 하나님의 맏아들이요 독생자라고 말할 때는 구약에 나오는 맏아들의 의미가 그리스도 안에서 완성되었다는 사실을 승인하는 것이다. 게라르드 반 그로닝겐은 이렇게 주장한다. "장자는 그리스도의 모형이며 더 나아가 하나님의 독생자요 맏아들인 예수 그리스도를 직접적으로 가리킨다."[69] 월터 카이저는 맏아들과 관련하여 구약에 등장하는 용어는 "메시아 예수님을 가리키기 위해 사용되었다.… 예수님 역시 애굽에서 이끌려 나왔으며 비슷한 단어인 '내 아들'로 불리었다(마 2:15. 비교 호 11:1). 더 나아가 예수님은 하나님의 '맏아들'(롬 8:29, 골 1:15, 18, 히 1:6, 계 1:5)로 불리었다. 용어와 신분과 의미가 신구약에 걸쳐 일관되게 유지된다는 것은 단순한 우연 이상이다. 단 하나의 구원 계획이 있었다는 증거일 뿐 아니라 (신구약을 통틀어) 하나님의 백성도 단 하나라는 놀라운 증거다"[70]라고 말한다.

출애굽기는 장차 올 하나님의 구속사를 아름다운 그림으로 보여준다. 이제 우리는 신자와 예수 그리스도의 개인적인 관계 및 (그 관계로부터 비롯되는) 거룩함에 이르는 길에 관하여 말하는 레위기로 넘어가겠다.

11
레위기에서 신명기까지

레위기의 핵심 요소인 율법, 거룩, 제물, 성막은 그리스도 안에서 그 의미를 찾을 수 있다. 그리스도는 유일하게 율법을 완성하시고, 완전하고도 죄 없는 삶을 사시며, 죄를 위해 희생제물로 죽으시고, 성육신하신 하나님의 임재시기 때문이다. 이 네 가지 주제는 성경의 이후 부분뿐 아니라 성경의 역사 속을 강물처럼 도도히 흘러 마침내 메시아 예수 그리스도에게 다다른다. 따라서 모든 성경이 그렇듯 레위기도 예수 그리스도의 인격과 사역에 관한 내용이며, 그분 안에서 궁극적인 의미를 찾을 수 있다. 하나님의 말씀에서 이 부분을 간과하면, 우리가 오랫동안 고대해 왔고, 지금 우리에게 위대한 구원을 가져다 주신 예수 그리스도에 대한 이해를 축소시키는 셈이다. 마크 루커[1]

레위기는 연대기적으로 보나 내용의 흐름으로 보나 창세기와 출애굽기 이후의 책이다. 창세기는 인간의 타락 그리고 인간을 구속하겠다는 하나님의 언약을 이야기하고, 출애굽기는 하나님의 실제 구속 계획으로 시작하며, 레위기는 사람이 하나님과의 관계를 어떻게 발전시킬지에 관해 하나님이 주시는 규례를 제공한다. 레위기의 이야기는 출애굽기가 끝나는 곳에서, 하나님이 회막에서 모세를 부르시고 규례를 말씀하시는 장면으로 시작한다.

출애굽기는 이스라엘이 노예로 살던 애굽 군주로부터 구원받는 일을 서술하는 반면, 레위기는 훨씬 더 위협적인 압제자, 즉 죄로부터 해방되는 일에 대해 말하고 있다. 죄의 예속은 하나님이 인간을 지으신 본래의 목적인 하나님과의 친밀한 교제를 방해하기 때문에 특히 치명적이다. 죄는 (스스로 주인이 되어) 우리로 하나님을 거역하고 맞서게 한다. 다른 주인을 향해 발걸음을 돌리는 순간 우리는 이미 하나님을 따르지 않는 것이 된다. 누가복음에 나오는 말씀 그대로다. "집 하인이 두 주인을 섬길 수 없나니 혹 이를 미워하고 저를 사랑하거나 혹 이를 중히 여기고 저를 경히 여길 것임이니라"(눅 16:13). 그러므로 레위기에서는 하나님이 이스라엘에게 그 죄를 속하고 하나님의 임재 안으로 들어갈 수 있는 방법을 보여 주신다.

이스라엘을 (거룩한) 제사장 나라로 삼고 그들을 통해 구원 약속을 열방에 전하겠다고 맹세하신(출 19:6) 하나님은 이제 그 백성을 거룩하게 구별하겠다는 약속을 실행하셔야 한다. 그 말은 이스라엘이 어떻게 택함 받은 도구가 되어 온전히 헌신할지를 하나님이 가르치셔야 한다는 의미다. 이에 따라 레위기는 이스라엘에게 특별하고 거룩한 제사장 나라가 되기 위한 하나님의 지침을 알려 준다. 그래서 일부 학자들은 레위기를 이스라엘을 위한 하나님의 예배 지침서라 부르기도 한다.[2]

레위기 10장 10-11절은 제사장 사역의 핵심을 이렇게 규정한다. "그리하여야 너희가 거룩하고 속된 것을 분별하며 부정하고 정한 것을 분별하고 또 나 여호와가 모세를 통하여 모든 규례를 이스라엘 자손에게 가르치리라." 로이 B. 주크는 이렇게 말한다. "이스라엘은 지구상 모든 민족 가운데서 [하나님께] 구별된 백성이었다. 그들의 생활 방식과 됨됨이는 열방 가운데 그들의 정체성과 사명이 무엇인지 밝히 드러낼 수 있어야 한다."[3] 레이 스테드먼은 여기에 덧붙인다. "레위기에 나오는 희생제사와 각종 예배와 의식은 예수님과 그분의 구원 사역을 미리 보여 주는 것들이다. 그러므로 레위기는 예수 그리스도가 우리의 필요를 어떻게 채우실 수 있는지에 대해서도 많은 내용을 담고 있다고 할 수 있다. 레위기는 단순한 역사서가 아니라 그리스도인이 어떻게 살아야 하는지를 알려 주는 대단히 실제적인 지침서다."[4]

레위기가 지루하게 다가올 수 있다. 하지만 자세히 들여다보면 이 책은 독생자의 피 흘리는 제사를 통해 인간의 죄 문제를 완전히 해결하시려는 하나님의 궁극적 계획을 보여 주는 기막힌 예고편이다. 모든 희생제사와 거룩한 절기는 그리스도를 가리킨다. 제사장 나라로 택함받은 이스라엘이 성숙해 가기 위한 지침을 제공하는 것 말고도, 레위기는 신약의 성도에게 귀중한 통찰을 제공한다. 조셉 엑셀 목사는 레위기의 중요성을 이렇게 짚고 있다.

레위기의 역사적 중요성은 실로 크다. 사람들은 그리스의 철학과 예술을 몰라도 그리스의 역사는 이해할 수 있고, 영국의 의회나 헌법을 몰라도 영국의 역사는 이해할 수 있듯, 이스라엘의 예법과 의식을 몰라도 이스라엘의 역사는 이해할 수 있다고 여기는 듯하다. 하지만 오늘날 학교나 대학에서 고전 신화 연구에 얼마나 공을 들이는지 생각해 보라. 신화가 그 자체로 가치 있어서가 아니라 고전문학에 많은 영향을 주었기 때문이다. 그럼에도 그리스도인들은 유대인의 다양한 예배를 연구하는 것이 유대인의 문학 작품, 곧 지금 우리의 성경을 이해하는 데 얼마나 중요한지 잘 모른다. 문학으로서뿐 아니라 성경 그 자체로서 지니는 진정한 가치를 알기 위해서라도, 그리고 (고고학적, 심리학적으로 귀중한) 고대 신화로서뿐 아니라 (신약을 이해하는 실마리가 되고 우리 소망의 근거인 복음을 이해하는 열쇠로서) 성경이 우리에게 제공하는 실천적 가치를 알기 위해서라도 성막 예배를 이해하는 것은 매우 중요하다.[5]

레위기의 중심 주제는 하나님이 이스라엘에게 자주 말씀하시는 간단 명료한 명령에 담겨 있다. "내가 거룩하니 너희도 거룩하라"(레 11:44, 45, 19:2, 20:7). 하나님은 이스라엘이 열방에 하나님을 드러내기 위해 택함 받은 백성으로서 영적으로나 도덕적으로 하나님처럼 거룩해야 한다고 말씀하신다.

학자들은 레위기가 두 부분으로 나뉜다는 데 대체로 동의한다. 첫 번째 부분에서는 (하나님과 바른 관계를 세우기 위해) 완전하고 거룩하신 '하나님께 나아가는' 방편들을 담고 있는데, 여기에 하나님이 설명하시는 각종 제사법이 포함된다. 두 번째 부분에서는 하나님과의 '교제를 지켜 가는' 것에 관한 교훈들을 담고 있는데, 여기에는 정결에 관한 율법, 거룩에 관한 규례, 종교 절기에 관한 가르침 등이 포함된다. 이미 주지한 바와 같이 레위기의 구조는 그리스도인의 삶을 예표한다. 일단 우리가 그리스도인이 되면 하나님께 거침없이 나아갈 수 있지만, 영적 성숙은 비로소 그때부터 시작한다. 자기 내면에서 과거의 죄성과 성령 충만한 새로운 본성 사이에 끊임없는 싸움이 일어난다. 그래서 성경공부, 기도, 예배 등의 영적 훈련을 실천함으로 날마다 더 거룩해지고 그리스도를 닮아가게 될 것이다.

레위기의 첫 부분에서는 인간이 하나님께 나아가려면 반드시 제물이 되는 동시에 제물을 드리는 자(혹은 제사장)가 되어야 한다는 사실을 보여 준다.[5] 그래서 하나님은 열납되는 제물의 유형을 구체적으로 알려 주시고 또한 제사장을 세우신다. 신학자 리처드 니버는 오늘날의 희석된 기독교 신학은 "진노하지 않으시는 하나님이 죄 없는 인간을 택하여 십자가 없는 그리스도의 사역을 통해 의로움이 없는 하나님 나라로 들여보낸다"[7]고 믿는 경향이 있다고 했다. 다시 말해 많은 이들이 아무런 희생을 요구하지 않는 그저 쉽고 기분 좋은 종교를 원한다는 것이다. 하지만 날것 그대로의 기독교는 하나님의 공의가 인간의 죄에 대한 대가를 요구한다고 가르친다. 죄의 대가를 치러야 한다. 대가를 치르는 수단은 희생이다. 희생은 범죄한 인간이 거룩하신 하나님께 다가갈 수 있게 하는, 하나님이 손수 마련하신 방편이다. 구약의 희생 제사 제도는 희생 제물의 죽음을 수반하는데, 이는 예수 그리스도의 궁극적인 희생 죽음을 미리 보여 주는 예시다. 히브리서 기자의 표현을 빌면, "그(그리스도)가 거룩하게 된 자들을 한 번의 제사로 영원히 온전하게 하셨느니라"(히 10:14).

레위기에는 복잡한 제사 제도가 종류에 따라 정형화되어 자세히 기술되어 있지만, 실제 제사는 이미 등장한 바 있다. 하나님은 가인과 아벨의 제사 사건을 통해 피를 드리는 제사의 필요성을 분명히 말씀하셨다. 구약학자 로버트 해리스는 이렇게 관찰하고 있다. "모형으로서 피의 제사와 그것의 실체인 그리스도의 피는 진홍빛 구속의 계보라고도 불리는데, 이에 대한 교리는 창세기 아벨의 제사에서 시작하여 계시록에 등장하는 죽임 당한 어린 양의 피에서 정점을 이룬다(계 13:8)."[8] 예수님이 직접 선포하신 대로다. "나는 양을 위하여 목숨을 버리노라"(요 10:15).

그러나 구약의 짐승 제사는 죄를 없애는 게 아니라 덮(어서 가리)기만 하는 불완전한 것이었다. 그렇기 때문에 매년 반복되어야 했다. 워렌 위어스비는 이렇게 설명한다. "제사를 드리는 것 자체로는 죄인을 구원할 수 없었다. 하나님 말씀에 대한 믿음이 있어야 했다. 믿음만이 영혼을 구원하기 때문이다. 다윗은 제사만으로는 자신의 죄를 씻을 수 없음을 알고 있었다(시 51:16-17). 선지자들도 이를 분명하게 언급했다(사 1:11-24). 그럼에도 죄인이 하나님의 말씀을 믿음으로 붙잡고 통회하는 마음으로 나아오면 하나님은 그의 제사를 열납하셨다."[9] 그리스도의 완전한 제사만이 영단번에 죄를 해결해야 했다. 사실상 그리스도의 희생 외에 다른 제사를 드린다는 것은 그리스도를 모욕하고 상처를 주어 다시금 십자가에 못박는 일이 될 것이다. 신약의 레위기 주석이라 불리는 히브리서가 이 점을 분명히 밝히고 있다.[10]

> 율법은 장차 올 좋은 일의 그림자일 뿐이요 참 형상이 아니므로 해마다 늘 드리는 같은 제사로는 나아오는 자들을 언제나 온전하게 할 수 없느니라. 그렇지 아니하면 섬기는 자들이 단번에 정결하게 되어 다시

죄를 깨닫는 일이 없으리니 어찌 제사 드리는 일을 그치지 아니하였으리요. 그러나 이 제사들에는 해마다 죄를 기억하게 하는 것이 있나니 이는 황소와 염소의 피가 능히 죄를 없이 하지 못함이라. 그러므로 주께서 세상에 임하실 때에 이르시되 하나님이 제사와 예물을 원하지 아니하시고 오직 나를 위하여 한 몸을 예비하셨도다. 번제와 속죄제는 기뻐하지 아니하시나니 이에 내가 말하기를 '하나님이여 보시옵소서. 두루마리 책에 나를 가리켜 기록된 것과 같이 하나님의 뜻을 행하러 왔나이다' 하셨느니라. 위에 말씀하시기를 주께서는 제사와 예물과 번제와 속죄제는 원하지도 아니하고 기뻐하지도 아니하신다 하셨고 (이는 다 율법을 따라 드리는 것이라.) 그 후에 말씀하시기를 "보시옵소서. 내가 하나님의 뜻을 행하러 왔나이다" 하셨으니 그 첫째 것을 폐하심은 둘째 것을 세우려 하심이라. 이 뜻을 따라 예수 그리스도의 몸을 단번에 드리심으로 말미암아 우리가 거룩함을 얻었노라. 제사장마다 매일 서서 섬기며 자주 같은 제사를 드리되 이 제사는 언제나 죄를 없게 하지 못하거니와 오직 그리스도는 죄를 위하여 한 영원한 제사를 드리시고 하나님 우편에 앉으사 그 후에 자기 원수들을 자기 발등상이 되게 하실 때까지 기다리시나니 그가 거룩하게 된 자들을 한 번의 제사로 영원히 온전하게 하셨느니라. 또한 성령이 우리에게 증언하시되 주께서 이르시되 "그날 후로는 그들과 맺을 언약이 이것이라" 하시고 "내 법을 그들의 마음에 두고 그들의 생각에 기록하리라" 하신 후에 또 "그들의 죄와 그들의 불법을 내가 다시 기억하지 아니하리라" 하셨으니 이것들을 사하셨은즉 다시 죄를 위하여 제사 드릴 것이 없느니라(히 10:1-18).

레위기에 메시아 예언은 없지만, 이 책은 그리스도 안에서 완성되어야 할 영적 실재들의 모형과 그림과 예시들이 담긴 소중한 보물상자다. 제임스 E. 스미스는 이렇게 단언한다. "제사 의식 속에 담겨 구약의 언어로 표현된 죄인들을 위한 신약의 복음이 바로 여기에 있다. 구약에서 정한 절기에 드리는 제사와 성별된 제사장과 대제사장은 모두 그리스도 시대의 영적 실체를 보여 주기 위해 하나님이 선별하신 것들이다."[11]

제사

레위기 첫 일곱 장에는 다섯 가지 주요 제사 유형이 등장한다. 번제, 소제, 화목제, 속죄제, 그리고 속건제다. 각 제물마다 그리스도와 그분의 궁극적인 희생을 가리킨다.

○ 번제 Burnt Offering

번제는 소(레 1:5), 양이나 염소(레 1:10), 또는 새(레 1:14)로 드릴 수 있다. 번제물은 흠이 없는 수컷이어야 한다. 짐승의 종류는 제사를 드리는 이의 재산 규모에 따라 달라진다. 제물을 드리는 사람은 "번제물의 머리에 안수할지니 그를 위하여 기쁘게 받으심이 되어 그를 위하여 속죄가 될 것이라"(레 1:4). 제물을 드리는 사람은 손을 번제물의 머리에 안수함으로써 제물과 자신을 동일시 함으로, 자신을 위한 대속적 희생에 따른 혜택을 받게 된다. 그런 뒤 제물을 제단 위에서 남김 없이 완전히 불사른다(레 1:9).[12] 이렇게 하나님께 모두 바친다는 것은 그리

스도가 죽음으로 자신을 완전히 봉헌하신다는 의미가 있다.[13]

○ **소제**Grain(meal) Offering

소제는 누룩 없는 곡식 가루에 기름을 섞어 드린다(레 2:4). 누룩은 죄의 상징이므로 (누룩 없는 제물을 드리는) 소제는 예수님의 무죄함과 죄 없는 사역을 묘사한다.[14] 소제는 피를 흘리지 않는 것이 허용된 유일한 제사다.[15] 그렇다고 제사에는 피 흘림이 있어야 한다는 사실에 예외가 있다는 의미는 아니다. 소제 하나만 단독으로 제물로 드릴 수 없으며 피를 흘리는 번제나 화목제와 함께 드리기 때문이다. 먼저 피 흘리는 제사를 드린 후에야 소제를 하나님께 드릴 수 있다.[16]

○ **화목제**Peace Offering

흠 없고 티 없는 짐승을 드려야 하고(레 3:1) 예물을 드리는 자가 그 손을 짐승의 머리에 얹어 자신과 동일시 해야 한다는(레 3:2) 점에서는 번제와 매우 유사하다. 하지만 화목제는 짐승의 가장 좋은 부분인 기름은 태우고(레 3:3-5) 예물을 드리는 자가 그 남은 부분을 먹을 수 있다는 점이 번제와 다르다. 화목제는 그리스도의 죽음 덕분에 얻어지는 평화와 사귐을 상징한다. 즉 예수님의 희생적인 죽음(번제)과 그분의 죄 없는 삶(소제)이 우리를 하나님과의 화평(화목제)으로 이끈다.[17] 그리스도가 우리의 평화를 위해 징계를 받으셨다는 이사야의 예언(사 53:5)과 그리스도가 십자가의 피로 화평을 이루셨다는 바울의 말(골 1:20)을 새겨 보라. 게다가 에베소서 5장 2절도 화목제에 대한 말씀으로 볼 수 있다. "그리스도께서 너희를 사랑하신 것같이 너희도 사랑 가운데서 행하라. 그는 우리를 위하여 자신을 버리사 향기로운 제물과 희생제물로 하나님께 드리셨느니라."[18]

○ **속죄제**Sin Offering

속죄제는 의도치 않게 죄를 지은 사람을 위해 드리는 제사다(레 4:2). 로버트 바숄츠는 이렇게 쓰고 있다. "알지 못하고 지은 죄라 하더라도 하나님 집은 성결하므로 반드시 속죄해야 한다."[19] 여기서도 흠 없는 짐승을 사용해야 하고 제물을 드리는 자는 짐승의 머리에 안수해야 한다(레 4:3-4). 기름은 제단 위에서 태우되 나머지 부분은 진영 바깥의 재 버리는 곳인 정결한 곳으로 가지고 나와 나무 위에서 불살라야 한다(레 4:12).

속죄제의 이러한 절차에 담긴 의미를 히브리서는 이렇게 설명한다. "이는 죄를 위한 짐승의 피는 대제사장이 가지고 성소에 들어가고 그 육체는 영문 밖에서 불사름이라. 그러므로 예수도 자기 피로써 백성을 거룩하게 하려고 성문 밖에서 고난을 받으셨느니라"(히 13:11-12). 이 희생제사는 우리의 죄를 담당하시는 그리스도를 묘사한다. "친히 나무에 달려 그 몸으로 우리 죄를 담당하셨으니 이는 우리로 죄에 대하여 죽고 의에 대하여 살게 하려 하심이라"(벧전 2:24). 영국의 신학자 앤드류 주크스는 인간에게는 죄의 (악한) 본성이 있으며, 그것에서 우리의 범죄가 나온다고 강조한다. 하나님은 우리의 악함을 아시기에 이에 대비하신다. 여기에서 속죄제와 속건제의 차이가 나타난다고 주크스는 주장한다. "속죄제는 우리의 죄성(죄의 근원)을 위한 것이고, 속건제는 죄성의 열매를 위한 것이다."[20]

KJV 성경 주석의 저자 에드워드 힌슨은 의도치 않게 지은 죄를 위해서도 제사를 드리는 이유를 설명한다. "속죄제는 죄의 본성에 의한 죄책과 더러움을 위해 드린다. 아담의 자손인 우리는 본성이 타락하였으므로 부지중에도 죄를 저지른다. 이를 위해 속죄제를 드려야 한다."[21] 영국의 전도자 존 스토트는 그리스도를 궁극적인 속죄제물로 묘사한다. "그의 유일하신 아들을 속죄제물로 바치기 위해 죄의 본성을 지닌 인간의 모습으로 보내심으로써, 하나님은 사실상 우리의 죄악을 인간이신 예수님 안에서 심판하셨다. 그가 심판을 받으셔야 우리가 의롭게 될 수 있기 때문이다."[22]

○ **속건제**Trespass Offering

속건제는 사기와 속임수, 거짓, 도적질과 같이 의도적으로 죄를 저지른 사람을 위한 제사다(레 6:2-3). 또한 하나님의 성물과 관련하여 의도성 없이 저지른 죄를 위해서도 드릴 수 있다. 여기에는 화목제를 드린 후 예물을 드리는 자가 먹은 제물의 고기를 부적절히 사용하거나 소제, 속죄제에서 제사장에게만 허용된 제물의 '가장 거룩한' 부분을 오용한 경우가 포함된다(레 5:14-15).[23] (하나님과 그분의 명령을 훼방하는 등 일부 의도적인 죄를 위한 제사가 없다는 점을 눈여겨보라[민 15:30-31].)[24] 죄를 범한 자는 짐승을 드리는 것 외에도 본래의 가치에 5분의 1을 더하여 보상해야 한다(레 5:6).

속건제는 우리의 죄값을 대신 치르고 우리를 구속하시는 그리스도를 묘사한다. "너희 조상이 물려 준 헛된 행실에서 대속함을 받은 것은 은이나 금같이 없어질 것으로 된 것이 아니요 오직 흠 없고 점 없는 어린 양 같은 그리스도의 보배로운 피로 된 것이니라"(벧전 1:18-19). 이와 유사하게 에베소서에서는 우리가 자기 허물(trespass, 속건제가 바로 이 단어를 사용한다)로 죽었다고 말한다. "긍휼이 풍성하신 하나님이 우리를 사랑하신 그 큰 사랑을 인하여 허물로 죽은 우리를 그리스도와 함께 살리셨고 (너희는 은혜로 구원을 받은 것이라) 또 함께 일으키사 그리스도 예수 안에서 함께 하늘에 앉히시니 이는 그리스도 예수 안에서 우리에게 자비하심으로써 그 은혜의 지극히 풍성함을 오는 여러 세대에 나타내려 하심이라. 너희는 그 은혜에 의하여 믿음으로 말미암아 구원을 받았으니"(엡 2:4-8).

아론과 제사장직

하나님은 백성들이 중재자(중보자)를 통해 하나님께 나아오게 하기 위해 제사장직을 세우신다. 제사장직은 하나님이 인간과 특별한 관계를 맺기 원하신다는 메시지를 전달한다.[25] 제사장직을 통해 이스라엘 역시 하나님과 특별한 관계를 맺고 있음을 드러낼 뿐 아니라 율법에 순종하는 독특한 삶의 모습을 보여 준다. 또한 제사장직은 하나님의 능력을 증거할 뿐 아니라 하나님이 자신이 택하신 백성 가운데 거하신다는 사실을 나타낸다.[26]

하나님은 아론을 대제사장으로 지명하시고 그와 아들들을 성별하시는데, 제사장의 오른쪽 귓부리에 피를 발라 성결하게 하는 의식을 통해 제사장은 자기 몸의 다른 부분(발과 손)으로 무엇을 해야 하는지를 이해하게 된다. 제사장 역시 인간이고 죄인이기에 그들은 먼저 자기를 위해 희생 제사를 드린 다음 백성을 위해 제사를 드린다. 제사장직은 앞에서 언급한 의의 대표성 원리에 기반을 둔다.[27] 다른 사람의 의를 힘입어 백성을 구원하고자 하시는 하나님의 의지를 우리는 성경 전체에서 볼 수 있다. 소수의 의인을 봐서라도 소돔을 구해 달라는 아브라함의 간청에 하나님이 응답하신 경우를 한 예로 들 수 있다. 이와 마찬가지로 제사장은 하나님 앞에서 백성의 죄를 속하는 대표자 역할을 수행할 수 있다.

의의 대표성 개념은 믿음으로 예수님의 십자가 사역을 받아들이는 사람을 위해 그리스도가 대표자(대속자)로서 이루시는 궁극적인 희생을 예표한다. 제사장이 이스라엘 백성을 대신하여 섬기지만, 이스라엘 민족 역시 제사장 나라가 되어 모든 인류에게 약속된 언약의 축복을 가져다 주는 대표자 역할을 수행한다.

그렇지만 결과적으로 아론의 제사장직은 불완전하고 한계가 있다. 하나님께로 나아가는 길을 제공하지 못하기 때문이다. 존 맥아더는 이렇게 쓴다. "인간에게 가장 필요한 한 가지를 아론은 제공하지 못했다. 그러므로 하나님께로 나아가는 길을 열어 주는 새로운 제사장이 와야 했다. 전혀 다른 반차를 따르는 제사장, 즉 예수 그리스도시다.…그렇게 그리스도가 오셔서 아론이 제공하지 못한 길을 제공하셨다."[28]

하지만 다른 측면에서 보면 아론은 사실상 그리스도의 모형이다. 그는 하나님께 속한 일을 하고(히 5:1) 친히 하나님의 부르심을 따라 제사장이 되었으며(히 5:4-10) 참된 중재자이기 때문이다.[29] 하지만 아론은 땅에서 사역한 데 반해 그리스도는 하늘에서 우리의 대제사장으로 섬기신다. 따라서 아론은 하늘에 있는 것의 모형과 그림자인 반면(히 8:5), 그리스도는 "더 아름다운 직분을 얻으셨으니 그는 더 좋은 약속으로 세우신 더 좋은 언약의 중보자시[다]"(히 8:6).

속죄일

1년에 하루 있는 속죄일(대속죄일이라고도 함)은 구약에서 가장 엄숙한 날이다. 하나님이 이 날에 대해 주시는 지침이 레위기 16장에 나온다. 이날 백성들은 금식하고 성막을 정결케 하며, 대제사장과 백성들이 한 해 동안 저지른 죄를 위한 속죄를 드린다.[30] 대제사장이 지성소로 들어갈 수 있는 유일한 날이기도 하다.

속죄일Day of Atonement과 이날에 드리는 제사와 그 과정은 그리스도가 행하시는 사역이 어떤 것인지를 보여 준다. 그러나 대제사장과 달리 예수님은 죄가 없으시므로 자신을 위해 속죄할 필요가 없으시다.[31] 히브리서는 이렇게 말한다. "그리스도께서는 참 것의 그림자인 손으로 만든 성소에 들어가지 아니하시고 바로 그 하늘에 들어가사 이제 우리를 위하여 하나님 앞에 나타나시고"(히 9:24). 제임스 헤이스팅스는 이렇게 쓰고 있다. 속죄일에 아론의 반차에 속한 대제사장은 희생물의 피를 들고 지성소로 들어가지만, 그리스도는 "영원한 속죄를 이룬 '자신의 피를 통해' 하늘로 들어가신다(히 9:12).…속죄일에 드려지는 속죄 제물을 먹을 수 없었던 이스라엘 백성과 달리 그리스도인은 그리스도를 먹고 마실 수 있다."[32]

절기

레위기 23장은 이스라엘 백성이 하나님과 관계를 유지하는 데 도움이 되는 일곱 가지 절기를 소개한다. 하나님이 직접 정하신 절기를 지키는 동안 백성은 하나님을 만나기 위해 성소(성막, 훗날의 성전)에 모인다. 이 기간에는 일상의 일을 해서는 안 된다.[33] 절기 동안 이스라엘 백성은 하나님께 새롭게 헌신하며 민족의 단합을 증진한다. 백성에게 은혜를 베푸신 하나님께 헌신할 것을 표현하는 행위를 통하여 백성은 다시 하나가 된다.[34] 절기는 다음과 같다.

○ **유월절**(레 23:4-5)Pass Over

유월절은 정월 14일 저녁부터 시작하는 단 하루다. 유월절 다음 날인 무교절 그리고 초실절로 이어지는 절기는 7일 동안 이어진다. 유월절은 이스라엘이 애굽으로부터 해방된 것을 기념하는 날이다. 이미 살펴보았지만 유월절은 "우리의 유월절 (양) 되시는"(고전 5:7) 그리스도의 모형이다.

○ **무교절**(레 23:6-8)The Feast of Unleavened Bread

유월절 다음 날을 무교절로 정하고 이때부터 7일간 누룩 없는 떡을 먹는데 이스라엘이 급히 애굽을 떠난 것을 기념한다. 이스라엘 백성들은 애굽에서 종의 신분으로 마지막 식사를 하던 날 음식을 발효시킬 시간도 없었다.[35] 무교절은 생명의 양식이 되시는 그리스도를 가리킨다. 바울은 이날을 그리스도인의 (누룩 없는) 삶에 비교하면서 이렇게 말한다. "너희는 누룩 없는 자인데 새 덩어리가 되기 위하여 묵은 누룩을 내버리라. 우리의 유월절 양 곧 그리스도께서 희생되셨느니라"(고전 5:7-8). 존 월부어드에 따르면, 이 절기 동안 일을 하지 않는 것 역시 그리스도를 믿는 이들의 삶을 나타낸다고 한다. 그리스도인은 자기 행위가 아닌 믿음으로 말미암아 은혜로 구원을 받기 때문이다.[36] 무교절은 그리스도가 유월절 전날에 십자가에 못박힌 사건을 다시금 보여 주는데, 요한은 그의 복음서에서 로마인들이 평소 관례와 달리 예수님의 다리를 부러뜨리지 않은 것이 유월절 양의 뼈를 꺾지 말라는 하나님의 규례가 그대로 지켜졌음을 보여 준다고 말한다(19:31-37).

○ **초실절**(레 23:9-14) The Feast of Firstfruits

이 날에 이스라엘 백성들은 추수한 첫 소산물을 하나님께 드리고 제사장은 하나님 앞에 곡식 다발을 요제(제물을 흔들어서 바침)로 드리는데, 이는 하나님을 향한 이스라엘의 감사와 의존을 상징한다.[37] 새 생명에 대한 첫 번째 증표이자 장차 있을 더 많은 것에 대한 증거이기도 하다. 바울은 이를 그리스도의 부활에 비유한다.[38] "그러나 이제 그리스도께서 죽은 자 가운데서 다시 살아나사 잠자는 자들의 첫 열매가 되셨도다. 사망이 한 사람으로 말미암았으니 죽은 자의 부활도 한 사람으로 말미암는도다. 아담 안에서 모든 사람이 죽은 것같이 그리스도 안에서 모든 사람이 삶을 얻으리라. 그러나 각각 자기 차례대로 되리니 먼저는 첫 열매인 그리스도요 다음에는 그가 강림하실 때에 그리스도에게 속한 자요"(고전 15:20-23). 초실절은 무교병을 먹는 7일 기간 중 첫 안식일 다음 날로(레 23:11) 한 주의 첫날에 지킨다. 그리스도가 안식 후 첫날에 다시 살아나신 것과 연결된다.

○ **오순절**(레 23:15-21) The Day of Pentecost

초실절 50일 후에 곡식 추수의 종료를 기념하는 날이다. 집에서 누룩을 넣은 고운 햇곡식 가루로 떡 두 개를 구워 가져가면 제사장이 하나님 앞에 요제로 드리고, 이와 더불어 짐승을 취하여 화목제와 죄를 위한 희생제물로 드린다(레 23:17-20). 그리스도인들은 오순절을 중요하게 여긴다. 사도행전에 기록되었듯 성령이 사람들에게 임하시고 교회가 탄생한 날이기 때문이다. 오순절 예식에서 사용되는 두 개의 떡은 유대인과 이방인이 그리스도 안에서 하나 됨을 예표하는 것으로 간주된다.[39]

○ 나팔절(레 23:23-25)The Feast of Trumpets

유대력으로 일곱째 달 첫날에 모여 경건하게 안식하고 거룩한 집회를 갖는 날이다. 이스라엘 백성에게 거룩한 달의 시작을 알리는 날로, 이 나팔절을 통해 지난 일년 동안 쌓인 죄와 더불어 추수한 것들을 기억하게 한다.[40] 첫날에는 나팔을 크게 울려(레 3:24) 모세 언약을 주신 하나님의 은혜를 자랑스럽게 기념한다.[41] 성경을 보면 나팔은 보통 하나님의 임재를 알리는 데 사용된다.[42] 예수님은 나팔 소리와 함께 인류에 대한 심판이 임할 것을 예언하시고(마 24:31), 이와 비슷하게 바울도 나팔 소리와 함께 죽은 자들이 부활하리라고 가르친다(고전 15:52, 살전 4:16). 또한 나팔절에 이스라엘을 다시 모으는 장면이 실현될 것으로 보기도 한다. 그리스도가 이땅에 재림하실 때 이스라엘이 나팔 소리에 반응하여 그 땅에 다시 모일 것이기 때문이다(마 24:31, 사 27:13).

○ 속죄일

앞에서 설명했듯 그리스도가 대속의 행위로 십자가에서 이루신 사역을 가리킨다. 그리스도는 최종적으로, 그리고 영단번에 지성소(하나님이 계신 곳)로 들어가셨다. 그리스도가 속죄일을 완전하게 성취하심으로, 더 이상의 속죄는 필요하지 않다.[43]

○ **초막절**The Feast of Tabernacles

초막절 기간 동안 이스라엘 사람들은 집을 떠나 초막에서 지낸다. 추수의 완료를 다같이 기뻐하는 시기이며(출 23:16)[44] 이스라엘이 광야에서 지내던 시간을 경건하게 기억하는 절기다. 메시아가 온 땅과 하늘을 통치하시는 날 하나님과 누릴 영원한 안식을 기쁨으로 고대하는 시간이기도 하다.[45] 초막절의 7일째인 마지막 날 밤에는 모두가 초막에서 나와 영원한 안식을 고대하며 기쁨으로 춤을 추며 날이 밝도록 축제로 즐긴다.[46]

민수기

민수기는 이스라엘 민족의 광야 생활과 시내산에서 모압평지에 이르기까지의 여정을 기록한다. 그곳에서 백성은 약속의 땅에 들어가라는 하나님의 허락을 기다린다. 하나님의 백성은 반드시 믿음으로 살고 그분의 약속을 신뢰해야 하며, 그렇지 않으면 더 이상 나아갈 수 없다는 것이 민수기의 핵심 주제다.[47] 앞에서 언급했듯 구약은 (완전한 하나님이자 사람인 예수 그리스도 안에서) 역사의 정점을 향해 나아가는 구속사의 점진적인 계시라는 면에서, 그리고 택하신 백성을 향한 하나님의 일하심을 전하는 계시라는 면에서 그리스도를 가리킨다. 기록된 성경 역사 속에 나타난 하나님과 이스라엘의 관계 역시 그리스도를 가리킨다. 하나님과의 관계를 발전시키는 것, 믿음, 하나님과의 동행, 순종, 경외 및 하나님의 약속을 신뢰하는 것의 중요성에 대해 중대한 교훈을 가르쳐 주기 때문이다. 또한 불순종과 우상 숭배와 자기 만족이라는 환상에 빠져 하나님 없이 살려고 애쓸 때 맞이할 결과가 무엇인지도 가르쳐 준다.

민수기는, 하나님 없이 살아갈 때 그 백성은 방향도 목적도 없이 불안정하게 유랑하는 "거류민"에 지나지 않는다는 사실을 보여 준다. 우리 역시 그리스도 없이는 세상이라는 광야에서 스스로를 구원하지도, 죄의 본성을 제어하지도, 그리고 의미 있게 살 능력도 없이 방황하고 말 것이다. 베드로는 우리를 거류민에 비유하면서 하나님을 떠나 사는 것의 위험성을 경고한다. "사랑하는 자들아, 거류민과 나그네 같은 너희를 권하노니 영혼을 거슬러 싸우는 육체의 정욕을 제어하라"(벧전 2:11).

그래서 레위기는 이스라엘 백성에게 제사장이라는 중보자를 통해 하나님께 나아가는 법을 가르치고 하나님께 나아갈 때 다른 중재자의 필요성을 제거하신 우리의 대제사장 예수 그리스도의 사역을 가리키는 반면, 민수기는 (이스라엘의) 하나님과의 동행에 대해 이야기한다. 이는 그리스도께 믿음을 둘 때 비로소 시작되는 (그리스도인의) 하나님과의 동행을 내다보게 한다.

따라서 하나님의 백성이 지나온 역사를 공부할 뿐 아니라 그들의 경험, 특히 잘못을 통해 유익을 얻기 위해서라도 우리는 다른 역사서 외에 민수기를 반드시 읽어야 한다. 우리는 죄의 본성을 지녔기 때문에 하나님과 동행하기가 생각처럼 쉽지 않다. 하지만 하나님으로부터 멀어졌을 때 죄의 결과는 늘 파괴적이다. 돌이켜보면 이스라엘 백성은 가나안에 들어가기 위해 그렇게 오랜 시간 돌아서 갈 필요가 없었다. 그런데도 그렇게 방황한 것은 나침반이 없어서가 아니다. 그들은 하나님을 버리고 대신 돌아서 가는 길을 선택했을 뿐이고 그래서 그 대가를 치른 것이다.

이 말씀 때문에 우리가 두려워할 필요는 없다. 이스라엘의 한 세대는 약속의 땅에 들어갈 기회를 박탈당하지만, 하나님은 곧 다음 세대를 세워 그들에게 순종과 믿음과 신뢰의 중요성을 가르치신다. 사람들은 하나님을 저버리지만 하나님은 저버리지 않으신다는 말이다. 불순종에 대한 징계 역시 단순히 징계로 머물지 않는다. 앞에서 언급했듯 하나님의 징계는 사랑하는 자들의 유익을 위한 하나님의 뜻에 기반한 것이기 때문이다. 이와 유사하게 그리스도인 역시 역경을 통해 배운다. 그래서 바울은 이렇게 권고한다. "우리가 환난 중에도 즐거워하나니 이는 환난은 인내를, 인내는 연단을, 연단은 소망을 이루는 줄 앎이로다. 소망이 우리를 부끄럽게 하지 아니함은 우리에게 주신 성령으로 말미암아 하나님의 사랑이 우리 마음에 부은 바 됨이니"(롬 5:3-5).

하나님은 이스라엘을 기적적으로 변화시키고 단번에 가나안으로 옮기어 방황을 면하게 하실 수 있지만, 그들이 아직 준비되지 않았으므로 그리하셨더라도 그들에게 별로 도움이 되지 않았을 것이다. 내가 보기에 하나님은 백성을 징계하시긴 하지만, 하나님과 돈독한 관계를 통해 헛된 자기 신뢰의 방법 대신 믿음으로 동행하는 것의 중요성을 깨닫게 하시려고 광야에서 헤매게 하신 것 같다. 불순종의 결과는 영적 광야를 방황하는 것이기에 우리는 그리스도인으로서 그렇게 불순종하지 않도록 말씀의 교훈으로 더욱 무장해야 한다.

우리는 우리 앞에 놓인 상급, 곧 그리스도에게 시선을 고정해야 한다. 스티븐 카웅은 이렇게 말한다.

우리를 위한 하나님의 목적은 그분이 뜻하시는 최종 결말, 즉 그리스도와 그분의 풍성하심으로 나아가는 것이다. 영적으로 말하면, 가나안은 그리스도의 부요함을 상징한다. 가나안은 젖과 꿀이 흐르는 땅이기 때문이다. 영적으로 볼 때 이는 부족한 게 전혀 없는 환경을 가리키므로, 가나안은 상징적으로 그리스도의 헤아릴 수 없는 부요함을 말하고 있기도 하다. 백성을 위한 하나님의 목적은 언제나 그 부요함에 있다. 하나님은 우리를 불구덩이에서 타다 남은 나뭇조각 건져 내듯 구원하시려는 게 아니다(참조 암 4:11, 슥 3:2, 유 23절, 고전 3:15). 그보다는 우리를 구원하여 그리스도의 헤아릴 수 없는 부요함을 충만히 누리게 하기 원하시며, 그것을 목표로 우리를 이끌어 가신다. 하나님은 우리를 항상 그 길로 인도하시고, 그분을 따라 한 걸음씩 그리스도의 충만하심까지 다다르는 것은 우리의 책임이다.[48]

민수기의 핵심 주제 중 하나가 히브리서에 한 구절로 나오는데, 방황하는 이스라엘 백성에 대한 내용이다. "이로 보건대 그들이 믿지 아니하므로 능히 들어가지 못한 것이라"(히 3:19). 민수기가 가르치는 가장 중요한 사실이 있다. 믿음은 우리를 하나님에 대한 순종과 바른 교제와 생명으로 인도하는 반면, 불신은 하나님에 대한 반역과 분리와 죽음으로 인도한다는 것이다. 믿음이 있는 그리스도인이라 해도 반드시 그리스도와 동행하며 자라가도록 스스로를 연단해야 한다. 영적 성장은 저절로 이루어지지 않기 때문이다. 우리는 냉담한 그리스도인이 주일이나 특별한 날에만 하나님을 만나는 식으로 그분을 무시하거나 영적 훈련을 가볍게 여기거나 자기만의 광야에서 헤매다가 끝나서는 안 된다. 삶의 모든 시간을 광야에서 고생하며 헤매기만 해서는 안 된다. 그리스도와 멀어진 채 세상의 유혹에 마주친다면 그 누구도 안전하지 못할 것이기 때문이다.

히브리서 기자는 이렇게 경고한다. "광야에서 시험하던 날에 거역하던 것같이 너희 마음을 완고하게 하지 말라. 거기서 너희 열조가 나를 시험하여 증험하고 사십 년 동안 나의 행사를 보았느니라.…그들이 항상 마음이 미혹되어 내 길을 알지 못하는도다.…그들은 내 안식에 들어오지 못하리라.…형제들아 너희는 삼가 혹 너희 중에 누가 믿지 아니하는 악한 마음을 품고 살아 계신 하나님에게서 떨어질까 조심할 것이요 오직 오늘이라 일컫는 동안에 매일 피차 권면하여 너희 중에 누구든지 죄의 유혹으로 완고하게 되지 않도록 하라"(히 3:8-13).

이러한 경고의 말씀을 잊지 말되 그 다음 장에 나온 건설적인 말씀도 간과하지 말자. 히브리서 3장은 불신의 결과를 경고하는 반면, 4장은 이스라엘의 실수를 통해 배우고 더 잘 행하기를 권면하면서 긍정적인 면을 강조한다. 그것이 핵심이다. 히브리서 기자는 비록 이스라엘이 듣기는 했으나, "그 말씀을 믿음으로 받아들이지 않았기 때문[에]"(히 4:2, 현대인의성경) 결국 주의를 기울이지는 않았던, 복음에 대한 하나님의 약속을 우리 마음에 새기라고 말한다.

그리고 이렇게 덧붙인다. "그러므로 우리가 저 안식에 들어가기를 힘쓸지니 이는 누구든지 저 순종하지 아니하는 본에 빠지지 않게 하려 함이라. 하나님의 말씀은 살아 있고 활력이 있어 좌우에 날선 어떤 검보다도 예리하여 혼과 영과 및 관절과 골수를 찔러 쪼개기까지 하며 또 마음의 생각과 뜻을 판단하나니…그러므로 우리에게 큰 대제사장이 계시니 승천하신 이 곧 하나님의 아들 예수시라. 우리가 믿는 도리를 굳게 잡을지어다. 우리에게 있는 대제사장은 우리의 연약함을 동정하지 못하실 이가 아니요 모든 일에 우리와 똑같이 시험을 받으신 이로되 죄는 없으시니라. 그러므로 우리는 긍휼하심을 받고 때를 따라 돕는 은혜를 얻기 위하여 은혜의 보좌 앞에 담대히 나아갈 것이니라"(히 4:11, 12, 14-16).

민수기에 나오는 그리스도의 모형, 모습, 예언

그리스도인을 향한 이러한 중대한 메시지 외에도 민수기에는 그리스도를 예표하는 중요한 장면들이 많다. 앞에서 간단히 언급한 한 가지부터 살펴보자. 하나님의 백성들은 여정 중에 음식과 물이 부족해지자 불평을 일삼는다. 하나님은 그들 가운데 불뱀을 보내시고, 뱀이 백성들을 물어 많은 이들이 죽는다. 사람들이 모세 앞에서 뉘우치고 뱀을 없애 주시도록 하나님께 기도해 주길 부탁하자 모세는 이를 받아들인다. 하나님은 그의 기도를 들으시고 말씀하신다. "불뱀을 만들어 장대 위에 매달아라. 물린 자마다 그것을 보면 살리라"(민 21:8).

이것이 그리스도를 가리키는 예언이자 모형이라는 사실은 예수 그리스도가 직접 하신 말씀을 근거로 알 수 있다. 예수님은 이렇게 말씀하신다. "모세가 광야에서 뱀을 든 것같이 인자도 들려야 하리니 이는 그를 믿는 자마다 영생을 얻게 하려 하심이니라"(요 3:14-15). 게리 스타츠는 이렇게 말한다. "십자가에 못박히고 다시 살아나신 그리스도를 바라보는 사람은 치명적인 죄의 독에서 구원을 받고 믿음을 통해 영생으로 옮겨진다."[49] 스타츠는 이 모형에서 "십자가 사건의 놀라운 그 장면"[50]을 보게 된다고 말한다.

민수기에 나오는 메소포타미아 출신의 무당 발람의 이야기를 보면 그는 예수님에 관한 예언을 한다. "한 별이 야곱에게서 나오며 한 규가 이스라엘에게서 일어나서 모압을 이쪽에서 저쪽까지 쳐서 무찌르고 또 셋의 자식들을 다 멸하리로다. 그의 원수 에돔은 그들의 유산이 되며 그의 원수 세일도 그들의 유산이 되고 그와 동시에 이스라엘은 용감히 행동하리로다. 주권자가 야곱에게서 나서 남은 자들을 그 성읍에서 멸절하리로다"(민 24:17-19). 앞에서 살펴보았듯 이 예언은 그리스도가 야곱의 자손으로 나심으로 성취된다(눅 3:23-24). 그리스도가 태어나셨을 때 예루살렘에 찾아온 동방박사들은 이렇게 외친다. "유대인의 왕으로 나신 이가 어디 계시냐. 우리가 동방에서 그의 별을 보고 그에게 경배하러 왔노라"(마 2:2).

더욱이 민수기 19장에서 '온전하여 흠이 없는' 붉은 암송아지를 제물로 바치는 것은 예수님이 자신을 드리심으로 말미암은 구원을 나타낸다(참조 히 9:13-14).[51] 이스라엘을 광야에서 인도한 구름기둥과 불기둥도 그리스도의 임재를 상징한다(출 33:9-23, 40:38).

일부 학자들은 17장에 나오는 아론의 지팡이가 그리스도의 부활을 예표한다고 지적한다. 아론의 지도력이 도전받을 때 하나님은 아론과 족장들을 모아 성막에 각 지팡이를 꽂으라고 하신다. 다음 날 보니 아론의 지팡이에만 "움이 돋고 순이 나고 꽃이 피어서 살구 열매가 열렸[다]"(민 17:8).[52]

마지막으로 모세의 율법을 근거로 요단강 양편에 여섯 곳의 도피성을 마련하는데, 이는 의도치 않게 살인을 저지른 사람을 보호하는 목적이 있다(민 35장). 그 사람은 도피성 안에 있는 한 안전하며 대제사장이 죽으면 집으로 돌아갈 수 있다(민 35:28). 그 전에 도피성을 떠나면 "피의 보복자"에게 죽임을 당할 수 있다(민 35:27).

일부 학자들은 그 도피성이 그저 '모형' 정도가 아니라 그리스도를 직접 가리킨다고 믿는다. 우리가 심판을 피하여 그리스도 안에서 숨을 곳을 찾으며 대제사장의 죽음을 통해 자유롭게 되기 때문이다. 프랜시스 쉐퍼는 도피성이 "그리스도의 사역을 미리 보여 주는 강력한 예시"라고 말한다. 도피성은 중심부를 흐르는 강 양쪽 편에 위치하여 누구라도 쉽게 접근할 수 있었다. 모든 사람에게 열려 있고, 역사적 관습에 따라 거대한 성문을 절대 잠그지 않았다. 도피성에는 법적 보호뿐 아니라 육체적 필요를 제공하기 위해 음식도 보관되어 있었다. 살인자가 도피성으로 도망가지 않으면 그를 도울 수 있는 방법이 없다고 성경은 말한다. 그 점이 바로 우리의 유일한 구원의 길이신 예수님을 가리킨다.[53]

신명기

'두 번째 율법'을 뜻하는 헬라어에서 이 책의 제목이 나왔다고 믿는 사람들이 많다. 하지만 이는 신명기 17장 18절을 (구약성경의 헬라어 역본이) 애초에 잘못 번역하여 생겨난 오칭이다. 원래는 "이 율법서의 등사본"으로 읽어야 한다. 신명기는 새로운 율법이 아니라 하나님이 시내산에서 모세에게 주신 원래의 율법을 다시 말한 것이다.[54]

이스라엘 백성은 38년간의 광야 생활에서 벗어나 이제 가나안에 들어가려는 참이다. 이전에 백성이 불순종하여 방황하게 되었으므로 모세는 그들의 마음속에 다시금 율법을 새겨 주고자 한다. 모세는 자신이 아닌 여호수아가 백성을 그 땅으로 인도하리라는 사실을 받아들이고, 앞으로 그들의 성공이 하나님과 율법에 순종하는가 여부에 달렸음을 알고 있다. 그리하여 백성이 가나안 입성을 기다리던 요단강 동편에서 율법을 다시금 설파하는 것이다. 모세는 "기억하라"는 성경의 주제에 부응하여, 광야를 지나 온 백성의 역사를 다시 진술하면서 그들이 어떻게 잘못된 길로 갔는지 기억하게 하고 새롭게 순종의 길로 나아가도록 격려한다.

'기억'을 강조하는 이유는 그것이 보편적인 교훈이며, 특히 그리스도인이면 마땅히 마음에 새겨야 할 바이기 때문이다. 반복하여 기억할 때 우리는 매번 시행착오를 겪으면서도 그것으로부터 성경의 지혜를 배울 수 있다. 그리스도인은 구약 역사가 주는 교훈을 기억해야 한다. 이스라엘이 율법을 버린 일도 잊지 말아야 한다. 그 교훈을 우리 믿음의 삶에 적용하되 하나님의 말씀에 다시금 헌신하고 부지런히 읽고 연구하며 열매 맺기를 힘써야 한다. 이는 하나님과 우리의 관계에서 필수 불가결한 일이다. 우리를 위한 하나님의 메시지를 듣고, 그분의 성품과 은혜와 신실하심과 사랑과 구원의 계획을 배우고 기억하는 일이 그분의 말씀에서 비롯되기 때문이다. 기억함으로써, 이스라엘 백성은 자신들이 불순종하고 우상을 섬길 때 어떤 결과를 맞이하는지 배워야 하고, 그에 못지않게 중요한 일은 우리 역시 그들의 범죄함으로부터 배워야 한다는 것이다.

앨버트 베일리스는 기억의 개념을 확장시킨다. "여호와 하나님과 나누는 사랑의 관계가 순종으로 반응하게 하는 엔진이라면, 기억은 그 엔진의 연료다." 그는 신약과 구약 모두 "하나님이 장래를 위해 주신 약속과 과거에 행하신 일을 기억"[55]하게 함으로 소망을 품게 만든다고 말한다. 가나안을 앞에 두고 하나님이 아브라함에게 주신 약속의 새로운 단계를 경험하게 될 이스라엘 백성은, 하나님을 낙담케 하거나 약속된 땅의 소유권을 잃지 않기 위하여 지난 과거의 일을 기억할 필요가 있었다. 그 땅이란 하나님의 백성, 그리고 최종적으로는 우리를 위해 하나님이 품으신 목적의 핵심이기 때문이다.

가나안 땅은 이스라엘에게도 중요하지만 하나님과 이스라엘의 언약 관계에서 늘 큰 의미를 지닌다. 신학자 월터 브루그만은 이렇게 설명한다. "땅은 야훼가 함께하시는 역사다. 그저 내용 없는 공간이 아니다. 기억으로 충만한 공간이다. 애굽에서의 종살이, 만나로 기억되는 공간이며, 신실함과 평안에 대한 소망이 가득한 곳이다. 땅은 언제나 이스라엘이 소망의 하나님을 기억하고 그분과 함께 해야 하는 장소다."[56] 백성들은 위기의 상황에서 그 사실을 무시하고 만다. 땅에 대한 책임을 잊고 하나님으로부터 등을 돌린다면 그 땅과 땅의 소유권마저 빼앗긴다는 사실을 믿지 않는다. 역사가 그 사실을 반복하여 보여 주는데도 말이다.

신명기는 신약에서 가장 자주 인용되는 책으로 그 횟수가 80번 이상이다.[57] 예수님은 구약의 어떤 책보다 신명기를 자주 인용하신다.[58] 예수님은 구약 율법과 예언서를 한 마디로 정리하여, 네 마음을 다하고 목숨을 다하고 뜻을 다하여 주 너의 하나님을 사랑하고 네 이웃을 네 자신 같이 사랑하라는 것이라고 선포하며 신명기를 직접 신약에 연결시키신다(마 22:37, 신 6:5, 10:15).[59] 게다가 예수님은 광야에서 사탄의 시험을 받으실 때 매번 신명기 말씀으로 대응하신다(마 4:4, 7, 10, 눅 4-12장, 신 8:1-3, 6:1-13, 16).

앞에서 본 대로, 율법과 모세 언약은 하나님이 아브라함과 맺으신 언약을 포함한 다른 언약과 충돌하지 않는다. 기억하자. 율법은 구원을 위한 방편으로 주신 것이 결코 아니다. 오히려 그 반대다. 율법은 인간에게 예수 그리스도가 필요하다는 사실을 가르쳐 주는 초등교사다. 율법은 우리를 그리스도의 품으로 보낸다. 스스로를 구원하거나 율법을 따를 힘이 우리에게 없음을 가르쳐 주기 때문이다. 하나님이 완전하시므로 우리도 완전해야 한다는 그리스도의 말씀은, 본질적으로 우리가 그리스도를 신뢰해야 한다는 의미다. 그리스도 없이 우리는 스스로의 힘으로 결코 완전함에 이를 수 없기 때문이다. 그리스도의 완전한 의가 우리에게 전가되기 위해 우리는 그리스도가 십자가에서 완성하신 사역에 전적으로 의지해야 한다.

신명기의 다른 중요한 본문에서, 모세는 백성을 향해 자신이 재차 진술하고 있는 율법의 말씀이 결코 멀리 있지 않다고 말한다. 하늘에 있는 것도 바다 속에 있는 것도 아니고 "오직 그 말씀이 네게 매우 가까워서 네 입에 있으며 네 마음에 있은즉 네가 이를 행할 수 있느니라"(신 30:14)고 말한다. 바울은 로마서에서 그 구절을 상기하며 율법을 완전히 성취하신 예수 그리스도 안에 있는 새 언약에 이를 적용한다. "믿음으로 말미암는 의는 이같이 말하되 '네 마음에 누가 하늘에 올라가겠느냐 하지 말라' 하니 올라가겠느냐 함은 그리스도를 모셔 내리려는 것이요 혹은 '누가 무저갱에 내려가겠느냐 하지 말라' 하니 내려가겠느냐 함은 그리스도를 죽은 자 가운데서 모셔 올리려는 것이라. 그러면 무엇을 말하느냐. '말씀이 네게 가까워 네 입에 있으며 네 마음에 있다' 하였으니 곧 우리가 전파하는 믿음의 말씀이라. 네가 만일 네 입으로 예수를 주로 시인하며 또 하나님께서 그를 죽은 자 가운데서 살리신 것을 네 마음에 믿으면 구원을 받으리라"(롬 10:6-9).[60]

하나님이 장차 자신과 같은 예언자를 세우시리라 말하던 모세의 메시아 예언은 이미 앞에서 논의했다. 신명기에 또 다른 메시아 예언이 나온다. "사람이 만일 죽을 죄를 범하므로 네가 그를 죽여 나무 위에 달거든 그 시체를 나무 위에 밤새도록 두지 말고 그날에 장사하여 네 하나님 여호와께서 네게 기업으로 주시는 땅을 더럽히지 말라. 나무에 달린 자는 하나님께 저주를 받았음이니라"(신 21:22-23). 바울은 갈라디아서에서 이 구절을 재구성하고 있다. "그리스도께서 우리를 위하여 저주를 받은 바 되사 율법의 저주에서 우리를 속량하셨으니 기록된 바 '나무에 달린 자마다 저주 아래에 있는 자라' 하였음이라. 이는 그리스도 예수 안에서 아브라함의 복이 이방인에게 미치게 하고 또 우리로 하여금 믿음으로 말미암아 성령의 약속을 받게 하려 함이라"(갈 3:13-14).

이상으로 모세오경의 중심이 되시는 그리스도를 모두 살펴보았다. 다음 장에서는 모세오경과 구약의 역사서를 잇는 여호수아서를 살펴보겠다. 여호수아는 모세의 뒤를 이어 약속의 땅을 중심으로 한 역사의 새 시대로 이스라엘 백성을 이끌고, 마침내 백성은 땅을 소유하게 된다.

12
여호수아에서 에스더까지

그는 여호수아보다 더 크신 이, 곧 예수 그리스도시다. 인간이 심판에서 벗어나도록 죽으신 그는 장차 심판하는 이가 되실 것이다. 만군의 주 여호와의 군대장관으로서 여호수아 앞에 서신 이가 바로 이 그리스도시다. 프랜시스 쉐퍼[1]

여호수아

여호수아는 모세오경과 나머지 부분을 잇는 과도기적 책이다.[2] 모세의 죽음에서 사사시대까지 이스라엘의 역사를 기록하고 있다. 율법을 전한 위대한 선지자 모세가 하나님의 백성을 이끌고 약속의 땅으로 들어가도록 허락받지 못했다는 사실이 참으로 놀랍다. 대신 하나님은 "여호와가 구원하신다"는 뜻의 이름을 지닌 여호수아를 선택하신다.[3]

레이 스테드먼은 그 이름이 하나님의 약속은 율법이 아닌 오직 예수 그리스도에 의해 성취된다는 신약의 계시를 나타낸다고 말한다.[4]

하나님은 이 사명을 위해 오랫동안 여호수아를 준비시키셨다. 애굽에서 종살이 하다가 이후 모세를 섬기는 자로 지내던 여호수아는 훗날 아말렉과의 전쟁에서 군대를 이끈다(출 17장).[5] 모두가 두려움에 떠는 와중에도 그는 하나님이 이스라엘 백성을 가나안 땅으로 들이실 것을 신뢰한 두 정탐꾼 가운데 하나다.

여호수아서는 이스라엘이 가나안에 입성하여 그 땅을 정복하고 차지하는 장면들을 기록한다. J. 시들로우 백스터는 여호수아서의 중심 메시지는 믿음의 승리라고 기록한다. "여기서 여호수아서는 불신의 실패, 다시 말해 입성의 실패(민 14:2-4)와 정복의 실패(민 14:44-45), 점령의 실패(민 14:28-34)를 기록한 민수기와 확연한 대조를 보인다. 영적으로 해석해 보면, 여호수아의 지휘 아래서 이룬 이스라엘의 승리는 신약의 위대한 진리를 선포하고 있다. '세상을 이기는 승리는 이것이니 우리의 믿음이니라'(요일 5:4)." 백스터는 이스라엘이 거둔 각각의 승리는 인간의 자기 의존이 아닌 하나님에 대한 믿음에서 오는 승리임을 보여 준다고 기록한다. "잔뜩 움츠린 불신자의 눈에 거인들과 거대한 성을 무너뜨리는 일은 말도 안 되는 상황으로 보이지만 믿음의 눈으로 보면 기정 사실일 뿐이다."[6] 그의 말이 맞다. 가나안으로 들어가는 백성의 승리는 오직 순종 여부에 달려 있다. 그들이 하나님께 순종하면 대적에게 승리를 거둘 테지만 불순종으로 반응하면 패배뿐이다. 예를 들어 그들은 아간 한 사람 때문에 아이성 전투에서 패배한다. 하나도 남김없이 제거해야 할 전리품을 하나님께 바친다는 명분으로 취하는 순간 그들은 하나님의 명령에 불순종한 것이 된다(수 6:17-18, 21).

아이성 전투의 패배에 앞서 여리고성에서는 승리를 경험한다. 여기서 그리스도의 현현이 강렬하게 이루어진다. 여호수아가 여리고성 가까이에 이르렀을 때, 손에 칼을 뽑아 들고 선 한 사람과 마주친다. 그는 스스로를 여호와의 군대 장관이라 밝히는데, 바로 성육신 이전의 예수 그리스도가 나타나신 것이다. 그는 여호수아에게 거룩한 땅에 서 있으니 신을 벗으라 하고, 그 일이 있고 난 후 여리고를 여호수아의 손에 넘겨 주신다(수 5:13-6:27).

이스라엘이 요단강을 건너 가나안 땅으로 들어가는 것 역시 예표다. 물론 학자들 사이에 이견이 있어 어떤 이들은 그 땅을 천국의 모형으로 보는 반면, 어떤 이들은 다르게 보기도 한다. 가나안 땅을 어떤 시각으로 볼 것이냐에 대해 존 월부어드는 보다 합리적인 견해라면서 이렇게 말한다. 가나안을 "믿는 자들이 그리스도 안에서 소유하고 있으나 현재는 갈등이 여전히 존재하는 영역으로 보는 게 좋다 …그런 점에서 여호수아의 경험은 신약의 에베소서와 유사하다. 믿는 자들에게 영적 소유란 그리스도에 대한 믿음으로, 그리스도와 함께 십자가에 못박힘으로, 그리고 하나님의 강하신 능력으로 얻어지기 때문이다."[7]

그리스도의 모형인 여호수아

"여호와가 구원하신다"는 여호수아의 이름은 의미심장하다. 여호수아가 구원을 주시는 그리스도의 모형이기 때문이다. 히브리서 기자는 여호수아가 군사적 승리를 통해 백성에게 제공한 잠시의 안식과 예수 그리스도 안에서 누리는 영원한 안식을 대조한다. "만일 여호수아가 그들에게 안식을 주었더라면 그 후에 다른 날을 말씀하지 아니하셨으리라. 그런즉 안식할 때가 하나님의 백성에게 남아 있도다. 이미 그의 안식에 들어간 자는 하나님이 자기의 일을 쉬심과 같이 그도 자기의 일을 쉬느니라. 그러므로 우리가 저 안식에 들어가기를 힘쓸지니 이는 누구든지 저 순종하지 아니하는 본에 빠지지 않게 하려 함이라"(히 4:8-11). 게리 스타츠는 이를 그리스도 안에 있는 그리스도인으로 설명한다. 우리는 여호수아가 모형으로서 행한 그 일, 즉 그리스도가 완성하신 사역 안에서 안식을 누린다. 우리의 구원은 우리가 행하는 일에서 나오지 않는다. 우리는 이미 구원을 얻었고 거기에서 우리의 일이 시작된다. 그리스도에 대한 믿음으로 말미암아, 그리스도가 완성하신 일(사역) 안에 들어간 결과로 우리의 일이 비로소 따라오는 것이다.[8]

여호수아는 그 외 여러 곳에서도 그리스도의 모형으로 나타난다. 그는 자신을 종으로 표현하고(수 24:15) 예수님도 그러하시다(눅 22:27, 요 13:1-17, 빌 2:7). 여호수아는 모세의 뒤를 잇고 그리스도는 율법을 이으신다. 여호수아는 모세가 주지 못한 것(약속의 땅)을 이스라엘에게 주고, 그리스도는 율법이 주지 못한 것(하나님의 구원)을 우리에게 주신다(롬 8:2-4, 갈 3:23-25). 갈등과 실패의 시간에 여호수아와 그리스도는 백성을 위해 중보한다(수 7:5-9, 눅 22:32, 요일 2:1).[9] 여호수아는 이스라엘을 이끄는 군사 지도자이고 이에 걸맞는 지혜와 용기와 온전한 성품을 지녔으며, 마찬가지로 그리스도는 성도들의 왕이자 백성의 지도자 및 지휘관이며 우리 구원의 선봉장이 되신다.[10]

더 나아가 여호수아는 이스라엘이 건널 수 있게 요단강을 가르고(수 3:7-17), 그리스도는 물위를 걸으시고 또한 다른 사람들을 자신에게로 오라고 부르신다(마 14:25-29). 여호수아는 하나님의 백성을 약속의 땅(수 1:2-3)과 안식으로 이끌고(수 21:44), 예수님은 자기 백성을 하나님이 약속하신 기업(마 25:34, 엡 1:13-14)과 새로운 창조의 안식으로 이끄신다(히 4:1). 여호수아의 군대는 지상의 무기로 무장하고(수 6:9) 지상의 강력한 진을 무너뜨리는 반면(수 6장), 예수님의 군대는 영적 무기로 무장하고(엡 6:10-17) 영적인 진을 무너뜨린다(고후 10:3-5).[11]

사사기

이스라엘 백성은 때때로 하나님께 불순종하여 후퇴하긴 하지만, 하나님의 주권적 계획이 성취됨에 따라 조금씩 약속의 땅 깊숙이 진군해 간다. 하지만 사사기의 기자는 이스라엘이 가나안에 들어간 이후 "각기 자기의 소견에 옳은 대로 행하였[고]"(삿 21:25), 그 때문에 혼란에 빠진다고 말한다. 그 결과 앞에서 보았듯 죄-징계-탄원-구원으로 이어지는 네 단계의 심판 사이클을 계속해서 겪는다. 그 과정에서 하나님은 매번 사사를 세우시고 백성을 타락의 구덩이에서 이끌어 내게 하신다.

사사기에 메시아 예언은 나오지 않는다. 하지만 사사라는 인물이 백성의 구주이자 왕이신 그리스도를 바라보게 한다는 점에서, 사사기의 주제가 그리스도라고 말할 수 있다.[12] 일부 주석가들은 삼손의 모친에게 여호와의 사자가 나타나 장차 그녀의 아들이 이스라엘을 이끌 것이라고 전하는 장면이, 하나님이 마리아에게 메시아 탄생을 선포하시는 장면을 미리 보여 주는 예시라고 주장하기도 한다.[13]

사사기는 하나님이 이스라엘에 대해 오랫동안 아파하며 끝없이 참으실 뿐 아니라, 그들이 반복하여 불순종하고 우상을 숭배하며 반역하다가도 회개하고 돌이켜 기도하면 하나님이 응답하신다는 사실을 증거한다. 마찬가지로 (모든 죄인과 심지어 거역을 일삼은 자들까지도 위하시는) 그리스도는 믿음으로 회개하고 나아오는 모든 자를 (약속에 따라) 용서하실 뿐 아니라 영생을 선물로 허락하신다. 우리는 예수님 안에서 완전한 사사의 모습을 본다. 그분은 우리를 현재의 고통에서 건져 주실 뿐 아니라 영적 대적과 난관으로부터 영원한 구원을 주신다.[14] 실제로 어떤 학자들은 사사기가 메시아가 필요한 이스라엘의 처지를 보여 준다고 주장한다.[15] 나는 사사기에서 반복하여 나오는 네 단계의 심판 사이클이 우리의 구원자요 왕이신 그리스도를 예표할 뿐 아니라, 자신의 죄된 본성 때문에 일어나는 (그러나 성령의 능력으로 날마다 그리스도에게 돌이켜 승리할 수 있는) 그리스도인의 끊임없는 내적 싸움을 예표한다고 믿는다.

이사야 선지자는 그리스도의 완전한 심판에 대해 말한다. "이새의 줄기에서 한 싹이 나며 그 뿌리에서 한 가지가 나서 결실할 것이요 그의 위에 여호와의 영 곧 지혜와 총명의 영이요 모략과 재능의 영이요 지식과 여호와를 경외하는 영이 강림하시리니…그의 눈에 보이는 대로 심판하지 아니하며 그의 귀에 들리는 대로 판단하지 아니하며 공의로 가난한 자를 심판하며…공의로 그의 허리띠를 삼으며 성실로 그의 몸의 띠를 삼으리라"(사 11:1-5). 잠언 역시 사사기의 메시지와 예수 그리스도를 긴밀히 연결시키며 이렇게 가르친다. "너는 마음을 다하여 여호와를 신뢰하고 네 명철을 의지하지 말라. 너는 범사에 그를 인정하라. 그리하면 네 길을 지도하시리라. 스스로 지혜롭게 여기지 말지어다. 여호와를 경외하며 악을 떠날지어다"(잠 3:5-7). 자기 소견에 옳은 대로 행했던 사사기 시대의 사람들을 닮지 말고, 하나님을 경외하며 그리스도를 신뢰해야 한다. 그리스도는 우리의 지혜와 의가 되시며 우리를 건져 내어 구원하시는 분이다.

룻기

구약에는 "기업을 무를 자"kinsman-redeemer란 표현이 자주 등장한다. 기업을 무를 자란 어려움과 위험에 처하거나 변호가 필요한 친족을 위해 법적인 권리나 책임을 지는 남자를 말한다.[16] 그 사람은 친족이 저당 잡힌 땅을 사서 돌려주거나(레 25:25-34, 렘 32:7-8) 노예가 된 친족을 속량(구속)하거나(레 25:48-52) 가족의 화합을 지키거나 회복시키는 일을 한다.[17] 친족 관계가 필수다. 사람이나 땅을 속량하기 위해서는 속량 받는 사람이나 땅과 직접 관련이 있어야 한다(레 25:47-49, 룻 3:12-13, 히 2:14-15). 속량을 하려면 무르는 사람이 대가를 지불해야 한다(레 25:27, 롬 3:24-26, 벧전 1:18-19, 갈 3:13).[18]

룻기에는 기업을 무를 친족으로 보아스가 나오는데, 그는 사망한 룻의 남편 엘리멜렉이 소유했던 밭을 물러 주는 부유한 농부다. 보아스는 또한 엘리멜렉의 아내였던 룻을 받아들이고 밭에서 일하는 일꾼들 사이에서 안전히 거하게 해준다. 기업을 무를 친족이야말로 그리스도의 모형이다.[19] 그리스도는 인간이 되어 세상의 죄를 지심으로 우리를 속량(구속)하시고, 이사야는 그리스도를 명백히 구속자라고 표현한다. "구속자가 시온에 임하며 야곱의 자손 가운데에서 죄과를 떠나는 자에게 임하리라"(사 59:20).

룻기에는 또한 하나님의 섭리에 따라 메시아 계보를 잇는 특별한 족보가 나온다. 보아스와 룻이 결혼하여 자녀를 낳으면서 다윗 왕과 예수님이 포함된 메시아 계보가 이어진다. 하나님은 예상치 못한 방법으로 이 일을 이루심으로 우리를 향한 주권적인 약속을 귀하게 여기고 구속의 계획을 성취하시는 분임을 확인시켜 주신다.

사무엘상·하

다룰 내용이 사무엘상과 사무엘하 전체에 걸쳐 있고, 초기 히브리어 필사본에서 두 책이 본래 하나로 간주되었으므로[20] 두 권을 함께 살펴보겠다.

사무엘은 왕은 아니지만 선지자이면서 제사장이고 사사이기에 최소한 그리스도의 모형으로 볼 수 있다.[21] 앞에서 여러 번 살펴보았지만, 특히 요한복음 17장에서 대제사장의 기도로 우리를 위해 아버지께 부르짖는 그리스도처럼 사무엘은 제사장으로서 이스라엘을 위해 하나님께 부르짖는다(삼상 7:9). 데일 랄프 데이비스는 이렇게 말한다. "이스라엘을 위해 중보하는 사무엘의 기도에서…대제사장 직분을 수행하시는 그리스도를 본다. 우리가 흔들리지 않고 견고할 수 있는 진정한 비결이 여기 있다. 우리는 그리스도의 기도에 의지한다는 점이다. 그분의 기도는 항상 응답을 받기 때문이다. 예수님이 중보하시는 대상이 바로 우리라는 사실을 아는 것만큼 힘이 되는 일은 없다."[22]

사무엘상 7장 9절에서 사무엘은 백성의 죄를 대속하기 위해 어린 양을 번제물로 드리는데 이 또한 그리스도를 가리킨다. 이를 통해 피 흘림 없이는 죄 사함이 없다는 사실을 다시금 상기시킨다(히 9:22).[23]

사무엘의 어머니 한나 이야기가 여러 곳에 나오는데, 이 또한 그리스도를 가리킨다. 사무엘이 태어나기 전에 대제사장 엘리가 한나를 축복하는데(삼상 1:17) 이는 예수님이 태어나기 전 천사 가브리엘이 마리아를 축복하는 장면을 떠올리게 한다(눅 1:26-38). 한나가 어린 아들 사무엘을 하나님께 드리기 위해 제물을 가지고 성막으로 데려갔을 때 엘리가 그를 맞는데(삼상 1:24-28) 이는 마리아와 요셉이 제물을 들고 어린 아들 예수를 성전으로 데려갔을 때 시므온이 그를 맞는 장면을 떠올리게 한다(눅 2:22-28). 사무엘의 부모가 매년 성막을 찾는데(삼상 2:19) 이는 예수님의 부모가 해마다 유월절에 예루살렘의 성전으로 순례하는 장면을 연상시킨다(눅 2:41). 한나는 엘리 제사장 앞에서 기도로 하나님을 찬양하고(삼상 2:1-11), 이와 놀라울 정도로 유사하게 마리아는 제사장 스가랴와 엘리사벳의 집에서 기도한다(눅 1:46-56). 한나는 기도 중에 그리스도를 예언하는 듯한 언급을 하면서 반석이 되시는 하나님을 찬양한다. 반석이라는 호칭은 앞에서 보았듯 그리스도와 동일시 된다. 한나는 또한 하나님이 땅끝까지 심판하시리라고 말한다(삼상 2:10, 참조 마 25:31-32).[24] 한나의 기도는 하나님의 기름 부음을 받은 왕이 나타날 것이며, 그 기름 부음을 받은 자 곧 메시아가 장차 다윗의 보좌를 영원히 견고케 하리라는 하나님의 약속을 성취하실 것을 바라보게 한다.[25]

사무엘이 등장하는 이야기도 그리스도를 생각하게 한다. 사무엘(삼상 2:18, 3:21)과 예수님(눅 2:46-50)은 각각 성막과 성전에서 앉아 섬기고, 사무엘(삼상 2:26)과 예수님(눅 2:52) 모두 지혜와 키가 자라면서 하나님과 사람에게 사랑을 받으며, 둘 다 하나님의 오래 침묵 이후에 이스라엘에게 주어진 이들이다(삼상 3:1). 사무엘은 모세와 같은 선지자를 일으키겠다는 하나님의 약속에 대한 부분적인 성취고(신 18:15, 삼상 3:19-21), 그리스도는 이 약속에 대한 완전한 성취다(히 3:1-6). 사무엘은 하나님께 쓰임 받는 도구로서 이스라엘의 왕정 시대를 열어 놓은 반면(삼상 10:24-25), 예수님은 이스라엘과 온 세상의 참되고 완전한 왕이 되심으로(눅 1:32-33) 다윗 언약을 성취하신다.[26]

사무엘서에 나오는 다윗 역시 그리스도의 모형임을 알 수 있다. 그는 베들레헴에서 태어나[27] 처음에는 목자였다가 훗날 왕이 된다. 비록 사무엘은 다윗에게 기름 붓기를 주저하긴 하지만, 하나님의 주권적인 뜻이 명백하게 드러나고 하나님에 의해 부르심을 받는다(삼상 16장). 다윗은 형제들에게 거부당하고 늘 사울이나 다른 이들에게 위협을 받으며(그로 인해 시편 22편 같은 영감 있는 시를 쓰게 된다), 교회가 그리스도의 신부가 되듯 이방 여인을 아내로 취한다.

다윗은 "하나님의 마음에 합한 자"(삼상 13:14)이자 이스라엘을 주권자로서 다스린다는 점에서 그리스도를 예표한다.[28] 그는 그리스도가 오시기까지 이후의 모든 왕들을 가늠하는 기준이 된다. 케네스 보아는 다윗의 통치에 대해 이렇게 언급한다. "하나님의 오른편에 앉아 규를 쥐고 계신 그리스도와 다윗이 비교된 적은 드물지만, 다윗은 성경의 어느 누구보다 그분에게 근접해 있다."[29]

다윗은 특히 다윗 언약에서 약속된 장차 오실 왕인 그리스도를 미리 보여 준다. 하나님은 다윗에게 영원한 나라(삼상 16장)와 보좌(삼하 7:16)와 씨를 주리라고 약속하신다. 이 모든 것은 "다윗의 자손"(참조 눅 1:32-33)인 그리스도 안에서 성취된다(마 21:9, 22:42).[30] 바울은 그리스도가 "육신으로는 다윗의 혈통에서 나셨[다]"(롬 1:3)고 말하고, 예수님은 직접 자신을 "다윗의 뿌리요 자손"(계 22:16)이라고 밝히신다. 흥미롭게도 다윗은 정석이 아닌 특이한 방식, 즉 물맷돌로 골리앗을 처단하는데, 예수님도 십자가로 사탄과 사망을 물리치신다.[31]

더욱이 다윗은 이스라엘 왕 사울에게 계속 쫓기는데(삼상 19장), 이는 유대 왕인 헤롯에게 쫓기는 예수님과 유사하다(마 2:13-18). 다윗과(삼상 19:18-24) 마찬가지로 예수님도(요 18:1-11) 성령의 간섭하심 덕분에 대적으로부터 보호를 받는다. 다윗과 예수님 모두에게는 자기 목숨을 아끼지 않고 내어줄 만큼 가까운 친구와 지지자가 있다. 다윗에게는 요나단(삼상 20장), 예수님에게는 세례 요한이 있다(요 3:22-30). 다윗을 따르던 자들이 성막의 진설병을 먹은 것처럼(삼상 21:1-6) 예수님의 제자들은 안식일에 이삭을 잘라 먹는다(마 12:1-8). 시편은 이중의 의미를 가진, 그래서 현재의 다윗과 장차 오실 예수님에게 공통적으로 적용될 수 있는 많은 예언을 곳곳에 담고 있다(참조 시 22, 31, 32, 35, 40, 41, 45, 68, 69, 109, 110편).[32]

사울 왕의 아들이자 다윗의 막역한 친구인 요나단 역시 (다윗의 집을 지키겠다며) 다윗과 언약을 맺고 사랑을 맹세한다는 점에서 그리스도를 예표한다.[33] 찰스 스펄전은 다윗을 향한 요나단의 사랑을 인간을 향한 그리스도의 무한한 사랑에 비유한다.[34]

하나님이 다윗을 대적들과 사울의 손에서 구원하신 후 다윗은 훗날 다윗의 노래로 알려진 기도를 하나님께 드린다(삼하 22:2-51). 그 기도 중에 다윗은 "나의 반석", "나의 산성", "나의 구원자" 그리고 그의 왕을 건지시는 자에 대해 언급한다. 앞에서 살펴보았듯 신약은 예수님이 우리의 반석이시고(고전 10:4, 벧전 2:7-9), 이스라엘의 구원자시며

(롬 11:25-27), "피난처를 찾은" 우리의 산성이시고(히 6:18), 우리의 유일한 구원자(눅 2:11, 딤후 1:10)시라고 밝힌다.[35]

도널드 포트너 목사의 영감 있는 간추린 글을 나누면서 이 부분에 대한 논의를 마무리 짓고자 한다. 포트너 목사는 먼저 사무엘상·하 앞에 있는 책들을 요약한다. 창세기에서 족장들에게 주시는 복과 후손과 기업에 관해 하나님이 아브라함과 맺은 언약을 언급한 뒤, 출애굽기에서 신명기까지 백성들이 약속의 땅을 누리려면 거룩해야 한다는 점을 보여 주기 위해 하나님이 주신 율법을 정리한다. 그런 다음 백성들이 자기 힘으로는 율법을 지키지 못하기에 예수 그리스도 안에 있는 하나님의 은혜가 반드시 필요하다는 점을 스스로 증명하고 있음을 보여 준다. 바울이 기록한 대로다. "그러므로 율법의 행위로 그의 앞에 의롭다 하심을 얻을 육체가 없나니 율법으로는 죄를 깨달음이니라. 이제는 율법 외에 하나님의 한 의가 나타났으니 율법과 선지자들에게 증거를 받은 것이라. 곧 예수 그리스도를 믿음으로 말미암아 모든 믿는 자에게 미치는 하나님의 의니"(롬 3:20-22).

여호수아에서는 하나님이 은혜로 이스라엘에게 땅을 주신다면, 사사기는 하나님이 은혜로 베푸신 복을 빼앗으려는 대적들과 끊임없이 싸우는 그리스도인의 삶을 모형으로 보여 준다(롬 7:14-23, 갈 5:17-23). 룻기는 하나님이 어떻게 기업 무를 친족을 보내어 우리와 하나님의 관계를 회복하실지 보여 준다. 마지막으로 포트너 목사는 이렇게 말한다. "사무엘상·하에서 하나님은 우리의 기업 무를 자, 곧 구원자를 보여 주신다. 여호와 하나님이 그분의 손에 백성의 영원한 구원을 맡기셨으므로 그분은 영광의 왕이시다. 또한 하나님이 그분의 손에 모든 육체를 다스릴 권세를 맡기심으로 그분은 모든 백성에게 영원한 생명을 주실 수 있게 되었다. 여기서 다윗이 보좌를 견고히 하실 하나님의 위대한 왕이신 구주의 모형으로 나타난다."[36]

열왕기상·하

열왕기상·하 역시 히브리 성경에서는 하나로 간주된다.[37] 열왕기에서 두드러지게 등장하는 성전은 그 전까지 하나님이 백성 가운데 거하시는 장소로 인정된 성막을 대체한다. 이는 예수 그리스도를 믿는 자들 안에 성령이 거하실 것을 미리 보여 주는 예시다. 바울이 선포한 대로다. "우리는 살아 계신 하나님의 성전이라. 이와 같이 하나님께서 이르시되 '내가 그들 가운데 거하며 두루 행하여 나는 그들의 하나님이 되고 그들은 나의 백성이 되리라'"(고후 6:16).

열왕기상은 다윗 왕의 죽음과 그의 아들 솔로몬의 통치로 시작된다. 솔로몬은 "재산과 지혜가 세상의 그 어느 왕보다 [많았다]"(왕상 10:23). 솔로몬은 여러 면에서 그리스도의 모형으로 간주되며, 솔로몬의 통치와 장차 임할 그리스도의 나라를 언급하는 시편 72편에서 다수의 예를 찾아볼 수 있다. 시편 72편 1-2절은 다윗 왕조가 메시아적 왕권이 되기를 기도하고 있으며, 온 땅에 임한 주님의 영광스런 통치를 찬양하는 것으로 마무리된다. 윌럼 반 게메렌은 이렇게 쓴다. "그러므로 다윗 왕을 위한 기도는 예수님의 공의롭고 영광스런 통치에 대한 소망을 표현하는 것이기도 하다." 위대한 찬송 작사가 아이작 왓츠는 이 소망을 아름답게 표현하고 있다. "햇빛을 받는 곳마다 주 예수 다스리시고 이 세상 끝날 때까지 그 나라 왕성하리라."[38](찬송가 138장)

솔로몬 왕 역시 하나님이 허락하신 탁월한 지혜에 관한 한 그리스도의 모형이자 예표로 보인다. 바울은 예수님을 "하나님으로부터 나온 지혜"(고전 1:30, 골 2:3)라고 말하고, 예수님은 스스로에 대해 솔로몬보다 더 큰 이라고 말씀하신다(마 12:42). 필립 라이큰은 솔로몬의 대관식에서 놀라운 통찰을 발견한다. 그는 제사장 사독과 선지자 나단이 솔로몬을 이스라엘 왕으로 기름 붓는다는 점에 주목한다(왕상 1:34-39). "왕이신 예수님 역시 기름 부음을 받으셨다. 이는 문자적으로 '기름 부음 받은 자'라는 뜻의 단어인 '그리스도'의 명확한 정의다." 하지만 요단강에서 세례를 받으실 때 예수님께 기름 부은 자는 제사장이나 선지자가 아니라 성령이라는 점도 지적한다. "하늘이 열리고 하나님의 성령이 비둘기같이 내려 자기 위에 임하심을 보시더니"(마 3:16, 눅 3:21-22). 라이큰은 이 장면이 그리스도의 왕권이 지닌 탁월성을 보여 준다고 말한다. 기름은 성령의 표징이지만 예수님은 상징이 아닌 실제 성령으로 기름 부음을 받으신다. 삼위일체의 세 번째 위격인 성령 하나님이 성자께 기름을 부으신 것이다. 라이큰은 이렇게 기록한다. "그러므로 그리스도의 왕권은 단순히 왕이신 하나님의 다스림을 상징하는 데 그치지 않고 하나님의 통치를 실제로 구현하는 것으로 나타난다. 하나님이신 왕이 하나님의 통치를 위해 하나님께 기름 부음을 받으신 것이다."39

더욱이 대부분의 나라는 어떤 상황에서도 왕을 지키려 하지만, 왕이신 예수님은 십자가에서 죽으시기 위해 자신을 내어 주신다. 우리의 왕이신 예수님이 우리 모두의 죄를 위해 죽으시는 것이다. 라이큰에 따르면, "예수님의 왕권을 조롱하기 위해 만든 가시 면류관이 실제로는 그분의 (심지어 죽음에서조차 드러나는) 왕으로서의 위엄을 선포하고 있다."[40] 그리스도의 왕권은 영원하며 온 세상에 미친다. 그리스도와 그분의 나라를 섬기는 방법은 그분을 우리 마음속 보좌에 모시는 것이다.[41]

선지자 엘리야의 사역은 주로 열왕기상·하에 등장하는데, 엘리야 역시 그리스도의 모형으로 묘사된다. 엘리야가 참 선지자임을 드러낼 수 있도록 하나님이 그에게 많은 이적을 행할 능력을 베푸시기 때문이다. 하지만 일부에서는 그가 세례 요한의 모습에 더 가깝다고 믿기도 한다.[42] 엘리야는 예수님과 마찬가지로 과부의 아들을 살려 내고, 이 일을 통해 과부는 이렇게 선포한다. "내가 이제야 당신은 하나님의 사람이시요 당신의 입에 있는 여호와의 말씀이 진실한 줄 아노라"(왕상 17:24). 이와 유사하게 예수님이 나사로뿐 아니라 과부의 아들을 살리실 때도 사람들은 이렇게 외친다. "하나님께서 자기 백성을 돌보셨다"(눅 7:16).

선지자 엘리사도 그리스도를 예표하는 인물로 보이는데,[43] 엘리야보다 두 배의 기적이 나타나고 음식이 불어 나서 사람들이 이를 먹는 사건이 두 번이나 있기 때문이다(왕하 4:1-7, 42-44). 더욱이 엘리사는 예수님과 마찬가지로 사람들과 함께 지내면서 은혜와 생명과 소망을 강조한다(왕하 4:8-37, 6:14-23, 8:7-15, 19:16-21).[44] 그러나 아더 핑크는 엘리야를 그리스도의 모습으로 보는 반면, 엘리사는 사역을 위해 부르심 받고 시험을 받으며 준비되기는 하지만 이땅에서 그리스도를 증거하기 위해 부르심 받은 일꾼들의 모형이라는 의견을 제시한다.[45] 도널드 포트너는 엘리사의 사역으로 치유와 축복이 흘러나온다는 점에서 그리스도의 모형으로 볼 수 있지만, 또한 그리스도를 섬기고 복음을 전하기 위해 부르심 받은 자들을 대표하기도 한다고 말한다.[46]

역대기의 많은 내용이 그리스도를 가리킨다는 점은 앞에서 언급한 바 있다. 앞의 다른 책에도 비슷한 내용이 나오기 때문이다. 그런데 역대기는 독특한 방식으로 예수님을 가리킨다. 예를 들어 역대상 앞 부분에 이스라엘의 족보가 소개되고 그중 유다 지파가 먼저 나오는데 그 이유는, 하나님이 주권적으로 개입하시고 하나님이 세우신 선지자들도 예언하듯, 왕권과 성전과 메시아가 유다 지파에서 나올 것이기 때문이다(창 49:10). 일부 학자들은 역대기가 히브리어로 된 성경의 마지막 책이므로 역대상 1-9장에 등장하는 족보는 신약의 첫 번째 책인 마태복음에 나오는 그리스도의 족보의 서문이 된다고 말한다.[47] 역대상에서 주목할 만한 또 다른 내용은 다윗이 하나님께 드리는 감사 노래다(대상 16:33). 이 본문은 이 세상을 심판하러 오실 하나님과 연관된 내용으로, (예수님이 장차 이땅을 심판하러 오겠다고 말씀하시는) 마태복음 25장의 예표가 된다.[48]

역대하는 솔로몬의 성전을 강조하고 그리스도의 성육신을 암시한다. "하나님이 참으로 사람과 함께 땅에 계시리이까. 보소서, 하늘과 하늘들의 하늘이라도 주를 용납하지 못하겠거든 하물며 내가 건축한 이 성전이오리이까"(대하 6:18-19).[49] 예수님도 이와 비슷한 말씀을 하신다. "내가 너희에게 이르노니 성전보다 더 큰 이가 여기 있느니라. '나는 자비를 원하고 제사를 원하지 아니하노라' 하신 뜻을 너희가 알았더라면 무죄한 자를 정죄하지 아니하였으리라. 인자는 안식일의 주인이니라"(마 12:6-8). 여기서 그리스도는 바리새인들을 향해 성전이 거룩하지만 그보다 훨씬 크고 귀한 것이 있음을 말씀하신다. 윌리엄 헨드릭슨은 이 말씀을 주석하며 "하늘로부터 오는 측량할 수 없이 값진 선물이신 분, 비교할 수 없이 존귀하고 위엄 있는 권세를 가지신 분이 말씀하고 계신다"[50]고 평가한다.

솔로몬의 성전은 성막에 비해 훨씬 오래가지만 인간이 만든 여느 구조물과 마찬가지로 영원할 수는 없다. 실제로 우상 숭배자들로 인한 훼손과 파괴 때문에 150년 만에 중대한 보수를 해야 했다(왕하 12장). 이는 성령이 내주하시는 성전과 아주 대조적이다. 예수 그리스도를 믿는 자들은 그들 안에 성령이 임하시기 때문에 "성전"으로 존재한다. 이들은 인간의 손이 아닌 하나님이 만드신 성전이므로 영원하다(요 1:12-13). 성령은 결코 떠나지 않으실 것이며, 하나님과 구원의 날을 위해 우리가 인치심을 받았기 때문이다(엡 1:13, 4:30). 손으로 만든 성전은 절대로 그렇게 될 수 없다.[51] 한편 예수님은 직접 자신을 가리켜 성전이라 말씀하시고(요 2:19), 새 예루살렘에는 더 이상 (건물로 된) 성전 따위는 없을 것이라 약속하신다. "주 하나님 곧 전능하신 이와 및 어린 양이 그 성전이[시기]"(계 21:22) 때문이다.

에스라

에스라서는 장차 오실 메시아를 미리 볼 수 있는 실마리가 여럿 있다는 점에서 중요하다. 이 책은 여고냐의 손자로서 메시아의 계보를 잇는 스룹바벨(대상 3:17-19, 마 1:12-13)이 주전 538년에 어떻게 처음으로 이스라엘 무리를 이끌고 바벨론의 포로생활에서 떠나와 성전 재건을 시작하는지 이야기한다(스 2:64). 이 내용은 아브라함 언약과 그 이후 언약의 성취라는 측면에서 이스라엘이 약속의 땅에 재정착하는 데 중요한 연결고리가 되며, 더 나아가 다윗의 후손들이 다윗 언약을 이어 나갈 수 있게 하는 핵심 연결고리이기도 하다. 하나님은 백성이 이 땅을 영원한 기업으로 소유하게 될 것과, 오실 메시아가 베들레헴에서 나실 것(미 5:2)을 주권적으로 예정하시고 이를 선지자들을 통해 미리 선포하신다. 에스라서 역시 우리의 죄를 사하시고 회복시키시는 그리스도의 사역을 가리키는데, 이는 (이스라엘이 끝없이 불순종하다가 포로 신세가 됨에도 불구하고) 하나님이 자신의 백성을 포기하지 않으실 것임을 증명하기 때문이다. 그러므로 에스라서는 하나님의 주권과 신실하심 모두를 잘 드러낸다 하겠다.

에스라서는 하나님이 이스라엘과 맺은 언약이 변함없이 유효하고 온전히 실행 중임을 확신한다. 따라서 (하나님이 세우신 바) 이스라엘이 제사장 나라요 거룩한 백성이 되어 자기 민족에게서 나실 메시아를 열방에 전할 의무 역시 유효하다는 점을 언급한다.[52] 에스라서는 특별히 성전 재건 임무의 완수를 강조하면서(스 6:15) 백성과 맺으신 하나님의 언약에서 성전이 어떤 의미가 있는지 시사한다. 성전이 회복되지 않는 한 하나님은 백성 가운데 거하지 않으실 것이기 때문이다. 에스라서는 제사제도와 그로 말미암는 속죄(물론 이것은 메시아의 궁극적인 희생 제사를 가리킨다)에 대한 관심을 표명함으로 이 책이 메시아적임을 드러낸다.[53] 또한 에스라서는 회개라는 주제가 두드러지는데, (9장에 나오는 참회의 기도에서 절절하게 드러나듯) 에스라는 기도하는 가운데 백성의 거듭되는 불순종을 인정하고, 이에 대한 가슴 아픈 통한과 슬픔을 표현하는 한편 하나님의 용서하심에 깊이 감사한다.

더 나아가 에스라서는 하나님이 하나님 자신을 위해 사람들을 남겨 두신다는 성경의 단골 주제("남은 자")를 한층 발전시킨다. "남은 자"remnant라는 주제는 노아에서 시작하여 소돔과 고모라에 거주하던 롯의 가족, 그리고 애굽과 바벨론 포로생활에서 벗어난 이스라엘 백성에 이르기까지 계속 등장한다. 신약에서 바울은 이 주제를 그리스도와 연결 지으면서 믿는 자들을 "은혜로 택하심을 따라 남은 자"라고 지칭한다(롬 11:5). 그리스도가 주시는 은혜를 모든 사람이 받는 것은 아니며 오직 그분의 백성과 하나님이 성령의 능력으로 남겨 두신 자만 받을 수 있다. 성령은 마지막 날까지 이들을 하나님께로 이끄실 것이다(고후 1:22, 엡 4:30).[54]

하나님이 값없이 주시는 은혜에 얼마나 많은 이들이 반응하느냐에 관계 없이, 하나님은 자신이 보존하신 남은 자를 통해 주권적으로 자신의 뜻을 행하실 것이다. 하나님은 에스라서에서 바사 왕 고레스를 통해 자신의 뜻을 행하신다. 고레스 왕은 하나님의 약속과 전혀 상관없는 듯 보이는 인물이지만, 하나님은 이미 150년 전에 이사야 선지자를 통해 고레스가 이스라엘 백성을 고향으로 돌려보내 성전을 재건토록 할 것임을 약속하신 바 있다. 에스라서는 백성이 회개하고 돌이키면 하나님이 결코 그들을 저버리지 않으심을 다시 한 번 보여 주며 모든 그리스도인에게 소망을 주는 책이다.

에스라는 하나님의 율법을 준수하는 일에 헌신한 사람이다. 느헤미야서를 보면 에스라가 사람들 앞에서 율법을 읽는 장면이 나오고(느 8:5-15) 백성에게 이방인과의 통혼을 금지하는 법을 강조하는 모습이 나온다(스 9:2, 12). 에스라는 백성이 죄를 회개하고 하나님의 뜻에 따라 살며 언약의 의무를 준행해야 한다고 힘써 가르친다.

느헤미야

느헤미야서는 바사 왕 아닥사스다의 술 관원인 유대인 느헤미야가 예루살렘에 있는 유대인으로 인해 근심하는 장면으로 시작한다. 이 백성이 포로에서 풀려나 고향으로 돌아갔지만 성벽은 허물어지고 성문들은 불타 버려 어려움을 겪고 있었다. 느헤미야는 즉각 기도의 자리로 나아가 하나님의 신실하심에 감사드리고 이스라엘 백성의 죄를 고백한다. 불순종을 저지른 백성을 하나님이 사방으로 흩으셨음에도 그들이 믿음으로 돌아서고 계명을 지킨다면 다시 고향 땅으로 불러모으겠다 하신 하나님의 맹세에 호소드린다.

이후 아닥사스다 왕이 근심이 가득한 느헤미야에게 사연을 묻고, 느헤미야는 이스라엘 백성과 땅에 대한 슬픔을 토로하면서 예루살렘 재건을 막았던 왕의 이전 명령을 돌이켜 달라고 탄원한다. 이를 불쌍히 여긴 아닥사스다 왕은 주전 444년 3월 5일에 예루살렘을 재건하라는 조서를 내린다. 이는 95년 전 다니엘이 했던 예언의 성취다.[55] 예루살렘에 돌아온 느헤미야는 성벽 재건을 감독하는데 엄청난 방해에도 불구하고 52일 만에 완성시킨다(느 6:15).

성벽 공사를 다 마치자 (제사장이자 율법학자인) 에스라가 수문 앞 광장에 모인 사람들에게 새벽부터 정오까지 율법을 읽어 주면서 하나님의 율법에 대한 헌신을 드러낸다(느 8:1-8). 율법을 향한 에스라의 헌신은 율법을 폐하러 온 게 아니라 완전하게 하러 왔다는 예수님의 선언을 미리 보여 주는 예시다(마 5:17-18).

느헤미야는 이스라엘이 하나님과 맺은 언약의 의무를 신실하게 지켜야 한다는 에스라의 열망에 함께한다(느 1:5, 9:8, 32).[56] 이는 하나님을 안전하고 자유롭게 예배하는 것이야말로 그가 성벽 재건을 그토록 열망한 이유였음을 뜻한다(느 2:1-3:32). 예루살렘 재건을 위한 도구로 사용된다는 점에서 느헤미야는 새 예루살렘을 세우시는 그리스도를 예표한다(계 21-22장).

비록 느헤미야가 그리스도의 모형은 아니지만 유사한 특징을 보여 준다. 그는 가난한 자들에게 깊은 관심을 드러내며(느 5:1-19), 백성을 섬기기 위해 왕궁에서 누리던 신분을 포기한 데서 알 수 있듯 하나님께 헌신해 있다.[57] 그리스도(마 5:17)와 에스라처럼 하나님의 율법에도 온전히 헌신해 있다. 또한 그리스도가 대제사장으로 기도하시듯(요 17장, 히 7:25)[58] 느헤미야도 백성을 위해 기도로 중보한다. 더 나아가 핍박을 이겨 내고 제자들에게 인내하라고 격려하시는 그리스도처럼 느헤미야도 그와 같은 일을 겪으며 큰 용기를 보여 준다.[59] 게다가 그리스도처럼(눅 19:41-48) 그도 (하나님의 거룩한 성에 대한 사랑에서) 예루살렘으로 인해 눈물을 흘린다. 더욱 중요한 사실은 느헤미야가 (에스라처럼) 메시아가 오시기까지 반드시 수반되는 온갖 환경과 악조건 속에서도 꿋꿋이 자리를 지키도록 사람들에게 영향력을 발휘한다는 점이다. 즉 성전을 재건하고, 성벽을 다시 지으며, 언약을 새롭게 하고, 사람들에게 율법을 읽고 따르게 하며, 메시아 계보가 보존되도록 한다.[60] 실제로 느헤미야는 백성이 하나님께로 돌이키면 그들을 다시 불러모으겠다는 하나님의 약속에 호소하는 기도를 드리면서 모세가 백성에게 했던 말을 인용한다. 이는 하나님께로 돌아와 계명을 지켜 행하라는 훈계의 말씀이다(느 1:8-9).

에스라서와 느헤미야서가 포로생활 이후 약속의 땅으로 돌아오는 이스라엘의 연대기를 그린다면, 에스더서는 바사(페르시아)에 남은 다수의 이스라엘 사람들 사이에서 일어난 사건을 기록하고 있다. 비록 에스더서에 하나님이 직접 언급된 곳은 없지만[61] 이 짤막한 책 안에 하나님의 섭리가 두드러진다고 많은 주석가들이 말한다.

에스더서에는 하나님뿐 아니라 그리스도와 관련된 주제도 직접 언급되지 않는다. 다윗의 왕국이나 자손 혹은 제사장직과 성전, 하나님의 언약에 대해서도 일절 나오지 않는다. 게다가 에스더서는 (전도서, 아가서와 같이) 신약에서 한 번도 인용되지 않는다.[62] 에스더서가 성경에 포함된 이유는 부림절의 유래와 기원을 설명하기 때문이라고 주장하는 사람도 있다. 바사의 아하수에로 왕과 악한 하만 총리 때문에 멸족당할 뻔한 유대인을 살리신 하나님의 구원을 기념하는 절기가 부림절이기 때문이다. 하지만 나는 에스더서가 그렇게 중요한 이유가 하나님의 기막힌 섭리를 (즉 구속 계획을 실행하시는 절대자 하나님의 주권을) 실제로 보여 주기 때문이라고 본다. 결국 백성이 보존되려면 오직 하나님의 언약이 성취되는 방법밖에 없지 않은가. 나는 존 M. 로우리의 이 말을 참 좋아한다. "에스더서는 그리스도가 제자들에게 가르치신 중요한 교훈을 동일하게 가르치고 있다. '너희에게는 머리털까지 다 세신 바 되었나니'(마 10:30)."[63]

J. 시들로우 백스터는 이렇게 쓴다. "에스더서의 목적은 백성을 돌보시는 하나님의 섭리를 보여 주는 것이다.…여기서 위대한 점은 섭리에 따른 보존이다."[64] 세상에서 가장 강력한 제국의 왕이 하나님의 택

하신 백성을 멸절시킬 의도를 지닌 악한 자의 조종을 받을지라도 하나님은 뜻하신 바를 결코 방해받지 않으신다. 도널드 포트너는 이렇게 주장한다. "에스더서는 우리 하나님이 백성의 구원을 위해 모든 것을 주권적으로 지휘하심을 확신케 하는 책이다. 눈에 보이는 상황이 어떠하든 우리 하나님이 보좌에 계시기에 모든 것이 안녕하다는 확신을 준다(시 115:3, 135:6)."[65]

게라르드 반 그로닝겐은 1,000쪽 분량의 책을 집필하며 성경 전체를 통해 복잡하게 얽힌 메시아의 실마리를 하나씩 풀어 가고, 메시아의 "궤적"을 찾는 데 특별한 방식으로 도움이 되는 에스더서를 설명한다. 그는 거의 성공할 뻔한 그 유대인(장차 메시아가 나올 민족)에 대한 공격이야말로 여자의 후손과 사탄 사이에 일어나는 싸움의 확장판이라고 주장한다(창 3:15). 유대인에 대한 공격은 자기 머리를 지키고 야훼가 약속하신 메시아에게 치명타를 입히려는 사탄의 은밀한 시도다."[66]

기억할지 모르겠지만, 창세기 3장 15절에서 최초로 복음이 선포된다. 이는 첫 번째 메시아 예언이자 아담 언약의 일부다. 동시에 하나님은 아담과 인류에 대한 심판을 선포하시며 더불어 첫 번째 구속의 약속을 전하신다. 비록 사형 언도를 받는 순간이라 해도 하나님의 구속사에서 인간에게 소망이 없던 적은 없다. 그 소망은 징계를 능가하는 무한한 것, 바로 영생이다. 에스더서에 나오는 사건은 일찍이 창세기에 나왔던 하나님의 약속을 확증한다. 사탄과 하나님 사이에는 영적 전쟁이 끊임없이 벌어질 것이고, 사탄이 해를 입히려 할지라도 하나님의 궁극적인 목적은 절대 흐트러뜨리지 못한다.

반 그로닝겐은 상식적으로 바사 제국에 있던 모르드개와 에스더가 유대인을 구원하는 도구로 사용될 가능성은 거의 없었다고 말한다. 그 점을 미루어 보면 이 세상을 다스리시는 하나님의 주권이 더욱 두드러진다. 반 그로닝겐이 직접 언급하지는 않지만 이와 비슷한 사건은 성경 전체에 골고루 기록되어 있다. 하나님이 요셉을 도구로 쓰시어 그로 하여금 유대 민족이 안전하게 구원받도록 인도하신 일을 한 예로 들 수 있다. 이런 일들을 볼 때마다 놀라움을 금할 수 없다. 이 모든 사건이 하나님의 목적을 성취하는 방향으로 변함없이 달려가고 있기 때문이다.

그밖에도 에스더서의 표면적인 서사 아래에는 그리스도를 떠올리게 하는 주목할 만한 내용들이 있다. 예를 들어 팀 켈러 목사가 관찰한 바와 같이, 느헤미야는 바사 왕궁의 높은 지위를 버리고 백성을 섬기러 떠나고, 에스더는 "자기 백성의 편에 서기 위해 왕궁을 떠날 각오를 다진다. 궁극의 에스더라 할 수 있는 예수 그리스도는 이땅에 와서 자기 백성의 편에 서기 위해 자신의 자리와 절대 왕궁인 천국을 내버리신다. 그것이 바로 신실함이다. 그리스도가 우리를 위해 그렇게 하신 덕분에 우리가 지금 안전하고 어떤 경우에라도 사랑을 받으며 우리 죄의 대가도 대신 치러졌음을 알고 그분을 믿는다면, 우리는 에스더처럼 헌신하지 않을 수 없다. 에스더가 가리키는 그리스도를 보지 못하는 한 우리는 결코 에스더와 같이 되지 못할 것이다."[67]

에스더는 백성을 구하기 위해 스스로를 위험한 길에 던졌다는 점에서 실제로 그리스도와 닮았다.[68] 영국의 W. 버로우스 목사는 기업을 무를 자의 개념이 여기서 어떻게 실현되는지 보여 준다. "에스더는 대담하게 자신을 희생했다. 허락 없이 왕에게 나간다는 것은 죽음을 각오하는 일이었다. 에스더가 등장하는 바로 이 장면에서 우리는 그리스도의 고귀한 희생과 중보를 보게 된다. (기업을 무를 자처럼) 동족을 구하기 위해 자신을 온전히 잊어 버리고 내려놓으며 목숨을 건 것이다. 그리스도 역시 자신의 생명을 내려놓으셨고 이제 천국에서 우리를 위해 중보하고 계신다."[69]

『ESV 스터디 바이블』은 이를 간결하게 설명한다. "하나님은 에스더를 통해 그분의 백성을 구원하는 섭리를 베푸신다. 이것이 바로 그리스도를 통한 최종적 구원의 예표다."[70] 그리스도와 마찬가지로, 에스더의 중보는 그녀가 보호하려 했던 백성의 공로에 근거하는 게 아니라, 그 백성을 향한 사랑에서 비롯되어 이루어진다. 그리스도와 마찬가지로, 에스더가 성공할 수 있던 이유도 백성에게 매겨진 가치가 아니라 중보한 자를 향한 왕의 사랑에 근거하고 있다.[71] 우리의 구원 역시 성자를 향한 성부 하나님의 사랑에서 비롯된다.

이상 모든 면에서 그리스도를 반영하고 있는 역사서 연구는 마무리되었다. 이제 다섯 개의 시가서와 그 안에 풍성하게 담긴 예수 그리스도에 대한 예표들을 살펴보겠다.

13
시가서

시가서는 영적인 문제뿐 아니라 도덕적인 문제와 관련하여 그리스도를 바라는 민족의 열망을 보여 준다. 욥기에는 중재자에 대한 열망이 담겨 있고(참조 시 9:33), 이를 그리스도가 온전히 성취하신다(딤전 2:5). 시편에는 하나님과의 영적 교제에 대한 열망이 나오며, 이 또한 우리에게 기도를 가르쳐 주시는 그리스도 안에서 성취된다(마 6:5-15). 잠언에는 지혜에 대한 열망이 나오는데, 여기서는 그리스도를 의인화하고 있다. "그 안에는 지혜와 지식의 모든 보화가 감추어져 있느니라"(골 2:3). 전도서에는 오직 "한 목자"에게서 찾을 수 있는 궁극의 만족에 대한 열망이 나온다(전 1:8, 참조 전 12:11-13). 솔로몬의 아가서에는 우리를 사랑하는 분과의 친밀한 연합에 대한 열망이 나온다. 이렇듯 모든 시가서는 궁극적으로 그리스도에게 초점을 맞추고 있다. 노먼 L. 가이슬러[1]

이번에는 다섯 시가서인 욥기, 시편, 잠언, 전도서, 아가로 넘어가 보자. 시는 성경의 다른 부분에도 등장하지만 이 다섯 시가서는 특별히 시적 언어와 형태가 독특하게 섞여 있는 것으로 알려져 있다. 따라서 시가서는 인류가 당면한 심오한 문제를 깊은 통찰과 수려한 표현으로 다룬다.[2] 히브리 시를 공부한 적이 없는 사람들도 내가 그러했듯 그 시들이 얼마나 달콤한지 알게 될 것이다. 히브리 이형異形 시는 우리가 생각하는 일반적인 시와 너무 달라 그 운율과 각운에 특색이 있다. 히브리 시는 각운보다 운율에 더 집중하지만, 운율은 각운의 강조나 강세에 좌우된다.[3] 히브리어 각운이 원래 어떤 형태로 존재하든 일반적으로 다른 언어로는 동일하게 번역되지 않는다.

히브리 시의 명백한 특징은 (대구법, 평행법이라고도 하는) 병행 구조parallelism에 있다. 자기 생각이나 비슷한 단어를 두세 행이나 연마다 반복한다. 간단히 말해 두 행이나 연에 한 번씩 동일한 개념을 다른 단어로 반복한다. 나는 가끔 성경 본문을 읽으면서 동일한 사고가 왜 그리 반복되는지 궁금했다. 이는 반복을 통해 익히고 기억하게 할 뿐 아니라 그 사고를 명료화하여 확장시키는 데 도움이 되기 때문일 것이다. 히브리 시가 이렇게 반복을 사용하는 것은 방해가 아니라 확장의 효과를 갖는다. 사고가 반복되면서 오히려 강력하고 다채롭게 표현된다. 단어와 그 확장에 주의를 기울일수록 머리에 잘 들어올 뿐 아니라 깊은 인상이 남는다고 나는 생각한다. 토마스 호 교수는 병행 구조에서 보통 두 번째 콜론*colon이나 두 번째 행이 아주 중요하거나 거의 절정에 해당한다고 말한다.[4] 로버트 알터는 이렇게 쓴다. "성경의 시에서 지배적으로 나타나는 형태는 기준이 되는 첫 분절의 단어가 두 번

● 콜론

히브리 시에서 하나의 행을 구성하는 두세 개로 이루어진 분절을 가리키며, 형태적으로 균형을 이루지만 보통 앞의 콜론에서 나타나는 개념이 그 다음 콜론에서 한층 강화되거나 과장된 표현으로 강조된다.

째 분절에서 한층 강조되어 더욱 문학적이고 과장된 단어로 표현되는 것이다."[5]

알터는 이 과정이 어떻게 명료화되고 강렬해지는지 설명하기 위해 몇 가지 예를 사용한다. "그리하면 네 창고가 가득히 차고, 네 포도즙 틀에 새 포도즙이 넘치리라"(잠 3:10). 그는 여기서 동사가 "가득히 차고"에서 "넘치리라"로 더욱 강화되며 움직이고 있음을 지적한다.

시편 88편 11-12절에서 좀 더 복잡한 예를 살펴보자. "주의 인자하심을 무덤에서, 주의 성실하심을 멸망 중에서 선포할 수 있으리이까. 흑암 중에서 주의 기적과, 잊음의 땅에서 주의 공의를 알 수 있으리이까."[6] 알터는 이 두 행에서 대등한 단어가 안정적으로 쌍을 이룬다고 말한다. "인자하심"은 개념적으로 "성실하심"과 연결되고, "기적"은 "공의"와 연결된다. 하지만 여기에는 대등한 단어가 또 있다. "이 단어는 점차 죽음의 상상이 현실이 되어 가는 과정으로 나아간다. 익숙하면서 한정된 "무덤"이란 단어에서 "멸망"으로 옮겨 가는데, 멸망은 무덤이 가지고 있는 소멸의 운명을 잔인하리 만치 노골적으로 드러내고 상상을 자아내는 시적 동의어다. 또 다른 일상용어인 "흑암"은…죽음의 경험을 감각적으로 현실화하는 단어다. 지하세계에 대한 두 번째의 시적 용어는 "잊음의 땅"인데, 이는 죽음이란 인간이 처절히 잊히고 소멸되는 영역이자 하나님의 위대하심을 결코 회상할 수 없는 영역이라는 개념으로 단호히 마무리하면서 일련의 내용을 정리하고 일반화한다."[7] 다소 난해하게 보이지만 참 매혹적인 개념이다. 알터가 말하는 핵심은, 시편 기자가 읽는 사람에게 감동을 주는 묘사적이고 생생한 문장으로 의미를 강화하기 위해 병행 구조라는 정교한 형식을 사용하고 있다는 점이다.

나는 이런 예를 들어 히브리 시를 소개하고, 그 아름다움을 조금이나마 엿보게 하고 싶었다. 번역하는 과정에서 상당 부분이 손실되기는 했지만 그 엄청난 문학적 풍성함은 아직 남아 있으므로, 이러한 관점으로 시가서를 읽는다면 이해가 더욱 깊어질 것이다. 시가서를 좀 더 깊이 살펴보고자 하는 목적에서 다소 비껴나기는 해도 내가 이에 대한 개념과 용어를 제시하려는 이유는, 시편 기자가 사용한 시적 장치를 볼 줄 아는 눈으로 읽을 때 히브리 시에 대한 이해와 기쁨이 훨씬 풍성해지리라고 믿기 때문이다. 더 깊이 연구하고 싶다면 이에 대한 방대한 자료가 많다.

히브리 사람들은 성경과 관계 없는 저작물을 거의 쓰지 않았으며, 그들이 쓴 작품(구약의 글, 특히 시가서)은 가장 위대한 문학 작품으로 널리 알려져 있다.[8] 저명한 회의론자인 H. L. 멘켄조차 성경을 "의심할 바 없이 세상에서 가장 아름다운 책"이라 불렀다.[9]

시가서를 '지혜 문학'이라 부르기도 하는데, 문체가 그 이름으로 불리는 성경 외의 문학들과 유사하며 특히 욥기, 잠언, 전도서의 주제가 지혜이기 때문이다. 이러한 문학 형태는 진정한 지혜의 도덕적 본질을 탐구하고(잠언), 인간 존재의 근본적 문제를 탐구하는 지혜자의 성찰을 보여 준다(욥기, 전도서).[10] 지혜서는 세상이 어떻게 돌아가고 그 안에서 인간의 역할은 무엇이며 하나님의 주권적 섭리 아래서 만물이 어떻게 서로 조화를 이루는지 연구한다.[11] 욥기와 전도서는 인간이 보편적으로 지닌 악의 문제와 인생의 목적을 각각 다루고 있고, 아가는 친밀함을 논하는 소小 신학이며, 잠언은 실천적이고 경건한 지혜의 다양한 면을 탐색한다. 시편은 창조자와의 다양한 경험과 생각과 감정을 공유하는 인간의 귀중한 보물이다.

성경의 문학적 아름다움에 심취한 성경학자 리랜드 라이큰은 성경이 종교적으로 권위 있는 책이라고 해서 딱딱하고 지루하게 "증빙 자료가 첨부된 신학 개요서"를 의미하지는 않는다고 주장한다. "성경이 자료를 제시하는 방식을 살펴보면, 무엇보다 문학 작품에 더 가깝다. 성경은 이야기와 시와 환상과 편지로 가득하다"[12]

그래서 라이큰은 성경을 연구할 때 문학적 접근법을 사용한다. 본문의 형식과 그 의미 사이의 상관관계를 발견하기 위해서다. 한편 "성경이라는 문학에 신학과 역사가 뒤섞여 있다"[13]는 점도 인정한다. 라이큰은 저서인 『기쁨의 언어, 성경의 문학적 개요』*Words of Delight, A literary Introduction to the Bible*에서 그 점을 잘 설명하고 있다. "성경은 언제나 종교적인 책이다. 교훈이 될 만한 내용을 위해 문학적 장치를 희생할 준비가 항상 되어 있다. 혹 그렇지 않을 경우에라도 그 문학적 범위 안에 종교적 도덕적 의미가 잘 배어 있다."[14] 그는 전도서의 기자(솔로몬)를 인용하면서 그가 기록자로서 맡은 자기 임무에 어떻게 접근하는지 보여 준다. "전도자는 지혜자여서 여전히 백성에게 지식을 가르쳤고 또 깊이 생각하고 연구하여 잠언을 많이 지었으며 전도자는 힘써 아름다운 말들을 구하였나니 진리의 말씀들을 정직하게 기록하였느니라"(전 12:9-10).

라이큰의 책을 언급하는 이유는 시가서의 특징을 이해하고 성경의 장르에 시와 지혜 문학이 혼합된 이유를 아는 데 도움이 되기 때문이다. 앞에 인용한 전도서 본문은 지혜를 나눠 주려는 기자의 결단이 드러나 있다는 점에서 특히 명료하다. 전도서 기자는 잠언의 내용을 단순히 나열할 뿐 아니라 읽는 사람의 이해를 극대화하기 위해 주의 깊게 배치한다. 그가 말한 대로 "아름다운 말"을 사용할 뿐 아니라 무엇보다 "진리의 말씀"을 기록하는 방법을 취한다. 이는 모든 성경 기자들이 사용하고 있는 접근법이기도 하다. 그들은 가르치기 위해 쓰지만 또한 문학에 대한 이해를 강화하기 위해 아름다운 말을 만들어내기도 한다. 그리하여 메시지에 대한 이해를 촉진시킨다.

시가서를 읽고 묵상하면 인생에서 맞닥뜨리는 끝없는 철학적 쟁점을 이해하는 데 도움이 되며, 빛나는 성경 문학에 깊은 식견을 얻고 경건한 지혜의 진수가 무엇인지 깨달아 삶에 적용할 수 있다. 시가서는 하나님과의 교제에 대한 청사진을 제공하면서 성경 전체를 보는 깊은 통찰력을 준다. 이제 시가서의 내용과 메시지를 소개하고, 그것이 어떻게 그리스도를 예시하는지 각각의 책을 살펴보겠다.

욥기

욥기는 하나님이 의인에게 고난을 허락하시는 이유라는 시간을 초월한 보편적 질문을 다루고 있다. 하나님이 전능하고 사랑 많은 분이시라면 왜 인간을 그러한 고통에서 지켜 주지 않으시는가? 하나님은 이에 대해 단순하고 간결하며 직접적인 답을 주지 않으시지만 그 이유는 보여 주신다. 개인적으로 나는 욥기가 성경의 어떤 책보다 하나님의 기이한 능력과 불가해한 행적을 잘 보여 주고 있다고 생각한다. 그러므로 (하나님을 안다는 측면에서) 하나님과의 친밀한 관계가 필수 불가결하다는 사실을 가르쳐 준다. 우리가 "하나님에 대해" 아는 것만으로는 충분치 않으며 반드시 "하나님을" 알고자 추구해야 하는데, 이것이 바로 하나님이 욥에게 결국 주시는 말씀이다. 하나님을 알아 가는 과정에서 인간은 반드시 그분을 신뢰하는 법을 배워야 하고, 그분이 인간과 모든 피조물의 최선이 무엇인지 잘 아시고 그렇게 행하신다는 사실을 믿어야 한다.

하나님이 욥에게 직접적인 답을 주지 않으신다는 것에 혹시 실망했는가? 그렇다면 여러 재앙을 겪으며 모든 것을 잃은 욥이 좌절한 상태로 끝나지 않았음에 주목하자. 그뿐 아니라 하나님은 최종적으로 그의 믿음에 보상하시고 처음보다 훨씬 많은 재산과 복을 주신다. 그리고 욥의 질문에 답하기 위해 놀라운 창조 세계를 보여 주시면서 피조물을 향한 하나님의 사랑과 관심에 대한 의심, 혹은 우리에게 마음대로 행하신다는 의구심과는 반대로, 실상 하나님이 우리의 머리털까지 헤아리고 모든 피조물을 돌보신다는 사실을 일깨우신다.

하나님의 답변은 신이 창조 후에 영구히 안식한다는 냉소적 주장을 펴는 이신론자들에게 보내는 최후의 통첩이다. 그들이 말하는 신은 진정한 하나님이 아니고, 지금뿐 아니라 영원히 여기 우리와 함께 하시는 성경의 하나님도 아니다. 욥기 초반에는 욥이 하나님께 순종하는 의인이라고 시작되지만 마지막에는 그가 진실로 하나님을 알게 된다고 나온다. 그는 상상조차 못할 고난을 통해 이러한 지식을 얻는다. 빽빽하게 정리된 논문으로 그러한 교훈을 배운 게 아니다. 그는 완전히 경건한 사람으로 거듭나고, 하나님을 향해 마지막으로 한 그의 고백은 그리스도인이 닮아야 하는 모범이 된다. 물론 우리에게 욥과 같은 믿음이 조금이라도 있다면 말이다.

욥기는 여러 방식으로 그리스도를 가리킨다. 처음에 욥이 하나님께 고통의 문제를 질문할 때 하나님은 침묵하신다. 어떤 이들은 하나님의 그러한 침묵이 십자가 위에서 부르짖은 예수님께 침묵하신 것과 유사하다고 본다. "나의 하나님, 나의 하나님, 어찌하여 나를 버리셨나이까"(마 27:46).[15] 우리는 하나님이 욥의 질문에 곧장 직접 답하지 않으신 것에 당혹스러워하면서도, 하나님이 독생자 예수님께도 곧장 대답하지 않으셨다는 사실은 간과하는 경향이 있다.

물론 욥기의 주된 주제는 인간의 고통과 불공평하고 엄혹하며 불의하게 보이는 현실이다. 욥기는 인간의 머릿속에 만족스런 즉답을 주지는 않지만, 인간이 반드시 하나님을 알아 가고 신뢰하며 그 안에 거해야 한다는 근본적인 가르침을 준다. 우리의 고통에 대한 최후의 완전한 답은 물론 그리스도시다. 그리스도는 우리가 친밀한 관계를 맺을 수 있는 분이자 성부 하나님의 완전한 형상이시기 때문이다(히 1:3, 요 14:9). 그분은 우리의 고통을 체휼하신다. "우리에게 있는 대제사장은 우리의 연약함을 동정하지 못하실 이가 아니요 모든 일에 우리와 똑같이 시험을 받으신 이로되 죄는 없으시니라"(히 4:15). 그분이 우리를 위해 모든 것을 내어주심으로 "우리는 긍휼하심을 받고 때를 따라 돕는 은혜를 얻기 위하여 은혜의 보좌 앞에 담대히 나아갈"(히 4:16) 수 있다.

욥은 하나님께 자신의 사정을 하나님 앞에서 아뢰 줄 변호인, 즉 중재자를 구한다(욥 9:33). 언뜻 들으면 이상한 말이다. 어떻게 전능하고 전지하시며 완전히 공의로우신 하나님이 욥을 대신하는 중재자의 말을 들어 주신다는 말인가? 하나님은 중재자의 어떤 달변과 상관없이 완벽한 결정을 내리실 수 있는 분인데, 왜 모든 것이 이미 결정된 상황에서 굳이 그런 헛된 과정을 거쳐야 하는가? 게다가 왜 하나님이 그분의 반대편에 서서 변호할 사람을 허용하셔야 하는가? 나의 전작 『법정에서 만난 예수』에서 언급했듯, 이는 자세히 살펴보면 결코 얼토

당토않은 말이 아니다. 하나님이 독생자를 보내셨을 때 바로 우리에게 변호인을 보내 주신 것이기 때문이다. 사실상 예수님은 우리의 비참한 죄와 하나님의 완전한 의 사이에 다리를 놓는 온전한 중보자시다. 인간이자 하나님으로서 죄 없는 삶을 사신 그분은 우리의 죄를 십자가에서 짊어짐으로 하나님의 완전한 사랑과 완전한 의가 조화를 이루게 하신다.

하나님은 중보자를 보내심에 있어 자신의 이익과 원칙에 거스르는 일을 하지 않으신다. 하나님은 자신의 이익을 위하시되 자신의 원칙 혹은 완전한 속성에 타협하는 일 없이 우리를 하나님 자신과 연합시키려 하신다. 그렇기에 완전한 중보자를 바라는 우리의 필요를 성경의 욥기가 가장 잘 드러내 주고 있다.

앞에서 보았지만 욥기는 인간이 단순히 "하나님에 대해" 아는 것이 아니라 "하나님을" 알아야 한다는 가르침을 준다. 그리고 하나님을 아는 목표에 도달할 최고의 유일한 방법은 예수 그리스도를 믿는 것이다. 히브리서 기자가 그리스도에 대해 말하고 있는 그대로다. "그러므로 자기를 힘입어 하나님께 나아가는 자들을 온전히 구원하실 수 있으니 이는 그가 항상 살아 계셔서 그들을 위하여 간구하심이라"(히 7:25). 요한도 이와 유사하게 기록하고 있다. "나의 자녀들아, 내가 이것을 너희에게 씀은 너희로 죄를 범하지 않게 하려 함이라. 만일 누가 죄를 범하여도 아버지 앞에서 우리에게 대언자가 있으니 곧 의로우신 예수 그리스도시라. 그는 우리 죄를 위한 화목 제물이니 우리만 위할 뿐 아니요 온 세상의 죄를 위하심이라"(요일 2:1-2). 인류가 겪는 고통과 세상 악의 문제에 대한 최종적이고 완전한 답변은 바로 예수 그리스도시다. 하나님의 아들은 우리를 위해 사망을 이기고 그분 안에 있는 영생을 주기 위해 우리를 대신하여 직접 죽임을 당하셨다.

역설적인 말이지만 욥기는 인간이 고통 때문에 하나님에게서 멀어지지 않음을 보여 준다. 오히려 욥은 고통의 과정을 통해 하나님께 가까이 나아가 그분을 알게 된다. 그렇게 욥처럼 하나님 앞에서 끝까지 인내한 자들은 복을 받는다(약 5:11). 이런 모습은 그리스도와 확연히 유사성을 보인다. 그리스도는 우리 때문에 일시적으로 아버지와 단절되시지만 궁극적으로 고통을 통해 하나님께 나아가신다.[16]

욥이 친구들과 나누는 대화에서 구속자에 대한 확신을 표현하는 부분 역시 의미심장하다. "내가 알기에는 나의 대속자가 살아 계시니 마침내 그가 땅 위에 서실 것이라. 내 가죽이 벗김을 당한 뒤에도 내가 육체 밖에서 하나님을 보리라. 내가 그를 보리니 내 눈으로 그를 보기를 낯선 사람처럼 하지 않을 것이라. 내 마음이 초조하구나"(욥 19:25-27). 이 구절은 메시아 예언으로 유명하다. 월터 엘웰 교수는 이 구절에서 욥이 비록 그리스도를 구체적으로 알고 있지는 않지만 하나님께 그의 "탄원"을 아뢰어 줄 대변자를 간절히 찾고 있다고 주장한다. "욥이 간절히 바라던 최고의 중보자와 변호자가 예수 그리스도시다."[17] 욥기를 좀 더 읽어 보면 "중보자"와 "천사"라는 단어가 "내가 대속물을 얻었다"는 구절과 연관되어 사용되고 있음에 주목하자(욥 33:23-24). 이 구절에 주목하는 이유는, 그리스도가 "자기 목숨을 많은 이들의 대속물로 주려" 하셨기 때문이다(막 10:45). 로버트 알덴이 말한 대로다. "신학적으로 이 두 구절에 나오는 여러 단어, 즉 천사, 중보자, 은혜, 구속은 신약에 그대로 실려 있다. 그리스도인에게 그리스도는 영원한 죽음에서 영혼을 구속하시는 은혜로운 중보자시다."[18]

욥은 자신이 고통받는 이유를 생각하면서 몇 가지 뜻깊은 질문을 던지는데, 이에 대한 모든 답을 그리스도의 인격과 사역에서 찾을 수 있다. "누가 깨끗한 것을 더러운 것 가운데에서 낼 수 있으리이까"(욥 14:4). 성경은 인간이 그리스도를 떠나 스스로를 깨끗하게 할 수 없다고 가르친다. 하나님은 거룩하시고 우리는 죄가 있기 때문에 우리와 그분 사이에는 거대한 틈이 있다. 하지만 그리스도가 우리 죄값을 치르셨기 때문에 그분의 의가 우리에게 전가되어 우리는 하나님이 받으실 만한 자가 되고 거대한 틈은 사라졌다(히 10:14, 골 1:21-23, 고후 5:17). 또한 욥은 이렇게 묻는다. "장정이라도 죽으면 어찌 다시 살리이까"(욥 14:14). 이 질문에 그렇다(다시 살리라)고 답하겠지만, 그리스도가 없이는, 하나님을 떠나 영원히 "바깥 어두운 데"서 지내게 될 뿐이다(마 25:30). 그러나 그리스도가 계시면 하나님과 함께 천국에서 영원한 생명을 누린다.[19]

시편

시편은 히브리 사람들이 찬송가로 사용하던 시들의 모음집이다. 시편은 여러 문제에 관한 하나님과 사람들 사이의 대화로 구성되어 있으며, 인간의 경험과 감정의 모든 영역을 아우르고 있다. 하나님의 백성이 창조주께 자신의 심령을 어떻게 드러내는지를 잘 그리고 있다는 점에서 기도 지침서로도 볼 수도 있다. 때로 시편 기자들이 하나님께 너무나 솔직하게 반응하는 모습, 특히 불평을 털어놓는 모습을 보면서 충격을 받는 이들도 있다. C. 하셀 블록의 말이다. "인간의 역사상 이토록 카타르시스적인 문학의 사치를 누리는 경우는 드물다."[20]

그렇지만 히브리 사람들이 자기 내면의 생각과 두려움과 열정을 하나님께 단순히 드러내기만 한 것은 아니다. 그들은 우리를 위해 이 기록을 남겨 놓음으로, 온 인류에게도 자신의 거리낌없는 심령을 고스란히 드러낸다. 덕분에 히브리 역사의 정신과 그들의 신앙을 이해하는 데 시편보다 더 좋은 방법은 없다고 블록은 말한다.[21] 시편은 하나님과 친밀한 대화를 나누는 법과 예배하는 법을 보여 준다. 시편 기자들은 하나님 앞에 솔직하게 다 드러내는 용기를 우리에게 전한다. 레이 스테드먼의 설명이다. "시편은 우리의 마음과 생각을 하나님께 올려드리고 하나님을 우리에게로 내려오시게 하는데, 이를 통해 우리는 진정한 교제를 경험할 수 있다. 우리 마음에 노래가 있든 근심이 있든 시편을 읽으면서 우리는 그들의 감정이 감동적이고 영감 어린 시로 바뀌어 가는 것을 볼 수 있다.[22] 우리가 어떤 감정이든 시편은 바로 그 감정을 표현해 준다."[23]

시편은 우리가 결코 간과할 수 없는 중대한 메시지를 전하기도 한다. 사실 성경 전체가 그러한데, 하나님 없는 인간의 타락한 본성과 공허를 드러내는 것이다. 특히 시편은 "인간의 변치 않는 보편적 본성을 보여 주는 기념비적인 증거다."[24] 하지만 우리의 타락한 본성에도 불구하고 하나님이 신실하심을 다시금 확인시켜 준다. 시편은 하나님을 떠난 우리가 절대적으로 불충분한 존재임을 보여 주고, 이와 정비례하여 하나님과의 영원한 교제를 준비하도록 우리를 일으키고 회복시키시는 하나님의 충만함과 의지도 보여 준다.

그리스도는 시편 모든 곳에 드러나며 메시아 예언은 스물두 군데 이상 나온다. 예수님은 시편이 예수님에 대해 말하고 있음을 명백히 확증하신다(눅 24:44). 패트릭 헨리 리어든은 이렇게 설명한다. "그리스도가 시편 안에 살아 계신다는 것은 심오한 기독교 신념이다. 그래서 시편은 신약에서 가장 자주 인용되는 구약의 책이다."[25] 교회가 시작된 당시에도 제자들이 생각하는 시편의 중요성이 나타난다. 예수님이 승천하신 직후 120명의 형제들이 다락방에서 오순절을 기다리고 있을 때 베드로는 유다를 대신할 사람을 선택하는 결정의 근거로 시편을 인용한다. "그때에 베드로가 그 형제들 가운데 일어서서 이르되 '형제들아, 성령이 다윗의 입을 통하여 예수 잡는 자들의 길잡이가 된 유다를 가리켜 미리 말씀하신 성경이 응하였으니 마땅하도다. 이 사람은 본래 우리 수 가운데 참여하여 이 직무의 한 부분을 맡았던 자라.'…시편에 기록하였으되 '그의 거처를 황폐하게 하시며 거기 거하는 자가 없게 하소서' 하였고 또 일렀으되 '그의 직분을 타인이 취하게 하소서' 하였도다"(행 1:15-20).

더욱이 오순절 날 첫 번째 설교에서는 시편 두 군데가 인용된다(행 2:25-35).[26] 바울이 회심하기 직전, 예루살렘에서 그리스도인들이 예배할 때에도 시편을 사용하고 시편의 내용으로 기도한다(행 4:24-30). 리어든은 이렇게 기록한다. "그리스도는 시편의 중심이시다."[27] 시편은 그리스도의 성육신과 신성과 영원한 장자권, 그리고 선지자와 제사장과 왕으로서의 직분, 그분이 당한 고통과 인간의 거절과 배반, 십자가의 죽음과 부활과 승천과 보좌와 심판하러 다시 오심을 다룬다.[28] 시편 전체에 그리스도가 편만하기 때문에 이 짧은 단원에서는 그저 겉핥기 정도로 다룰 수밖에 없다. 그렇지만 혹 의심하는 사람들을 안심시키기 위해서라도 충분한 증거를 제시하고자 한다.

하나님은 시편 기자를 통해 말씀하시는가?

시편의 메시아적 특성을 살펴보기에 앞서 흥미로운 질문 하나를 던지고 싶다. 시편 기자들이 내면의 주관적 감정과 생각을 하나님께 표현하고 있다면, 그들이 하나님의 영감을 받았다는 사실을 어떻게 우리가 알 수 있을까? 결국 이들이 나눈 대화란 인간이 하나님께 드리는 것이며, 그 반대 방향으로 흘러들어오는 것이 계시다. 게라르드 반 그로닝겐은 시편을 계시로 볼 수 있다는 통찰력 있는 주장을 펴면서도 시편이나 잠언, 전도서, 아가에는 하나님의 말씀임을 나타내는 낯익은 표현, 예를 들어 "주께서 가라사대", "주가 말씀하셨다", "하나님이 환상(혹은 꿈) 중에 또는 말씀으로 임하셨다"가 사용되지 않는다는 사실을 인정한다. 시편의 내용 중 하나님이 시를 통해 말씀하신다는 언급도 없다. 하지만 시편 기자들은 이전에 성경을 기록한 적이 있고, 자신들이 기술할 만한 역사적 배경에 대한 지식도 있으며, 자기 자신과 자기 백성들의 직접적인 경험도 있다. 그래서 시인들은 시를 통해 자신의 경험을 표현하고, 역사적 상황에 대한 자신의 반응도 표현하며, 과거와 현재에 임한 하나님의 계시에 대한 통찰까지 표현할 수 있는 것이다.

그럼에도 반 그로닝겐은 여전히 반문한다. "어떻게 이들 '개인의 사적인' 표현을 하나님의 계시로 볼 수 있을까? 자신의 마음과 생각과 경험을 아무리 유려하게 표현했다 하더라도 말이다. 그 답은 성령으로 말미암아 이들을 대언자로 세우신 하나님께 있다.…그들이 자신의 것을 표현할 때 하나님의 영이 그들을 '감동시켜' 하나님의 말씀을 하게 하셨다(비교 벧후 1:21)." 반 그로닝겐은 의구심을 종식하기 위해 다윗의 글을 인용한다. "여호와의 영이 나를 통하여 말씀하심이여, 그의 말씀이 내 혀에 있도다. 이스라엘의 하나님이 말씀하시며 이스라엘의 반석이 내게 이르시기를…"(삼하 23:2-3).[29]

물론 이들이 한 말이 모두 하나님의 말씀이라는 의미는 아니다. 계시의 영감이 임하는 상황에서 시편 기자나 선지자들은 때로 하나님이 자신을 통해 선포하시는 말씀을 갑작스레 집어넣거나 영감의 반응으로 노래를 하기도 하는데, 이는 바울이 기록한 신약의 저작물에도 그대로 적용된다.[30] 예를 들어 시편을 보면 하나님께 기도하는 이들이 나오는데, 그들의 대화는 하나님의 영감을 받은 것이 맞지만 그럼에도 개인의 마음이 표현된 글이다. 그런 이유 때문에 많은 이들이 시편을 기도 지침서로 여긴다. 시편 기자들은 성령의 감동하심 아래 우리가 기도로 하나님께 마음을 열어 자신을 드러내는 법을 보여 준다.

시편에 나타난 메시아 예언

이제 시편에 메시아 예언이 얼마나 풍성한지 살펴보자. 전체를 다 봐야겠지만 가장 분명한 부분만 보면 다음과 같다.

- 그는 하나님의 아들이시다(시 2:7. 마 3:17에서 성취).
- 모든 것이 그 발아래 놓인다(시 8:6. 히 2:8에서 성취).
- 부활하신다(시 16:8-10. 행 2:27과 막 16:6에서 성취).
- 하나님께 버림을 받으신다(시 22:1. 마 27:46과 막 15:34에서 성취).
- 모욕을 당하신다(시 22:7-8. 눅 23:35-39에서 성취).

- 그의 손과 발을 찔리신다(시 22:16. 요 20:25, 27과 마 27:31, 35-36에서 성취).
- 사람들이 그의 옷을 나눈다(시 22:18. 마 27:35-36에서 성취).
- 그의 뼈가 하나도 꺾이지 않는다(시 34:20. 요 19:32-33에서 성취).
- 거짓 고소를 당하신다(시 35:11. 막 14:57에서 성취).
- 이유 없이 미움을 받으신다(시 35:19. 요 15:25에서 성취).
- 하나님의 뜻을 행하기 위해 오신다(시 40:7-8. 히 10:7에서 성취).
- 친구에게 배신을 당하신다(시 41:9. 눅 22:47에서 성취).
- 그의 보좌는 영원할 것이다(시 45:6. 히 1:8에서 성취).
- 하나님 오른편에 오르신다(시 68:18. 막 16:19에서 성취).
- 하나님의 집을 위하는 열심이 그를 삼킨다(시 69:9. 요 2:17에서 성취).
- 사람들이 그에게 신 포도주를 마시라고 내민다(시 69:21. 마 27:34에서 성취).
- 원수들을 위해 기도하신다(시 109:4. 눅 23:34에서 성취).
- 그를 배신한 자의 직분을 다른 사람이 맡는다(시 109:8. 행 1:20에서 성취).
- 그의 원수들이 그 발아래 엎드러진다(시 110:1. 마 22:44에서 성취).
- 그가 멜기세덱의 반차를 잇는 제사장이 되신다(시 110:4. 히 5:6에서 성취).
- 건축자들이 버린 돌이 되신다(시 118:22. 마 21:42에서 성취).
- 장차 여호와의 이름으로 오신다(시 118:26. 마 21:9에서 성취).

시편에는 중의적인 표현이 많이 나온다. 시편 기자는 자기 개인의 경험을 기술하지만, 한편으로는 자기도 인식하지 못하는 사이에 메시아에 관해서나 예언적 메시지를 제시한다. 초자연적 사건을 믿지 않는 일부 비판적 학자들은 이러한 글 안에 있는 예언을 간과하지만, 나는 개인적으로 그런 이중적 의미가 시편 기자가 영감을 받았음을 보여주는 강력한 증거라고 본다. 주권자이신 우리 하나님이 역사의 사건까지 주관하여 시편 기자들로 하여금 자신의 처지를 표현하는 과정에서 장차 일어날 일까지 예언하게 하셨다니 얼마나 놀라운 일인가! 이제 그 놀라운 예를 자세히 들여다보자.

시편 2편

여기서 그리스도는 하나님이 낳으신 아들로 묘사된다. 그리고 그분을 위하여 하나님이 "이방 나라를 네 유업으로 주리니 네 소유가 땅 끝까지 이르리라"(8절)고 되어 있다. 더 나아가 시편 기자는 "여호와께 피하는 모든 사람은 다 복이 있도다"(12절)라고 선포한다. 여기서 기름 부음 받은 자로 나오는 왕은 장차 하나님의 백성을 다스리고 그분을 대적하는 이방의 왕들을 심판하실 테지만, 그분을 섬기고 복종하면 열방이 평안과 복과 안전을 누릴 수 있다.[31] 역사적 상황으로 볼 때 이 시는 다윗이나 다윗 이후의 왕에게 적용될 수 있지만, 다윗 언약을 성취할 장래의 메시아가 왕위에 오르심을 가리키기도 한다.[32]

2절에서 "그의 기름 부음 받은 자"라는 말에도 이중의 의미가 있다. 시편 2편은 이렇게 시작한다. "어찌하여 이방 나라들이 분노하며 민족들이 헛된 일을 꾸미는가. 세상의 군왕들이 나서며 관원들이 서로 꾀하여 여호와와 그의 기름 부음 받은 자를 대적하며 '우리가 그들의 맨 것을 끊고 그의 결박을 벗어 버리자' 하는도다." "기름 부음 받은 자"라는 단어는 성경에서 하나님이 특정한 직분을 맡기기 위해 선택한 사람을 지칭하는데, 여기서도 분명 그렇게 사용된다. 사실상 시편 2편은 다윗이나 솔로몬의 즉위를 기념하며 부르는 대관식 찬송일 것이며, 이후의 왕들이 왕위에 오를 때도 재차 사용되었을 것이다. 또한 계시가 발전하는 과정에서 장래의 메시아가 "기름 부음 받은 자"로 알려지게 되었는데, 이 구절에선 그 두 번째 의미를 담고 있기도 하다.[33] 사도행전 4장에 나오는 초기 그리스도인들이 이 구절을 예수님께 적용하면서, 헤롯과 빌라도가 대적하며 "분노"하던 바로 그 오실 메시아로 말한 점에 주목하자(행 4:25-26).[34]

시편 8편

시편 기자는 하나님이 창조하신 우주에 탄복하면서 왜 인간처럼 의미 없는 존재를 그토록 생각해 주시는지 의아해한다(4절). 그럼에도 하나님은 인간을 "하나님보다 조금 못하게 하시고 영화와 존귀로 관을 씌우셨으며" 또한 "주의 손으로 만드신 것을 다스리게 하시고 만물을 그의 발 아래 두셨다"(5-6절). 히브리서 기자는 이 본문을 공공연히 예수 그리스도에게 적용한다. "오직 우리가 천사들보다 잠시 동안 못하게 하심을 입은 자 곧 죽음의 고난 받으심으로 말미암아 영광과 존귀로 관을 쓰신 예수를 보니 이를 행하심은 하나님의 은혜로 말미암아 모든 사람을 위하여 죽음을 맛보려 하심이라"(히 2:9). 이 구절만 보면 하나님이 이미 만물을 그리스도께 복종케 하신 것처럼 보이지만, 이 일은 히브리서가 기록된 시기에는 아직 일어나지 않았다(오늘날에도 아직 일어나지 않았다). 그러므로 이 구절은 분명히 장래에 일어날 일을 말하고 있다.[35] 도널드 포트너는 이 시편 말씀의 핵심을 "우리가 하나님의 아들이 될 수 있도록 사람의 아들이 되신 하나님의 아들"[36]이라고 요약한다.

시편 16편

사도행전에는 오순절에 베드로가 시편 16편 8-11절을 그리스도의 부활을 예언한 말씀으로 인용하는 대목이 나온다. "이는 내 영혼을 음부에 버리지 아니하시며 주의 거룩한 자로 썩음을 당하지 않게 하실 것임이로다"(행 2:27). 베드로는 다윗 가문의 왕위가 영원할 것에 대한 하나님의 약속과 그리스도가 부활하실 것에 대한 하나님의 약속 이 두 가지 모두를 확증하면서 다음과 같이 선포한다. "형제들아, 내가 조상 다윗에 대하여 담대히 말할 수 있노니 다윗이 죽어 장사되어 그 묘가 오늘까지 우리 중에 있도다. 그는 선지자라 하나님이 이미 맹세하사 그 자손 중에서 한 사람을 그 위에 앉게 하리라 하심을 알고 미리 본 고로 그리스도의 부활을 말하되 그가 음부에 버림이 되지 않고 그의 육신이 썩음을 당하지 아니하시리라"(행 2:29-32). 비시디아 안디옥의 유대인과 함께 있을 때, 바울은 그리스도의 부활을 예언하는 구절로 역시 동일한 시편을 인용한다(행 13:35).[37]

시편 22편

이 시편은 내가 성경에서 가장 좋아하는 말씀이다. 아주 고통스러운 내용이지만 달리 생각해 보면 놀라우리 만치 격려가 된다. 시편 22편은 틀림없이 십자가 위에 계신 그리스도를 생생하게 그리고 있다. 이 시편은 오로지 메시아를 예언하고 있으며, 시를 쓴 다윗의 인생에 관한 역사적 내용은 들어 있지 않다고 믿는 이들이 많다.[38] 사실상 초대 교회 사람들은 이 시의 화자가 다윗이 아닌 그리스도라고 믿었다.[39]

이사야 53장과 함께 놓고 보면 신약에 기록된 그리스도의 십자가 사건이 경이롭게도 정확히 기록되어 있다. 시편 22편은 예수님의 고난에 초점을 맞추고, 이사야 53장은 그분의 죽음이 죄를 대속하기 위한 것임을 가리킨다.[40] 시편 22편은 메시아가 비방과 조롱을 당하고(6-8절), 끔찍한 고통을 겪으며(14-16절), 모든 뼈가 어그러지고(14절), 말할 수 없는 목마름으로 고통을 당하며(15절), 손과 발이 찔리고(16절), 사람들이 그의 겉옷을 나누고 속옷을 제비를 뽑을 것이며(18절), 죽임을 당하게 될 것(15절)이라고 말한다. 십자가에서 고통스러워하던 그리스도마저도 이 시편의 말씀을 인용하시면서 아버지께 부르짖으신(막 15:34) 사실을 보면, 이 시편 22편의 내용은 참으로 강력하다고 말할 수 있다. 성경의 다른 본문에도 그리스도의 운명을 예언하는 내용이 나온다. 시편 41편 9절은 그가 친구에게 배반을 당한다고 말하고, 시편 35편 11절은 그가 거짓으로 고소 당할 것을 예언한다. 이사야 50장 6절은 그가 침 뱉음을 당한다고 말하고, 시편 34편 20절은 그의 뼈가 하나도 꺾이지 않을 것이라고 말한다. 그리스도도 죽으시기 전에 직접 자신의 십자가 죽음을 예언하고 설명하신다(마 12:38-42, 16:21, 17:22-23, 20:18-19, 26:31, 막 8:31 9:31, 10:32-34, 눅 9:22, 44, 18:31-33, 요 12:32-33).[41]

시편 22편, 23편, 24편

이 세 편의 시는 목자 시라고 불린다. 시편 22편은 요한복음 10장 11절과 더불어 그리스도를 양을 위해 목숨을 버리는 목자로 그린다. 시편 23편은 히브리서 13장 20-21절의 관점으로 보면 그리스도를 큰 목자로 묘사하고, 시편 24편은 베드로전서 5장 4절과 함께 읽으면 그리스도를 목자장으로 보고 있음을 알 수 있다.[42] J. 버논 맥기는 이렇게 말한다. "시편 22편에서 우리는 십자가를 보고, 23편에서는 지팡이(목자의 지팡이)를 보며, 24편에서는 면류관(왕관)을 본다. 시편 22편에서 그리스도는 구원자시고, 23편에서는 만족케 하시는 분이며, 24편에서는 주권자시다."[43]

시편 40편

히브리서 기자에 따르면 시편 40편 7-9절은 십자가에서 희생 당하시는 그리스도의 기꺼운 순종을 묘사하는데, 이것이 구약의 제사를 대체한다(히 10:5-10).

시편 41편

요한복음에서 예수님은 시편 41편 9절을 인용하여 유다가 배신할 것을 언급하신다. "내가 너희 모두를 가리켜 말하는 것이 아니니라. 나는 내가 택한 자들이 누구인지 앎이라. 그러나 내 떡을 먹는 자가 내게 발꿈치를 들었다 한 성경을 응하게 하려는 것이니라. 지금부터 일이 일어나기 전에 미리 너희에게 일러 둠은 일이 일어날 때에 내가 그인 줄 너희가 믿게 하려 함이로라"(요 13:18-19).

시편 45편

시편 45편 6-7절은 이렇게 시작한다. "하나님이여, 주의 보좌는 영원하며 주의 나라의 규는 공평한 규이니이다. 왕은 정의를 사랑하고 악을 미워하시니 그러므로 하나님 곧 왕의 하나님이 즐거움의 기름을 왕에게 부어 왕의 동료보다 뛰어나게 하셨나이다." 믿는 사람이라면 이 구절이 하나님의 기름 부음을 받고 영원히 보좌에서 정의로 다스리실 그리스도를 의미한다는 점을 의심치 않을 것이다. 히브리서 1장 7-12절은 특히 이 시를 그리스도께 적용한다. 나는 특히 "하나님, 곧 주의 하나님"(9절)이라는 구절에서 감동을 받는다. 삼위일체 중 두 위를 가리키고 있기 때문이다. 성경학자 존 맥아더는 이 구절에 대해 "하나님이 아들과 교감하심을 가리킨다"고 확언한다.[44] 헨리 할레이는 이 구절을 다음과 같이 요약한다. "하나님의 이름을 가지고 영원한 보좌에 오르는 왕의 영광스런 통치를 묘사하고 있다. 다름 아닌 다윗 가문에서 오실 영원한 왕을 언급하는 것이다. 이는 그리스도와 그의 신부인 교회의 결혼 노래이기도 하다."[45]

시편 68편

바울은 그리스도가 하늘로 오르시고 교회에 은사를 나눠 주심을 설명하기 위해 에베소서에서 시편 68편 18편을 인용한다. "그러므로 이르기를 '그가 위로 올라가실 때에 사로잡혔던 자들을 사로잡으시고 사람들에게 선물을 주셨다' 하였도다"(엡 4:8).[46]

시편 69편

예수님은 요한복음 15장 25절에서 시편 69편 4절의 "까닭 없이 나를 미워하는 자"라는 표현을 인용하신다. 요한은 복음서 초반에 그리스도를 언급하며 시편 69편 9절을 인용한다. "주의 전을 사모하는 열심이 나를 삼키리라"(요 2:17). 요한복음 19장 28절에서는 시편 69편 21절을 인용하면서 그리스도를 묘사한다. "성경을 응하게 하려 하사 이르시되 '내가 목마르다' 하시니." 그런데 신약에서 이 구절이 예수님을 언급하는 것으로 확인되었더라도 시편 69편 전체가 그리스도를 예언한다고 봐서는 안 된다. 시편 기자가 5절에서 자신의 죄악을 인정하고, 22-29절에서는 자신의 원한을 드러내고 있기 때문이다.[47] 때로 하나님은 기이한 방식으로 단순한 것과 복잡한 것을 융합하시는데, 이는 성경의 신뢰성을 떨어뜨리기보다 더욱 강화한다. 시편 69편 9절이 로마서 15장 3절에 인용되고, 시편 69편 21절은 마태복음 27장 34절에, 시편 69편 25절은 사도행전 1장 20절에 인용된 것도 주목하자.[48]

시편 72편

게라르드 반 그로닝겐은 이 시편을 가리켜 "메시아의 왕 되심을 노래한 뛰어난 시"[49]라고 말한다. 메시아의 통치가 "바다에서부터 바다까지와 강에서부터 땅 끝까지"(8절)라고 묘사하고 있다. 더욱 중요하게는, 그의 나라가 끝이 없으며 인간의 힘으로는 얻을 수 없다고 묘사한다(5절). 가장 중요하게는, 시편에 묘사된 왕을 인간이자 하나님으로 분명하게 그리고 있다.[50] 게다가 이상적인 왕의 자질과 완전한 정부의 덕목을 높이고 있다.[51] 넓게 보았을 때 이 시편의 다섯 연은 그리스도 왕국의 다섯 가지 특징을 특성(1-4절), 기간(5-7절), 영역(8-11절), 속성(12-14절), 복(15-17절)으로 표현하고 있다.[52]

시편 78편

2절을 보면 비유로 말씀하시는 그리스도의 모습이 그림자처럼 예시로 등장한다. "내가 입을 열어 비유로 말하며 예로부터 감추어졌던 것을 드러내려 하니." 마태복음 13장 34-35절은 이 구절을 인용하여 그리스도께 적용한다.

시편 89편

이 시편은 다윗의 나라가 영원토록 존속하고(3-4절), 그의 왕위는 의와 공의라는 거룩한 속성 위에 기초한다고 설명한다(14절). 또한 하나님이 그 왕을 장자이자 세상 왕들의 지존자로 삼으시고(27절) "그와 맺은 나의 언약을 굳게 세[울]"(28절) 것이라고 말한다. 또한 다윗의 왕위가 영원할 것이라 말하는데(35-37절), 이는 그리스도의 영원한 나라라는 관점에서 보았을 때에만 가능한 일이다. 그런데 시편 기자는 장차 때가 되면 그가 버려질 것이라며 마치 다윗 언약이 폐하게 될 상황인 듯 고통스럽게 말한다. 일부 주석가들은 이 구절이 그리스도의 고난과 거절을 예표한다고 믿는다(마 27:44, 눅 18:32, 행 2:30, 13:22, 계 1:5, 19:16).[53] 나는 이 말씀이 그리스도가 겟세마네 동산과 십자가에서 하나님을 찬양하면서도 그와 동시에 하나님으로부터 경험하는 거절감을 풍유적으로 표현한 것이라고 본다. 이 시편에는 여러 감정이 드러나 있다.

시편 93편

이 시편은 신정정치를 말하고 있지만, 하나님이 직접 히브리 민족을 통치하시던 고대 이스라엘을 염두에 둔 것이 아니다. 대신 온 땅과 우주를 다스리시는 하나님의 왕권을 그리고 있다. "세계도 견고히 서서 흔들리지 아니하는도다. 주의 보좌는 예로부터 견고히 섰으며 주는 영원부터 계셨나이다"(1-2절). 하나님의 통치가 지닌 거룩한 속성에 대해서도 기술한다. "여호와여, 주의 증거들이 매우 확실하고 거룩함이 주의 집에 합당하니"(5절).[54] 사실 주석가들은 시편 93편과 95-99편이 왕이신 여호와를 높이는 일련의 시들이라고 말한다. 이 시들은 통일왕국 전후에도 암송되지만, 이후에는 메시아 예언으로 해석되면서 예배 중에 중요하게 사용되었다.[55]

시편 102편

이 시편은 히브리서에 인용되고 있다. "주여 태초에 주께서 땅의 기초를 두셨으며 하늘도 주의 손으로 지으신 바라"(히 1:10. 시 102:25에서 인용함). 이 시는 그리스도의 영원성을 묘사한다(히 1:11-12. 시 102:23-27에서 인용함).

시편 109편

여기서 시편 기자는 까닭 없이 무시당하고 거절당하는 그리스도의 모습을 예견한다(1-5절). 그분을 거부하는 이들과 그들의 운명(6-20절)을 기술하기도 하고, 고통 가운데 계신 그리스도를 묘사한다(21-25절).[56] 베드로는 사도행전 1장 20절에서 그리스도가 배반당하심을 예언한 시편 109편 8절을 다시 풀어쓴다. "시편에 기록하였으되 '그의 거처를 황폐하게 하시며 거기 거하는 자가 없게 하소서' 하였고 또 일렀으되 '그의 직분을 타인이 취하게 하소서' 하였도다."

시편 110편

신약에서는 이 시편을 열네 번이나 인용하고 있는데, 구약의 어떤 본문보다 많이 인용되었다. 모든 경우 그리스도를 뜻하는 의미로 인용되고 있다.[57] 누구의 자손이냐는 질문에 그리스도가 답하신 여러 구절을 보면 바로 이 시편이 인용되어 있다. "바리새인들이 모였을 때에 예수께서 그들에게 물으시되 '너희는 그리스도에 대하여 어떻게 생각하느냐. 누구의 자손이냐.' 대답하되 '다윗의 자손이니이다.' 이르시되 '그러면 다윗이 성령에 감동되어 어찌 그리스도를 주라 칭하여 말하되 주께서 내 주께 이르시되 내가 네 원수를 네 발 아래에 둘 때까지 내 우편에 앉아 있으라 하셨도다 하였느냐. 다윗이 그리스도를 주라 칭하였은즉 어찌 그의 자손이 되겠느냐' 하시니"(마 22:41-45. 참조 행 2:32-36, 고전 15:23-24, 히 1:13, 10:11-13). 시편 기자는 또한 그리스도를 멜기세덱의 서열을 따르는 영원한 제사장이라고 표현한다(4절). 한편 앞에서 보았듯 히브리서는 이 구절을 그리스도께 적용한다(7:11-25). 이 시에는 그리스도의 왕, 제사장, 심판자로서의 모습과 더불어 그분의 인격과 사역에 대한 일련의 진리를 담고 있다.

시편 118편

여기서 그리스도는 이렇게 예견되고 있다. "건축자가 버린 돌이 집 모퉁이의 머릿돌이 되었나니 이는 여호와께서 행하신 것이요 우리 눈에 기이한 바로다"(22-23절). 그리스도는 마태복음 21장 42절에서 이 말씀을 자신에게 적용하신다. "예수께서 이르시되 '너희가 성경에 건축자들이 버린 돌이 모퉁이의 머릿돌이 되었나니 이것은 주로 말미암아 된 것이요 우리 눈에 기이하도다 함을 읽어 본 일이 없느냐.'" 바울 역시 에베소서에서 그 사실을 확증한다. "그리스도 예수께서 친히 모퉁잇돌이 되셨느니라"(엡 2:20). 신약의 다른 구절(마 21:9, 15, 23:39, 막 12:10, 눅 20:17, 요 12:13, 행 4:11, 롬 9:33, 고전 3:11, 히 13:6, 그리고 벧전 2:7 등)에서도 여러 방식으로 이 시편을 언급하고 있다. 대부분은 메시아에 대한 언급이 나오는 본문이다.[58]

잠언

시편이 하나님과의 관계 발전과 기도에 관한 지침서라면, 잠언은 하나님과 올바른 관계를 발전시킨다는 전제 아래 지혜를 얻는 것에 관한 안내서다. 잠언의 기자가 말하듯 "여호와를 경외하는 것이 지식의 근본"(잠 1:7)이다. 우리 삶에서 하나님을 최우선으로 두지 않거나 하나님을 경외하지 않고서는 지혜로워질 수 없다. 즉 하나님을 최우선에 두고 경외하면 우리는 더욱 의미 있고 바르게 살아갈 수 있다는 의미다.

잠언은 의롭고 경건한 삶에 관한 교훈을 준다. 내용을 보면 알 수 있듯 여기에 계시된 원리는 히브리인뿐 아니라 모든 사람에게 적용된다. 잠언은 하나님을 경외하라는 교훈과 더불어 우리 자신의 한계를 겸손히 받아들이며 살아야 지혜를 얻을 수 있다고 가르친다. 성경이 말하는 지혜를 습득하려면 성경을 연구하여 경건하게 살 수 있는 통찰과 지식을 얻고, 그런 다음에는 매일의 삶에 적용해야 한다. 책만 읽어서는 지혜를 얻을 수 없다. 실수를 통해 경험으로 배운 후 다시 성경을 연구하면서 배운 바를 한층 다듬어 가야 한다.

그렇다면 지혜를 습득하는 데 다음과 같은 일련의 행동이 따라야 한다. 하나님의 말씀에 푹 잠기고, 거기서 배운 원리를 경험에 적용한 다음, 더 큰 통찰을 얻기 위해 배운 바를 통합하는 것이다. 그러고 나면 성경을 읽는 우리의 수준이 한층 깊어질 것이다. 지혜롭게 행동할 수 있도록 하나님의 능력과 인도하심을 구하는 한편, 그 과정을 끊임없이 되풀이해야 한다. 지름길은 없다. 지혜를 한번에 주입해 주는 기계도 없다. 특히 하늘의 지혜는 더욱 그러하다. 그 과정은 길고 지속적이며 때로 고달프지만 늘 유익하다. 우리는 천국에 가기 전까지 현재든 미래든 계속 그 과정 가운데 있으며, 결코 완전한 지혜를 얻거나 하나님과의 완전한 관계를 누릴 수는 없다. 하지만 그 목표를 향해 달려가기를 멈추지 말아야 한다. 하나님은 우리를 배움과 성장에 대한 욕구뿐 아니라, 궁극적으로는 하나님과의 관계라는 내면의 욕구를 지닌 존재로 창조하셨다. 우리는 순종하면서 그 기회를 최대한 사용해야 한다.

이러한 주제들이 그리스도가 중심이 된 잠언의 한가운데를 관통하여 흐르고 있다. 하나님을 "경외"하고 거룩한 지혜를 좇을 때 우리는 그리스도께로 인도함을 받는다. 그리스도는 인격화된 지혜시며 "그 안에는 지혜와 지식의 모든 보화가 감추어져 있[다]"(골 2:3). 그리스도가 (창조되었거나 거룩한 지혜 속에서 자라나셨다는 의미에서) 지혜가 "되셨다"고 생각하면 안 된다. 그리스도는 영원한 존재시다. 앞에서도 말했지만 그분은 창세 이전에 아버지와 성령과 함께 계셨으며 만물이 그를 통해 창조되었다. 과거에나 현재에나 장래에나 그리스도는 언제나 지혜의 근본이시다.

잠언은 이렇게 확언한다. "그가 하늘을 지으시며 궁창을 해면에 두르실 때에 내가 거기 있었고 그가 위로 구름 하늘을 견고하게 하시며 바다의 샘들을 힘 있게 하시며 바다의 한계를 정하여 물이 명령을 거스르지 못하게 하시며 또 땅의 기초를 정하실 때에 내가 그 곁에 있어서 창조자가 되어"(잠 8:27-30). 이 구절이 삼위일체의 성자이신 그리스도를 언급한다는 사실이 의심된다면 다음 구절도 읽어 보기 바란다. "대저 나를 얻는 자는 생명을 얻고 여호와께 은총을 얻을 것임이니라. 그러나 나를 잃는 자는 자기의 영혼을 해하는 자라 나를 미워하는 자는 사망을 사랑하느니라"(잠 8:35-36). 신약의 문맥 속에서 읽어 보면 이 말씀이 그리스도를 지칭한다는 사실이 분명해진다. 우리는 그리스도를 믿음으로 생명을 얻기 때문이다(요 3:16). 잠언 3장 역시 지혜가 복과 생명으로 가는 길임을 강조한다. "지혜를 얻은 자와 명철을 얻은 자는 복이 있나니…그의 오른손에는 장수가 있고…지혜는 그 얻은 자에게 생명 나무라. 지혜를 가진 자는 복되도다"(잠 3:13, 16, 18).

잠언에 담긴 지혜의 원리를 적용할 때 우리는 더욱 지혜로워질 것이다. 반면에 우선순위를 세속적인 방향에 둔다면 실패하고 말 것이다. 세상의 어리석음이 우리 눈에 보기 좋은 지혜로 유혹할 것이기 때문이다. 그렇지만 잠언은 이렇게 가르친다. "스스로 지혜롭게 여기지 말지어다. 여호와를 경외하며 악을 떠날지어다. 이것이 네 몸에 양약이 되어 네 골수를 윤택하게 하리라"(잠 3:7-8). 그럼에도 "어떤 길은 사람이 보기에 바르나 필경은 사망의 길이니라"(잠 14:12). 믿음으로 그리스도를 좇고 그분을 닮아 간다면 거룩한 지혜를 얻게 될 것이다.

게리 에버렛은 이렇게 주장한다. "잠언은 우리에게 그리스도를 가리키고 있다. 또한 우리를 그리스도를 닮아 가는 길로 인도한다."[59] 야고보에 따르면 "너희 중에 누구든지 지혜가 부족하거든 모든 사람에게 후히 주시고 꾸짖지 아니하시는 하나님께 구하라. 그리하면 주시리

라. 오직 믿음으로 구하고 조금도 의심하지 말라"(약 1:5-6)고 한다. 바울도 이와 유사한 이야기를 한다. "예수는 하나님으로부터 나와서 우리에게 지혜와 의로움과 거룩함과 구원함이 되셨으니 기록된 바 '자랑하는 자는 주 안에서 자랑하라' 함과 같게 하려 함이라"(고전 1:30-31).[60] 그리고 잠언은 믿음이 지혜로 가는 길이라고 단언한다. "너는 마음을 다하여 여호와를 신뢰하고 네 명철을 의지하지 말라. 너는 범사에 그를 인정하라. 그리하면 네 길을 지도하시리라"(잠 3:5-6).

잠언에서 가르치는 이 원리는 우리를 그리스도께로 이끈다. 일개 사람은 결코 잠언이 제시하는 기준에 도달할 수 없고, 어떤 인간도 예수님이 산상수훈에서 가르치신 수준으로 살 수 없기 때문이다. 우리는 그리스도를 아는 것을 통해 진정한 지혜를 얻고(고전 1:24, 30) 그분의 말씀을 통해 의롭게 살아갈 지혜를 받는다.[61]

잠언에는 다른 책에서도 볼 수 있는 메시아 예언이 적어도 하나가 나오는데, 바로 하나님의 아들을 가리키는 내용이다. "하늘에 올라갔다가 내려온 자가 누구인지, 바람을 그 장중에 모은 자가 누구인지, 물을 옷에 싼 자가 누구인지, 땅의 모든 끝을 정한 자가 누구인지, 그의 이름이 무엇인지, 그의 아들의 이름이 무엇인지 너는 아느냐"(잠 30:4).

나의 친구 댄 필립스 목사는 잠언이 여러 모습으로 그리스도를 가리킨다고 주장하는데, 여기서 우리가 아직 언급하지 않은 내용이다. 그는 이렇게 기록하고 있다. "그리스도는 길이시고(요 14:6) 믿음으로 그분과 연합하여 사는 삶이 곧 길(도)이다(행 9:2, 19:9, 23, 22:4, 24:14, 22)." 잠언은 우리를 자신이 추구할 수도 있는 두 가지 다른 길 앞에 서게 한다고 필립스 목사는 말한다. 지혜의 길과 어리석음의 길, 죽음의 길과 생명의 길, 저주의 길과 복의 길, 기쁨의 길과 비탄의 길이 그것이다. 하지만 잠언은 행위를 다루는 교훈집은 아니다. 이 책은 첫 부분에서 하나님을 경외하는 것이 지혜의 시작이라는 원칙을 세워 놓았기 때문이다. 우리는 지혜로워지고 지혜롭게 행동하기를 원한다. 필립스에 따르면 예수 그리스도는 "그 길의 장본인이시며, 진리와 생명처럼 그 길이 어떤 길인지를 명확히 보여 주시는 분이시다(요 14:6). 이러한 방식으로, 잠언은 우리에게 그리스도를 가리키고 있다. 그리스도는 하나님께 가는 길이며, 지혜와 생명과 진리와 복과 기쁨의 근본이시다."[62]

필립스는 잠언이 또 다른 중요한 방식으로 그리스도를 가리킨다고 강조한다. 예수님과 그의 사도들은 회심한 사람들에게 "뱀같이 지혜롭고 비둘기같이 순결하고"(마 10:16) 지혜롭게 행하라고(엡 5:15, 골 4:5) 권면한다. 이에 필립스는 이런 질문을 던진다. "과연 그리스도인은 어디서 구체적인 방법과 원칙과 방향성과 교훈을 찾을 수 있는가?" 그리고 이렇게 답한다. "그리스도와 사도들의 성경, 즉 잠언에서 이 교훈을 찾을 수 있다."[63]

전도서

내게 전도서는 하나님을 떠난 인간이라는 존재가 얼마나 허무한지 고통스러울 만큼 잘 설명한다는 점에서 잠언의 주석서처럼 느껴진다. 전도서에는 솔로몬으로 추정되는 "전도자"의 설교가 나오는데, 그는 자신의 경험을 들어 인생의 헛됨을 이야기한다. 전도자는 자신의 인생을 돌아보며, 물질적 삶이 제공하는 온갖 좋고 진기한 것을 쫓아다니고 쾌락과 부를 누려 보았지만 결국 그 어떤 것도 영원한 가치가 없으며 오랜 행복과 성취감을 주지 못한다고 탄식한다. "전도자가 이르되 헛되고 헛되며 헛되고 헛되니 모든 것이 헛되도다"(전 1:2). 전도자는 인간이 터득한 최고의 세상 지혜를 가졌지만 "이것도 바람을 잡으려는 것"(전 1:17)이었음을 인정한다.

그렇다고 전도서의 염세주의 때문에 의기소침할 필요가 없다. 마지막 메시지는 사실상 고무적이기 때문이다. 하나님을 떠나 순간의 행복을 따르는 것이 얼마나 비참하고 헛된 일인지 보는 것만으로도 우리는 하나님을 간절히 찾는 것이 필요불가결한 일임을 깨닫게 된다. 그것은 인생의 성취와 의미와 중요성과 영원한 기쁨으로 가는 유일한 길이다.

사실 몇 군데를 제외하고서 전도서의 마지막 구절 전까지 나온 내용을 읽다 보면 의기소침해지기 쉽다. 그런데 그런 내용이 없으면 마지막 구절에서 강력한 효과는 떨어지고 말 것이다. 전도자는 마지막 구절에서 앞서 말한 바를 확 뒤집는 기본적이면서도 결정적인 반전을 제시한다. "일의 결국을 다 들었으니 하나님을 경외하고 그의 명령들을 지킬지어다. 이것이 모든 사람의 본분이니라. 하나님은 모든 행위와 모든 은밀한 일을 선악 간에 심판하시리라"(전 12:13-14). 하나님 없는 인생은 무의미할 뿐 아니라 우리 각 사람은 저마다 하나님 앞에서 자신의 인생에 책임을 져야 한다. 그 사실을 받아들이든 받아들이지 않든 말이다. 신약의 기본 토대를 이만큼 잘 표현한 진리가 있을까? 구주가 필요한 우리의 모습을 이보다 잘 보여 주는 교훈이 있을까?

의심이 밀려드는 순간마다 나의 믿음을 다시금 살아 나게 해주었던 한 가지는, 역설적이게도 우리 주변에 만연한 악과 고통과 절망 그리고 우리 문화를 잠식한 뒤틀린 가치였다고 나의 전작 『법정에서 만난 예수』에서 설명한 적이 있다. 가늠할 수 없는 인간의 상태, 눈앞에 보이는 반도덕적 상황, 기꺼이 논리를 저버리고 언어를 왜곡하는 현실을 나는 성경 없이는 도무지 이해할 수 없다. 성경을 보아야 죄가 세상에 어떻게 들어왔는지, 하나님의 완전한 피조물이 어떻게 타락했는지 알 수 있다. 또한 성경은 이 모든 일에도 불구하고 예수 그리스도 안에 소망이 있음을 보여 준다. 그리스도 안에서 우리의 의미와 성취와 기쁨과 영생을 찾을 수 있기 때문이다.

결국 전도서는 혹독한 현실을 담고 있다. 터널 끝에 아무런 빛도 없는 듯 우리의 운명을 순순히 받아들이고 현실에 안주하지 말라는 쓰디쓴 충격 요법이다. 그 진정성은 전도서가 우리의 타락한 상태를 미화하거나 인생을 그럴 듯하게 포장하기를 거부하는 데서 찾을 수 있다. 아무런 답도 없이 결국에는 우리를 절망 속에 남겨 둔 채 달래기나 하는 일은 사절한다. 물론 그로 인해 우리의 공허한 상태를 확인하게 되겠지만, 우리는 또한 우리 마음속에 있는 영원에 대한 갈망을 찾게 되고(전 3:11), 오직 그리스도만이 공허함을 채울 수 있고 영원한 만족과 기쁨과 지혜를 주신다는 사실을 알게 된다.

그렇다. 전도서는 힘겹고 불편하지만 우리로 하여금 인간의 상태와 우리 자신의 모습을 가까이 들여다보도록 한다. 하지만 타락한 이후에도 우리는 여전히 하나님의 피조물이며, 흐릿하게나마 그분의 형상을 지니고 있음도 상기시킨다. 하나님이 우리 마음에 두신 흐릿한 형상과 영원에 대한 갈망 덕분에 우리는 "수리 가능한" 존재다. 하지만 우리 스스로 고칠 수 없고 다른 무엇도 우리를 고쳐줄 수 없다고 잠언은 단언한다. 오직 한 가지 길이 있다. 지혜와 궁극의 선으로 가는 인간의 길은 오직 "한 목자"(전 12:11)에 대한 믿음으로 찾을 수 있다. 목자는 인간에게 생명을 주시되 풍성하게 주신다(요 10:9, 10).[64] 모든 실망과 마음의 고통과 실패의 해결책은 예수 그리스도 안에 있다. 오직 그분만이 우리 인생에 진정한 의미를 주실 수 있다. 이땅의 인생은 절망적일지라도 천국에는 더 이상 눈물도 죽음도 애통도 고통도 없다. 그 모든 것은 지나가 버릴 것이기 때문이다(계 7:17, 21:4).

아가

아가는 한 여인을 향한 솔로몬의 사랑을 대화 형식으로 그리고 있는 서정시 혹은 노래다. 폴 벤웨어는 이렇게 쓰고 있다. "아가는 인간의 성적 사랑을 하나님이 의도하신 사랑의 자리로 끌어올린다. 성경은 부도덕함에 따르는 부정적인 결과를 종종 경고하지만, 또한 도덕적 행동에서 나오는 복된 결과에는 찬사를 보낸다.…그리고 결혼의 울타리 안에서 이루어지는 육체적 사랑의 기쁨에 대해서도 보여 준다."[65]

이런 책이 어떻게 정경에 포함될 수 있는지 궁금해하는 이들이 많다. 하지만 결혼이란 하나님이 인간 사회에 주신 제도의 중심이다. 그러니 경건함을 잘 지켜 낸 결혼 제도가 하나님이 인간에게 계시하는 메시지의 전달 수단으로서 유용함을 보여 주는 이 책이 어떻게 정경이 될 수 없겠는가? 하나님이 남자와 여자를 창조하셨고(창 1:27, 2:20-23) 거룩한 결혼 제도를 세우셨으므로(창 2:24) 아가는 여기에 완벽하게 들어맞는 책이다.[66] 존 맥아더는 이렇게 말한다. "솔로몬의 고대 사랑 노래는 결혼 관계 속에서 누리는 애정과 낭만의 순수성을 드높인다. 아가는 결혼에 대한 하나님의 계획과, 아내와 남편 사이의 성적 친밀감에 깃든 아름다움과 고결함을 표현하는 성경의 여러 말씀에 필적하며 그 의미를 강화한다."[67] 하나님의 결혼 제도를 보다 더 높은 시각으로 볼 수 있다면, 성경적인 이 책을 보다 덜 냉소적인 시각으로 보게 될 것이다.

아가는 메시아를 직접 언급하지는 않지만 강력한 비유를 통해 그리스도를 가리킨다. 일부 시편이나 성경의 다른 부분과 마찬가지로 아가의 이야기에는 이중의 의미가 있다. 그것은 인류 역사에서 두 남녀 사이에 일어나는 현재의 이야기인 동시에 장래에 오실 그리스도에 대한 전망이기도 하다. 많은 주석가들이 이 사랑 이야기를 그리스도와 신부인 교회의 예표로 본다.[68] 바울이 에베소서의 한 면을 할애하여 교회를 향한 그리스도의 사랑과 그 관계를 남편과 아내에 비유하며 쓴 글을 생각한다면(엡 5:25-32), 아가는 성경학자들이 숨겨진 틈바구니에서 그리스도를 찾기 위해 애써야 하는 경우는 아니다.

에베소서 5장 25-27절은 특히 주목할 만하다. 바울은 그리스도가 교회를 너무나도 사랑하여 정결케 하기 위해 자신을 내어주셨음을 상기시킨다. "이는 곧 물로 씻어 말씀으로 깨끗하게 하사 거룩하게 하시고 자기 앞에 영광스러운 교회로 세우사 티나 주름 잡힌 것이나 이런 것들이 없이 거룩하고 흠이 없게 하려 하심이[다]"(엡 5:26-27). 아가 4장 7절을 함께 읽어 보면 흥미롭다. "나의 사랑 너는 어여쁘고 아무 흠이 없구나." 그리스도가 계심으로, 교회의 몸인 우리는 더 이상 죄로 인해 훼손되지 않는다. 심판의 날에 하나님이 우리를 보실 때 죄에 물든 우리의 몸을 보지 않으신다. "죄의 흔적"이 다 제거되어 우리 안에

"흠이 없기" 때문이다. 이에 대해 찰스 스펄전이 설득력 있게 진술한 바를 되새겨 볼 가치가 있다. "하나님이 우리의 모습 그대로를 보신다면 마음에 들지 않으실 게 분명하다. 하지만 하나님은 의로우신 예수 그리스도를 보며 충분히 기뻐하신다. 주님이 우리를 이렇게 바라보신다. 주님이 그리스도를 바라보실 때 우리는 그리스도이신 휘장 뒤로 숨는다. 주님의 눈은 그 휘장의 놀라운 영광에 주목하신다. 거기서 당신의 사랑하는 아들을 보신다. 휘장을 얼마나 기뻐하시는지 그분은 휘장에 가리운 자들의 더러움과 추함을 더 이상 기억하지 않으신다."[69]

에베소서의 남은 세 구절은 특히 더 흥미롭다. 바울은 이렇게 쓰고 있다. "그러므로 사람이 부모를 떠나 그의 아내와 합하여 그 둘이 한 육체가 될지니 이 비밀이 크도다. 나는 그리스도와 교회에 대하여 말하노라"(엡 5:31-32). 바울이 말하는 비밀이란 과연 무엇인가? 아치볼드 로벗슨은 "결혼을 그리스도와 교회의 연합에 비교하는 것이 비밀이다"[70]라고 말한다. 바울이 이것을 비밀이라고 말한 이유를 윌리엄 헨드릭슨은 다음과 같이 본다. 영원히 삼위일체의 기쁨 속에 거하시던 그리스도가 "죽음의 흑암과 갈보리의 끔찍한 고통 속에 자신을 내던지신 것은 반항하는 백성을 구하고 열방 중에서 이끌어 오시며 성령을 통해 그들 마음에 거하시고 마지막 날에 (절대 그럴 가치가 없는 존재인) 그들을 신부로 맞아들여, 그들과 친밀한 관계 속에서 연합하시기 위해서다. 이를 제대로 언급한 비유가 없었으므로 이는 그 자체로 비밀이다."[71]

그리스도와 신부의 비유를 사용한 신약 기자는 바울만이 아니다. 요한계시록을 보면 요한은 19장 7-9절과 21장 9절에서 이를 언급하고 있다. 구약에도 하나님을 사랑하는 자의 남편으로 비유하는 구절이 있다. 예를 들어 이사야는 이렇게 기록한다. "두려워하지 말라.…과부 때의 치욕을 다시 기억함이 없으리니 이는 너를 지으신 이가 네 남편이시라. 그의 이름은 만군의 여호와이시며"(사 54:4-5. 참조 렘 2:2, 겔 16:8-14, 호 2:16).

나는 아가의 중심이 그리스도에 있다는 도널드 포트너의 평가를 좋아한다. 그는 아가와 전도서가 어떻게 서로를 보완하는지도 설명한다. "아가와 완전히 대조되는 책이 전도서이며, 둘은 한 쌍을 이룬다. 전도서는 그리스도 없는 삶의 허무함을 보여 주고, 아가는 그리스도 안에서 누리는 온전한 삶을 보여 준다. 전도서는 주님이 사마리아 여인에게 초반에 하신 말씀, '이 물을 마시는 자마다 다시 목마르려니와'를 잘 기술하고 있고, 아가는 후반에 하신 말씀, '내가 주는 물을 마시는 자는 영원히 목마르지 아니하리니"를 잘 설명하고 있다.[72]

로버트 리도 이와 유사한 글을 쓰고 있다. "전도서는 우리가 세상 전부를 소유한다고 해도 만족할 수 없음을 가르친다. 그 대상으로 채우기에는 마음이 너무 크기" 때문이다. 그런데 아가를 읽으면 아름다운 사실을 하나 알게 된다. 우리가 초점을 세상에서 그리스도로 돌리면 "하나님의 사랑이 얼마나 귀한지 이루 다 헤아릴 수 없게 되는데, 마음에 담기에는 그 사랑이 너무 크다"는 것이다.[73]

이상으로 시가서에 대한 고찰을 마치겠다. 이번에는 선지서로 넘어가 그 안에 담긴 풍성한 메시아 예언과 구주에 관한 여러 예시들을 살펴보자.

14
오바댜에서 이사야까지

아우구스티누스는 예수님이 물을 포도주로 바꾸신 가나의 기적을 해석하면서 구약을 이해하는 데 그리스도가 얼마나 큰 차이를 만들어 내는지 기록했다. "선지서 전체를 읽어 보라. 그 안에 계신 그리스도를 이해하지 못한다면 얼마나 무미건조하고 어리석은가? [그러나] 그 안에 계신 그리스도를 이해하면 성경의 맛을 느낄 뿐 아니라 흠뻑 취하게 될 것이다." 프레드릭 브루너[1]

구약의 선지자들

선지자 하면 장래에 일어날 일을 '앞서 말하는 사람'foreteller으로 생각하는 이들이 있는데, 그것은 성경에 나오는 선지자의 사역 가운데 일부에 불과하다. 그들은 주로 '앞에서 말하는 사람'forthteller이다. 어떤 일에 대해 하나님의 말씀을 직접 전하러 앞에 나서는 설교자와 비슷하다고 본면 된다. 그들은 하나님을 대신하여 사람들에게 하나님의 뜻을 전하고 가끔씩 '예언'을 하기도 한다. 선지자의 주요 임무는 도덕적, 종교적 잘못을 바로잡고, 하나님 통치의 근간이 되는 바 그분의 성품에서 흘러나오는 위대한 도덕적, 종교적 진리를 선포하는 일이다.[2]

구약성경을 기록한 사람들보다 하나님이 선지자로 부르신 이들이 더 많다. 말씀을 대언하며 사역한 사람들은 구술oral 선지자라고 부르고, 설교로 말씀을 전하며 구약성경을 기록한 사람들은 기술writing 선지자라고 부른다.[3] 엘리야와 엘리사와 여선지자 훌다는 구술 선지자이고, 이사야와 말라기는 기술 선지자다.

선지자는 불순종을 일삼는 이스라엘에게 하나님의 대언자로서 메시지를 전한다. 메시지의 내용은 하나님의 거룩하심, 백성의 죄와 불순종, 회개로의 부르심, 이스라엘에 임박한 하나님의 심판 경고, 주변 나라들에 대한 하나님의 심판 경고, 포로 귀환, 메시아의 도래, 메시아의 재림 등이다.[4]

여기서는 주로 16명의 기술 선지자를 다루면서 그들의 사역이 구약 역사와 어떻게 연결되는지, 그들의 글이 어떤 식으로 그리스도를 가리키는지 살펴보겠다. 16명의 기술 선지자들은 17권의 선지서를 기록했는데, 예레미야는 예레미야서와 예레미야애가를 기록했다고 알려진다. (일부에서는 모세도 기술 선지자라고 부르는데,[5] 그가 모세오경을 기록하기는 했으나 선지서로 분류된 책을 쓰지는 않았다.) 16명의 선지자들은 대선지자(이사야, 예레미야, 에스겔, 다니엘)와 소선지자(오바댜, 요엘, 요나, 아모스, 호세아, 미가, 나훔, 스바냐, 하박국, 학개, 스가랴, 말라기)의 범주로 구분된다. 대선지자의 사역이 더 중요해서 그렇게 구분한 것은 아니고 그들의 책이 소선지자들의 책보다 분량이 훨씬 많기 때문이다.[6] 대선지서는 각 권

마다 양피지 전체에 걸쳐 기록된 반면, 12권의 소선지서는 전부 합쳐 양피지 하나에 들어간다.[7]

성경학자들은 두 가지 기준에 따라 기술 선지자를 분류한다. 첫 번째 기준은 선지자가 사역한 시기로서 다음 세 시기로 분류한다.

1. 포로 이전 시기: 주전 722년에 북왕국 이스라엘이 앗수르에게 잡혀 가기 이전이나, 주전 586년에 남왕국 유다가 바벨론에 끌려가기 이전에 사역한 선지자들이 여기에 포함된다.
2. 포로 시기: 바벨론 포로 시기에 사역한 선지자들이다.
3. 포로 이후 시기: 바벨론 포로 이후 백성이 다시 귀환했을 당시에 사역한 선지자들이다.[8]

포로 이전 시기의 선지자들은 이사야, 예레미야, 호세아, 요엘, 아모스, 오바댜, 요나, 미가, 나훔, 하박국, 스바냐이고, 포로 시기의 선지자는 에스겔과 다니엘이며, 포로 이후 시기의 선지자는 학개, 스가랴, 말라기다.[9]

기술 선지자를 나누는 두 번째 기준은 사역의 주요 대상자다(대부분은 이스라엘이나 유다지만, 일부는 다른 민족에게 가서 사역한다. 예를 들어 오바댜는 에돔에서, 요나와 나훔은 앗수르의 수도인 니느웨에서 사역한다).[10]

대선지자와 소선지자들이 전하는 주된 주제는 하나님이 북왕국 이스라엘과 남왕국 유다에서 어떻게 일하시는가에 대한 내용이다(물론 하나님이 이방인 가운데서도 역사하심을 보여 준다는 점에서 다른 민족들에 대한 사역도 중요한 주제다[11]). 선지자들은 주로 오실 메시아에 대해 선포하는데, (초림 때) 그분이 고난 받으실 것과 재림 때 승리의 왕으로 임하실 것에 대한 두 가지 내용이다.[12] 영국의 구약학자 R. E. 클레멘츠는 이렇게 이야기한다. "대선지자들의 선포는 장차 일어날 사건에 대해 하나님이 주시는 일종의 주석을 제공한다. 앞으로 일어날 일을 경고하고, 그 일이 일어나는 이유를 설명하며, 그 일이 있는 동안 악인에 대한 하나님의 심판이 있음을 보여 준다." 클레멘츠는 선지자들이 이러한 경고와 더불어 소망의 메시지, 즉 "패배와 국가적 수치를 넘어 장차 임할 재건과 회복에 대한 전망도 이스라엘과 유다에게 전했다"고 말한다.[13]

함께 묶여 있는 17권의 선지서는 엄격하게 연대순으로 배열되어 있지는 않다. 예를 들어 기술 선지자로서 최초의 사역자인 오바댜는 주전 9세기 중반에 활동하지만, 대선지서는 주전 8세기 중반에 사역한 이사야로 시작된다. 다음의 표는 선지자들이 사역한 시기와 대상을 보여 주는데,[14] 일부 날짜에 대해서는 논란이 있다. 표 이후에는 선지서를 연대순으로 살펴보겠다.

구약의 선지자		
선지자	사역 대상	사역 시기
오바댜	에돔	주전 850-840년
요엘	유다	주전 835-796년
요나	니느웨	주전 784-774년
아모스	이스라엘	주전 763-755년
호세아	이스라엘	주전 755-710년
이사야	유다	주전 739-680년

미가	유다	주전 735-710년
나훔	니느웨	주전 650-630년
스바냐	유다	주전 635-625년
예레미야	유다	주전 627-570년
하박국	유다	주전 620-605년
다니엘	바벨론의 유대인	주전 605-536년
에스겔	바벨론의 유대인	주전 593-570년
학개	유다	주전 520-505년
스가랴	유다	주전 520-470년
말라기	유다	주전 433-424년

오바댜

오바댜서는 주전 850-840년경에 기록되었다고 보는데, 일부 학자들은 에돔이 예루살렘을 공격했다는 내용 때문에 이보다 훨씬 뒤인 주전 586년으로 보기도 한다. 그 공격이 주전 848-841년 블레셋과 아라비아인의 예루살렘 공격 기간의 일인지, 아니면 주전 586년 바벨론 느부갓네살 왕의 침공 당시의 일인지 논란이 있으나 대다수 학자들은 전자로 본다.[15] 오바댜서는 다른 민족을 대상으로 한 세 개의 선지서 중 하나다. 이스라엘 남부의 에돔은 야곱의 형 에서의 후손으로 늘 이스라엘에게 가시 같은 존재였다. 에돔인들은 모세가 그들의 땅을 건너가는 것을 거부했고(민 20:14-21), 통일 왕국의 세 왕 가운데 두 왕인 사울(삼상 14:47)과 솔로몬(왕상 11:14-25)과 적대 관계였으며, 유다의 왕인 여호사밧(대하 20:22)과 여호람(대하 21:8)과도 마찬가지였다.[16] 오바댜는 에돔의 멸망을 예언하는데(18절), 이는 그들이 예루살렘에 폭력을 가하고 공격 당한 이스라엘을 향해 자만하며 기뻐했던 탓이다. 결국 에돔인들이 자기 땅에서 쫓겨나 역사의 뒤안길로 사라지고 그 땅이 마침내 "이방인들의 땅"이 되면서 오바댜의 예언은 기막히게 성취된다.[17]

오바댜서에는 직접적이고 명백한 메시아 언급은 없으나 중요한 예표와 연결 고리는 있다. 에돔과 하나님의 백성 간에 예언된 증오심은 결국 성취되어 예수님이 태어날 당시 유다의 왕이던 에돔의 후손 헤롯왕이 아기 예수를 죽이려고 한다(마 2:13).[18]

또한 오바댜는 이스라엘의 원수들에 대한 주님의 심판을 강조하는데(15-16절), 여기서 이스라엘의 구원자요(17-20절)[19] 나라를 소유하신(21절)[20] 그리스도가 행하실 심판을 기대하게 한다. 이스라엘은 결국 그리스도를 통해 승리할 것이다.[21]

아울러 데이비드 필드는 오바댜서 전반부가 하나님의 백성이 배반당하고 조롱당하며 기업과 존엄을 빼앗기고 포로가 되며 수치를 당한다는 점에서 그리스도를 예표하고 있음을 지적한다. 하나님의 백성에게 가해지는 이러한 불의에 대한 오바댜의 분노는, 십자가에 못박히신 하나님의 아들을 보며 우리가 느끼는 분노를 미리 보여 주는 예시다. 필드는 이렇게 설명한다. "하나님의 소유된 자가 구원받고 회복되며 명예를 얻고 구별되며 기업과 승리와 통치권을 받고 하나님의 왕권 아래에 있는 세상을 물려받으나, 그 사실을 누구보다 잘 알아야 하는 자들에게 둘러싸여 조롱을 받을 것이고, 이후에 하나님이 약속하신 유업을 되찾을 것이다." 필드는 여기서 "하나님의 소유된 자"가 예수 그리스도를 가리킨다고 주장한다.[22] 이와 유사하게 게리 스타츠는 에돔이 그리스도 재림 때 하나님의 심판 아래 놓일 사람들을 대표한다고 말한다. 그는 "내가 진실로 너희에게 이르노니 너희가 여기 내 형제 중에 지극히 작은 자 하나에게 한 것이 곧 내게 한 것이니라"(마 25:40)고 하신 예수님의 말씀을 이유로 든다.[23]

그리스도와 마찬가지로 오바댜 선지자는 세상을 향해 도전하기를 피하지 않는다. 두 손이 더러워지기를 마다하지 않고 악한 자들에게 증거하기 위해 세상 속으로 뛰어든다.[24]

요엘

요엘은 분열 왕국 시대에 활동하면서 남왕국 유다에게 "여호와의 날"(욜 1:15, 2:1, 11, 31, 3:14)을 경고한다. 이 책 13장에서 논의했던 시편과 마찬가지로 요엘서는 이중의 의미를 지니고 있어 기록 당시의 시대와 더불어 장래에 임할 심판에도 적용된다.[25] 우선 요엘은 메뚜기 재앙으로 이스라엘에 임할 하나님의 심판을 설명하기 위해 "여호와의 날"을 이야기하고(욜 1:15-2:11), 장래에 임할 하나님의 마지막 날도 언급한다(욜 2:31, 3:14-17).[26] 그날이 이스라엘의 원수들에게는 심판의 날이지만, 이스라엘에게는 영광스러운 복과 번영의 때로 임할 것이다(욜 3:18-21). 이 구절은 아모스와 스바냐에도 사용되고(암 5:18, 습 1:7), 신약에서도 "우리 주 예수 그리스도의 날"(고전 1:8, 고후 1:14)과 "하나님의 날"(벧후 3:12, 계 16:14)로 인용된다.

예수님은 하늘로 올라가시기 전에 제자들에게 성령을 보내겠다고 약속하신다(요 16:7-15, 행 1:8). 요엘은 그리스도가 다시 오셔서 모든 육체에게 그의 영을 부어 주시고(욜 2:28), 열방을 모아 심판하시며(욜 3:2, 12), 그분의 백성에게 피난처가 되시리라고(욜 3:16) 예언한다.[27] 사도행전에 따르면 이 성령강림 사건은 초대 교회 당시 오순절에 일어나지만, 존 월부어드는 그 예언이 그리스도의 재림 때 완전히 성취된다고 주장한다.[28]

요엘은 여호사밧 골짜기에 열방이 모이고 하나님의 기름 부음을 받은 자가 이들을 심판하시리라고 고대한다(욜 3:2, 12). 구약에 나오는 하나님의 심판은 개인적인 것이든 국가적인 것이든 죄를 상대하는데, 이는 장차 임할 그리스도의 심판을 예시한다. 그리스도가 심판하시는 날 모든 사람이 심판을 견딜 수 없을 테지만, 그리스도를 믿는 사람에게는 심판의 약속이 곧 은혜에 대한 보증이므로 거기서 제외된다.[29] 베드로는 오순절 설교 중에 요엘서를 인용하며 이렇게 결론을 내린다. "누구든지 주의 이름을 부르는 자는 구원을 받으리라"(행 2:21).

요나

요나 역시 분열 왕국 시대에 활동한 선지자다. 그는 하나님께 대적 앗수르로 가서 말씀(이스라엘을 위한 말씀이기도 했다)을 전하라는 명령을 받는다. G. 캠벨 모건은 타국으로 가라는 하나님의 명령이 요나에게 당혹스러웠을 것이라고 지적한다.[30] 요나는 처음에 하나님의 명령을 외면하려고 멀리 있는 다시스로 달아나지만, 하나님께 징계를 받은 후에는 순종하고 니느웨로 가서 앗수르 사람들에게 하나님의 심판이 임박했으니 회개하라고 말한다. 그들이 요나가 전하는 말씀을 믿고 회개하자(욘 3:5) 하나님은 그들에게서 재앙을 거두신다.

흥미롭게도 요나는 이 일로 분노한다. 요나는 자기가 처음에 (앗수르의 수도) 니느웨로 가서 사역하라는 하나님의 명령에 불순종한 것은 하나님이 앗수르를 살려 주시는 것을 반대했기 때문임을 인정한다. 하나님은 햇빛을 가려 그늘을 만들어 주던 식물을 말라죽게 하심으로 요나에게 가르침을 주려 하신다. 요나가 말라죽은 식물을 보며 탄식하자 하나님은 그를 나무라며 말씀하신다. "네가 수고도 아니하였고 재배도 아니하였고 하룻밤에 났다가 하룻밤에 말라 버린 이 박넝쿨을 아꼈거든 하물며 이 큰 성읍 니느웨에는 좌우를 분변하지 못하는 자가 십이만여 명이요 가축도 많이 있나니 내가 어찌 아끼지 아니하겠느냐"(욘 4:10-11). 자기가 심지도 않은 풀이 말라죽는 것은 가슴 아파하면서도 하나님이 창조하신 수십만의 사람들이 멸망하는 것에 냉담하기만 한 요나를 하나님은 꾸짖으신다.

원수를 향해 전혀 긍휼함이 없는 요나의 태도가 모든 피조물을 향한 하나님의 사랑과 극명한 대조를 이룬다. 비록 인간은 원수에게 용서를 베풀기가 쉽지 않으나, 하나님은 용서를 베푸실 뿐 아니라 그 용서가 이방인에게까지 미친다. 신학자 조지 애덤 스미스에 따르면, "하나님이 이방인에게까지 회개로 생명을 얻게 하시는 모습이 구약의 어느 곳보다 여기에 생생하게 묘사되어 있다."[31] J. 시들로우 백스터는 요나서 마지막 세 구절에 드러나는 하나님의 계시는 "구약의 다른 어느 곳에서도 볼 수 없는 것으로 요한복음 3장 16절에 대한 가장 친절한 기대감이며, 탕자에 대한 비유이자 세상을 품는 복음의 메시지다"[32]라고 말한다. 스코틀랜드의 장로교 목사 제임스 헤이스팅스는 이렇게 덧붙인다. "그리스도 이전의 문학 어디서도 이 히브리 소책자만큼 하나님에 대한 풍성하고 순수하며 숭고하고 감미로운 개념을 보여주지 못한다. 독일의 신학자 카를 하인리히 코르닐은 이 책을 '가장 심오하고 위대한 책 중 하나'라고 묘사한다."[33]

백스터는 하나님이 이스라엘을 택하셨다고 해서 다른 민족을 거부하신다는 의미가 아님을 요나가 배워야 했다고 지적한다. 우리가 지금까지 반복하여 확인하던 바다. 백스터는 이렇게 쓴다. "이스라엘은 자신의 유익을 위해 선택된 게 아니라 하나님의 목적을 성취하기 위해 선택되었다. 그들의 목표는 모든 민족에게 복의 근원이 되는 것이었다."[34] 실제로 예수님이 탄생하시기 800여 년 전에 기록된 요나서는 최초로 해외 선교의 청사진을 제시한다.[35]

요나서에는 요나가 물고기에게 삼키어 뱃속에서 3일을 보냈다는 대표적인 이야기가 나온다. 일부에서는 이 이야기를 비유로 여기지만, 예수님은 역사적인 일이었다고 단언하신다(마 12:40). 심지어 그 사건이 예수님의 부활을 예표하는 것으로 암시하신다. "요나가 밤낮 사흘 동안 큰 물고기 뱃속에 있었던 것같이 인자도 밤낮 사흘 동안 땅 속에 있으리라"(마 12:40).

예수님은 당시 그 자리에서 마음이 굳은 무리에게 당장의 비밀을 풀어 설명하기보다는 자신이 사흘 만에 부활한 후에야 그들 대다수가 비로소 깨달을 만한 일로 징조를 보이신 것이다. 그 징조는 그들의 권위를 부인하는 동시에 예수님과 그분의 권위를 온전히 반증하는 일이 될 터였다. 구약의 선지자들이 장래를 암시하는 예언을 할 때 계시의 발전 과정상 그 의미를 온전히 이해하지 못하는 경우도 있다는 점을 앞에서 살펴보았다. 하지만 이 경우에 메시지를 전하는 이는 범상한 선지자가 아니라 하나님의 아들이시다. 그렇다면 예수님은 분명 예언의 의미와 내용과 온전한 결과를 다 아시면서도 이 징조를 곧장 풀어 설명해 주기를 원치 않으신 것 같다.

예수님은 또한 한낱 한 사람의 선포에 반응하며 회개한 니느웨 사람들과 "요나보다 더 큰 이"(마 12:41)이신 예수님을 거부하는 바리새인들과 율법학자들을 대비시키신다. 이 교훈의 중요성을 생각해 보자. 바리새인들도 하나님께 택함받은 백성이지만 성육신하신 하나님을 보는 눈과 귀가 멀어 버린 반면, 이방인들은 하나님의 말씀을 전하는 평범한 인간의 말을 받아들였다. 찰스 프라이스의 말이다. "바리새인들은 이스라엘 백성이고 하나님이 이스라엘과 맺은 언약에 속한 자들이다. 그들은 그리스도를 알아보지 못했지만, 이스라엘이 하나님과 누리는 언약에 포함되지도 않은 앗수르의 수도 니느웨 사람들과 시바 여왕은 진리를 알아보았고 그에 반응했다."[36]

"회개하고 믿음으로 구원을 받으라"는 메시지는 모든 인류를 위한 보편적인 메시지다. 거기에는 니느웨 사람, 바리새인과 율법학자, 이방인과 열방이 다 해당한다(욘 2:9, 요 14:6, 눅 2:32, 행 9:15, 11:18, 갈 2:2). 바울은 로마서에서 이렇게 질문한다. "하나님은 다만 유대인의 하나님이시냐. 또한 이방인의 하나님은 아니시냐. 진실로 이방인의 하나님도 되시느니라. 할례자도 믿음으로 말미암아 또한 무할례자도 믿음으로 말미암아 의롭다 하실 하나님은 한 분이시니라"(롬 3:29-30).

요나서는 특이하리 만치 그리스도 중심적이고 그 시선이 앞을 내다보고 있다. 그리스도가 자신을 요나에 비유하시고, 요나의 경험을 그리스도의 죽음과 부활이라는 최고의 구원 사역에 예표로 인용하시며, 요나의 사건을 장차 자신을 믿는 모든 사람에게 적용되는 보편적인 복음을 가리키는 이야기로 사용하신다는 점에서 그렇다. 요나서는 예수 그리스도가 제자들에게 내리실 지상대명령을 미리 맛보여 주기도 한다. "하늘과 땅의 모든 권세를 내게 주셨으니 그러므로 너희는 가서 모든 민족을 제자로 삼아 아버지와 아들과 성령의 이름으로 세례를 베풀고 내가 너희에게 분부한 모든 것을 가르쳐 지키게 하라. 볼지어다. 내가 세상 끝날까지 너희와 항상 함께 있으리라"(마 28:18-20).

아모스

아모스는 주전 760년 경, 여로보암 2세가 이스라엘을 통치하던 분열왕국 시대에 사역한다. 북왕국 이스라엘과 남왕국 유다 모두 번성하고 상대적으로 평화와 정치적 안정을 누리던 시기다. 이 지역을 통과하는 무역로 덕분에 많은 이들이 부유해지고,[37] 일부는 겨울용 여름용 별장을 소유하며(암 3:15), 값비싼 가구와 상아 침대, 화려한 소파도 누린다(암 6:4). 사람들은 포도주를 잔에 가득 부어 마시고 고급 기름을 바른다(암 6:6).

사람들은 자신들이 누리는 이러한 행운을 하나님 앞에서 겸손과 감사로 받아들이는 대신 스스로에게 공을 돌리며 자축한다. "우리는 우리의 힘으로 뿔들을 취하지 아니하였느냐"(암 6:13). 얼마 지나지 않아 우상 숭배와 부패와 탐욕이 만역하고 부자와 권력자들은 가난한 자를 압제한다. 특권층은 "은을 받고 의인을 팔며 신 한 켤레를 받고 가난한 자를 팔며 힘없는 자의 머리를 티끌 먼지 속에 발로 밟고 연약한 자의 길을 굽게 한[다]"(암 2:6-7). 사람들은 마음속 깊이 타락하고 만다. 아모스는 먼저 이방 나라들에 엄중히 경고한 후 북왕국 이스라엘에 경고하며, 하나님이 앗수르를 사용하여 히브리 사람들의 죄와 교만과 자기만족을 벌하시리라고 예언한다. "화 있을진저 시온에서 교만한 자와 사마리아 산에서 마음이 든든한 자 곧 백성들의 머리인 지도자들이여"(암 6:1).

사람들은 자신의 부가 하나님이 복 주신 결과라고 착각하며 아모스의 경고를 일축한다. 이는 오늘날 일부 그리스도인이 저지르는 실수이기도 하다. 아모스는 임박한 이스라엘의 멸망을 경고하며(암 5:2), 도피와 파멸과 죽음의 상징을 보여 주고(암 2:13-16),[38] 통곡하고 돌아다니면서(암 5:16-17) 사람들의 현재 상태와 완전히 대조되는 모습을 보여 준다. 그리스도인들은 이 메시지에 나타난 심판의 가혹함과 확정성이 새 언약이 발효되면 그로 인해 무효가 된다고 생각해서는 안 된다. 새 언약이 약속하는 복을 제대로 이해하고 받아들이지 못할 때 새 언약은 우리에게 결코 유효하지 않기 때문이다. 사실상 심판의 확실성이야말로 우리에게 복음이 필요한 이유다. 구약학 교수 로버트 마틴 아샤르는 이 점을 상기시킨다. "우리에게 복음이 있다고 해서 28세기 전에 선포된 아모스의 경고와 판결을 가볍게 여겨서는 안 된다. 오히려 아모스는 오늘날에도 그 진리가 얼마나 타당한지 보여 준다."[39]

그렇다고 아모스의 메시지 전체가 부정적이지는 않다. 그는 메시아가 오시면 하나님의 참된 이스라엘이 회복되고 소생할 것이라고 예언한다. "그날에 내가 다윗의 무너진 장막을 일으키고 그것들의 틈을 막으며 그 허물어진 것을 일으켜서 옛적과 같이 세우고 그들이 에돔의 남은 자와 내 이름으로 일컫는 만국을 기업으로 얻게 하리라.…내가 그들을 그들의 땅에 심으리니 그들이 내가 준 땅에서 다시 뽑히지 아

니하리라"(암 9:11-15).[40]

사도행전을 보면, 야고보가 이 구절을 인용하면서 하나님이 아모스를 통해 분명 언약의 약속을 따라 백성을 일으키고 구원하리라 예언하신 것으로 확인한다.[41] "선지자들의 말씀이 이와 일치하도다. 기록된 바 '이후에 내가 돌아와서 다윗의 무너진 장막을 다시 지으며 또 그 허물어진 것을 다시 지어 일으키리니 이는 그 남은 사람들과 내 이름으로 일컬음을 받는 모든 이방인들로 주를 찾게 하려 함이라' 하셨으니"(행 15:15-17).

하나님이 마지막까지 보호하시는 '남은 자'들이 결국 구속받는다는 주제는 앞에서 보았듯 신약에까지 이어진다. 바울은 이렇게 쓴다. "또 이사야가 이스라엘에 관하여 외치되 '이스라엘 자손들의 수가 비록 바다의 모래 같을지라도 남은 자만 구원을 받으리니'"(롬 9:27). 그리고 이렇게 덧붙인다. "그런즉 이와 같이 지금도 은혜로 택하심을 따라 남은 자가 있느니라.…그리하여 온 이스라엘이 구원을 받으리라. 기록된 바 '구원자가 시온에서 오사 야곱에게서 경건하지 않은 것을 돌이키시겠고 내가 그들의 죄를 없이 할 때에 그들에게 이루어질 내 언약이 이것이라' 함과 같으니라"(롬 11:5, 26-27).

아모스는 하나님의 남은 백성뿐 아니라 열방에도 복이 임하리라고 예언하는데, 이는 이방인도 이스라엘과 더불어 하나님의 언약에 따른 약속의 수혜자가 된다는 의미다. 그 약속의 땅에서, 그리고 다윗의 계보를 통해, 장차 메시아가 다스리시면서 그분의 복을 모든 사람에게 주실 것이기 때문이다. 케네스 보아는 이렇게 주석을 단다. "아모스의 예언은 대부분 냉담하고 배은망덕한 나라를 심판하시는 하나님의 권세에 관한 내용이지만 또 다른 약속으로 끝을 맺는다. 즉 장차 하나님이 백성을 회복시키고 '다윗의 장막'을 세우실 것이라는 약속이다(암 9:11). 이는 단순히 다윗 왕국과 솔로몬 성전이 회복되는 것 이상을 가리킨다. 바로 다윗 왕조의 완성을 의미하며, 다윗의 자손, 즉 예수님이 그 중심에 계신다."[42] 따라서 아모스가 백성에게 예언한 하나님의 심판에도 불구하고, 언젠가 다윗의 후손인 예수 그리스도가 오셔서 그들과 온 세상에 복을 주시고 평화를 안겨 주실 것이다.[43]

많은 이들이 아모스 8장 9절의 "그날에 내가 해를 대낮에 지게 하여 백주에 땅을 캄캄하게 하며"라는 말씀을 마태복음 27장 45절에서 성취되는 십자가 사건에 대한 메시아 예언으로 믿는다.[44] 더불어 이는 그리스도의 재림에 대한 예언이기도 하다(마 24:29, 행 2:20, 계 6:12에서 성취). 또한 "가난한 자를 돌아보아 공의를 행하라"는 백성을 향한 아모스의 외침에서 그리스도의 그림자(눅 4:18, 6:20, 7:22, 11:41, 14:13, 21, 18:22, 19:8, 21:2-3)를 찾아볼 수 있다. 바울(고전 11:22)과 야고보(약 1:27, 2:1-10, 5:1-6)도 이와 동일한 주제를 강조한다.

호세아

호세아는 여로보암 2세가 다스리던 분열 왕국 후반기에 활동한다. 아모스와 마찬가지로 주로 북왕국 이스라엘을 대상으로 사역한다. 호세아서는 호세아의 비극적 결혼이라는 한 가지 사건에 집중한다.[45] 호세아의 아내 고멜은 부정하여 호세아와 헤어지지만 훗날 다시 돌아왔을 때 호세아가 그녀를 받아들인다. 많은 이들이 호세아서 전체를 비유로 해석하는데, 이는 하나님이 과연 호세아에게 창녀 혹은 창녀가 될 여인과 결혼하라고 명령하셨을까 의심하기 때문이다(호 1:2). 하지만 대다수의 보수학자들은 이 책의 역사성을 믿기 때문에, 하나님이 호세아의 고통스런 경험을 사용하여 음란한 이스라엘을 향해 이처럼 특별한 사역을 하게 하셨다고 주장한다. 호세아는 고멜로 인해 고통을 당했기 때문에 하나님을 배반한 이스라엘을 더욱 잘 이해할 수 있었다. 하나님이 호세아에게 고멜의 죄에도 불구하고 그녀와 결혼하라고 하실 때, 호세아는 백성을 향한 하나님의 깊고 불변하는 사랑을 직접 이해하게 되었다.[46] 호세아는 아내의 배신으로 고뇌하지만 아내에 대한 사랑은 결코 흔들리지 않는다. 따라서 호세아서의 가장 중요한 주제는 백성이 하나님께 등을 돌릴지라도 그들을 향한 하나님의 사랑은 끊어지지 않는다는 것이다.[47]

호세아서는 하나님이 자기 백성에게 그 땅에서 가나안 사람을 모두 없애라고 하신 이유를 생생하게 상기시킨다. 가나안 사람을 모두 없애지 않으면 오히려 이스라엘이 우상과 방탕의 유혹에 빠질 것이기 때문이다. 이스라엘은 이 명령에 불순종하고, 호세아 당시 가나안 사람과 가나안 종교가 이 지역에 성행한다. H. D. 비비에 따르면 이 거짓 종교는 이스라엘의 참 신앙과 부지중에 뒤섞여 “일찍이 모세에게 전달된 신앙을 왜곡하고 되려 삼켜 버릴 만큼 위협적인 종교혼합주의”를 초래한다.[48] 이스라엘의 신앙이 극심하게 파괴되어 원래의 모습을 찾아볼 수 없을 정도가 되었기에[49] 하나님은 호세아에게 회개를 촉구하는 사명을 주신다.

11장에 호세아서의 주요 주제가 나타난다. 하나님이 이스라엘을 택하여 셀 수 없을 만큼 복을 주셨지만 “선지자들이 그들을 부를수록 그들은 점점 멀리하고 바알들에게 제사하며 아로새긴 우상 앞에서 분향하였[다]"(호 11:2). 하나님의 사랑에도 불구하고 이스라엘은 더욱 어긋났기 때문에 하나님의 공의로운 심판 앞에 놓이게 된다. 하지만 하나님은 길이 참으시는 사랑으로 결국 그들을 구원하려 하신다. 백성에 대한 심판조차 하나님의 한없는 사랑에서 비롯된 것이기 때문이다. 즉 하나님은 사랑하시는 자들을 징계하신다(히 12:6, 잠 3:12).

그런데 여기에는 그 이상의 이유가 있다. 하나님이 이스라엘의 변절에 진노하시는 이유는, 오직 자신에게만 헌신할 것을 요구하시는 질투의 하나님이라서가 아니다. 하나님이 그들(그리고 우리)에게 참된 하나님 한 분만을 사랑하고 경배하라고 명령하시는 것은 다름 아닌 그들(그리고 우리)을 위해서다. 우리는 하나님과 친밀한 관계를 누리도록 그분의 형상으로 창조되었기 때문이다. 우리가 거짓 신들에 "한눈을 팔면" 그러한 관계가 불가능해지기에 하나님이 진노하시는 것이다. 요한 페터 랑게의 관찰은 이러하다. "참으로 사랑은 분노하고 아주 처절히 분노하지만, 거기에는 오직 사랑만 있으며 그 끝에 사랑만 남을 뿐이다. 사랑은 분노해야 한다는 사실로 인해 고통을 겪고, 그 모든 분노의 한 가지 목적은 사랑하는 대상에게 사랑을 보여 주는 것을 방해하거나 침해하는 것을 제거하는 데 있기 때문이다. 그리고 사랑은 그 대상에게 구원과 화해와 회복을 확고히 하는 것이 목적이다. 그렇지 않으면 사랑받는 대상이 그 사랑을 깨닫는 데 방해가 될 테고, 따라서 사랑하는 데 실패할 것이 자명하기 때문이다.[50]

구약 해석학 교수 듀안 A. 가렛은 호세아서가 부정한 아내라는 비유를 사용하여 이스라엘의 배교를 묘사한다는 점에는 동의하지만, 그것은 반쪽 이야기에 불과하다고 말한다. 분명 호세아에게는 아내 말고도 세 명의 자녀도 있다. 그는 고멜이 "이스라엘의 지도자, 제도, 문화"를 의미하는 반면, 자녀들은 "그 문화 속에서 훈련받고 자라난 평범한 남녀"를 의미한다고 말한다. 어머니 고멜은 호세아와 맺은 결혼의 언약을 파기할 뿐 아니라 자녀들이 하나님을 떠나 바알을 섬기도록 이끈다. 그들이 구원받을 수 있는 유일한 기회는 어머니 이스라엘(고멜)을 버리고 아버지 야훼(하나님)께로 돌아가는 것이다. 그렇지만 이들은 회개하지 않을 뿐 아니라 "회개의 필요를 이해하지도, 바알이 거짓임을 인식하지도 못한다." 그러니 하나님께 남은 한 가지 선택은 "어머니 이스라엘이 가진 모든 소유를 빼앗는 것…이스라엘의 모든 제도를 멸절하는 것"이고, 어머니와 그 자녀가 "다시금 광야를 헤매는 것"이어야 했다.[51] 그런 다음에야 이들이 참과 거짓을 구분하고 하나님께로 돌아올 테니 말이다.

모든 구약 책들과 마찬가지로 호세아서에도 그리스도인을 위한 심오한 메시지가 담겨 있다. 로이드 J. 오길비는 이렇게 기록한다. "호세아서는 위로 이전에 괴로움을 준다. 책을 읽다 보면 꼼짝없이 빠져들어 호세아에 빙의된 듯 그가 당하는 결혼의 고통을 겪으면서 하나님의 고뇌를 이해하게 된다. 다른 한편으로는 이스라엘과 우리 자신을 동일시하며 주님께로 돌아가야 할 필요성을 깊이 깨닫게 된다."[52] 따라서 호세아서의 전체 메시지는 궁극적으로 그리스도가 그 중심에 계신다.

아울러 호세아서의 중심 주제는 예레미야와 에스겔 등 다른 구약 선지자를 통해 신약으로까지(엡 5:22-23) 확장되는데, 결혼이라는 제도에 반영된 인간과 하나님의 언약 관계 및 하나님이 우리와 맺으시는 사랑의 관계다.[53] 더욱 강력한 예수님의 예표는 단지 일반적인 결혼 관계뿐 아니라 고멜과 호세아의 결혼과 고멜의 부정함 속에서 더욱 구체적으로 드러난다. 얼 레이드매처는 이렇게 언급한다. "호세아가 아내의 간음에도 불구하고 그녀를 다시 데려오듯, 하나님도 우리의 처지를 아시고 아들 예수 그리스도를 통해 그 피로 기꺼이 우리의 자유에 대한 값을 치르셨다.[54] 호세아가 자신을 배신하고 떠났다가 종이 된 고멜을 구속해 주는 모습에서 그리스도가 우리를 위해 행하시는 구속 사역의 그림자를 볼 수 있다.

호세아서에도 메시아 예언이 나온다. 예를 들어 이스라엘의 회복에 관한 내용이다. "이스라엘 자손이 돌아와서 그들의 하나님 여호와와 그들의 왕 다윗을 찾고 마지막 날에는 여호와를 경외하므로 여호와와 그의 은총으로 나아가리라"(호 3:5. 롬 11:25-27에서 성취). 또한 마태복음에 호세아 11장 1절이 인용되어 있다. "이는 주께서 선지자를 통하여 말씀하신 바 '애굽으로부터 내 아들을 불렀다' 함을 이루려 하심이라"(마 2:15). 여기서 마태는 이스라엘의 출애굽이 유아 시절에 예수님을 애굽에서 불러내신 일을 예표한다고 본다. 하나님이 장차 열방에 구원의 복을 전할 그리스도를 예표하기 위해 요나를 사용하셔서 이방인에게 말씀을 전하시듯, (그리스도의 예표로) 호세아를 사용하셔서 본래 하나님의 백성이 아닌 자들에게 복의 약속을 전해 주신다. "긍휼히 여김을 받지 못하였던 자를 긍휼히 여기며 내 백성 아니었던 자에게 향하여 이르기를 '너는 내 백성이라' 하리니 그들은 이르기를 '주는 내 하나님이시라' 하리라"(호 2:23). 바울은 이 본문을 로마서에서 인용한다. "호세아의 글에도 이르기를 내가 내 백성 아닌 자를 내 백성이라, 사랑하지 아니한 자를 사랑한 자라 부르리라. 너희는 내 백성이 아니라 한 그 곳에서 그들이 살아 계신 하나님의 아들이라 일컬음을 받으리라 함과 같으니라"(롬 9:25-26).

이사야

많은 이들이 이사야를 기술 선지자들 중 최고라고 본다. 대선지서의 첫 권이자 그가 기록한 이사야서는 여느 선지서들 가운데 가장 길고 메시아 예언을 많이 담고 있다. 구약학자 메릴 엉거는 이렇게 쓴다. "이사야('여호와는 구원이시다')는 위대한 메시아 예언자이며 구약 선지자 중에서도 일인자다. 탁월한 어법과 생생한 묘사, 다양한 문체의 아름다움, 심오하고 풍부한 예언적 환상에서 타의 추종을 불허한다."[55] 신약 기자들은 이사야서를 높이 평가하고, 그리스도도 직접 여러 차례 이사야서를 인용하시는데,[56] 신약에 인용된 구약 책들 중 (시편 다음으로)[57] 두 번째로 그 횟수가 많다. 앞으로 살펴보겠지만 이사야서는 그리스도의 성육신과 지상사역, 대속을 위한 죽음, 재림, 온 세상을 다스리는 왕권을 미리 선포하고 있다.

이사야는 주전 739년에서 680년까지 주로 남왕국 유다에서 사역하지만 이스라엘 왕국에서도 사역한다. 그가 살던 당시 이스라엘은 국세가 기울고 앗수르가 강성해지고 있었다. 이사야의 방대하고 다양한 메시지를 요약하기란 어려운 일이지만 유다를 향한 세 가지 핵심 메시지를 추려 보면 다음과 같다.

1. 너희는 불순종과 우상 숭배와 사회적 불의와 부적절한 종교 행위로 하나님의 언약을 깨뜨렸다.
2. 너희는 회개하라는 부르심을 받았지만 이를 거부했으므로 장차 주변 나라뿐 아니라 너희에게도 심판이 임할 것이다.
3. 심판 너머에 하나님의 택하심을 받은 백성과 나라들을 위한 영

광스러운 장래 회복의 소망이 있다.[58]

이 순서를 보면 하나님과의 관계가 회복되기에 앞서 백성의 죄를 먼저 다루어야 한다. 1-39장에서 강조되는 심판은 정결케 하는 힘으로서 백성을 죄 사함으로 이끈다. 죄 사함은 40-66장의 핵심이다. 최종적 구속은 반드시 메시아에게서 나온다.[59] 이사야는 포로된 자들과 위협 당하는 자들을 위로하기 위해[60] 세 사람을 통해 화목과 구속이 임할 것임을 확증한다. 그 세 사람이란 이사야 자신과 고레스 왕, 그리고 메시아다. 이사야는 백성을 위해 기도하고, 고레스 왕은 정치적 구원자가 되며(훗날 바벨론 포로생활에서 벗어나게 함), 메시아는 죄 없이 고통받는 주님의 종으로서 구속의 중심이 되어 이스라엘과 온 세상을 죄에서 구원하실 것이다.[61]

이사야는 현재의 고통뿐 아니라 장래의 영광까지 강조하면서 이 주제를 오실 메시아와 이스라엘에 적용한다. 메시아는 초림 때 고난을 당하시지만 재림 때에는 영광스러운 통치를 행하실 것이며, 이스라엘은 큰 환난과 고통을 당하지만 결국 영화롭게 될 것이다.[62] 제임스 E. 스미스는 이사야의 궁극적 메시지가 그 이름의 뜻인 "여호와는 구원이시다"와 일치한다는 점에 주목한다.[63] 어떤 이들은 이사야를 바울의 로마서와 비교하는데, 로마서는 처음에 인간의 부패한 마음과 죄에 대해 강하게 지적하다가 이후에는 이스라엘이 구원받는 길을 계시한다. 바울과 마찬가지로 이사야는 하나님의 대언자로서 회개와 용서에 관한 약속을 선포한다. 따라서 바울이 로마서에서 이사야서를 열일곱 번이나 언급한 사실은 놀라운 일이 아니다.[64]

대다수 학자들은 이사야서가 1-39장과 40-66장 두 부분으로 나뉜다는 데 동의한다. 36-39장은 역사적 연결부 혹은 두 부분을 잇는 경첩 역할을 한다. 1-35장은 당시 세계 최고 권력인 앗수르 제국의 위협을 다루는데, 이 주제는 36-37장에서 앗수르 왕 산헤립의 예루살렘 공격이 수포로 돌아가는 장면에서 정점을 이룬다. 이후 38-39장은 40-46장에 등장할 바벨론 제국 문제의 도입부 역할을 한다.[65]

앗수르가 북왕국 이스라엘을 정복하는 장면을 목격한 이사야는, 백성이 지속적으로 불순종할 때 하나님이 심판하신다는 사실을 잘 알고 있다. 그래서 예루살렘에서 사역할 때부터 남왕국 유다를 향해 같은 운명을 당하지 말라고 경고한다. 하나님은 예루살렘을 앗수르로부터 지키기 위해 가장 적절한 때에 개입하시고, 이에 이사야는 "하나님이 구원하셨다"라고 크게 외친다. 하지만 그는 유다 왕 히스기야에게 앗수르가 아닌 바벨론의 손에 넘어질 것을 경고한다. 한편 회복에 대한 약속도 전한다. 하나님이 백성과 맺은 언약을 저버리지 않으시고 그들을 그 땅으로 회복시키시겠다는 약속이다.

예견된 유다의 포로 귀환은 이사야가 예언한 보다 중대한 장래의 사건을 미리 보여 주는 그림자로서 더 큰 의미가 있다. 데릭 토마스에 따르면, "이 일은 애초부터 예정되었던 것으로 하늘과 땅이 영광으로 회복되는 것이다. 다만 이 일은 인간이 타락하고 하나님이 창조하신 아름다움에 죄가 들어오면서 무산되었던 일이기도 하다. 그 (하늘과 땅이 영광으로 회복되는) 변형은 너무나 거대하고 웅장해서 이사야가 전해 주는 예언만 읽어도 흥분되고 매혹적으로 다가온다. 진실로 주님이 구원하신다!"[66]

성경의 한가운데에 위치한 이사야서는 성경의 축소판으로 볼 수 있다. 총 66장으로 되어 있으며(성경 전체가 66권이다) 첫 39장은(구약도

39권이다) 심판과 정죄에 중점을 둔다. 후반부 27장은 신약 27권과 마찬가지로 대부분 구속을 다루고 있다.[67] 더욱이 이사야서의 전반부 39장은 오실 메시아를 가리킨다는 점에서 구약과 일치한다. 후반부 27장은 메시아와 그분의 나라를 다룬다는 점에서 신약과 어울린다.

마지막으로 신약은 세례 요한의 이야기로 시작되어 요한계시록의 새 하늘과 새 땅으로 마무리된다. 이사야 40장은 후반부의 시작이며, 세례 요한이 오는 것을 예견하는 말씀을 담고 있다. "외치는 자의 소리여, 이르되 '너희는 광야에서 여호와의 길을 예비하라. 사막에서 우리 하나님의 대로를 평탄하게 하라'"(사 40:3). 실제로 세례 요한은 자신이 이 말씀을 성취했다 말하고(요 1:23), 다른 복음서 기자들도 이를 확증한다(마 3:1-4, 막 1:1-4, 눅 1:76-78). 서로 완벽히 일치하는 책답게 이사야 마지막 장인 66장은 새 하늘과 새 땅에 대해 이야기한다(22절).[68]

비판적 학자들에게 보내는 짤막한 답변

이사야서에 담긴 메시아에 대한 실마리를 논하기에 앞서, 이사야의 원작 여부와 성경의 다른 책들에 의구심을 가진 비판적 학자들에게 몇 마디 하고 싶다. 어떤 비평가들은 두세 명의 원작자가 함께 이사야서를 기록했다고 주장한다. 전후반 두 부분(1-39장과 40-66장) 혹은 세 부분(1-39장, 40-54장, 55-66장)이 문체나 신학, 주제 면에서 상이함을 보이는 것을 증거로 제시한다. 나와 의견을 같이하는 보수학자들은 이사야서 전체가 이사야 한 사람의 기록이라고 믿는데, 여러 다른 이유가 있지만 전후반에 나타나는 구성의 일치성과 문체의 유사성이야말로 위의 상이함을 능가하기 때문이다. 그러한 상이함은 이사야가 전후반부의 상이한 상황에서 상이한 주제로 글을 썼기 때문에 나타난다. 비평가들은 구성이 일치함을 부인하지만, 그 안의 역사적 연결 고리는 단일한 작가가 응집력 있는 메시지를 목표로 했음을 암시한다는 데 동의한다. 흥미롭게도 전후반의 주요 부분은 대부분 시문으로 되어 있는 반면, 연결 고리 부분은 산문으로 기록되어 있다.[69]

허버트 울프 교수는 이사야 1-39장과 40-66장 간의 일치성을 보여 주는 언어적, 문체적 관계를 간략히 언급한다. 그가 말하는 가장 인상적인 실제 예는 이사야가 하나님을 가리킬 때 사용하는 독특한 호칭인 "이스라엘의 거룩한 자"가 연속해서 나온다는 사실이다. 이 호칭은 전반부에 열두 차례, 후반부에 열네 차례 나온다. 구약의 다른 책에서는 단 네 차례만 사용된다. 울프 교수는 이렇게 결론 맺는다. "하나님의 거룩하심이라는 개념이 이사야에게는 너무 중요하기에 그는 그 호칭을 자주 사용하며, 이는 이 책의 저자가 이사야라는 명백한 증표다."[70] 찰스 라이리 박사는 전후반에 나타나는 유사한 문장과 구절이 40-50여 개나 된다고 강조한다. (실제 예로 다음의 구절을 비교해 보자. 1:20과 40:5, 58:14, 그리고 11:6-9과 65:25, 또한 35:6과 41:18).[71] 이사야서 전후반 모두 팔레스타인의 관점에서 기록되었다는 점도 주목할 만하다. 일부에서 주장하듯 만일 제2의 저자가 주전 500년 경에 후반부를 기록했다면 그렇게 될 수 없다.[72] 라이리 박사는 제2의 저자가 바벨론에 살았다면 바벨론 지역에 대해서는 잘 모르면서 팔레스타인 지역에 대해서는 잘 아는 게 말이 되지 않는다고 주장한다(사 41:19, 43:14, 44:14).[73]

사실 1789년 이전에는 단일 저자에 대해 누구도 심각하게 의문을 제기하지 않다가 J. C. 도더레인이 40-66장을 쓴 '제2의 이사야'설을 제기했다.[74] 이후 1892년에는 B. 덤이 40-66장이 사실상 다른 두 저자의 글이라며 55-66장을 쓴 '제3의 이사야' 설을 내놓았다.[75] 하지만 훗날 사해사본*에서 이사야서 두루마리가 발견되면서 이 책이 세 부분으로 나뉘지 않고 66장이 모두 하나의 두루마리(약 7미터)에 기록된 것이 밝혀졌다.

종합적으로 볼 때, 나는 학자들이 단일 저자에 반문하는 주된 이유가, 이사야의 예언 다수가 참으로 복잡하게 성취된 데 있다고 본다. 예를 들어 후반부를 보면 이사야가 바벨론 포로생활과 훗날의 귀환과 연관된 사건을 같이 예언하고 있기 때문에, 비평가들은 이를 "제2의 이사야"가 포로 이후 시기에 덧붙인 내용으로 결론짓는다. 또 다른 예는 앞에서도 말했듯, 이사야가 그의 예언에서 바사와 고레스의 이름을 그가 태어나기 무려 150년 전에 거론하는 부분이다. 하지만 이런 일은 성경의 예언에서 아주 특이한 사건이 아니다. 요시야 왕의 경우 300여 년 전에 그 이름이 예언되었으며(왕상 13:1-3, 왕하 23:15-20에서 성취), 선지자 미가도 700여 년 전에 예수님이 탄생하실 마을의 이름을 언급한 바 있다(미 5:2).

비평가들의 회의론적인 태도는 초자연적 사건 혹은 하나님이 계시하신 예언을 불신하는 데 그 뿌리를 두고 있고, 그 점이 늘 내게는 충격이다. 초자연적인 것을 믿는다는 성경학자가 어떻게 그런 기이한

● 사해사본
1947년 사해 서쪽 해안 쿰란동굴로 알려진 한 동굴에서 발견된 고문서로, 주전 3세기부터 1세기 경의 것으로 추정되며 '에스더' 외의 모든 경전이 포함되고, 특히 '이사야서' 사본은 구약 연구나 1세기 전후 시대 연구에 중요 자료로 인정되고 있다. 사해사본이 발견되기 전까지는 주후 900년경의 맛소라사본이 가장 오래된 성경 사본이었다.

생각을 할 수 있을까? 혹 초자연적 사건을 믿지 않는다면 어떻게 성경의 하나님을 믿을 수 있단 말인가? 에드워드 영은 그들의 질문에 간단명료하게 답한다. "주전 8세기에 살았던 이사야가 어떻게 그리스도를 예언할 수 있었는가를 질문한다면 답은 이렇다. 하나님은 이사야에게 그분의 말씀을 계시하셨고 이를 선포하게 하셨다. 예언은 기독교 신앙이 진실이라는 전제 아래서만 제대로 이해할 수 있다."[76]

에드워드 영의 말을 올바로 이해하기 바란다. 사도 베드로는 선지자들이 성령의 이끄심을 따라 그리스도와 우리의 구원에 대해 예언했음을 단언한다(벧전 1:10-12).[77] 이사야의 예언이 너무 정확하다는 이유로 그가 저술했음을 부인하는 사람들은 자신이 성경의 진실성과 영감과 신뢰성을 부인하고 있음을 반드시 깨달아야 한다. 물론 우리는 한낱 인간이 자신의 힘과 한정된 지식으로 하나님의 도움 없이 그런 예언을 쓸 수 있는지 의심해 봐야 한다. 하지만 성경의 삼위일체 하나님을 믿는다면 이들 선지자들이 성령의 영감으로 장래를 정확히 예언했음을 믿기란 어렵지 않다.

비평가들이 그토록 다양한 이론을 고안해 내는 이유는, 단지 이사야의 저술 여부와 진실성이 아닌 성경 전체의 진실성을 훼손하려는 데 있다. 이들은 모세오경도 모세가 쓰지 않았다고 주장하고, 다니엘서의 경우 그 충격적인 예언의 일부가 실제로 성취된 이후에 기록되었다고 주장한다. 내가 이런 논란을 언급하는 이유는, 성경을 공부하는 사람이라면 이러한 의견 차이가 있음을 인식하고 이해할 필요가 있기 때문이다. 세간의 주목이 주로 그런 비판적인 학자에게 쏠리는 것처럼 보여도, 성경의 완전성과 신적 영감과 무오성을 변론할 자격이 충분한 뛰어난 학자들도 아주 많다.

마지막으로 이사야서 전체를 이사야가 기록했음을 예수 그리스도가 직접 확인해 주시는 부분을 언급해야겠다. 예수님은 나사렛에 계실 때 안식일이 되면 늘 하시던 대로 유대교 회당에 가셨다. 누가는 예수님이 자리에서 일어나 직접 성경을 읽으시는 장면을 기록하고 있다. "선지자 이사야의 글을 드리거늘 책을 펴서 이렇게 기록된 데를 찾으시니 곧 '주의 성령이 내게 임하셨으니 이는 가난한 자에게 복음을 전하게 하시려고 내게 기름을 부으시고 나를 보내사 포로 된 자에게 자유를, 눈 먼 자에게 다시 보게 함을 전파하며 눌린 자를 자유롭게 하고 주의 은혜의 해를 전파하게 하려 하심이라' 하였더라. 책을 덮어 그 맡은 자에게 주시고 앉으시니 회당에 있는 자들이 다 주목하여 보더라. 이에 예수께서 그들에게 말씀하시되 '이 글이 오늘 너희 귀에 응하였느니라' 하시니"(눅 4:17-21).[78] 예수님은 단지 이사야서의 몇 부분에만 말씀의 영감이 있다고 말씀하지 않고, 이사야의 글을 읽으신 후 마지막 부분(사 61:1-2)에 기록된 내용도 이사야가 썼다고 확증하시는 것이다.[79] 예수님은 이사야 선지자가 우리 구주인 자신에 대해 말하고 있음을 아시고, 우리도 그 사실을 알기 원하신다.

이사야서에 나타난 그리스도

그리스도는 이사야서 곳곳에 스며들어 있다. 책의 상당 부분이 메시아 예언이며, 이는 구약의 다른 어떤 책보다 명확하게 드러난다.[80] 여기에는 다음과 같은 예언들이 포함된다.

- 열방이 회개함(사 2:2-4. 눅 24:47에서 성취)
- 백성들의 마음이 굳음(사 6:9-10. 마 13:14-15, 요 12:39-40, 행 28:25-27에서 성취)
- 처녀가 잉태함(사 7:14. 마 1:22-23에서 성취)
- 걸림돌과 걸려 넘어지는 반석(사 8:14-15. 롬 9:33, 벧전 2:8에서 성취)
- 흑암의 빛(사 9:1-2. 마 4:14-16, 눅 2:32에서 성취)
- 하나님이 인간의 몸으로 태어나 우리와 함께하심(사 9:6-7. 마 1:21, 23, 눅 1:32-33, 요 8:58, 10:30, 14:19, 고후 5:19, 골 2:9에서 성취)
- 이새의 줄기에서 나심(사 11:1. 롬 1:3에서 성취)
- 지혜와 능력이 충만하심(사 11:1-10. 마 3:16, 요 3:34, 롬 15:12, 히 1:9에서 성취)
- 자비로 다스리심(사 16:45. 눅 1:31-33에 성취)
- 단단한 곳에 박힌 못(사 22:21-25, 계 3:7에서 성취)
- 사망을 이기심(사 25:6-12. 고전 15:54에서 성취)
- 시온의 돌(사 28:16. 롬 9:33, 벧전 2:6에서 성취)
- 귀 먼 자가 듣고 눈 먼 자가 봄(사 29:18-19. 마 5:3, 11:5, 요 9:39에서 성취)
- 왕의 왕, 주의 주(사 32:1-4. 계 19:16, 20:6에서 성취)
- 지극히 높으신 이의 아들(사 33:22. 눅 1:32, 딤전 1:17, 6:15에서 성취)
- 구속받은 자를 위한 시온의 대로(사 35:8-9. 요 14:1-6에서 성취)
- 아픈 자를 치유하심(사 35:4-10. 마 9:30, 11:5, 12:22, 20:34, 21:14, 막 7:30, 요 5:9에서 성취)
- 주의 길을 예비함(사 40:3-5. 마 3:1-12, 막 1:3, 눅 3:4-5, 요 1:23에서

성취)

- 목자가 양을 위해 죽음(사 40:10-11. 요 10:11, 히 13:20, 벧전 2:24-25에서 성취)
- 온유한 종(사 42:1-16. 마 12:17-21, 눅 2:32에서 성취)
- 이방인의 빛(사 49:6-12. 행 13:47, 고후 6:2에서 성취)
- 모욕과 침 뱉음을 당함(사 50:6. 마 26:67, 27:26, 30, 막 14:65, 15:15, 19, 눅 22:63-65, 요 19:1)
- 자기 백성에게 거부당하심(사 52:13-53:12. 마 8:17, 27:1-2, 12-14, 38에서 성취)
- 대신 고통을 당하심(사 53:4-5. 막 15:3-4, 27-28, 눅 23:1-25, 32-34에서 성취)
- 고난당하는 종, 도살장의 양처럼 고소를 당해도 침묵하심(사 53:7. 요 1:29, 11:49-52에서 성취)
- 죄인들과 함께 십자가에 달리심(사 53:12. 요 12:37-38, 행 8:28-35에서 성취)
- 부자와 함께 장사되심(사 53:9. 행 10:43, 13:38-39, 고전 15:3. 엡 1:7, 벧전 2:21-25, 요일 1:7, 9에서 성취)
- 목마른 자들이 다 와서 마시게 됨(사 55:1. 계 22:17에서 성취)
- 백성이 아닌 자들을 부르심(사 55:4-5. 요 18:37, 롬 9:25-26, 계 1:5에서 성취)
- 구원자가 시온에서 옴(사 59:16-20. 롬 11:26-27에서 성취)
- 열방이 빛으로 나아옴(사 60:1-3. 눅 2:32에서 성취)
- 기름 부음 받은 자가 자유를 선포함(사 60:1-2. 눅 4:17-19, 행 10:38에서 성취)

- 영적으로 포로된 자에게 자유를, 갇힌 자에게 놓임을 주심(사 61:1-4, 눅 4:16-21에서 성취)
- 새 이름으로 일컬음이 됨(사 62:2. 눅 2:32, 계 3:12에서 성취)
- 왕이 오심(사 62:11. 마 21:5에서 성취)
- 피에 물든 옷(사 63:1-3. 계 19:13에서 성취)
- 고통받는 자와 함께 고통받으심(사 63:8-9. 마 25:34-40에서 성취)
- 선택된 자가 기업을 얻음(사 65:9. 롬 11:5, 7, 히 7:14, 계 5:5에서 성취)
- 새 하늘과 새 땅(사 65:17-25. 벧후 3:13, 계 21:1-22에서 성취)

다른 이들이 적절히 설명했듯 이사야서의 어떤 부분은 구약 선지자보다는 신약 기자의 이야기처럼 들리기도 한다.[81] 이사야서는 위에 나열된 예언에서 보듯 예수님의 지상사역과 고난과 다스리는 왕으로서 다시 오심 등을 예표하고 있다. 참으로 복잡 다양한 이사야서의 주된 메시지를 학자마다 다르게 보기도 하지만, 그리스도를 주요 주제로 믿는 이들이 많다. 예를 들어 앞에서 살펴 보았듯 제임스 E. 스미스는 이사야라는 이름이 지닌 뜻 그대로 "여호와는 구원이시다"가 주요 주제이며, 그것이 그리스도를 가리킨다고 본다. 『ESV 스터디 바이블』 역시 그리스도를 가리키는 또 다른 관점을 제공한다. 1장 2절에서 2장 5절까지를 강조하는데, 여기서 하나님은 백성이 참으로 많은 특권을 받았으므로 마땅히 감사해야 함에도 오히려 반항을 일삼고 "이스라엘의 거룩하신 이를 만홀히 여겼다"(사 1:2-4)고 책망하신다.[82] 그리스도가 당하신 일과 정확히 연관되는 말씀이지 않은가? 그리스도는 백성을 위해 모든 것을 행하시지만 버림받고 죽임을 당하신다.

이사야서 52장 13절에서 53장 12절까지 나오는 말씀은 놀라울 만큼 자세하고 완전하게 성취되었기에, 그 말씀이 명확히 예수 그리스도를 가리킨다는 사실을 부인할 단 한 가지 방법은 그 말씀이 그리스도의 성육신 이전에 기록되었음을 믿지 않는 것이다. 하지만 이는 그 자체로 터무니없는 가정이다. 여러 이유가 있지만 사해사본은 그리스도가 오시기 100년도 훨씬 전에 기록되었기 때문이다. 『법정에서 만난 예수』에서 설명했지만, 이사야의 이 구절을 읽고 기독교로 회심한 사람들이 많다.[83] 케네스 보아와 브루스 윌킨슨에 따르면[84] 다섯 연으로 구성된 이 본문은 우리가 이 책의 11장에서 논의했던 다섯 가지 제사 방식을 나타내기도 한다. 52장 13-15절은 온 마음으로 드리는 그리스도의 희생제사를(번제), 53장 1-3절은 그리스도의 완전한 성품을(소제), 53장 4-6절은 그리스도의 대속으로 하나님과 평화를 누리는 것을(화목제), 53장 7-9절은 백성의 죄를 위해 그리스도가 값을 치르셨음을(속죄제)을, 53장 10-12절은 우리 죄의 결과로 그리스도가 죽임을 당하심을(속건제) 묘사한다.[85]

역사 속에서 너무나 완벽하게 성취된 상세한 예언으로 인해 이 본문은, 성경이 하나님의 영감으로 기록되었고 예수 그리스도가 하나님의 아들임을 입증하는 증거로서 헤아릴 수 없을 만큼 가치가 있다. 월터 모벌리는 시작 구절에 주목한다. "보라, 내 종이 형통하리니 받들어 높이 들려서^high and lifted up^ 지극히 존귀하게 되리라"(사 52:13). 모벌리는 이사야가 초반부에서 야훼(하나님)께 적용했던 동일한 단어를 이 구절에서도 사용한다고 말한다. "웃시야 왕이 죽던 해에 내가 본즉 주께서 높이 들린 보좌에 앉으셨는데^high and lifted up^ 그의 옷자락은 성전에 가득하였고"(사 6:1). 이사야는 같은 표현을 57장 15절에서도 똑같이 사용한다. "지극히 존귀하며^high and lifted up^ 영원히 거하시며 거룩하다 이름하는 이가 이와 같이 말씀하시되." 비록 고귀하고 희생적이기는 하지만 한낱 인간에 불과한 존재를 설명하면서 (52장 13절에서) 이토록 고상한 표현을 굳이 사용하는 이유는 무엇인가? 거룩한 선지자라 해도 이런 표현을 사용하는 건 명백히 신성 모독적이지 않은가? 모벌리는 이렇게 언급한다. "포로 신세인 유다 백성을 위해 이사야가 아무리 역사적 상상력을 동원하여 이러한 예언적 환상을 제공했다 하더라도(이 대목에서 나는 이사야 선지자 자신이 직접 종의 역할을 맡아 이스라엘을 위해 고통 당하는 모습을 상상하는 장면을 떠올리곤 한다), 그리스도인인 우리로서는 여기서 예수님의 고난과 죽음과 부활에 대한 신약의 그림이 연상되는 것을 떨쳐 버릴 수가 없다."[86]

마지막으로 예수님이 인간으로 태어나시기 수백 년 전에 이 책을 기록한 이사야는 왜 고통을 당하는 한 인간이 (사람들에게 멸시받고 거부 당하며 우리의 죄악을 대신해 벌을 받음으로) 우리에게 평화를 가져다주고 우리의 상처를 치유할 거라 말하는가? 하나님이 한 사람에게 죄의 짐을 다 지게 하여 모든 사람이 죄 사함을 받도록 하셨다는 사실을 무려 주전 700년에 유대인 선지자가 기록한 이유는 과연 무엇인가? 어떤 사람들이 거짓 고소를 당하여 다른 사람의 죄를 안고 벌을 받은 역사 속 사건들을 믿기란 어렵지 않다. 인류 역사에서 분명히 일어난 일들이기 때문이다. 그런 사람들이 자기희생을 통해 한동안 다른 이들에게 어느 만큼의 평화를 가져다주었다는 것도 충분히 있을 수 있는 일이다. 하지만 이사야가 전하는 내용은, (물론 신약성경이 증거하는 바이기도 한데) 이 한 사람이 (일부가 아닌) 무제한의 사람들에게 평화를 가져다주고 그들의 상처를 실제로 치유한다는 것이다.

그런데 여기에 또 다른 반전이 있다. 이 특별한 사람이 다른 이들을 대신하여 징계를 받으러 스스로 나선 게 전부가 아니라는 사실이다. 다름 아니라 온 우주의 하나님이 "우리 모두의 죄악을 그에게 담당시키"(사 53:6)기도 하셨다는 점이다. 예수님은 기꺼이 우리를 위해 죽으셨다. 거기에는 의심의 여지가 없다. 그런데 예수님은 아버지가 내리신 결정에 합류하신 것이다. 우리의 과거와 현재와 장래의 모든 죄악에 대한 하나님의 진노를 예수님께 쏟고 그분에게 심판을 내리기로 결정하고 주도적으로 행하신 이는 바로 하나님이셨다. "여호와께서 그에게 상함을 받게 하시기를 원하사"(사 53:10). 찰스 스펄전은 이렇게 설명한다. "본문은 그리스도가 어쩌다 우연히 우리 죄를 지게 된 것이 아니라 바로 '하나님이 우리 모두의 죄악을 그에게 지우셨다'고 말한다. 우리는 가끔 '내 죄를 주께 맡기네'라는 찬송가를 부른다. 내 죄를 주님께 맡기는 것은 매우 아름다운 믿음의 행동이지만, 그 기저에는 또 다른 맡김, 즉 하나님이 기뻐하시는 바 우리의 죄를 예수님께 짐 지우시는 행동이 있다. 하나님의 그런 행하심 없이 우리의 죄는 결코 구주 예수님께 전가될 수 없다."[87]

더욱이 이 구절은 "이 사람"이 자신의 희생을 통해 인간에게 평화를 가져다줄 뿐 아니라 대속의 죽음을 통해 "많은 사람을 의롭게 한다"(사 53:11)고 전한다. 미안한 말이지만, 지극히 이기적인 인간이 다른 사람의 유익을 위해 아무리 자신을 희생한다고 해도 자신의 의로움을 남에게 전가할 수는 없다. 게다가 자신을 영적으로 구원할 만큼 의로운 사람이 없는 마당에 다른 사람의 의로움은 어떠하겠는가. 다른 사람의 고통을 대신 지거나 육신의 목숨은 구해줄 수 있을지언정 그를 의롭게 만들어 줄 수는 없다.

그렇지만 예수 그리스도는 단지 한 인간에 불과하지 않다. 그분은 성육신하신 하나님이고, 그분의 상처로 우리가 치유를 받는다. 우리를 위한 그분의 죽음으로 우리는 의롭게 되며, 그분을 믿으면 심판의 날에 하나님 앞에서 그리스도 그분처럼 흠 없는 자로 서게 된다. 하나님이 이 예언에 영감을 베풀지 않으셨다면 이 예언은 전혀 무의미했을 것이다. 하나님의 영감으로 말미암아 이 예언은 믿는 자들을 위한 그리스도의 대속 사역을 가리키게 된다. 하나님의 영감 아래 선포되었던 이 예언은 성경이야말로 태초부터 시작된 하나님의 은혜로운 계획을 보여 주는 과거와 현재와 미래의 영원한 기록이라는 사실을 보여 준다. 하나님의 계획은 십자가에서 죽으신 예수 그리스도의 대속사역을 믿는 자들에게 구원을 주시는 것이다.

15
미가에서 하박국까지

구약의 선지서는 (이쯤이면 우리가 알고 있을) 기름 부음 받은 자 혹은 메시아의 초림과 재림에 대한 내용으로 가득하다. 그분의 혈통과 출생 장소와 (동정녀 탄생 같은) 출생의 특징, 그리고 자기 백성의 죄를 위해 죽으실 것이라는(사 53장) 내용이 예언되어 있고, 이는 예수님의 초림 때 모두 성취된다. 이스라엘과 온 세상의 왕으로 임하시는 재림 역시 분명히 예언되어 있다. 실제로 그분의 오심으로 인해 유대인과 중동 지역과 온 인류에 미칠 결과를 언급하는 구절이 수백 곳에 이른다. 땅이 변화하고 자연이 통제되며 악이 심판을 받고 건강이 회복되며 열방이 하나님과 메시아를 진실로 깨닫게 되는 장면들이다. 대선지서와 소선지서의 상당 부분이 이 주제에 할애되고 있다. 맬 카우치[1]

미가

미가는 이사야와 동시대 사람이지만 도시에서 활동하는 이사야와 달리 주로 지방에서 활동한다.[2] 미가는 남왕국 유다의 종교 부흥 시대에 사역하지만, 오히려 백성이 구원받기에 앞서 먼저 심판의 때가 임할 것이라고 경고한다. 아모스와 마찬가지로 사회적 죄를 책망하는 설교를 하고 가난한 자의 땅을 빼앗고 과부의 재산을 탈취하는 부자들을 비난한다. 하지만 이사야와 마찬가지로 임박한 심판에 대한 그의 메시지에는 오실 메시아에 대한 소망도 함께 들어 있다.[3] 미가의 주요 목표는 남왕국 유다를 여호와께로 돌이켜 의를 얻게 하는 것이다. 하나님은 죄인을 심판하시되 회개하는 자에게는 복을 주시기 때문이다.[4]

미가는 예수님이 탄생하기 무려 700년 전에 태어날 도시의 이름을 예언하는데, 이는 성경에서 가장 특별한 메시아 예언 가운데 하나다. "베들레헴 에브라다야, 너는 유다 족속 중에 작을지라도 이스라엘을 다스릴 자가 네게서 내게로 나올 것이라. 그의 근본은 상고에, 영원에 있느니라"(미 5:2). 전혀 애매모호함 없이 그분이 '영원'부터 계셨다고 말한다. 그분이 영원히 실존하는 존재가 아니라면 상상할 수 없는 말이다. 또한 예수님은 이스라엘을 다스릴 자로 태어나시는데, 이는 다윗 언약과 여러 언약을 성취하는 의미가 있다. 이 구절이 말하는 바가 마태복음에서 명백히 확인된다. 기록을 보면 헤롯이 제사장들과 서기관들에게 그리스도가 어디서 나겠느냐고 묻자 이들은 미가의 예언을 인용한다(마 2:1-6). 아울러 미가서 2장 12-13절, 4장 1-8절, 5장 4-5절은 세상에 오셔서 의로 다스리시는 그리스도를 분명하게 설명하고 있다.[5]

미가는 목자이신 그리스도가 이스라엘의 남은 자를 그 땅으로 다시 불러모으고 왕으로서 백성인 그들을 이끄실 것이라고 예언한다(미 2:12-13).[6] 또한 그리스도의 나라가 서고, 성전이 회복되며, 백성이 만방에서 예루살렘으로 모여들고, 주님이 예루살렘에서 심판하시고, 이스라엘은 강한 나라가 되어 평안하고 안전히 거하며, 예루살렘이 다스릴 것이라고 예언한다(미 4:1-8).[7]

미가 5장 1절("막대기로 이스라엘 재판자의 뺨을 치리로다")이 그리스도의 고난만 예언하는 게 아니라 창세기 3장 15절에 나오는 원시 복음을 상기시킨다는 점이 놀랍다. "여자의 후손은 네 머리를 상하게 할 것이요 너는 그의 발꿈치를 상하게 할 것이니라." 두 본문의 내용 모두 그리스도에게 가해지는 공격이 주님의 구속사를 막기에 역부족이라는 말이다. 성경의 통일성과 모든 것을 포괄하는 구원의 메시지를 보여 주는 또 다른 예다.

마지막으로 미가서의 마지막 세 구절에는 구속과 메시아를 언급하는 주제가 나온다. 죄를 용서하시는 하나님을 설명하면서 "우리의 모든 죄를 깊은 바다에 던지시리이다. 주께서 옛적에 우리 조상들에게 맹세하신 대로 야곱에게 성실을 베푸시며 아브라함에게 인애를 더하시리라"(미 7:19-20)고 말한다. 이는 백성과 맺으신 하나님의 언약을 확증하는 아름답고 효과적인 표현이며, 결국 이 모든 것은 예수 그리스도 안에서 정점을 이룬다. 그리스도는 우리의 죄악을 용서하시며 (일부가 아닌) 모든 죄를 (얕은 곳이 아닌) 깊은 바다에 던지시고 다시는 수면 밖으로 꺼내지 않으신다. 이 짧은 미가서에서도 구속과 구원에 대한 하나님의 약속을 다시 한 번 확인할 수 있다.

나훔

나훔은 요나와 마찬가지로 앗수르인에게 말씀을 전하지만 시기적으로 요나보다 1세기 뒤에 활동한다. 일부에서는 나훔서를 요나서의 후속서로 보기도 한다. 요나 당시에 회개했던 앗수르인들이 다시금 죄악을 행하며 횡포를 더해 가는 상황에서 주어진 말씀이기 때문이다. 나훔은 그들에게 다가올 하나님의 심판을 경고하는데, 앗수르인이 고난을 당할 것이며 하나님의 인내심에도 한계가 있다는 것이다.[8] 하나님이 직접 자신을 계시하심에도 불구하고 앗수르인들은 하나님을 등지고 은혜로 말미암은 구속의 복음을 자녀들에게 전하지 않는다. 아무리 부모가 회개하더라도 자녀가 직접 회개하지 않으면 자녀에게 심판이 돌아가는 것은 당연하다. 그것이 하나님의 거룩하심에 완벽히 부합하는 이치다. "하나님께 손자는 없다"는 말처럼 우리 각자가 하나님께 나아가야 한다.

나훔 역시 (요나처럼) 하나님의 주권을 강력하게 선포한다. 전성기의 앗수르가 제아무리 강성하다 해도 하나님의 손안에서는 한낱 부러지기 쉬운 가지에 불과하다. "여호와께서 이같이 말씀하시기를 '그들이 비록 강하고 많을지라도 반드시 멸절을 당하리니 그가 없어지리라.…네 이름이 다시는 전파되지 않을 것이라. 내가 네 신들의 집에서 새긴 우상과 부은 우상을 멸절하며 네 무덤을 준비하리니 이는 네가 쓸모없게 되었음이라'"(나 1:12, 14). 1장 15절에서 3장 19절까지 거의 모든 구절이 (앗수르의 수도) 니느웨의 멸망에 대해 말하고 있으며, 마침내 니느웨는 주전 612년에 바벨론 군대에 의해 멸망한다.

나훔서에 메시아 예언은 나오지 않지만 나훔이라는 이름 자체가 그리스도를 예표한다. 그 이름의 뜻은 "위로"이며, 그리스도는 "위로자"시다. 나훔은 1장 2-8절에서 하나님의 신적 속성을 웅변하듯 선포하는데, 이는 재림 때 열방을 심판하실 그리스도의 역할을 떠오르게 하는 내용이다. 1장 15절은 (앗수르의 멸망으로 화평이 임할 것이라는) 복음을 전하는 자들의 "발"을 언급한다. 켄들 이슬리는 이렇게 말한다. "신약은 예수 그리스도를 온 세상에 하나님의 화평을 최종적으로 전하는 메신저로 본다(행 10:36)". 바울은 로마서에서 이 구절(그리고 사 52:7)을 인용하면서 예수 그리스도의 복음을 전하는 자들을 칭송한다. "아름답도다. 좋은 소식을 전하는 자들의 발이여"(롬 10:15). 이 비유는 복음을 전파하기 위해 반드시 발로 사람들을 찾아가 말씀을 전하는 사람이 있어야 한다는 것을 보여 준다. 바울은 이렇게 선포한다. "들음은 그리스도의 말씀으로 말미암았느니라"(롬 10:17).

아울러 나훔이 하나님을 가리켜 "그는 바다를 꾸짖어 그것을 말리시며 모든 강을 말리시나니"(나 1:4)로 묘사하는 대목에서 우리는 그리스도의 예표를 보게 된다. "예수께서…바람과 바다를 꾸짖으시니 아주 잔잔하게 되거늘"(마 8:26).[9]

우리는 그리스도가 전하신 복음에 크게 감사하면서도, 하나님의 완전한 공의와 죄에 대한 혐오로 인하여 우리에게 그리스도의 은혜와 구속 사역이 얼마나 절실한지 때로 잊어버리곤 한다. 이 말은 하나님이 구원을 예비하시는 동시에 열방을 심판하신다는 의미다. 양쪽 모두 하나님이 이끌어 가시는 구속사의 일부다. 나훔은 앗수르에 대한 하나님의 심판을 확고히 하는 대목에서 우리에게 그 사실을 상기시킨다. 물론 심판은 반드시 필요하고 피할 수 없지만, 나훔은 하나님이 예수 그리스도라는 대속자를 우리를 위해 예비하고 계심도 보여 준다.

줄리 우즈는 이렇게 단언한다. "고통의 종 예수님이 진노를 대신 받으셨기에 회개하는 자는 (장래의) 심판을 피할 수 있다."[10]

스바냐

스바냐는 유다 왕국에서 영적 개혁을 단행한 요시야 왕 시절에 활동하지만, 마찬가지로 유다를 향해 임박한 심판을 경고한다. 스바냐는 전혀 주저함 없이 2절을 이렇게 시작한다. "여호와께서 이르시되 '내가 땅 위에서 모든 것을 진멸하리라. 내가 사람과 짐승을 진멸하고 공중의 새와 바다의 고기와 거치게 하는 것과 악인들을 아울러 진멸할 것이라. 내가 사람을 땅 위에서 멸절하리라 나 여호와의 말이니라'"(습 1:2-3). 여러 선지자들, 특히 요엘과 마찬가지로 스바냐는 "여호와의 날"을 경고하며, 그날에는 악인이 진멸을 당하고 공의가 편만하며 신실하게 남은 자들은 구원을 얻을 것이라고 전한다.[11] 당장은 남왕국 유다가 바벨론에게 정복을 당하여 포로로 끌려가는 심판이 임할 테지만, 궁극적으로는 하나님의 백성(습 3:1-7)과 열방(습 3:8)을 위한 장래의 심판이 임할 것이다. 그런 후에 이방인(습 3:9-10)과 유대인(습 3:11-20) 모두에게 복이 임할 것이다.

스바냐서를 신약과 예수님의 말씀이라는 관점에서 읽으면, 스바냐가 그리스도의 재림과 더불어 주의 날에 열방에 임할 심판을 말하고 있음을 알 수 있다(롬 2:16, 고전 1:8, 빌 1:6, 10, 2:16, 딤후 4:8). 실제로 예수님은 스바냐서의 두 구절을 인용하여 비유적으로 말씀하시는데(마 13:41에서는 습 1:3, 마 24:29에서는 습 1:15) 둘 다 그리스도의 재림, 심판,

그리고 승리의 통치와 관련이 있다. 첫 번째는 "그 나라에서 모든 넘어지게 하는 것과 또 불법을 행하는 자들을 거두어 내[신다]"(마 13:41)고 말씀하시고, 두 번째는 스바냐가 말한 흑암과 어둠과 황폐함을 언급하신다(마 24:29-31). 스바냐는 메시아를 이 심판의 구원자로 분명하게 확인해 주지 않지만, 주석가들이 지적하듯 그분이 아니면 과연 누가 백성을 모으고 열방에게 완전한 최후의 승리를 거두겠는가?[12]

심판은 비록 가혹하고 철저히 임하겠지만 승리의 통치는 참으로 놀라울 것이다. 스바냐 3장 9-20절은 열방에 일어나는 변화를 자세히 묘사한다. "그때에 내가 여러 백성의 입술을 깨끗하게 하여 그들이 다 여호와의 이름을 부르며 한 가지로 나를 섬기게 하리니"(습 3:9). 그리스도 말고 어느 누가 압도적인 승리를 가져와 온 백성을 변화시키겠는가? 예루살렘을 회복하고 원수들을 쫓아 내며 백성 가운데 통치자로 임하겠다는 약속을 어느 누가 성취하겠는가?(습 3:14-17)

스바냐는 그리스도를 이스라엘 가운데 계신 의로운 여호와(습 3:5), 열방의 심판자(습 3:8), 이스라엘 가운데 계신 왕 여호와(습 3:15)로 묘사한다. 물론 예수님은 유대인의 왕으로서 십자가에 달리신다(막 15:26). 구약학자 마크 맨가노에 따르면 "신약에서 여러 측면으로 사용된 스바냐의 '여호와의 날'은 장차 하나님 나라를 세우기 위해 오시는 예수 그리스도에 초점을 맞추고 있다."[13] 성공회 목사 로버트 호커는 이를 간결하게 설명한다. "스바냐 3장은 예루살렘을 맹렬히 질책하며 시작하지만 결국 복된 약속으로 마무리한다. 여기에 담긴 복음의 은혜는 예수 그리스도를 가리킨다."[14]

예레미야

선지자 예레미야의 사역은 무려 50여 년에 달한다. 요시야가 다스리던 때부터 느부갓네살이 예루살렘을 정복하고 성전을 파괴한 이후까지 이어진다. 그가 "눈물의 선지자"라 불리는 이유가 있다. 유다의 배교에 응당한 심판이 임할 것이라고 지속적으로 경고하니 영적으로 타락한 백성에게 격렬한 반감을 산 것이다. 그렇다고 예레미야가 막무가내의 비관주의자는 아니다. 종국에는 회복을 이루시는 하나님의 메시지도 전하기 때문이다. 예레미야서 초반부터 그러한 주제들이 드러나는데, 예레미야는 하나님이 그에게 이렇게 말씀하셨다고 선포한다. "보라, 내가 오늘 너를 여러 나라와 여러 왕국 위에 세워 네가 그것들을 뽑고 파괴하며 파멸하고 넘어뜨리며 건설하고 심게 하였느니라 하시니라"(렘 1:10). 기본적으로 하나님은 예레미야에게 죄에 대해 질책하고 예루살렘의 파괴를 경고하게 하셨다. 하지만 이 책의 주된 메시지는 측량할 수 없이 깊은 고통 가운데서 다시 회복되는 것이다. 그래서 일부 주석가들은 예레미야를 "소망의 선지자"로 부르기도 한다.[15] 이렇듯 죄, 파괴, 소망, 그리고 회복이라는 주제가 책 전반에 걸쳐 나온다(렘 18:7-11, 31:28, 45:4).[16]

예레미야의 오랜 사역은 유다가 포로로 끌려가는 마지막 시기까지 이어지는데, 그는 당시 유다 왕 여호야김을 향해 바벨론 왕에게 순복하라고 경고한다. 이 모든 사건은 하나님이 이스라엘을 심판하심으로 일어나는 것이기 때문이다. 그는 예루살렘에 남은 백성을 향해서는 "헛된 소망"을 불어넣는 거짓 선지자에게 속지 말라고 경고한다. 거짓 선지자들은 "너희에게 헛된 것을 가르치나니 그들이 말한 묵시는…여호와의 입에서 나온 것이 아니니라. 항상 그들이…이르기를 '재앙이 너희에게 임하지 아니하리라' 하였느니라"(렘 23:16-17). 예레미야는 또한 포로로 끌려간 자들을 향해서는 곧 고향으로 돌아가게 될 것이라고 예언하는 거짓 선지자들을 믿지 말라고 경고한다(렘 29:8-9). 예레미야는 그들이 70년간 바벨론에서 포로생활을 한 뒤에야 하나님이 돌려보내실 것이라고 주장한다(렘 29:10).

예레미야는 환영받지 못할 경고를 한다는 이유로 백성에게서 박해를 받고 버림 받으며 투옥되기도 한다. "임멜의 아들 제사장 바스훌은 여호와의 성전의 총감독이라. 그가 예레미야의 이 일 예언함을 들은지라. 이에 바스훌이 선지자 예레미야를 때리고 여호와의 성전에 있는 베냐민 문 위층에 목에 씌우는 나무 고랑으로 채워 두었더니"(렘 20:1-2). 사역 후반에 예레미야는 유다의 멸망과 예루살렘 성전의 대대적인 파괴를 경고한다. 예레미야가 쓴 것으로 널리 알려진 예레미야애가는 그 사건을 바라보는 기자의 고뇌를 잘 표현하고 있다.

다수의 구약학자들은 예레미야가 얼마나 자신이 전한 메시지를 따라 살았는지 강조한다. 그는 경고의 말씀으로 인한 고통을 삶 속에서 직접 겪으며 사명과 자신을 완전히 동일시한다. 심지어 예언한 재앙이 일어나기 전부터 그러했다. J. 시들로우 백스터는 이를 아름답게 묘사한다. "모든 선지자 중에 자신의 성품을 다해 온전한 계시를 보여 준 인물이 바로 예레미야다. 당시의 비극적 상황 속에서 예레미야와 그의 메시지는 격렬히 하나가 되었기 때문이다. 그는 천성상 자신이 전해야 할 말씀과 자신의 감정을 분리할 줄 아는 단순한 전달자가 될 수 없었다. 그는 격렬한 사랑과 연민으로 자신이 전하는 메시지 안에서 고통을 느끼며 살았다. 그의 깊은 감정이 모든 장조와 단조의 화음에 울리는 소리를 냈다. 그 사람과 메시지는 하나였다."[17]

구약학 교수 F. B. 휴이는, 예레미야가 분명 현대의 기준으로 볼 때 참담한 실패자로 비칠 수 있다고 말한다. 40년간 사역하지만 사람들에게 하나님의 선지자라는 확신을 주지 못할 뿐더러 그의 경고에 귀 기울이도록 설득하지도 못하기 때문이다. 그렇지만 휴이는 인간의 기준이 아니라 순종을 요구하시는 하나님의 기준으로 예레미야를 판단해야 한다고 주장한다. 예레미야는 백성에게 분명하게 말씀을 전하라는 하나님의 명령에 순종했으니 백성이 그 말씀에 반응하지 않았다고 해서 그가 책임질 일은 아니다. 그가 지금까지 그리고 영원히 기억되는 이유는 하나님을 위해 자신을 버리고 종으로 섬겼기 때문이다. 그와 달리 당시에 강성했던 왕들은 모두 악평을 받고 있다.[18]

당시는 백성이 하나님을 잊고 등을 돌리며 이방인의 우상과 맞바꾸던 때였기에 예레미야의 메시지는 그보다 더 적절할 수 없었다. 또한 예레미야는 그들의 문화를 조목조목 비판했기에 조롱과 박해를 당한다. 하지만 백성이 주님께로 돌이키면 다시 소망과 생명을 얻을 수 있음을 알기에 그는 계속해서 하나님께 신실하게 순종한다.

예레미야의 메시지는 시간을 초월하여 오늘날에도 적합한 말씀이다. 우리 가운데 거짓 신을 섬기는 문화가 팽배해 있기 때문이다. 사회 속에서 우리 그리스도인의 가치관이 거부당하고 조롱받기 십상이지만, 그렇다고 듣지 않는 귀들을 향해 이 가치를 선포하고 땅 끝까지 복음을 전해야 하는 우리의 책임이 면제되는 것은 아니다. E. 마틴즈가 말하듯 오히려 반대로 "악이 표준이 되어 가는 세상에서 악에 맞서고…책임 없는 무한 유익을 약속하는 '값싼 은혜'를 선포하지 못하게 해야 하며…의로운 삶을 요구하시는 하나님과 모든 악에 진노하시는 하나님을 전해야 한다." F. B. 휴이는 이렇게 덧붙인다. "예레미야가… 그들의 거짓 안전과 이중적 사고와 가식적 행동과 하나님을 대신한 우상들에 대해 도전했듯, 우리 역시 회개하는 자에게 생명을 주시는 하나님의 말씀을 선포하여 죄악에 빠진 이들에게 도전해야 한다."[19] 또한 휴이는 예레미야를 반문화적으로 기이하게 살았던 구시대의 괴짜 정도로 바라볼 게 아니라 "하나님의 말씀을 선포하는 모범으로서" 반드시 본받아야 한다고 주장한다.[20]

예레미야서 전반에 걸쳐 그리스도를 가리키는 많은 메시아 예언이 나온다. 그리스도가 우리 의의 주님이 되심(렘 23:5-6, 33:16. 롬 3:22, 고전 1:30, 고후 5:21, 빌 3:9에서 성취), 왕으로 나심(렘 30:9. 눅 1:69, 요 18:37, 행 13:23, 계 1:5에서 성취), 어린아이들이 죽임을 당함(렘 31:15. 마 2:17-18에서 성취), 새로운 언약의 선포(렘 31:31-34. 마 26:27-29, 막 14:22-24, 눅 22:15-20, 고전 11:25, 히 8:8-12, 10:15-17, 12:24, 13-20에서 성취) 등이 그것이다.

더욱이 예레미야 23장에서 예수님은 하나님이 다윗 가문에서 일으키실 의로운 가지로 그 모습을 드러내시는데, 그분은 장차 왕으로 다스리시고 이땅에 정의와 공의를 행하실 것이다. 예레미야는 하나님이 단지 출애굽으로 백성을 이끄실 뿐 아니라 약속의 땅으로 다시 모아들이는 분으로 알려질 때가 올 것이라고 예언한다. 그리스도의 백성은 마침내 그분을 메시아로 인정하고 유다에 구원을 주시는 이로 맞아들일 것이다(렘 23:6, 롬 11:26). 또한 앞에서 보았듯 예레미야는 하나님이 이스라엘의 집에 주실 새 언약을 선포하면서, 주님이 이전에 아브라함과 모세와 다윗과 이스라엘 백성과 세우신 언약을 성취하시고, 그분의 율법을 그들 안에 부어 마음에 새기실 것을 약속한다. "내가 그들의 악행을 사하고 다시는 그 죄를 기억하지 아니하리라"(렘 31:34).

예레미야는 그리스도를 생수의 근원(렘 2:13), 위대한 의사(렘 8:22), 선한 목자(렘 31:10, 23:4), 다윗 왕(렘 30:9), 우리의 구원자(렘 50:34), 의로운 가지(렘 23:5), 여호와 우리의 공의(렘 23:6)로 그린다.[21] 아울러 예레미야는 자신이 겪은 고통을 통해 예수님의 고난을 예표한다. 필립 라이큰은 이렇게 쓰고 있다. "예수 그리스도는 정확히 예레미야처럼 고난을 당하셨다. 그분은 육체적으로…국가적으로…사회적으로…고통을 당하셨다."[22] 그리스도와 느헤미야처럼 예레미야도 예루살렘을 보며 울고(렘 9:1, 느 1:4, 눅 19:41), 그리스도처럼 성전이 파괴될 일을 예언한다(렘 7:11-15, 마 24:1-2).[23]

게다가 예레미야는 우리 자신을 믿거나 자랑하지 말고 오직 여호와를 아는 지식을 자랑하라는 권고로 복음을 드러낸다. "여호와께서 이와 같이 말씀하시되 '지혜로운 자는 그의 지혜를 자랑하지 말라. 용사는 그의 용맹을 자랑하지 말라. 부자는 그의 부함을 자랑하지 말라. 자랑하는 자는 이것으로 자랑할지니 곧 명철하여 나를 아는 것과 나 여호와는 사랑과 정의와 공의를 땅에 행하는 자인 줄 깨닫는 것이라. 나는 이 일을 기뻐하노라. 여호와의 말씀이니라'"(렘 9:23-24).

이 구절은 인간이 스스로를 구원할 수 없고 하나님을 의지해야 하며 모든 복과 선물이 하나님에게서 온다는 말씀을 떠올리게 한다. 바울이 에베소 교회에게 당부했던 말도 생각난다. "너희는 그 은혜에 의하여 믿음으로 말미암아 구원을 받았으니 이것은 너희에게서 난 것이 아니요 하나님의 선물이라. 행위에서 난 것이 아니니 이는 누구든지 자랑하지 못하게 함이라"(엡 2:8-9). 바울은 예레미야의 권고를 두 번이나 인용한다. "기록된 바 자랑하는 자는 주 안에서 자랑하라"(고전

1:31, 고후 10:17). 예레미야의 이 구절을 17장 7절 "무릇 여호와를 의지하며 여호와를 의뢰하는 그 사람은 복을 받을 것이라"와 함께 읽으면 너무나 명료한 복음의 메시지가 된다.

예레미야는 그리스도를 떠난 인간의 무력함을 또 다른 관점으로 제시한다고 필립 라이큰은 말한다. 예레미야는 백성에게 이렇게 묻는다. "네가 얼마나 오랜 후에야 정결하게 되겠느냐"(렘 13:27). 라이큰은 이렇게 쓴다. "인간이 스스로 깨끗하게 할 수 있다고 주장하는 한 결코 정결하지 못할 것이라는 게 정답이다. 자기 스스로 삶을 개혁하려 애쓰는 한 계속 더러운 상태로 남는다. 죄인이 자신의 악한 성품을 바꾸기 위해 할 수 있는 일이라고는 전혀 없다. 예레미야의 이 유명한 구절에서 말하는 바는 우리가 죄에 온통 물든 죄인이라는 사실이다. '구스인이 그의 피부를, 표범이 그의 반점을 변하게 할 수 있느냐'(렘 13:23)."[24]

마지막으로 유익한 사실은 예수님의 주변 사람들이 예수님과 예레미야를 연관 지어 말한다는 점이다. 예수님이 제자들에게 물으시는 장면을 예로 들 수 있다. "'사람들이 인자를 누구라 하느냐' 이르되 '더러는 세례 요한, 더러는 엘리야, 어떤 이는 예레미야나 선지자 중의 하나라 하나이다'"(마 16:13-14). 그다지 놀라운 반응은 아니다. 앞에서 보았듯 예레미야도 예루살렘을 보며 울고, 죄악을 직설적으로 고발한다는 이유로 거부를 당하며, 백성의 고통을 마음 깊이 느끼기 때문이다. 게다가 그리스도가 나사렛에서 사람들에게 배척당하시듯 예레미야는 고향 아나돗 사람들에게 배척당한다(렘 12:6).[25] 심지어 자신을 도살장에 끌려가는 어린 양에 비교하기도 한다(렘 11:19).[26]

유대 전승에서는 예레미야가 예레미야애가까지 기록했다고 보는데[27] 예레미야서의 후속서 역할을 하기 때문이다.[28] 예레미야서가 예루살렘이 바벨론에게 무너질 것에 대한 예언이라면, 예레미야애가는 예루살렘이 정복당한 후 예레미야가 부르는 애도의 노래다.[29] 트렘퍼 롱맨은 예레미야가 깊이 고뇌한 후에 "예루살렘의 대학살 이면에 궁극적으로 바벨론이라는 전쟁 기계의 힘이 아니라 바로 하나님이 계시다는 사실을 깨닫는다."[30] 욥기나 시편 등의 구약성경에서는 기자 개인이 느끼는 고통을 살짝 보여 주는 정도라면, 예레미야애가에서는 국가 전체 상황에 대한 예레미야의 비탄이 고스란히 드러난다.[31] 그런 면에서 예레미야는 그리스도처럼 타인에 대한 이기심 없는 마음을 보여 준다.

『법정에서 만난 예수』에서 논의했듯, 예레미야애가의 구조는 그 메시지와 일치한다. 시의 형태는 알파벳을 이용한 아크로스틱 방식, 즉 히브리어 알파벳 22개 글자를 차례로 가져와 시의 각 행이나 연의 첫 자로 사용하는 방식이다.[32] 다른 언어로 번역하면 똑같은 형태로 나타나지 않지만 본래의 구성은 매우 아름답다. 예레미야애가는 다섯 장으로 이루어져 있는데, 각 장별로 3연 씩 22행(절)으로 구성된다. 이 구조는 점점 복잡해져서 3장에 이르면 최고로 복잡한 구성이 된다. 앞서와 달리 연의 첫 번째 행이 아닌 3개의 행 모두가 동일한 히브리어 알파벳으로 시작하고 66행(절)으로 이루어져 있다. 예레미야애가의 마지막 두 장에서는 복잡성이 차츰 완화한다. 5장은 22행으로 되어 있지만 아크로스틱 방식을 따르지 않는다. 이런 형식에 맞추어 책의 주제도 처음부터 강렬해지다가 3장에 해당하는 중반에서 최고조에 이른 다음 강도가 점차 약해진다. 예레미야애가 3장 18절에서 예레미야는 고뇌와 절망으로 자기 한계에 다다랐을 때("나의 힘과 여호와께 대한 내 소망이 끊어졌다 하였도다") 하나님의 변치 않는 신실하심을 떠올린다. 그런 다음 이렇게 선포한다. "여호와의 인자와 긍휼이 무궁하시므로 우리가 진멸되지 아니함이니이다"(애 3:22). "여호와는 나의 기업이시니 그러므로 내가 그를 바라리라"(애 3:24).

예레미야애가도 지금까지 다룬 다른 책들과 마찬가지 내용을 전하고 있다. 즉 구약의 역사 전반을 통해 하나님은 그분이 행하신 바를 백성이 기억하기 원하시며, 이를 기억하는 행위에 관한 성경의 많은 이야기들이 놀라운 통일성을 보인다는 것이다. 마찬가지로 예레미야는 하나님의 자애로운 사랑을 회상하는데, 여기서 하나님이 하신 특정한 말씀을 언급하진 않는다. 하나님을 기억하는 바로 그 순간, 예레미야는 즉시 깊은 절망에서 빠져나와 거대한 소망으로 옮겨 간다. 예레미야의 궁극적인 소망은 하나님이 구원하실 거라는 그의 믿음에 근거한다(애 3:26).

예레미야애가의 주요 주제는 남왕국 유다 백성의 죄에 대한 하나님의 심판이다(하나님의 긍휼하심을 통해 확인하는 소망도 이 책에 담긴 또 하나의 주제라 할 수 있다). 기자는 이 주제들을 강조하기 위해 하나님과 그분의 심판이 주권적임을 반복하여 언급한다. 하나님의 완전한 거룩하심으로 인해 유다의 죄는 결국 (선지자들이 예언한 파괴적인 사건들 속에서) 징계를 받아야 한다. 하나님은 북왕국 이스라엘을 심판하시기 위해 악한 앗수르 왕국을 사용하셨듯, 남왕국 유다를 벌하시기 위해 바벨론을 사용하실 것이다.[33]

하나님이 백성을 징계하겠다고 약속하신 후에 결코 마음을 누그러뜨리지 않은 사실에 주목하라. 하지만 예레미야는 하나님의 신실하심을 기억하고, 또 그분이 결국에는 자기 백성을 버리지 않으신다는 사실을 확신하면서 마음이 살아난다. 내가 사랑하는 도시와 국가의 멸망을 받아들이려면 얼마나 깊은 믿음이 필요할지 상상해 보라. 내 민족이 죄에 상응하는 최후를 맞이한다는 사실을 받아들이려면 마음과 감정과 영혼의 정직함이 필요하지 않겠는가? 여기서 하나님의 공평하심에 의문을 제기할 수는 없다. 유다 백성도 북왕국 이스라엘이 죄악 때문에 파멸했음을 진즉에 알고 있기 때문이다. 특별한 믿음을 소유한 예레미야는 비록 유다가 끔찍한 심판을 받지만 하나님의 약속은 여전히 유효하다는 점을 알고 있다. 장차 하나님이 자기 백성을 구원하실 것이다. 윌리엄 라소르가 말한 것처럼 예레미야의 믿음이 백성에게 영감을 주었음은 의심할 여지가 없다. "그의 강력한 믿음은 이후 세대의 유대인에게 용기를 주었다. 재앙 속에서 소망을 찾고 다른 이에게도 동일한 소망을 주기 위해서는 하나님을 아는 깊은 지식이 필요하다."[34]

예레미야가 그리스도의 모형인 이유는 단순히 그가 슬픔의 사람이거나(애 1:12, 3:19) 원수에게 조롱과 멸시를 받기(애 2:15, 16, 3:14, 30) 때문만이 아니라[35] 그가 전한 소망의 메시지가 그리스도와 그분의 구속 사역을 가리키기 때문이다. 그리스도는 주님께 구원의 소망을 두는 자들을 구속하시고 그날에 그들의 모든 눈물을 닦아 주실 것이다(계 7:17, 21:4). 실제로 많은 주석가들이 예레미야애가 1장 12절을 예수님의 십자가 고난을 보여 주는 예표로 인용한다. "지나가는 모든 사람들이여 너희에게는 관계가 없는가. 나의 고통과 같은 고통이 있는가. 볼지어다, 여호와께서 그의 진노하신 날에 나를 괴롭게 하신 것이로다." 그리고 예레미야가 소망을 두며 부르짖을 대상이 예수님 말고 누가 있겠는가? "여호와는 나의 기업이시니 그러므로 내가 그를 바라리라"(애 3:24).

하박국

욥과 마찬가지로 하박국은 하나님이 하신 일에 직접 의문을 던지는 다소 철학적인 책을 쓴다. 그는 하나님이 유다를 징계하시려는 거룩한 뜻을 실현하기 위해 바벨론과 같이 사악한 제국을 들어쓰신다는 사실에 특히 고통스러워한다. 그는 오늘날에도 여전히 많은 이들이 고민하는 난제를 꺼내 든다. 의로운 자가 악인의 손에 고통을 당하는 반면에 왜 악인은 흥왕하고 벌을 받지 않는가? 왜 때로 하나님은 공의를 실현해 달라는 우리의 외침을 묵살하시는 듯 보이는가? "여호와여 내가 부르짖어도 주께서 듣지 아니하시니 어느 때까지리이까…어찌하여 내게 죄악을 보게 하시며 패역을 눈으로 보게 하시나이까. 겁탈과 강포가 내 앞에 있고 변론과 분쟁이 일어났나이다. 이러므로 율법이 해이하고 정의가 전혀 시행되지 못하오니 이는 악인이 의인을 에워쌌으므로 정의가 굽게 행하여짐이니이다"(합 1:2-4).

하나님은 특별한 목적을 위해 "사납고 성급한" 바벨론 사람들, 즉 "자기들의 힘을 자기들의 신으로 삼는…범죄[자들]"(합 1:6-7, 11)을 일으킬 것이라고 답하신다. 하박국은 왜 하나님이 그분의 일을 하시면서 악한 바벨론 사람들을 사용하시는지 계속해서 묻는다. "여호와여, 주께서 심판하기 위하여 그들을 두셨나이다. 반석이시여, 주께서 경계하기 위하여 그들을 세우셨나이다. 주께서는 눈이 정결하시므로 악을 차마 보지 못하시며 패역을 차마 보지 못하시거늘 어찌하여 거짓된 자들을 방관하시며 악인이 자기보다 의로운 사람을 삼키는데도 잠잠하시나이까"(합 1:12-13).

하나님은 욥에게 그러하셨듯 직접적인 답은 하지 않으시지만 한 가지 사실은 그분의 대답 속에 어렴풋이 드러난다. 하나님은 당신이 정하신 때에 심판과 공의를 행하신다는 것을 백성들이 반드시 믿어야 한다고 하박국에게 말씀하신다. 장차 사악한 나라들을 벌하실 테지만, 그동안 의로운 자는 완전한 공의의 하나님을 알고 믿으며 인내해야 한다는 것이다. "이 묵시는 정한 때가 있나니…비록 더딜지라도 기다리라. 지체되지 않고 반드시 응하리라.…의인은 그의 믿음으로 말미암아 살리라.…자기 집을 위하여 부당한 이익을 취하는 자에게 화 있을진저…피로 성읍을 건설하며 불의로 성을 건축하는 자에게 화 있을진저…이는 물이 바다를 덮음같이 여호와의 영광을 인정하는 것이 세상에 가득함이니라.…여호와의 오른손의 잔이 네게로 돌아올 것이라. 더러운 욕이 네 영광을 가리리라"(합 2:3-4, 9, 12, 14, 16).

하박국의 반응을 보면, 그가 하나님의 말씀을 온전히 이해할 뿐 아니라 진정으로 하나님을 경외하고 하나님이 공의를 행하실 것을 깊이 신뢰하게 되었음을 알 수 있다. "내가 들었으므로 내 창자가 흔들렸고…내 입술이 떨렸도다. 무리가 우리를 치러 올라오는 환난 날을 내가 기다리므로"(합 3:16). 하박국은 하나님에 대한 그의 새로워진 믿음을 확인하며 글을 마무리한다. 하나님의 공의에 대한 즉각적인 증거도 안 보이고 현재의 상황은 두렵기만 하고, "비록 무화과나무가 무성하지 못하며 포도나무에 열매가 없으며 감람나무에 소출이 없으며 밭에 먹을 것이 없으며 우리에 양이 없으며 외양간에 소가 없을지라도"(합 3:17) 하박국은 이렇게 고백한다. "나는 여호와로 말미암아 즐거워하며 나의 구원의 하나님으로 말미암아 기뻐하리로다"(합 3:18).

우리의 질문에 답하지 않으시는 하나님과, 우리가 기대하지 않거나 듣기 싫어하는 답을 주시는 하나님을 구분하는 것이 중요하다. 이 경우에 하나님은 하박국의 질문에 답해 주신다. 그렇더라도 하나님의 답변은, 욥의 경우와 마찬가지로, 유한한 인간이 하나님의 모든 길을 이해하지 못한다는 사실을 드러낸다. 하나님과 이야기를 나누던 하박국은 결국 우리가 하나님의 모든 행하심을 일일이 이해하는 것이 전혀 중요하지 않음을 깨닫는다. 무엇보다 중요한 것은 우리가 그분을 알게 되는 것이다. 하박국에게 일어난 일도 바로 그러한 깨달음이었다. 욥이 그러했듯 말이다.

하박국에게 주신 하나님의 응답 안에 이 책의 중심 메시지인 그리스도가 담겨 있다. 때로 주변에서 일어나는 일들이 우리 눈에 불의하게 보일 때가 있음을 하나님은 인정하신다. 하지만 하나님은 모든 것에 능하시고 모든 것을 아시고 완전히 공의로우시며 그분의 때에 모든 것을 바로잡으신다. 하나님과 보조를 맞추고 싶다면 그분의 공평하심을 반드시 신뢰해야 한다. 단순히 그분이 행하시는 공의를 믿는 게 아니라 그분 자체를 믿어야 한다. 그 믿음이야말로 영생으로 가는 길이며 분명 성경의 중심 주제다. 믿음은 장래에 있을 하나님의 심판을 기다리면서 참고 인내하게 하는 약속일 뿐 아니라 예수님 안에서 생명을 얻는 열쇠다. 신약에서 더욱 선명하고 구체적으로 드러나는 계시는 바로 예수 그리스도에 대한 믿음이다. G. 캠벨 모건은 이렇게 단언한다. "[의인은 믿음으로 살리라는] 그것이 예언의 중심 계시다. '자만'과

'공의'는 매우 대조적이다. 전자는 정직하지 않기에 정죄를 받지만, 후자는 믿음으로 행하기 때문에 생명을 얻는다. 전자는 자기중심적이므로 파멸하지만, 후자는 하나님 중심이므로 영원하다."[36]

스코틀랜드의 신학자 알렉산더 화이트는 "의인은 믿음으로 살리라"는 구절이 어떻게 구심점 역할을 하는지 확증하며 이렇게 쓰고 있다.

> 그리스도가 예루살렘의 문과 성벽과 기둥 앞에 서시기 600여 년 전에 하박국이 쓴 글은 오늘날 모든 하나님 백성의 마음에 성령이 새기시는 하나님의 말씀과 동일하다. 즉 "믿음으로 말미암아 의를 얻고 하나님과 화평을 누린다", "믿음을 통해 은혜로 구원을 얻는다", "의인은 믿음으로 산다"는 말씀이다. 의인이 사는 것은 하나님의 모든 말씀이 성취되었기 때문이 아니다. 의인의 기도와 기대가 완전히 응답받았기 때문도 아니다. 악한 원수에게서 그의 영혼이 완전히 벗어났기 때문도 아니고, 하나님이 갈대아인을 온전히 쓸어내셨기 때문도 아니다. 의인이 모든 문제들 속에서도 영원에 이르기까지 사는 것은 하나님에 대한 확고한 믿음 때문이고, 그의 장래가 모두 하나님의 손에 달려 있기 때문이다. 그러므로 우리가 어떤 압제와 박해를 당하든, 우리의 기도가 무엇이든, 우리가 간절히 바라는 것이 무엇이든 예전이나 지금이나 변함없는 답은 바로 믿음, 믿음, 오직 믿음이다. 하나님 안에서 안식하며 그분을 신뢰하라.[37]

스코틀랜드의 뛰어난 신학자 토마스 보스턴의 책을 한 번 더 인용하겠다. "인간의 영혼이 갈망하는 바를 만족시킬 수 있는 것은 무한한 선善 외엔 없다. 그런데 여기를 보라. 하박국처럼 우리는 그리스도 안에서 다른 모든 위안이 줄 수 없는 기쁨과 능력의 근원을 발견한다. 어머니의 젖만이 배고픈 아기를 만족시키듯 우리 영혼을 제대로 채워 줄 이는 오직 그리스도시다. '내가 주는 물을 마시는 자는 영원히 목마르지 아니하리니 내가 주는 물은 그 속에서 영생하도록 솟아나는 샘물이 되리라'(요 4:14)".[38]

하박국에 나온 메시아 예언에 관해서는 학자들이 2장 14절을 예로 인용한다. "이는 물이 바다를 덮음같이 여호와의 영광을 인정하는 것이 세상에 가득함이니라." 이 말씀은 특히 이사야 11장 9절 "이는 물이 바다를 덮음같이 여호와를 아는 지식이 세상에 충만할 것임이니라"와 시편 72편 19절 "그 영화로운 이름을 영원히 찬송할지어다. 온 땅에 그의 영광이 충만할지어다"와 매우 유사하다. 민수기 14장 21절과 이사야 6장 3절에도 비슷한 내용이 나온다. 일부 구절은 온 땅이 그리스도를 아는 지식으로 가득 찰 것을 기뻐하는 반면, 하박국 등 다른 구절에서는 하나님의 영광을 인정하는 지식이 충만할 것을 기대한다. 서로 분명한 연관성이 있다. 사람들이 하나님에 대한 지식을 얻으면 필시 그분의 영광도 알게 된다. 진실로 그분을 아는 것이 그분의 영광을 아는 것이기 때문이다. 이 예언(약속)은 그리스도가 다시 오셔서 그분의 나라를 다스리실 때 주님을 아는 지식이 온 세상에 편만하게 되리라는 의미다.[39]

예레미야는 새 언약이 드러나면 이 지식이 더욱 널리 퍼진다고 설명한다. "나는 그들의 하나님이 되고 그들은 내 백성이 될 것이라.…그들이 다시는 각기 이웃과 형제를 가리켜 이르기를 '너는 여호와를 알라' 하지 아니하리니 이는 작은 자로부터 큰 자까지 다 나를 알기 때문이라. 내가 그들의 악행을 사하고 다시는 그 죄를 기억하지 아니하리라"(렘 31:33-34). 하나님을 아는 지식이 참으로 보편적으로 널리 퍼지게 될 것이므로 백성에게 하나님을 알라고 말할 필요가 없게 된다. 그와 더불어 그분을 "아는"(믿는) 모든 자들의 죄 사함도 널리 알려질 것이다.

마크 데버는 3장 후반에서 하박국이 하나님께 기도하며 묵상한 후 그분 안에서 큰 만족을 얻게 되었다고 말한다.[40] 우리는 하나님 안에 거할수록 더욱 만족을 얻는다. 하박국이 자각하지 못한다 하더라도 욥과 마찬가지로 그가 정말로 원하는 것은 자신을 번민에 빠지게 만든 질문에 대한 하나님의 답변이 아니라 바로 하나님 그분이다. 성 아우구스티누스는 『참회록』에서 이렇게 쓰고 있다. "주님은 찬양 가운데 기뻐하도록 우리의 마음을 흔들어 놓으셨습니다. 우리는 주님을 위해 창조되었으므로 주님 안에서 쉬기까지 결코 안식할 수 없습니다."[41] R. C. 스프라울은 이 말씀을 더욱 강조한다. "하박국처럼 우리는 하나님의 임재 안에서 그분의 주권 하에 그 영광을 위해 살도록 부르심 받았다."[42] 그리스도인에게 그리스도를 안다는 건 바로 하나님을 아는 것이다. 앞에서 보았듯 그리스도는 "하나님의 영광의 광채시요 그 본체의 형상"(히 1:3)이시기 때문이다. 그분은 "하나님의 형상"이시다(고후 4:4).

그리스도를 가리키는 또 다른 구절은 위에서 인용했던 하박국 2장 4절이다. "의인은 그의 믿음으로 말미암아 살리라." 신약의 기자들도 이신칭의 교리를 재차 확인하기 위해 이 구절을 여러 번 인용한다(롬 1:17, 갈 3:11, 히 10:38).[43] 우리는 믿음으로 영생을 얻을 뿐 아니라 그리스도인으로 살아갈 수 있다. 이것이 성화의 과정이고 거룩함으로 가는 길이다.

그런 뒤 하박국은 신약의 메시지를 미리 맛보여 준다. 즉 하나님의 임재 가운데 사는 삶을 장래에 영원히 누릴 뿐 아니라 믿음을 통해 지금도 누릴 수 있다는 메시지다. 엘리자베스 악트마이어는 하나님이 친히 하박국에게 생명을 얻을 지식을 주셨고, 덕분에 그는 험난하고 악한 현실에서도 기쁨과 확신을 얻게 되었다고 말한다. 내세에 대한 믿음과 하나님에 대한 신뢰가 있을 때, 우리는 불가능한 상황에서도 만족할 수 있다. 바울이 쓴 것처럼 말이다. "주 안에서 항상 기뻐하라. 내가 다시 말하노니 기뻐하라.…아무것도 염려하지 말고…하나님께 아뢰라.…어떠한 형편에든지 나는 자족하기를 배웠노니"(빌 4:4, 6, 11). 악트마이어는 이렇게 이야기한다. "하나님이 하박국에게 말씀하신다. 이렇게 신실함을 지키고 있으면 하나님의 때와 장소에서 풍성한 삶을 누릴 수 있다고 말이다. 그것이 하박국이 동시대 사람들과 우리에게 전하려는 말씀이며, 또한 세상을 위한 하나님의 목적이 드러나는 시기와 그것이 최후 현실이 되는 시기 '사이에서' 살아 가야 한다는 걸 깨닫는 모든 신실한 사람에게 주는 말씀이다. 지난 2,500년간 이스라엘과 교회의 수많은 신실한 사람들이 경험한 것이 바로 말씀에 진실하신 하나님이다."[44]

하박국은 하나님께 우리의 믿음을 두는 것이 참으로 중요하다고 강조한다. 이 책의 마지막 16장에서 살펴볼 다니엘은 감당하기 힘든 현실에 맞서는 믿음의 놀라운 능력을 잘 보여 준다. 이제 나머지 선지서에서 우리 믿음의 대상이자 중심되신 예수 그리스도가 어떻게 드러나시는지 살펴보자.

16
다니엘에서 말라기까지

윌리엄 틴데일은 여러 이웃과 사제들과의 대화중에 이렇게 말했다. "성경은 우리의 최종 목표인 그리스도께 다다를 때까지 다른 길로 빠지지 않고 곧장 따라가야 할 실마리clue입니다." 그러자 한 사제가 소리쳤다. "단언컨대 성경은 아리아드네의 실뭉치clue라기보다는 다이달로스의 미로요, 제각기 자기 원하는 것만 찾아 내는 마법의 책이지요." 이에 틴데일이 대답했다. "아뿔싸! 당신들은 예수 그리스도 없이 성경을 읽었구려. 그러니 그토록 헤맸던 거요." 게리 H. 에버렛[1]

다니엘

다니엘은 주전 605년 무렵 바벨론에 의해 맨 처음 끌려간 사람들 중 하나다. 비록 바벨론의 느부갓네살 왕을 섬기는 자로 발탁되지만, 그는 끝까지 하나님께 충성하는 자로 남도록 자기 백성을 독려한다. 비판적인 학자들은 주전 2세기 무렵에 무명의 작가 혹은 "실제 사건이 일어난 후에 여러 예언을" 기록한 사람들이 주전 600년에 살았던 다니엘의 이름을 빌어서 쓴 책이 다니엘서라 주장하기도 한다.[2] 이런 비판적 입장에서는 이렇듯 대충 끼워 맞춘 설명이라도 없으면 놀라우리만치 정확한 다니엘의 예언이 하나님의 영감에서 비롯되었음을 부인하기가 쉽지 않을 법도 하다. 보수학자들은 다니엘서가 다니엘의 바벨론 포로 기간에 기록되었다는 점에 대해 유대인과 기독교 전승에 부합하는 강력한 근거를 내놓는다.

이렇듯 놀라운 예언의 저장고인 다니엘서는 여러 다른 예언서들을 그 위에 세우는 기초가 된다. 예를 들어 요한계시록을 보면 요한은 마치 독자들이 다니엘의 예언에 친숙한 듯 글을 쓰고 있는데, 다니엘서는 요한이 제시하는 여러 예언에서 배경 역할을 한다. 워렌 위어스비는 이렇게 말한다. "구약에서 다니엘서는 신약에서 요한계시록이 하는 일을 담당한다. 실제로 전자 없이 후자를 온전히 이해할 수 없다. 예언적으로 볼 때 다니엘은 '이방인의 때'(참조 눅 21:24)를 다루는데 이는 주전 606년 예루살렘 함락에서 시작되어 장차 그리스도가 재림하여 이방 나라들을 심판하고 그의 왕국을 세우실 때에 끝난다."[3]

다니엘서는 시험과 고난의 기간에 어떻게 믿음을 지켜야 하는지를 실제 예로 보여 준다. 다니엘은 곤경에 처해도 하나님이 구해 주실 것을 굳게 신뢰한다. 정말로 하나님은 세상의 권세 앞에 무릎 꿇기를 거부했다는 이유로 다니엘과 그의 친구들을 죽이려는 적대 세력으로부터 그들을 보호하심으로 그들의 신실함에 풍성하게 보상하신다. 다니엘의 믿음은 그리스도인이 시대를 초월하여 반드시 따라야 할 본보기다. 래리 리처즈는 이렇게 주장한다. "다니엘의 의는 포로생활을 하는 이들에게 상황에 구애받지 않고 하나님을 위해 사는 길을 보여 줌으로 마치 봉화처럼 우뚝 서 있다."[4] 다니엘은 오늘날의 그리스도인에게도 특별한 영감을 주는 본보기로 남아 있다.

다니엘서의 주제는 하나님만이 역사와 인간사를 다스리는 주권자시라는 것이다.[5] 존 월부어드에 따르면, 이 책의 부제는 "하나님이 사랑 많고 전지 전능하며 의롭고 자비로우시다는 것이다. 그분은 이스라엘의 하나님이지만 또한 이방인의 하나님이기도 하시다."[6] 하나님은 물질 세계의 정사와 권세를 다스리시는 분이다. "그는 때와 계절을 바꾸시며 왕들을 폐하시고 왕들을 세우시며 지혜자에게 지혜를 주시고 총명한 자에게 지식을 주[신다]"(단 2:21).

하나님은 영원하시다. 이와 대조적으로 인류 역사의 모든 권력자들, 즉 도시를 건설하고 사회를 개혁하고 주변 나라를 쑥대밭이 되게 한 군대를 만든 사람들은 눈 깜짝할 사이에 사라져 간다. 결국 찬송가 작사가 아이작 왓츠의 노랫말이 상기시켜 주듯 "끝없는 강물이 모든 것을 안고 흘러가듯 사라지는 시간"이다(찬송가 71장, "예부터 도움 되시고").[7] 이 말씀은 그리스도인, 그중에서도 특히 성공하고 힘 있는 사람들에게 적용된다. 역사를 주관하시는 하나님을 기억하는 한 성공은 멋진 것이다. 마크 데버는 이렇게 주장한다. "사람을 세우고 낮추시는 이는 하나님이시다. 그 점을 잊지 말라. 권세와 힘 있는 자리에 있는 그리스도인이라면 그 권세와 힘에 이용당하지 않도록 조심해야 한다. 내게서 온 것이 아니기에 지킬 수 없고, 그것을 어떻게 사용하는가에 따라 책임을 지게 될 것이다."[8]

바벨론에 포로로 잡혀 온 유대인들은 하나님이 주관하신다는 말씀을 다시금 확인받아야 했다. 약속의 땅과 다윗 왕국에 관해 이스라엘에게 주신 하나님의 영원한 언약이 과연 아직도 유효하게 작동하는지 자연스레 의문이 드는 상황이기 때문이다. 다시 돌아갈 수 있다는 소망도 없이 얼결에 고향을 떠나온 그들이다. 다니엘의 놀라운 예언은 그들의 의문에 명백한 답을 제공한다. 즉 유대인들이 장차 고향 땅으로 돌아가 그리스도가 재림하시기 전까지 (완전하지는 않지만) 그 땅을 차지할 것이라는 말씀이다.

포로가 된 유대인들은 분명 마음이 착잡했을 것이다. 한편으로 그들은 나라가 정복 당하여 포로 신세가 되고 성전이 파괴되는 것을 보았기에 하나님이 패배하셨다고 마음속으로 결론내렸을 수 있다. C. 하셀 블록은 그 사실만으로도 그들은 충분히 "불가지론으로 돌아서고 회의주의에 빠져 의심할 수 있었다"[9]고 말한다. 그러나 다른 한편으로 보면, 역사는 정확히 하나님이 선지자들을 통해 말씀하신 대로 흘러갔다. 바벨론은 유다를 철저히 짓밟고 백성을 포로로 끌어갔지만, 그들도 이후에는 메대-바사에게 정복당하고 만다. 마치 천국의 장기판 위에서 졸의 신세가 된 듯하다.

다니엘이 기록한 대로, 하나님의 주권적인 다스림은 역사 속의 수많은 개입하심을 통해 재차 확인된다. 초자연적인 꿈 해몽, 뜨거운 풀무불에서 다니엘의 친구들을 보호하신 일, 다니엘을 사자굴에서 건져내신 일, 다니엘의 예언적 환상 등이 그것이다. 게다가 벨사살 왕궁 벽에 손이 나타나 글을 쓴 놀라운 일도 일어난다. 그 일은 왕과 귀족들과 왕후들과 후궁들이 함께 모여 아버지 느부갓네살 왕이 하나님의 성전에서 약탈한 금은 그릇으로 포도주를 마시며 하나님을 모욕하던 중에 일어난다. 이 무시무시한 사건은 벨사살 왕이 메대의 다리오 왕의 손에 죽임을 당하고 바벨론 왕국이 멸망할 것을 예언하는데, 바로

그날 밤 예언은 현실이 된다(단 5:1-30).[10]

하나님은 다니엘을 통해 포로된 백성을 보호하시는 주권적 능력을 보여 주심으로, 그분이 자기 백성을 버리지 않고 여전히 보호하시며 세상 권세자들에게 공의를 행하시고 지금도 백성을 위한 계획이 실행 중임을 확인시켜 주신다. 존 맥아더는 이렇게 이야기한다. "다니엘서는 이방인이 세상의 권세를 쥔 시기뿐 아니라 그 이후에도 여전히 유대인을 위한 하나님의 계획이 실행 중임을 계시함으로 포로 신세인 그들을 위로하고자 기록되었다. 이 책에서 가장 명확하게 드러나는 주제는 모든 권세자들과 열방의 일을 섭리하시는 하나님의 주권, 그리고 마지막 날에 오실 진정한 왕이다."[11]

흥미롭게도 역사적 도입부가 되는 1장을 제외하고 다니엘서의 전반부(2-7장)는 아람어로 기록되어 있고 후반부(8-12장)는 히브리어로 기록되어 있는데, 이는 우연한 일은 아닌 듯하다. 다니엘서의 전반부는 대부분 이방 나라들과 관련된 예언적 역사이고, 후반부는 유대인과 관련된 예언적 역사이기 때문이다.[12] J. 시들로우 백스터는 두 가지 언어가 사용되었다는 점은 이 책의 기록 연대가 오래되었음을 보여준다고 설득력 있는 주장을 편다. 그는 다니엘 시대 이전의 유대인들은 아람어를 이해하지 못했고(참조 왕하 18:26), 이후 시대에는 히브리어를 잘 이해하지 못했다고(참조 느 8:8) 설명한다. 그렇지만 다니엘 시대에는 사람들이 두 언어를 모두 이해하고 있었다. 따라서 백스터는 다니엘을 사칭한 자가 실제 사건이 일어난 400년 후에 사람들이 이해하지도 못하는 글로 나머지 절반을 기록했겠느냐고 반문한다. 혹 그 사람이 장래를 위해 히브리어를 보존하기 원한 것이라면 왜 또 다른 절반은 당시 사람들의 상용어로 기록했겠는가?[13]

다니엘서에는 수많은 메시아 예언이 있다. 재림 때에 이 세상 왕국들을 모두 부숴 버릴 "사람의 손으로 깎지 않은" 돌이 그리스도시다(단 2:34-35, 44. 눅 1:33, 고전 15:24, 벧후 1:11, 계 11:15에서 성취). 또한 "그에게 권세와 영광과 나라를 주고 모든 백성과 나라들과 다른 언어를 말하는 모든 자들이 그를 섬기게 하였으니, 그의 권세는 소멸되지 아니하는 영원한 권세요 그의 나라는 멸망하지 아니할 것[이다]"(단 7:13-14. 마 26:27-29, 막 14:22-24, 눅 22:15-20, 고전 11:25, 히 8:8-12, 10:15-17, 12:24, 13:20에서 성취). 더 나아가 "그의 나라는 영원한 나라이라 모든 권세 있는 자들이 다 그를 섬기며 복종[할 것이다]"(단 7:27. 눅 1:33, 고전 15:24, 계 11:15, 20:4, 22:5에서 성취).

모든 메시아 예언, 아니 성경의 전체 예언 가운데 가장 놀라운 것은 그리스도가 예루살렘에 승리의 입성을 하실 정확한 날을 언급하는 다니엘의 예언이다. 이 예언은 보기보다 훨씬 특별한 말씀이다.

"네 백성과 네 거룩한 성을 위하여 일흔 '이레'를 기한으로 정하였나니 허물이 그치며 죄가 끝나며 죄악이 용서되며 영원한 의가 드러나며 환상과 예언이 응하며 또 지극히 거룩한 이가 기름 부음을 받으리라. 그러므로 너는 깨달아 알지니라. 예루살렘을 중건하라는 영이 날 때부터 기름 부음을 받은 자 곧 왕이 일어나기까지 일곱 '이레'와 예순두 '이레'가 지날 것이요 그 곤란한 동안에 성이 중건되어 광장과 거리가 세워질 것이며 예순두 '이레' 후에 기름 부음을 받은 자가 끊어져 없어질 것이며 장차 한 왕의 백성이 와서 그 성읍과 성소를 무너뜨리려니와 그의 마지막은 홍수에 휩쓸림 같을 것이며 또 끝까지 전쟁이 있으리니 황폐할 것이 작정되었느니라. 그가 장차 많은 사람들과 더불어 한 '이레' 동안의 언약을 굳게 맺고 그가 그 이레의 절반에 제사와 예물을 금지할 것이며 또 포악하여 가증한 것이 날개를 의지하여 설 것이며 또 이미 정한 종말까지 진노가 황폐하게 하는 자에게 쏟아지리라 하였느니라 하니라"(단 9:24-27).

7년을 일주일로 말하는 것이 당시의 관습이었으므로(성경의 다른 예는 창 29:26-27)[14] 이 예언에서 "일흔 이레"라는 것은 70번의 7년, 즉 총 490년을 의미한다. 따라서 보수학자들은 이 예언이 490년 동안(전체가 지속된 연수는 아니더라도) 이스라엘 나라와 그들의 땅을 어떻게 다루실지에 대한 하나님의 계획을 설명하고 있다고 해석한다. 490년이 지나면 "영원한 의가 드러나리라"는 말씀은 그리스도의 재림 때 메시아 왕국을 세우겠다는 의미다. 다윗 언약과 그 밖의 여러 언약이 예수 그리스도에 의해 궁극적으로 성취되기 때문이다.

이 490년은 연대기적으로 세 기간으로 나뉜다.

1. 일곱 이레 (49년)
2. 예순두 이레(434년)
3. 마지막 한 이레(7년)

다니엘 9장 25절에서 설명하듯 490년의 시작은 "예루살렘을 중건하라는 영이 날 때부터" 시작된다. 주전 538년에 바사 왕 고레스가 이스라엘 사람들의 귀환과 성전 재건을 허용하는 칙령을 공포했지만, 그것이 이 예언에 기록된 시발점은 아니다. 그 시발점은 훗날 아닥사스다 왕의 칙령에서 비롯되는데(느 2장) 이때 이스라엘 사람들의 귀환과 예루살렘 성벽 재건이 허락된다. 느헤미야 2장 1-8절은 칙령을 공포한 날을 "아닥사스다 왕 제이십년 니산월"이라고 적시하는데, 이것이 우리가 아는 주전 444년 3월 5일이다.[15] 바로 이날 490년의 기간이 시작된다.

따라서 세 기간 중 첫 번째(일곱 이레 혹은 49년)는 주전 444년에 시작되는데, 많은 학자들이 이 기간을 백성이 성벽과 성전과 도로와 광장을 재건하고 잔해를 완전히 제거하는 데 소요된 시간으로 믿는다.[16] 예언에 나온 문장에 따르면, 두 번째인 예순두 "이레"는(434년) 첫 번째 기간에 연속하여 이어지므로 전체가 483년이다. 따라서 주전 444년 아닥사스다 왕의 칙령 공포에서 시작하여 기름 부음 받은 통치자가 오시기까지 일곱 이레와 예순두 이레가 된다(단 9:25). 일부에서는 이 438년의 기간이 (360일로 만들어진) 유대 달력으로 계산할 때 주후 33년 3월 30일 혹은 주후 33년 니산월 10일에 끝나게 된다고 믿는다. 그날을 예수님이 예루살렘에 입성하신 날로 믿기 때문이다.[17]

예수님이 태어나기 수백 년 전의 예언인데도 이처럼 정확하다는 사실이 참으로 놀랍다. 하지만 일부 비판적 학자들은 초자연적 개입의 가능성을 거부하고, 다니엘서가 사실은 다니엘의 책이라는 점을 부인한다. 놀라운 예언 중 일부는 실제 일어난 후에 기록되었다고 주장하는 것이다. 하지만 사해사본에서 발견된 다니엘서를 보면 주전 200년 이전에 완성된 것이 틀림없다. 그러므로 그리스도와 관련된 이 예언은 필시 예언된 사건이 일어나기 이전에 기록된 것이 맞다.

이 예언과 연계하여 다니엘 9장 26절은 483년의 기간이 지난 후에 기름 부음 받은 이가 죽임을 당하고 도시와 성전이 모두 파괴될 것이라고 말한다. 보수학자들은 이 말이 두 번째 기간과 세 번째 기간 사이의 휴지기를 가리킨다고 믿는다. 그리고 그 휴지기에 그리스도의 십자가 사건이 일어나고, 주후 70년에는 로마 티투스 장군에 의해 예루살렘이 약탈당하고 성전이 파괴되었다고 믿는다. 또한 우리가 바로 그 휴지기, 즉 현재의 교회 시대에 살고 있다고 믿는 학자들도 많다. 그리고 마지막 "이레"(7년)는 믿는 자들이 주님을 만나기 위해 "끌어올려[지는]" 휴거(살전 4:17) 이후에 시작된다고 믿는다. 대환란이라고 알려진 이 7년의 기간은 그리스도가 재림하여 천년왕국을 세우시는 것으로 마무리되며, 이는 하나님의 구속과 구속사의 정점이자 언약의 성취다.

휴거가 언제 일어날지(심지어는 일어나기는 할지)에 대해서는 의견이 분분하다. 일부 학자들은 대환란 중간에 일어날 것이라 믿는 반면, 일부에서는 대환란 이후에 일어날 것이라고 예언한다. 일부는 그 일이 부분적으로만 일어날 것이라 주장하고(일부 그리스도인만 휴거된다는 의미), 또 일부는 그런 일이 아예 일어나지 않을 것이라고 주장한다.[18] 그리스도의 천년왕국을 비롯한 장래의 사건을 바라보는 관점이 매우 다양한데, 이 책에서 다 살펴보기는 역부족이다.

다니엘은 그리스도의 재림과 그분이 다스리실 나라를 가리키는 다른 예언들도 보여 준다. 2장의 예언에는 바벨론 왕 느부갓네살의 꿈이 나오는데, 다니엘 외에 누구도 그 꿈을 설명하거나 해석하지 못한다. 다니엘은 왕이 그의 꿈에서 머리는 순금이고, 가슴과 두 팔은 은이며, 배와 넓적다리는 놋이고, 종아리는 쇠고, 발의 일부는 쇠와 진흙인 큰 신상을 보았다고 왕에게 말한다. "손대지 아니한 돌이 나와서 신상의 쇠와 진흙의 발을 쳐서 부서뜨리매" 신상 전체가 다 부서져 조각이 되고, 우상을 친 돌은 태산을 이루어 온 세상에 가득했다는 말도 한다. 다니엘은 몸의 여러 부분이 각각 다른 제국을 의미한다고 왕에게 설명한다(8장을 보면 세 제국을 바벨론과 메대-바사, 그리스라고 밝히고 있으며, 학자들은 네 번째 제국을 로마로 본다). 부순 돌은 하나님이 세우시는 나라를 의미하는데, 학자들은 이를 그리스도가 세우실 나라라고 해석한다.

7장에도 다른 예언이 나오는데 2장의 내용과 매우 유사하다. 다만 7장에서는 다니엘이 직접 꿈을 꾸고, 거기서 동일한 네 제국을 상징하는 네 마리 짐승을 본다. 이 꿈은 더욱 복잡하고 적그리스도 등 여러 사건이 등장하지만, 역시 그리스도의 영원한 나라를 예언하고 있다. 서로 연결되어 있는 2장과 7장의 예언과 8장 모두 오실 메시아와 그분의 통치가 예언되어 있다.

많은 이들이 의인과 악인의 마지막 부활에 대한 내용인 12장 1-2절을 요한복음 5장 28-29절에 묘사된 영생과 영벌로 심판하시는 그리스도에 대한 예언으로 본다.[19] 아울러 일부에서는 다니엘의 친구인 사드락, 메섁, 아벳느고를 타는 풀무에서 보호하신 일과 다니엘을 사자굴에서 건지신 일이 그리스도가 우리에게 주시는 구원을 상징한다고 본다.[20]

에스겔

에스겔은 참 딱한 사람이다. 하나님은 그에게 이색적이고 초현실적 환상이 담긴 메시지를 전하도록 부르시고, 몸으로 말하기 놀이처럼 그대로 행동하게 하신다. 또한 토판 위에 예루살렘성을 모형으로 만들고, 그 둘레에 대적의 진영을 세우고 성 주변에 (성문이나 성벽을 부술 때 사용하는 무기) 공성퇴를 두르게 하신다. 그런 다음 에스겔과 성 사이에

철판으로 '철벽'을 쌓고 "성을 포위하는 것처럼 에워싸라"고 하신다. 이스라엘을 위한 징조(겔 4:3)이며, 장차 바벨론이 예루살렘을 포위할 것에 대한 경고다.

그 뒤 하나님은 에스겔에게 390일 동안 왼쪽으로 누우라고 하시는데, 이는 '이스라엘의 집'이 390년 동안 징계 받을 것을 의미한다. 다음으로는 40일 동안 오른쪽으로 누우라고 하시며, 이는 '유다의 집'이 40년간 징계 받을 것을 나타낸다(겔 4:3-6). 하나님은 또한 에스겔에게 줄에 묶여 집 안에서 나오지 못하게 하신다(겔 3:25). 에스겔의 혀가 입천장에 붙어 악한 무리를 꾸짖지 못하게도 하신다(겔 3:26-27). 또 에스겔에게 말씀하시길 그의 아내가 죽게 될 텐데 그 죽음을 애도하지 말라고 하신다(겔 24:15-16). 에스겔은 환상 속에서 하나님이 준비하신 말씀을 증거하기 위해 이끌려 가기도 한다(겔 8:7). 한편으로는 '살아 있는 비유'로 활동하기 위해 '포로의 행장'을 꾸리고 끌려가는 모습을 하고 밤에는 행장을 지고 성벽을 뚫고 나가는데, 이는 장차 유다가 포로가 될 것에 대한 신호였다(겔 12:1-6).

에스겔은 하나님의 명령에 순종한다. 결과적으로 백성은 그가 미쳤다고 생각하고, 지금도 그렇게 생각하는 이들이 있다. 에스겔의 행동을 프로이트 분석에 따라 연구했다는 어느 학술지에 따르면, 에스겔은 "자기애와 자기학대 사이에서 충돌을 겪는 정신병자이고, 거세 불안에 의한 불안에 시달리고 성적으로 무의식적인 퇴행을 겪으며… 피해망상과 과대망상을 보인다"는 것이다.[21] 어떤 사람은 에스겔이 긴장성증후군과 편집증적 정신분열증을 앓고 황홀경에 집착하며 정신 이상 상태에 가까운 성향이 있다고 분석한다.[22] 이 같은 분석은 초자연적인 부분을 제거하려는 일부 학자들이 늘어 놓는 이야기다. 그들은 우주를 창조하신 하나님이 그분의 선지자들에게 백성을 향한 말씀을 전하게 하려고 그런 기이한 행위를 하게 하시고, 성경에 자주 나오듯 장소와 시간을 거슬러 이동하게 하는 일이 있다고는 믿기 어렵다는 태도를 갖는다(겔 8:3, 37:1-14, 40:1).

에스겔은 대부분 바벨론에서 포로생활을 하는 중에 사역하고, 포로생활을 하는 동포들과 유다에 남은 유대인들에게 말씀을 전한다. 당시 많은 이들이 끔찍한 일은 다 지나고 유다가 다시 소생하리라 믿고 있었지만, 그는 백성의 죄로 유다가 멸망할 것을 경고한다. 유다가 멸망한 뒤에는 그의 메시지가 장래의 회복에 대한 소망으로 바뀐다.[23]

에스겔서는 중심 주제를 제기하면서, 선지자의 환상을 하나님의 영광과 연결지어 이야기를 시작한다(1-3장). 그런 다음 4-39장은 하나님의 영광이 이스라엘에게서 떠났으며 하나님이 그 영광을 거두시는 이유에 대해 설명한다. 중간의 25-32장은 주제를 잠시 바꾸어 열방에 대한 하나님의 심판을 설명한다. 이어지는 33-39장은 장차 임할 영광에 대한 소망의 메시지를 전하고, 40-48장은 하나님의 영광이 훗날 이스라엘로 다시 돌아오는 장면을 그리며 마무리된다.

장래에 하나님이 이스라엘을 회복시키실 테지만, 하나님은 언제나 자신의 영광을 위해 일하신다. 이러한 원칙을 그분은 이렇게 설명하신다. "이스라엘 족속아, 내가 이렇게 행함은 너희를 위함이 아니요 너희가 들어간 그 여러 나라에서 더럽힌 나의 거룩한 이름을 위함이라. 여러 나라 가운데에서 더럽혀진 이름 곧 너희가 그들 가운데에서 더럽힌 나의 큰 이름을 내가 거룩하게 할지라. 내가 그들의 눈앞에서 너희로 말미암아 나의 거룩함을 나타내리니 내가 여호와인 줄을 여러 나라 사람이 알리라. 주 여호와의 말씀이니라. 내가 너희를 여러 나라 가운데에서 인도하여 내고 여러 민족 가운데에서 모아 데리고 고국 땅에 들어가[겠다]."(겔 36:22-24). 『ESV 스터디 바이블』에 따르면 "에스겔의 메시지에 담긴 주된 목적은 백성이 열방의 눈앞에서 더럽힌 하나님의 영광을 다시금 그 백성이 보는 가운데 회복하는 것이다."[24]

간단히 말해 하나님은 자신이 주권자이심을 보여 주고 계신다. 하나님은 자신이 택하신 이스라엘 민족을 통해 인류 구원의 목적을 성취하실 것이고, 이스라엘의 계속되는 불순종에도 불구하고 이스라엘을 회복시키실 것이다. 단기적으로나 장기적으로는 이스라엘이 복을 잃게 된다 하더라도 하나님의 구속 계획은 절대 끊어지지 않을 것이다. C. 하셀 블록은 히브리인의 불순종에 대해 하나님이 역사 속에서 어떻게 대응하시는지를 생생하게 설명한다. 이스라엘 백성은 예루살렘이 무너진 후에도 여전히 도덕적으로 완고하고 변하지 않으며 회개하지 않는다. "에스겔은 다른 여러 선지자들처럼 두 가지의 서로 충돌되는 상황을 제시하면서 야훼 하나님이 그 두 극단을 어떻게 해결해 가시는지 보여 준다."[25] 하나님은 자기 얼굴을 이스라엘에게서 돌이키겠다고 말씀하시지만(겔 7:22), 그럼에도 자기 얼굴을 더 이상 그들에게 가리지 않겠다고도 하신다(겔 39:29). 이스라엘이 하나님을 성소에서 멀리 떠나게 만들지만(겔 8:6), 그럼에도 하나님은 자신이 영원히 거하실 새로운 성전을 자세히 보여 주신다(겔 37:26-28, 40-48). 하나님의 영광이 성전을 떠났다가(겔 11:23) 다시 돌아온다(겔 43:1-5). 하나님은 성경의 역사 내내 백성에게 약속하셨던 땅을 버리시지만(겔 14:12-20) 이후에는 다시 백성을 그 땅으로 돌려보내신다(겔 47:13-48:35). 이스라엘은 모세 언약을 깨뜨리지만(겔 16:59) 하나님은 그들과 영원한 언약을 맺으신다. 목자들은 하나님의 양 무리를 방치하지만(겔 34:10) 하나님은 그들의 선한 목자가 되신다(겔 34:11).

블록은 성경 전체에 걸쳐 이스라엘의 배교와 하나님의 거룩하심이 극명한 대조를 보인다고 말한다. 하지만 이 비참한 상황을 해결하기 위한 방법으로 하나님은 이스라엘의 회개를 강조하지 않으신다. 오히려 하나님 스스로 이스라엘을 구원하고 회복시키는 중대한 변화를 적극적으로 모색하신다. 에스겔(그리고 다른 선지자들)은 끊임없이 이스라엘에게 경고하지만 헛수고로 돌아가고 결국 재난이 임한다. 블록은 이렇게 쓰고 있다. "끔찍한 파괴와 절망의 상황에서 소망을 둘 수 있는 유일한 대상은 야훼 하나님과 그분이 행하실 일이었다."[26] 결국 이스라엘의 죄가 심각할수록 하나님의 은혜는 더욱 풍성하게 드러난다. 이는 실제로 바울이 로마서에서 설명하는 것이기도 하다. 그리스도의 희생으로 인해 "죄가 더한 곳에 은혜가 더욱 넘쳤[다고]"(롬 5:20) 그는 말한다.

에스겔서에는 메시아 예언이 많이 나온다. 성소이신 주님(겔 11:16-20. 계 21:22에 성취), 하나님이 심으신 나무, 그 연한 가지가 높은 산의 무성한 백향목이 됨(겔 17:22-24. 마 13:31-32에서 성취), 낮은 자가 높임을 받음, 공의로운 왕(겔 21:26-27. 눅 1:52에서 성취), 선하고 신실한 목자(겔 34:23-24. 요 10:11에서 성취), 온전히 정결케 하심(겔 36:25-36. 요 1:25-28에서 성취), 위대한 부활과 성령의 오심(겔 37:1-14. 요 20장, 행 2:33에서 성취)[27] 등이 그것이다. 에스겔 44-48장에도 그리스도의 재림을 가리키는 여러 예언이 나온다.[28] 게리 스타츠는 48장을 요한계시록 21-22장의, 그리스도가 아버지와 함께 계시는 하늘의 예루살렘에 대한 모형을 묘사하는 것으로 본다.[29]

에스겔서는 다양한 측면에서 그리스도를 가리키고 있다. 다윗의 왕권에 대해 말하면서도 현재 다윗의 보좌를 차지한 사람들에 대한 심판을 함께 언급한다(겔 17:1-21, 19:1-9, 10-14, 21:25-27, 30-32). 장차 포로에서 귀환할 백성을 다스릴 다윗 왕조에 대한 소망도 이야기한다(겔 17:22-24, 29:21). 또한 (새 성전을 지키고, 사회 정의를 실현하며, 백성을 학대한 다윗 왕조의 과거를 바로잡을) 장래에 있을 왕과 그 계승자들에 대한 환상을 보여 준다(겔 44:1-3, 45:7-9, 16-25, 46:1-24, 48:21-22).[30]

아울러 에스겔서에서 '인자'Son of man라는 단어(신약에서 예수님이 자신을 언급하실 때 가장 많이 사용한 단어)가 에스겔을 지칭하는 말로 90번 이상 사용된다. 이 단어에는 인간 혹은 하나님을 암시하는 두 가지 상반된 의미가 있다. 예수님은 자신을 지칭할 때 온전한 하나님이자 온전한 인간 두 가지 의미를 모두 적용하신다.[31]

마지막으로 에스겔은 예레미야처럼 새로운 언약을 선포하면서, 언젠가 하나님이 이스라엘 족속과 유다 족속에게 새 언약을 베푸시고, 그분의 백성에게 새로운 마음과 새로운 생명을 주시리라고 예언한다(겔 34:25-31, 36:24-27, 37:26-28. 요 3:1-16에서 성취).

학개

포로생활에서 돌아온 유대인들이 주변의 끊임없는 훼방에도 불구하고 성전을 재건할 수 있었던 주 요인 중 하나는, 학개와 스가랴 선지자가 백성에게 그 임무를 완수하도록 질책하고 격려했기 때문이다. 학개는 주전 520년에 유다에서 사역하고, 포로 귀환 이후 가장 먼저 예루살렘에서 사역한 선지자다. 그는 하나님의 집은 엉망이 된 상황에서 자기들만 잘 꾸민 집에 사는 백성들을 통렬히 꾸짖는다. 그러나 다른 선지자들도 그렇듯 학개는 자신의 생각을 말하는 것이 아니다. 그는 하나님이 백성에게 내리신 명령을 전하고 있다. "너희는 산에 올라가서 나무를 가져다가 성전을 건축하라. 그리하면 내가 그것으로 말미암아 기뻐하고 또 영광을 얻으리라"(학 1:8). 하나님은 또한 애굽에서 백성을 이끌어 내던 때 그들과 맺은 언약을 다시금 상기시키신다. 백성에게 성전을 재건하라 명하시고, 그러면 "내가 이 성전에 영광이 충만하게 하리라.…이 성전의 나중 영광이 이전 영광보다 크리라.…내가 이곳에 평강을 주리라.…오늘부터는 내가 너희에게 복을 주리라"(학 2:7-9, 19)고 말씀하신다.

하나님의 인내와 은혜가 완벽하게 드러나는 장면이다. 이스라엘은 계속 불순종하며 하나님을 실망시키고, 심지어 하나님이 그들을 다시 고향 땅에 돌려보내신 이후에도 그분의 신실하심과 복을 잊어 버리고 외면해 왔다. 그럼에도 불구하고 하나님은 그들을 용서하시고 그들과 함께 거하기 원하시며 평안과 영광을 부어 주기 원하신다.

학개는 성전 재건이 얼마나 중요한지를 강조한다. 단순히 상징적인 면을 부각하는 게 아니라 성전 재건이 하나님이 선지자들과 언약을 통해 약속하신 메시아 계획의 중대한 부분임을 보여 준다. 게라르드 반 그로닝겐은 이렇게 설명한다. "다윗의 계보에서 나올 왕에 대한 메시아 언약이 실현되려면 언약 백성인 '남은 자'들이 자신의 일을 감당해야 했다. 그들은 성전을 다시 지어야 했다. 그 성전은 야훼가 백성 가운데 임재하신다는 상징이고, 장차 그들 가운데 오셔서 거하실 분의 모형이기 때문이다(요 1:14-18)."[32]

성전은 분명 하나님의 임재를 상징하지만 사실 그 이상을 가리킨다. 성전은 하나님과 백성 사이의 특별한 관계를 상기시키는 중요하고 지속적인 기념물이다. 백성을 애굽의 종살이에서 자유롭게 하실 때 하나님은 자신이 거하실 장소인 성막을 짓도록 명하셨다(출 26:1, 35:4-29). 성막이 완성되자 하나님이 임하여 그곳을 영광으로 채우셨다(출 40:33, 34-37). 백성 가운데 머물며 그들을 인도하고 보호하시기 위해서다.[33] 성막을 대체하여 세워진 솔로몬의 성전에서도 그렇게 하셨다. 성전이 완성되자 언약궤뿐 아니라 하나님의 영광의 구름이 그 안을 가득 채웠다(왕상 8:10, 대하 5:13). 학개의 선언은 하나님이 백성 가운데 거하실 뿐 아니라 그분의 언약 역시 온전히 유효하게 역사하고 있음을 분명하게 보여 준다.

학개 1장 13절의 중대한 선언은 "내가 너희와 함께하노라"다. 반 그로닝겐은 이 선언이야말로 하나님이 아브라함과 모세와 여호수아와 다윗과 솔로몬과 더불어 맺으신 언약의 핵심이라고 말한다. 하나님의 모든 언약을 뒷받침하는 약속으로서 앞에서 살펴보았던 말씀, "나는 그들의 하나님이 되고 그들은 나의 백성이 되리라"의 축약판이라는 점을 주목하자. 하나님의 약속은 변함이 없고 완전히 신뢰할 수 있다. 백성이 불순종하더라도 언약의 약속을 무효화하지 못한다.

포로 귀환 이후의 첫 번째 선지자로서 학개의 메시지는 중요할 수밖에 없다. 백성들은 자신들이 어떤 고난을 겪었든, 하나님의 신실하심에 어떤 의심을 품든 상관없이, 하나님의 모든 약속이 여전히 유효하다는 사실을 깨달아야 하기 때문이다. 그러므로 성전이 재건되는 것도 중요할 뿐 아니라 하나님의 언약 계획의 실행을 돕는 세 직분, 즉 선지자, 제사장 그리고 왕의 역할이 재개되는 것이 참으로 중요하다. 또 다른 핵심적인 "세우기" 계획 역시 재개되어야 했다. "하나님의 나라를 대표하는 다윗의 집을 세우는 일"[34]이란 하나님이 영원히 세우겠다고 약속하신 다윗 왕조를 의미한다.

궁극적으로 학개서는 우리 마음과 생각을 하나님께 고정시켜 세상의 우선순위에 빼앗기지 말라고 가르친다. 흑암이 도처에 가득할 때에도 하나님의 신실하심을 찬찬히 상기시켜 준다. 우리는 하나님의 약속을 붙들며 그분을 의지할 수 있다.

앞에서도 여러 번 강조했지만 구약을 읽는 우리 그리스도인 독자가 마음에 새겨야 할 것이 있다. 하나님은 구속사의 점진적 계시를 성경을 통해 보여 주실 뿐 아니라 직접 역사를 주관하여 예수 그리스도 안에서 최종 마무리되도록 이끌어 가신다. 포로 신세로 지내던 많은 이스라엘 백성뿐 아니라 포로 이후의 귀환과 회복의 시기를 보내던 이들조차 하나님이 역사를 완전히 다스리신다는 사실에 대한 믿음을 잃어버린 듯 보인다. 하나님이 주신 복된 약속들에 대해서도 마찬가지다. 당시에는 그들이 모든 걸 온전히 이해하기란 어려웠을 것이다. 반면 우리 그리스도인은 구약의 나머지 이야기를 읽은 덕분에 구약 시대의 형제들에 비해 혜택을 누리고 있으며, 구약 전체를 읽을 수 있기에 하나님 계획의 연속성과 완전성이 계시에서 드러나는 것은 물론 실제 역사에서 일어난 일들도 알 수 있다. 학개가 하나님의 언약에 따른 약속과 관련하여 유대의 남은 자들에게 주는 교훈은 우리가 기억해야 할 중요한 사실이기도 하며, 이는 구약성경이 오늘 우리에게 얼마나 유효한지를 보여 주는 또 하나의 예가 된다.

학개서는 또한 우리가 삶의 우선순위를 하나님께 두어야 한다는 것을 보여 준다. 매일 분주하게 고군분투할 일이 넘치는 와중에 우리의 시선을 하나님께 집중하는 일이 값비싼 희생처럼 보일 수 있겠지만, 결국에는 그분과의 새로워진 관계를 통하여 풍성한 보상을 얻게 될 것이다. 게다가 주권자이신 하나님이 그 힘든 맹세를 (우리의 의지나 태도와 상관없이) 직접 실행하신다는 사실을 인정한다면, 우리는 우리가 맡은 의무를 소홀히할 수 없게 된다. 하나님은 전적으로 홀로 성전을 세우실 수 있으며 우리의 '성전'을 직접 세우실 수 있지만, 우리와 그 일을 나누기 원하신다. 우리가 참여하기를 바라시는 것이다.

학개는 대선지자에 속하지 않고 주요 소선지자도 아니지만 엄청난 반대를 무릅쓰고 믿음을 지킨 용기 있고 경건한 사람임에 틀림없다. 또한 그는 효과적인 메신저로서, 성전 재건 사업을 완수하도록 사람들을 격려하는 데도 성공을 거둔다.

학개는 이 두 번째 성전이 본래의 성전보다 훨씬 영광스러울 것이며, 그러므로 하나님이 그곳에 평강을 주시리라고 강조한다(학 2:9). 이는 하나님의 구속 계획 안에서 두 번째 성전이 차지하는 핵심 역할이 무엇인지를 가리킨다.[35] 또한 이스라엘의 첫 귀환자들을 이끌고 돌아와 성전 단과 기초를 세운 유다 총독이자 다윗의 후손인 스룹바벨에게서도 메시아의 그림자가 보인다.[36] 학개 2장 23절을 보면 스룹바벨을 "내 종"이라는 메시아적 호칭으로 부른다(비교 삼하 3:18, 왕상 11:34, 사 42:1-9, 겔 37:24-25). 이 구절에는 그밖에도 다른 메시아적 의미가 담겨 있는데 하나님이 스룹바벨을 인장으로 삼겠다고 말씀하시기 때문이다. "이는 내가 너를 택하였음이니라." 인장이란 왕의 규(왕권의 상징물로 지팡이 모양임)처럼 명예와 권세와 능력의 상징이며 편지나 법령을 봉인하는 데 사용된다.[37] 다윗의 계보에서 스룹바벨이 특별한 이유는 포로생활로 끊어졌던 계보가 그에게서 다시 일어나 시작되었다는 점이다. 여기서 스룹바벨은 메시아 계보의 중심에서 인장 역할을 하며 끊어진 두 가지를 다시 잇는다.[38] 의미심장하게도 스룹바벨은 그리스도의 계보에서 요셉 쪽(마 1:12)과 마리아 쪽(눅 3:27) 모두에 속해 있다.[39]

마지막으로 학개는 이렇게 기록한다. "만군의 여호와가 이같이 말하노라. 조금 있으면 내가 하늘과 땅과 바다와 육지를 진동시킬 것이요 또한 모든 나라를 진동시킬 것이며 모든 나라의 보배가 이르리니 내가 이 성전에 영광이 충만하게 하리라. 만군의 여호와의 말이니라"(학 2:6-7). 히브리서 기자는 이 구절을 인용하여 그리스도를 흔들리지 않는 나라의 마지막 왕으로 묘사한다(히 12:25-29).

스가랴

스가랴는 백성의 성전 건축을 독려한 학개와 동시대 사람이다. 하지만 그는 사람들에게 회개를 촉구하고 하나님과의 언약을 새롭게 하는 데 초점을 맞춘다. 학개서와 동일한 주제를 다루지만 여기서는 보다 선명하게 강조된다. 스가랴는 아주 긴 안목을 가지고 있다. 워렌 위어스비는 스가랴가 "폐허가 된 도시 속에 갇힌 연약한 나라를 보지 않고, 수백 년을 내다보면서 장래에 세워질 도시와 예루살렘의 왕이신 메시아의 도래를 보았다"고 언급한다.[40]

스가랴는 백성에게 단지 성전 재건을 주장할 뿐 아니라 그들의 믿음과 하나님에 대한 영적, 도덕적 진리를 붙들 것을 종용한다. 제임스 헤이스팅스는 이렇게 쓰고 있다. 이런 변화 없이 "성전을 세우고 예배하는 것은 공연한 헛수고다."[41] 토마스 호 박사는 이렇게 말한다. "하나님은 성전에 대한 무관심이 그분에 대한 백성의 헌신이 부족함을 보여 주는 상징이라는 점을 잘 아시기에 그런 상황이라면 성전의 영광에는 관심이 없으시다. …이스라엘에게 영광은 실물 성전이 아니라 영적 성전이며 궁극적으로는 메시아시다. 이스라엘을 대적하는 자들은 모두 짓밟힐 것이며 믿는 자들은 모두 구원을 얻을 것이다. 궁극적으로 열방은 주 앞에 복종하고 엎드려 섬기며 시온산에서 예배하게 될 것이다."[42]

학개와 스가랴의 메시지에는 일관성이 있으므로 일부 학자들은 짤막한 학개서를 좀 더 긴 스가랴서의 도입부에 해당하는 책으로 봐야 한다고 주장하기도 한다. 스가랴서에는 학개서의 핵심 메시지인 "오늘부터는 내가 너희에게 복을 주리라"(학 2:19)가 보다 확장되어 있다.[43] 학개는 백성이 출애굽 사건을 기억하고 하나님과 맺은 언약을 기억하기를 하나님이 바라신다고 전하고, 스가랴는 '기억'이라는 주제를 더욱 강조한다. 실제로 "스가랴"라는 이름은 "주가 기억하신다"라는 의미로 백성이 이방 나라에 정복을 당했어도 하나님은 그 백성을 잊지 않으셨음을 상징적으로 보여 준다. 주님의 백성으로서는 힘겨운 상황 때문에 하나님이 멀리 계신 듯 느껴지더라도 하나님은 늘 백성과 함께하신다.[44] 스가랴는 사람들이 다시 성전 건축을 시작할 때 그들을 영적으로 격려하면서(스 5:2) 오실 메시아를 비롯한 장래의 복이 이스라엘에 임할 것이라고 약속한다. 존 맥아더가 설명한 대로, 학개는 "부흥을 시작하는 자로 쓰임 받았고, 스가랴는 이를 좀 더 명확히 강조하며 강력하게 이끌고 나가되 사람들을 회개의 자리로 부르고 장래의 복을 확인시켜 주는 일에 쓰임 받았다."[45]

맥아더는 스가랴서를 구약에서 가장 메시아적인 책으로 본다. 스가랴서에 메시아 예언이 많아서 그렇기도 하지만 그보다는 다른 이유가 있다. 복음서를 보면 다른 선지서보다 스가랴서에서 훨씬 많은 말씀을 인용하거나 암시하고 있다.[46] 맥아더에 따르면 이후로 약 400여 년간 선지자들은 침묵하지만, 하나님은 "침묵의 기간 동안에도 신실하게 남은 자들을 보호하시기 위해 스가랴를 사용해 장래에 대한 약속을 풍성하고 풍요롭게 베풀어 주신다".[47]

스가랴서에 포함된 메시아 예언은 다음과 같다.

- 하나님의 백성들 사이에 거하시고 살아 계시는 하나님(슥 2:10-13. 계 21:3, 24에서 성취)
- 새로운 제사장직(슥 3:8. 엡 2:20-21, 벧전 2:5에서 성취)
- 대제사장 자리에 오르시는 그리스도(슥 6:12-13. 히 5:5-10, 7:11-28, 8:1-2에서 성취)
- 나귀를 타고 입성하시는 그리스도(슥 9:9-12. 마 21:4-6, 막 11:1-10, 눅 19:28-38, 요 12:13-15에서 성취)
- 양들을 구원하시는 주님(슥 9:16. 요 3:16에서 성취)
- 친구에게 배신당하고 은 30개에 팔리심(슥 11:12-13. 마 26:14-15, 27:9에서 성취)
- 토기장이의 밭을 사는 데 사용된 돈(슥 11:12-13. 마 27:9-10에서 성취)
- 몸이 찔림(슥 12:10. 요 19:34, 37에서 성취)
- 목자 되신 주님을 치고 양이 흩어짐(슥 13:1, 6-7. 마 26:31, 요 16:32에서 성취)

스가랴서는 그리스도가 초림과 재림 때에 종이자 왕이요, 인간이자 하나님으로 임하신다고 묘사한다. 다음 구절에서는 그리스도를 다양한 그림으로 묘사하고 있다.

- 백성에게 구원을 명하시는 여호와의 사자(슥 3:1-5, 계 10장)
- 의로운 가지(슥 3:8, 6:12-13)
- 하나님이 나게 하신 종(슥 3:8, 막 10:45)
- 하나님의 교회와 나라가 세워지고 그 땅의 죄악이 도말될 일곱 개의 눈을 가진 돌(슥 3:9, 고전 3:10-11, 벧전 2:6-8)
- 왕이신 제사장(슥 6:13)
- 겸손하신 왕(슥 9:9-10)
- 모퉁잇돌, 장막 말뚝, 전쟁용 활(슥 10:4)
- 선한 목자(슥 11:4-13)
- 정결케 하는 샘과 이스라엘의 구원자, 그의 피가 죄를 덮고 백성들의 더러움을 씻을 것(슥 13:1)
- 장차 임할 심판과 의로운 왕(슥 14장)[48]
- 그가 오실 때 감람산에 서실 것(슥 14:4, 행 1:6-11)

마지막으로 일부 주석가들은 스가랴가 사람이자(슥 6:12) 하나님이신 그리스도의 이중 속성을 잘 보여 준다고 주장한다. "칼아, 깨어서 내 목자shepherd, 내 짝 된 자man를 치라"(슥 13:7).[49] F. W. 린제이는 이렇게 쓴다. "스가랴 13장 7절에서 하나님은 자신과 그 목자가 서로 하나인 본질 혹은 정체성을 선언하고 있으며, 그럼으로써 메시아의 신성을 강력히 확인한다."[50]

대다수의 학자들은 말라기서가 주전 5세기 말에 기록되었다고 믿는데, 대략 주전 433-424년에 느헤미야가 바사로 돌아간 시기로 본다. 당시 사람들이 예루살렘으로 돌아와 성전을 짓고 있었고 거기서 제사도 드리고 있었다. 하지만 이사야가 예언한 영광을 경험하지 못한 탓에 모두 낙담해 있었다.[51] 말라기는 당시 타락한 예배 의식, 이방인과의 통혼, 예배 중에 하나님의 이름을 더럽히는 것, 십일조를 내지 않는 것, 그리고 하나님을 비난하는 것 등 영적으로 퇴락한 모습을 보이는 백성을 책망한다.

하지만 말라기는 죄 자체보다 그 죄에서 드러나는 냉담한 태도를 더욱 우려한다.[52] 영적 행위란 기계적인 행동이어서는 안 되고, 하나님이 받으시는 제사는 드리는 자가 신실하고 정결해야 한다.[53] 율법을 겉으로만 보이게 순종하는 사람은 의롭지 못하다. 하나님은 마음을 보신다. 사람들은 장래에도 복을 주시리라는 하나님의 약속을 너무 당연한 듯 받아들이지만, 말라기는 (그 복이 될 뻔한) 메시아가 심판하러 오실 수 있음을 말하며 백성을 바로잡으려 애쓴다. "보라, 내가 내 사자를 보내리니…그가 임하시는 날을 누가 능히 당하며 그가 나타나는 때에 누가 능히 서리요. 그는 금을 연단하는 자의 불과 표백하는 자의 잿물과 같을 것이라. 그가 은을 연단하여 깨끗하게 하는 자같이 앉아서 레위 자손을 깨끗하게 하되 금, 은같이 그들을 연단하리니"(말 3:1-3).

따라서 말라기는 사람들에게 자신의 죄를 회개하고 하나님께 돌아오라고 호소하고 있으며, 그 호소에 온당하게 반응하면 복을 받지만 그렇지 않으면 심판이 내릴 것이라고 약속한다. J. 시들로우 백스터는 이렇게 확증한다. "이스라엘이 장래의 복으로 소망하던 그분이 장차 심판자로 오실 것이다(사람들이 추측하듯 이스라엘을 무조건적으로 복 주러 오시는 것만은 아니다!).[54] 말라기는 하나님의 약속이 양날의 검이라는 점을 보여 준다. '그날'에는 이스라엘 외부의 원수들을 물리치실 뿐 아니라 내부의 악한 자들까지 제거하실 것이다."[55]

말라기서는 하나님과 백성 사이에서 벌어지는 공식적인 논쟁 또는 토론 형식을 취하고 있다. 하나님은 말라기를 통해 백성에게 질문하시고, 백성은 때로 하나님의 권세에 의문을 제기하면서 무례하게 반응하기도 한다. 여섯 가지 말씀(하나님이 직접 하신 말씀)과 백성의 반응에 유의하며 읽을 필요가 있다. 예를 들어 네 번째 말씀(2:17-3:6)과 여섯 번째 말씀(3:13-4:3)을 보면, 하나님은 백성이 하나님을 가리키며 사용하는 심한 말을 책망하신다. 사람들은 책망에 반문하면서 뻔뻔하게도 증거를 요구한다. 하나님은 네 번째 말씀에 대한 백성의 반응을 지적하시며, 그들이 "모든 악을 행하는 자는 여호와의 눈에 좋게 보이며 그에게 기쁨이 된다"고 불평하고 "정의의 하나님이 어디 계시냐"고 질문함으로써 하나님을 괴롭게 했다고 말씀하신다(말 2:17). 또한 여섯 번째 말씀에 대한 백성의 반응을 언급하시면서, 그들이 하나님을 대항하여 얼마나 심한 말을 했는지 다시금 설명하신다. "이는 너희가 말하기를 '하나님을 섬기는 것이 헛되니 만군의 여호와 앞에서 그 명령을 지키며 슬프게 행하는 것이 무엇이 유익하리요. 지금 우리는 교만한 자가 복되다 하며 악을 행하는 자가 번성하며 하나님을 시험하는 자가 화를 면한다 하노라' 함이라"(말 3:14-15).

두 가지 경우 모두 백성은 의로운 자가 고통을 당하고 악한 자가 번성하도록 놔두었다며 하나님을 비난한다. 이들은 하나님의 공평과 공의를 비난할 의도로 자신들의 모습을 비난한다. 그들의 반응은 자신의 부정한 마음과 비열한 천박함을 그대로 드러낸다. 정말로 그들은 그저 하나님과의 관계에서 얻을 게 있기 때문에 하나님을 섬기는 것일까? 어느 한 사람도 사랑과 순종하는 마음으로 행동하지 않은 것일까? 그들에게 이 모든 일은 얻을 게 있을 때만 하나님께 순종한다는 냉소적인 거래 관계에 불과한 것일까?

오늘날 그리스도인은 말라기 말씀을 마음에 새기고, 결코 이기적으로 계산하는 근시안이 되어서는 안 된다. 우리의 믿음은 올바른 동기에서 나와야 한다. 말라기는 그리스도인인 우리의 영적인 무감각에 관해 말하고 있다. 때가 어려워지거나 하나님의 종합적 계획을 보지 못할 경우 안주하거나 도피하기 쉽다. 하지만 결국 하나님은 우리 마음을 보시므로 우리 스스로를 속일 아무 이유가 없다. 그저 하는 척만 해서는 하나님과 올바른 관계를 맺지 못한다. 선한 일을 해야 하지만, 그것은 반드시 하나님과의 올바른 관계에서 흘러나와야 한다.

말라기서에는 핵심적인 메시아 예언이 있다. 3장 1절을 보면 메시아가 오시기 전에 사자가 올 텐데 그가 (갑자기 성전에 임하실) 메시아 앞에서 길을 준비하게 될 것이라고 한다. 이 말씀은 세례 요한(마 11:10, 막 1:2, 눅 7:27)과 성전을 직접 찾아가신 예수님을 통해 성취된다. 이 예언을 성취하기 위해서는 메시아가 반드시 주후 70년에 성전이 파괴되기 전에 오셔야 한다. 더욱이 4장 5-6절에는 여호와의 크고 두려운 날이 이르기 전에 엘리야가 다시 올 것이라는 약속이 있다. 이 말씀 역시 그리스도에 앞서 나타날 세례 요한을 예언하는 것으로 받아들여진다(마 11:14, 17:10-12, 막 9:11-13, 눅 1:17). 말라기가 세례 요한에 대해 두 번의 언급을 하고 있다는 사실은 주목할 만하다. 요한은 말라기 사역 이후 400여 년의 침묵을 깨고 나타난 선지자이기 때문이다. 학자들은 말라기가 그리스도의 초림과 재림 모두를 예언하고 있다고 확신한다.[56]

마지막으로 4장 2절에 언급된 "공의로운 해"를 메시아 예언으로 보는 사람들이 있지만, 일부에서는 일반적인 여호와의 날을 언급한다고 말한다.[57] 데이비드 클라크와 하워드 해턴은 초기 기독교 전승에서 이 구절을 오실 메시아와 관련된 말씀으로 해석했다고 말한다. 아마 맞는 해석이겠으나 이들은 (이 말씀에서) 선지자의 주된 관심이 여호와의 날을 설명하는 데 있었다고 믿는다.[58]

말라기의 예언은 구약의 마지막을 장식한다. 말라기 이후로 하나님은 4백 년 동안 침묵하신다. 하지만 하나님은 대선지자와 소선지자 모두를 포함한 구약의 여러 선지자들의 경고와 권고를 통해 순종의 삶을 사는 법에 대한 분명한 지침을 남기셨다. 그들은 늘 순종하지는 않았지만, 이제 하나님의 백성은 하나님이 자기 백성으로 삼으려고 택하신 사람들에게 바라시는 바가 무엇인지 이해하게 되었다. 불순종과 폭력과 포로생활과 파괴로 가득했어도 하나님의 약속에 근거한 소망만큼은 늘 끊어지지 않았던 이스라엘의 역사가 그렇게 대장정을 마무리한다.

구약의 고된 세월이 지나고 하나님의 선지자가 침묵하는 시대가 오기는 하지만, 하나님은 백성을 버리지 않으셨다. 제임스 리 빌은 이렇게 쓴다. 그 기간 이후로 "백성들은 하나님의 음성을 듣는 일이 매우 드물었기에 하나님의 사자가 오기에 앞서 한 사자가 필요했다.…사람들이 주님의 말씀을 듣고 경고를 받기 이전에 먼저 예언적 설교와 요한의 세례를 통해 일깨움을 받아야 했다. 그는… 왕의 사자였다."[59]

세례 요한이 등장하여 예언의 침묵 시대를 깰 당시에 많은 이들이 그를 최고 선지자로 오해하지만, 요한은 즉시 부인하며 이렇게 말한다. "나는 물로 너희에게 세례를 베풀거니와 나보다 능력이 많으신 이가 오시나니 나는 그의 신발끈을 풀기도 감당하지 못하겠노라. 그는 성령과 불로 너희에게 침례를 베푸실 것이요"(눅 3:16).

얼마 지나지 않아 하나님은 요한의 예언을 증명하신다. 구약 속 많은 예언뿐 아니라 하나님이 언약으로 주신 약속들이 실현된 것이다. 목자들이 밤새 자기 양떼를 돌보듯 "주의 사자가 곁에 서고 주의 영광이 그들을 두루 비추매 크게 무서워하는지라. 천사가 이르되 '무서워하지 말라. 보라. 내가 온 백성에게 미칠 큰 기쁨의 좋은 소식을 너희에게 전하노라. 오늘 다윗의 동네에 너희를 위하여 구주가 나셨으니 곧 그리스도 주시니라'"(눅 2:9-11).

구약 시대에 이스라엘을 다루셨던 하나님과 그분에 대한 기록은 하나님(우리의 구원자, 예수 그리스도)이 직접 이땅에 오시기 위해 반드시 필요했다. 예수님이 오셨을 때 그분의 길은 이미 수많은 선구자들의 때로는 선명하지만 때로는 암시적인 예언에 의해 이미 예비된 상태였고 그분이 온 세계 열방에게 주실 영광 또한 그러했다.

나가는 글

몇 년 전 성경 연구를 시작할 때는 성경에 기록된 역사와 통일된 주제들을 이해하고픈 열망 때문에 과정을 단축하기 위한 여러 접근법을 시도했지만 대부분 역부족이었다. 성경이 어려워서가 아니라 내가 참을성이 없어서였다. 이전에 공부한 다른 책들처럼 이 성경도 얼른 정복하고 싶다는 갈망이 너무 컸던 탓이다. 하지만 성경은 여느 책과는 달랐다. 그러다 결국 성경의 신비를 밝혀 줄 열쇠를 발견했는데, 구약성경의 중심에 예수 그리스도가 계시다는 사실이었다. 이를 분명히 깨닫게 되면서 성경을 제대로 이해하기 시작했다.

누가복음 24장 27절을 펴서 읽어 보기를 권한다. "이에 모세와 모든 선지자의 글로 시작하여 모든 성경에 쓴 바 자기에 관한 것을 자세히 설명하시니라." 이 책의 원제목에 영감을 준 구절이다. 그런 다음 그 이야기의 출발점인 누가복음 24장 13절로 돌아가 보자. 예루살렘 인근의 엠마오를 향해 두 남자가 걷고 있다. 그들은 최근에 일어난 사건으로 무척 충격을 받은 상태다. 그때 예상치 못한 상황이 벌어진다. 예수님이 나타나 그들 곁에서 걷기 시작한 것이다. 24장 16절을 보자. "그들의 눈이 가리어져서 그인 줄 알아보지 못하거늘." 그 말의 문자적인 뜻은 알지만 여기에 또 다른 의미가 있는 것 같다. 당시 사도들을 포함한 대다수 사람들이 예수님이 누구인지 온전히 이해하지 못했다는 말이다. 이들은 예수님이 십자가에서 죽으시고 약속된 사역이 한순간에 끝나 버렸다는 생각에 크게 놀라고 몹시 당황한 상태다. 메시아라고 생각했던 이가 압제자의 손에서 이스라엘을 구해 내지도 못한 채 허무하게 이 세상을 떠나 버린 것이다.

그리 길지 않은 시간에, 예수님은 제자들의 오해를 바로잡으시고 (구약) 성경의 면면이 어떻게 자신을 가리키는지 보여 주심으로 자신이 누구인지를 깨닫게 하신다. 그리스도가 누군지, 그분의 사역이 왜 중요한지, 성경이 어떻게 일관되게 그리스도를 가리키는지를 깨닫고 이해하게 되었을 때 제자들이 경험했을 감정의 소용돌이는 우리가 단지 상상만 할 수 있을 뿐이다. 당시의 대다수 사람들과 마찬가지로 이들도 "눈이 가리어져 그를 알아보지 못했기" 때문에 예수님을 제대로 알지 못했던 것이다.

하지만 때가 되자, 그리스도는 자신이 누구신지 보여 주셨다. 오늘날의 우리도 당시 제자들만큼이나 그분에게 중요한 존재다. 그렇기 때문에 주님은 우리 역시 구약성경의 면면을 읽으며 그분이 누구신지 깨닫기 원하신다. 이땅에서 사역하시던 예수님은 결코 시간을 낭비하지 않으셨다. 특별히 부활 이후의 시간은 그분에게 너무나 귀했다. 1초가 아쉬운 시간에 주님은 그 두 사람을 찾아와 자신을 나타내기로 하셨고, 우리의 유익을 위해 그 (엠마오 도상에서의 소중한) 만남이 성경에 기록되게 하셨다. 주님은 우리도 당시 두 제자들이 보았던 그대로 보기를 원하신다. 그리고 신약성경으로도 우리에게 보여 주신다.

예수님이 주권적으로 계획하신 엠마오 도상에서의 만남이 내게는 특별한 의미가 있다. 마침내 성경을 이해하기 시작하던 나의 경험과 유사하기 때문이다. 구약성경 때문에 힘들어 하는 사람들이 많다는 것은 놀랍지 않으나, 구약성경을 간과하거나 경시해도 된다고 생각하는 것은 참을 수 없다. 만일 하나님이 기독교 성경에 신약성경만 담을 작정이셨다면 애초에 신약성경에 구약의 본문이 포함되지도 않게 하셨을 것이다. 하지만 그렇게 하셨다는 사실 자체가 신약과 구약의 연관성은 물론 구약이 신약에서 없어서는 안 될 부분임을 증거한다.

하지만 구약이 우리에게 중요하다는 사실을 아는 것과 왜 그런지 그리고 어떻게 그런지를 이해하는 것은 전혀 다른 문제다. 이 질문에 대한 답에 다다르기 전까지 나는 성경의 메시지를 제대로 이해하지 못한 채 흐릿한 신학적 안개 속에 머물러 있었다. 그러다 감사하게도 그리스도가 구약의 중심이 되심을 강조하는 여러 책을 우연히 만나게 되었다. 처음으로 안경을 쓰던 때의 그 느낌이었다. 구약에서 그리스도를 발견해 가면서 나는 구약 역사의 흐름을 훨씬 잘 이해할 수 있었다. 이전과 달리 구약과 신약의 초점이 또렷해졌고 성경공부가 훨씬 풍성해지며 만족스러웠다.

엠마오 도상에서 일어난 일에 대한 통찰을 얻게 되자 이를 다른 사람들과 나누고 싶어 온몸이 근질거렸다. 서문에서 말했듯 수십 년 전에 성경공부를 잘못 시작한 이후로 이 책은 구약의 중심인 그리스도에 대한 내 연구의 최고점에 해당한다. 이 책의 구성은 내 연구가 어느 길을 걸어 왔는지를 보여 주는 측면이 있으며, 따라서 구약의 역사를 개관하는 일에 상당 분량이 할애되어 있다.

이 책이 당신에게도 구약의 역사를 정리하고 이해하는 데 도움이 되었기를 기도한다. 또한 신약의 토대가 되는 구약의 중요성에 감사할 수 있고, 무엇보다 구약 곳곳에서 분명하게 드러나는 그리스도의 임재를 분명히 확인하는 데 도움이 되었기를 기도한다. 앞에서 말했듯 새 언약은 옛 언약을 대체하더라도 신약은 구약을 대체하지 못한다. 혹시 구약이 부담스럽거나 아무런 연관성도 없게 느껴 왔다면, 이 책을 읽으면서 그런 부담이 사라지고 구약이 당신 앞에 생생하게 다가오게 되었기를 겸손히 바란다. 내게 그런 일이 일어났듯 말이다.

나는 우주의 창조 때부터 성경 전체와 역사 가운데 명백하게 임재하신 그리스도를 보여 주기 위해 노력했다. 하나님은 인간이 범죄할 것을 미리 아셨고, 그분의 완전한 공의로 인해 우리를 심판하셔야 했지만 우리를 구속하기로 작정하시고 이를 위한 계획을 세우셨다. 하나님이 맨 처음 계시하신 구원 계획은 처음에는 어렴풋하고 뭉뚱그린 듯 보이지만, 인간에게 복을 주시겠다는 확고하고도 무조건적인 언약 형태였다. 역사가 진행되면서 하나님은 그분의 약속-계획에 구체성을 점점 더하시고 확장시키며 명료하게 하셨다. 하지만 그 일은 이스라엘이라는 특정한 백성을 다루시는 방식으로, 그리고 성경 속에 점진적인 계시를 베푸시는 방식으로 전개되었다. 모호하지만 복을 주시겠다는 특정한 약속 형태로 시작된 그 계획은 메시아가 오시리라는 보장으로 성숙해지다가 최종적으로 예수 그리스도의 오심이라는 사건으로 귀결되었다. 예수 그리스도는 성육신하신 하나님이시며 우리 죄를 대속하기 위해 죽으실 목적으로 이땅에 오셨다.

일부 비판적인 학자들은 오실 메시아에 대한 개념이 고대 인류의 사상에서 착안되었고 시간의 흐름을 따라 진화하다가 성경 속에 끼어 들어왔다고 주장한다. 이와 반대로 게라르드 반 그로닝겐은 이렇게 기록한다. "오실 메시아 개념은 하나님의 계시에서 시작되었다. 이방 민족의 정치적, 종교적 배경 속에 생겨난 것이 아니다. 과거와 현재와 미래의 정치적, 경제적, 군사적, 종교적 사건이나 전망이나 희망에서 기인한 것도 아니다. 메시아 개념은 남자와 여자가 왕이신 하나님의 자녀로 창조되던 때 처음으로 나타났다. 인류가 죄로 타락하여 왕의 자녀의 신분을 영원히 잃어버렸을 때 하나님은 이를 유지하고 회복시키기 위해 개입하셨다. 심각하게 훼손된 인간의 모습을 온전하고도 완벽히 회복시킬 왕이신 중보자를 약속하시고 보내 주신 것이다."[1]

신약의 렌즈를 통해 우리 눈을 예수님께 맞추고 구약을 공부하면, 초상, 모형, 그리스도의 현현, 구약의 직분, 창조와 돌보심 사역, 이스라엘을 위한 구속 사역, 주님의 이름과 호칭, 그리고 놀라운 메시아 예언 속에서 주님의 모습을 보게 된다. 하나님의 모든 약속과 언약이 그리스도 안에서 성취되었음을 깨닫게 된다. 거기에 더하여 신약성경이 풀어 주는 계시에 도움을 받는다면 구약의 모든 책에서 그리스도를 보다 선명하게 볼 수 있게 된다. 그로 인해 우리는 더 풍성하고 새로운 믿음의 삶이 가능해지며 구주를 향한 감사가 넘쳐나게 될 것이다. 그분이야말로 영원하고 친밀하며 사랑이 넘치는 관계를 맺기 위해 우리를 창조하신 분이니 말이다.

하나님은 우리가 어머니의 태에서 형질이 시작되기 전부터 우리를 알고 계셨다. 시간이 존재하기도 전에 우리를 구속하기 위한 계획을 세우셨다. (하나님의 돌이킬 수 없는 약속에 근거하고 예수 그리스도 안에서 정점에 다다르는) 이 계획은 성경을 공부하는 모든 사람을 위해 명백히 계시되어 있다. 영원한 구원으로 향하는 지도가 여기 있으므로 우리가 성경을 소중히 여기는 것이 마땅하다.

예수 그리스도는 살아 계시고 구원하신다. 예수 그리스도가 구원하시므로 우리는 살 수 있다.

부록

구약에 나오는 메시아 예언		
메시아 예언	구약의 언급	신약의 성취
여자의 후손	창 3:15	갈 4:4, 히 2:14
노아의 아들을 통해 나옴	창 9:27	눅 6:36
아브라함의 후손	창 12:3	마 1:1, 갈 3:8, 16
이삭의 후손	창 17:19	롬 9:7, 히 11:18
열방에 복이 됨	창 18:18	갈 3:8
이삭의 후손	창 21:12	롬 9:7, 히 11:18
이방인에게 복이 됨	창 22:18	갈 3:8, 16, 히 6:14
이방인에게 복이 됨	창 26:4	갈 3:8, 16, 히 6:14
아브라함을 통한 복	창 28:14	갈 3:8, 16, 히 6:14
유다 지파에서 출생함	창 49:10	계 5:5

뼈가 꺾이지 않을 것임	출 12:46	요 19:36
장자에 대한 축복	출 13:2	눅 2:23
뼈가 꺾이지 않을 것임	민 9:12	요 19:36
광야의 뱀	민 21:8-9	요 3:14-15
야곱에게서 나온 별	민 24:17-19	마 2:2, 눅 1:33, 78, 계 22:16
선지자로 오심	신 18:15, 18-19	요 6:14, 7:40, 행 3:22-23
나무 위에서 저주 받음	신 21:23	갈 3:13
영원히 견고한 다윗의 보좌	삼하 7:12-13, 16, 25-26, 대상 17:11-14, 23-27, 대하 21:7	마 19:28, 21:4, 25:31, 막 12:37, 눅 1:32, 요 7:4, 행 2:30, 13:23, 롬 1:3, 딤후 2:8, 히 1:5, 8, 8:1, 12:2, 계 22:1
약속된 대속자	욥 19:25-27	요 5:28-29, 갈 4:4, 엡 1:7, 11, 14
하나님의 아들로 선포됨	시 2:1-12	마 3:17, 막 1:11, 행 4:25-26, 13:33, 히 1:5, 5:5, 계 2:26-27, 19:15-16
부활	시 16:8-10	행 2:27, 13:35, 26:23
손과 발이 찔림	시 22:1-31	마 27:31, 35-36
조롱과 모욕을 당함	시 22:7-8	마 27:39-43, 45-49
군인들이 제비를 뽑음	시 22:18	막 15:20, 24-25, 34, 눅 19:24, 23:35, 요 19:15-18, 23-24, 34, 행 2:23-24
거짓 증인의 고소	시 27:12	마 26:60-61
영혼을 주께 맡김	시 31:5	눅 23:46

뼈가 꺾이지 않을 것임	시 34:20	요 19:36
거짓 증인의 고소	시 35:11	마 26:59-61, 막 14:57-58
이유 없이 미움 당함	시 35:19	요 15:24-25
멀리 서 있는 친구들	시 38:11	마 27:55, 막 15:40, 눅 23:49
"주의 뜻을 행하러 왔다"	시 40:6-8,	히 10:5-9
친구에게 배반을 당함	시 41:9	마 26:14-16, 47, 50, 막 14:17-21, 눅 22:19-23, 요 13:18-19
의가 널리 알려짐	시 45:2, 6-7	히 1:8-9
부활	시 49:15	막 16:6
친구에게 배반을 당함	시 55:12-14	요 13:18
승천	시 68:18	엡 4:8
이유 없이 미움을 당함	시 69:4	요 15:25
비방을 당함	시 69:9	요 2:17, 롬 15:3
쓸개와 식초를 받음	시 69:21	마 27:34, 48, 막 15:23, 눅 23:36, 요 19:29
하나님께 높임을 받음	시 72:1-19	마 2:2, 빌 2:9-11, 히 1:8
비유로 말씀하심	시 78:2	마 13:34-35:34
다윗의 후손이 높임을 받음	시 89:3-4, 19, 27-29, 35-37	눅 1:32, 행 2:30, 13:23, 롬 1:3, 딤후 2:8
인자가 영광으로 오심	시 102:16	눅 21:24, 27, 계 12:5-10
"주는 무궁하심"	시 102:24-27	히 1:10-12
원수들을 위해 기도하심	시 109:4	눅 23:34

유다를 대신할 사람	시 109:7-8	행 1:16-20
멜기세덱과 같은 제사장	시 110:1-7	마 22:41-45, 26:64, 막 12:35-37, 16:19, 행 7:56, 엡 1:20, 골 1:20, 히 1:13, 2:8, 5:6, 6:20, 7:21, 8:1, 10:11-13, 12:2
모퉁잇돌	시 118:22-23	마 21:42, 막 12:10-11, 눅 20:17, 요 1:11, 행 4:11, 엡 2:20, 벧전 2:4
주의 이름으로 오시는 왕	시 118:26	마 21:9, 23:39, 막 11:9, 눅 13:35, 19:38, 요 12:13
다윗의 후손이 다스림	시 132:11, 비교 삼하 7:12-13, 16, 25-26, 29	마 1:1
하나님의 아들로 선포됨	잠 30:4	마 3:17, 막 14:61-62, 눅 1:35, 요 3:13, 9:35-38, 11:21, 롬 1:2-4, 10:6-9, 벧후 1:17
열방에 회개가 전파됨	사 2:2-4	눅 24:47
굳은 마음	사 6:9-10	마 13:14-15, 요 12:39-40, 행 28:25-27
동정녀에게 태어남	사 7:14	마 1:22-23
걸림돌	사 8:14, 15	롬 9:33, 벧전 2:8
흑암에서 빛으로	사 9:1, 2	마 4:14-16, 눅 2:32
하나님이 우리와 계심	사 9:6, 7	마 1:21, 23, 눅 1:32-33, 요 8:58, 10:30, 14:19, 고후 5:19, 골 2:9
지혜와 능력이 풍성하심	사 11:1-10	마 3:16, 요 3:34, 롬 15:12, 히 1:9

자비로 다스리심	사 16:4-5	눅 1:31-33
단단한 곳에 박힌 못	사 22:21-25	계 3:7
죽음을 이긴 승리	사 25:6-12	고전 15:54
시온의 돌	사 28:16	롬 9:33, 벧전 2:6
귀 먼 자가 듣고 눈 먼 자가 봄	사 29:18-19	마 5:3, 11:5, 요 9:39
왕의 왕, 주의 주	사 32:1-4	계 19:16, 20:6
지극히 높으신 이의 아들	사 33:22	눅 1:32, 딤전 1:17, 6:15
아픈 자들을 고치심	사 35:4-10	마 9:30, 11:5, 12:22, 20:34, 21:14, 막 7:30, 요 5:9
주의 길을 예비함	사 40:3-5	마 3:3, 막 1:3, 눅 3:4-5, 요 1:23
양을 위해 목자가 죽으심	사 40:10-11	요 10:11, 히 13:20, 벧전 2:24-25
온유한 종	사 42:1-16	마 12:17-21, 눅 2:32
이방인을 위한 빛	사 49:6-12	행 13:47, 고후 6:2
채찍질과 침뱉음을 당함	사 50:6	마 26:67, 27:26, 30, 막 14:65, 15:15-19, 눅 22:64-65, 요 19:1
자기 백성에게 거절당함	사 52:13-53:12	마 8:17, 27:1-2, 12-14, 38
대신 고통을 당함	사 53:4-5	막 15:3-4, 27-28, 눅 23:1-25, 32-34
고소를 당할 때 침묵함	사 53:7	요 1:29, 11:49-52
죄인들과 십자가에 못박힘	사 53:12	요 12:37-38, 행 8:28-35

부자와 함께 장사됨	사 53:9	행 10:43, 13:38-39, 고전 15:3, 엡 7, 벧전 2:21-25, 요일 1:7, 9
백성이 아닌 자들을 부르심	사 55:4, 5,	요 18:37, 롬 9:25-26, 계 1:5
구원자가 시온에서 옴	사 59:16-20	롬 11:26-29
열방이 빛으로 나아옴	사 60:1-3	눅 2:32
기름 부음 받은 자가 자유를 선포함	사 61:1-2	눅 4:17-19, 행 10:38
새 이름으로 불림	사 62:11	눅 2:32, 계 3:12
왕이 오심	사 62:11	마 21:5
피에 물든 옷	사 63:1-3	계 19:13
고통받는 자와 함께 고통당함	사 63:8-9	마 25:34-40
선택된 자가 기업을 얻음	사 65:9	롬 11:5, 7, 히 7:14, 계 5:5
새 하늘과 새 땅	사 65:17-25	벧후 3:13, 계 21:1
우리의 의가 되신 주	렘 23:5, 6	요 2:19-21, 롬 1:3-4, 엡 2:20-21, 벧전 2:5
왕으로 나심	렘 30:9	요 18:37, 계 1:5
영아 대학살	렘 31:15	마 2:17-18
성령으로 잉태됨	렘 31:22	마 1:20, 눅 1:35
새로운 언약	렘 31:31-34	마 26:27-29, 막 14:22-24, 눅 22:15-20, 고전 11:25, 히 8:8-12, 10:15-17, 12:24, 13:20

신령한 집	렘 33:15-17	요 2:19-21, 엡 2:20-21, 벧전 2:5
하나님이 심으신 나무	겔 17:22-24	마 13:31-32
겸손한 자가 높임을 받음	겔 21:26-27	눅 1:52
선한 목자	겔 34:23-24	요 10:11
손으로 깎지 않은 돌	단 2:34-35	행 4:10-12
그의 나라가 승리할 것	단 2:44-45	눅 1:33, 고전 15:24, 계 11:15
영원한 통치	단 7:13-14	마 24:30, 25:31, 26:64, 막 14:61-62, 행 1:9-11, 계 1:7
거룩한 백성들의 나라	단 7:27	눅 1:33, 고전 15:24, 계 11:15
그가 탄생할 시기	단 9:24-27	마 24:15-21, 눅 3:1
이스라엘의 회복	호 3:5	요 18:37, 롬 11:25-27
애굽으로 피난	호 11:1	마 2:15
성령을 약속함	욜 2:28-32	행 2:17-21, 롬 15:13
태양이 어두워짐	암 8:9	마 24:29, 행 2:20, 계 6:12
성막의 회복	암 9:11-12	행 15:16-18
이스라엘을 다시 모으심	미 2:12-13	요 10:14, 26
왕국을 세우심	미 4:1-8	눅 1:33
베들레헴에서 탄생하심	미 5:1-5	마 2:1, 눅 2:4, 10-11
온 땅에 하나님의 영광을 아는 지식이 가득할 것	합 2:14	롬 11:26, 계 21:23-26

보좌의 어린 양	슥 2:10-13	계 5:13, 6:9, 21:24, 22:1-5
거룩한 제사장	슥 3:8	요 2:19-21, 엡 2:20-21, 벧전 2:5
하늘의 대제사장	슥 6:12-13	히 4:4, 8:1-2
승리의 입성	슥 9:9-10	마 21:4-5, 막 11:9-10, 눅 20:38, 요 12:13-15
은 몇십 개에 팔림	슥 11:12-13	마 26:14-15
토기장이의 밭을 삼	슥 11:12-13	마 27:9
몸이 찔림	슥 12:10	요 19:34, 37
목자는 맞고 양은 흩어짐	슥 13:1, 6-7	마 26:31, 요 16:32
미리 와서 준비하는 자	말 3:1	마 11:10, 막 1:2, 눅 7:27
우리 죄가 깨끗케 됨	말 3:3	히 1:3
세상의 빛	말 4:2-3	눅 1:78, 요 1:9, 12:46, 벧후 1:19, 계 2:28, 19:11-16, 22:16
엘리야가 임함	말 4:5-6	마 11:14, 17:10-12

- Chart contents used by permission: *Holman Bible Dictionary* (Nashville, TN: B&H Publishing Group), 1,089-1,091.

미주

들어가는 글

1. S. D. Toussaint, "Acts," in J. F. Walvoord and R. B. Zuck, eds., *The Bible Knowledge Commentary: An Exposition of the Scriptures* (Wheaton, IL: Victor Books, 1985), vol. 2, 423.
2. Udo Schnelle, Apostle Paul: *His Life and Theology*, trans. M. E. Boring (Grand Rapids, MI: Baker Academic, 2012), 384.
3. John B. Polhill, *Acts* (Nashville, TN: Broadman & Holman Publishers, 1992), vol. 26, 484.

1장

1. Sidney Greidanus, *Preaching Christ from Ecclesiastes: Foundations for Expository Sermons* (Grand Rapids, MI; Cambridge, UK: William B. Eerdmans Publishing Company, 2010), 48.
2.. John Blanchard, *The Complete Gathered Gold: A Treasury of Quotations for Christians* (Webster, NY: Darlington, England: Evangelical Press, 2006), 42.
3. Thomas S. Kepler, ed., *The Table Talk of Martin Luther* (Mineola, NY: Dover, 2005), 197.
4. Roy E. Gingrich, *Old Testament Survey* (Memphis, TN: Riverside Printing, 2001), 4
5. 성경신학은 조직신학과 구별되는 것으로, 성경 기자들이 성령의 이끄심 아래 당시 상황 속에서 믿고 기록하고 가르친 내용에 초점을 맞추어 성경을 연구한다. Walter A. Elwell, in *Evangelical Dictionary of Biblical Theology*, electronic ed. (Grand Rapids, MI: Baker Book House, 1996). "성경신학은 신학의 한 분야이며, 성경에 기록된 바 역사의 흐름 속에서 발전하는 하나님의 자기 계시를 체계적으로 다룬다." Charles C. Ryrie, *Biblical Theology of the New Testament* (Chicago, IL: Moody, 1959), 12. 도움이 될 만한 단편 논

문은 다음을 참조하라. Charles C. Ryrie, *Basic Theology* (Wheaton, IL: Victor Books, 1986), 14. 조직신학은 "어떤 주제에 대해서든 '성경 전체가 우리에게 가르치는 바가 무엇인가?'라는 질문에 대한 답이라고 정의할 수 있다. 이는 조직신학이란 다양한 주제를 놓고 성경의 연관된 모든 구절을 모아 이해하는 일이며, 또한 그 가르침을 명쾌하게 정리하여 각 주제에 있어 우리가 믿어야 할 바를 알게 해 주는 학문임을 보여 준다." Wayne A. Grudem, *Systematic Theology: An Introduction to Biblical Doctrine* (Leicester, England: Grand Rapids, MI: InterVarsity Press; Zondervan Publishing House, 2004), 21.

6. L. R. Helyer, *The Witness of Jesus, Paul and John: An Exploration in Biblical Theology* (Downers Grove, IL: InterVarsity Press, 2008), 40.
7. Warren W. Wiersbe, *Wiersbe's Expository Outlines on the Old Testament* (Wheaton, IL: Victor Books, 1993), 13.
8. John F. Walvoord, *Jesus Christ Our Lord* (Chicago, IL: Moody Bible Institute of Chicago, 1975, 2008), 36.
9. Eugene H. Merrill, *Everlasting Dominion* (Nashville, TN: B&H Publishing Group, 2006).
10. R. B. Zuck, *Basic Bible Interpretation: A Practical Guide to Discovering Biblical Truth* (Colorado Springs, CO: David C. Cook, 1991), 251.
11. Carl F. H. Henry, *Revelation and the Bible* (Grand Rapids, MI: Baker, 1958), 137-151.
12. Zuck, *Basic Bible Interpretation*, 251.
13. Ray C. Stedman, "God Spoke in Time Past," RayStedman.org, December 1, 1963.
14. Stephen Charnock, *The Complete Works of Stephen Charnock* (Edinburgh; London; Dublin: James Nichol; James Nisbet and Co.; W. Robertson; G. Herbert, 1864-1866), vol. 2, 7-8.
15. Vern S. Poythress, *The Shadow of Christ in the Law of Moses* (Phillipsburg, NJ: P & R Publishing, 1991), 4-5.
16. John F. MacArthur Jr., "The Glory of the New Covenant (1994)," *John MacArthur Sermon Archive* (Panorama City, CA: Grace to You, 2014).
17. Eugene H. Merrill, *Everlasting Dominion* (Nashville, TN: B&H, 2006).
18. Robert A. Morey, *How the Old and New Testaments Relate to Each Other* (Las Vegas, NV: Christian Scholars Press, 2002), 13-14.
19. J. D. Hannah, "Exodus," in J. F. Walvoord and R. B. Zuck, eds., *The Bible Knowledge Commentary: An Exposition of the Scriptures* (Wheaton, IL: Victor Books, 1985), vol. 1, 140; Norman Geisler, *Systematic Theology, Volume Four: Church, Last Things* (Minneapolis, MN: Bethany House Publishers, 2005), 236.
20. Kenneth Boa and Robert M. Bowman Jr., *An Unchanging Faith in a Changing World: Understanding and Responding to Critical Issues that Christians Face Today* (Nashville, TN: Oliver Nelson, 1997), 261.
21. Hans K. LaRondelle and Jon Paulien, *The Bible Jesus Interpreted* (Loma Linda, CA: Jon Paulien, 2014), 39.
22. Augustine of Hippo, *The City of God*, in P. Schaff, ed., M. Dods, trans., *St. Augustin's City of God and Christian Doctrine* (Buffalo, NY: Christian Literature Company, 1887), vol. 2, 326.
23. Philip Schaff, ed., *Saint Augustin: Anti-Pelagian Writings* (New York: Chris-

tian Literature Company, 1887), vol. 5, 35.

24. LaRondelle and Paulien, *The Bible Jesus Interpreted*, 39.

25. 앞의 책.

26. Vern S. Poythress, *The Shadow of Christ in the Law of Moses* (Phillipsburg, NJ: P & R Publishing, 1991), 7.

27. 앞의 책.

28. Ray C. Stedman, *Adventuring through the Old Testament* (Grand Rapids, MI: Discovery House Publishers, 2011), Kindle locations 441-463.

29. 앞의 책.

30. Graeme Goldsworthy의 Mark Dever, Graeme Goldsworthy에 대한 서문에서. *The Message of the Old Testament: Promises Made* (Wheaton, IL: Crossway, 2006).

31. 흔히 "기도로 하나님을 움직이시게 할 수 없다"는 뜻으로 이 구절을 추론할 때가 많으나 *Faithlife Study Bible*에서는 이 구절이 하나님이 마음을 바꾸실 수 없음을 의미하지 않는다고 단언한다. 그보다는 하나님이 선포하거나 약속한 일을 바꾸지 않으실 것이라는 의미라고 보아야 한다. 그만큼 하나님의 말씀은 완전히 신뢰하고 믿을 수 있으며 의지할 만하다는 뜻이다. John D. Barry et al., *Faithlife Study Bible* (Bellingham, WA: Logos Bible Software, 2012), 신명기 23장 9절에 대한 주. 하지만 일부 학자들은 다른 견해를 보인다. Got Questions Ministries, "Does God Change His Mind?," *Got Questions? Bible Questions Answered* (Bellingham, WA: Logos Bible Software, 2010)를 참조하라. 또 다른 견해를 참조하려면 Walter C. Kaiser et al., *Hard Sayings of the Bible* (Downers Grove, IL: InterVarsity, 1996), 108-109을 보라. 마지막으로 내 친구 프랭크 튜렉의 경우, 성경을 관찰자의 입장에서 기록된 것으로 본다. 따라서 모세의 간구 후 이스라엘에 대해 마음이 풀리신 하나님의 모습이 우리 눈에는 마음을 바꾸신 것처럼 보일 수 있다. 하지만 하나님은 문자적으로 마음을 바꾸신 것이 아니다. 단지 하나님은 전지하신 분으로서 모세의 기도로 자신이 이스라엘을 심판하지 않으리라는 것을 시종일관 알고 계셨다. 이와 비슷한 경우가 성경에서 해가 뜨고 해가 진다고 하는 말이다. (지구가 태양을 공전하므로) 그 표현이 문자 그대로 사실은 아니지만 우리가 별 고민없이 사용하는 것과 같은 이치다.

32. Mark Dever and Graeme Goldsworthy, *The Message of the Old Testament: Promises Made* (Wheaton, IL: Crossway, 2006).

33. John Blanchard, *The Complete Gathered Gold: A Treasury of Quotations for Christians* (Webster, New York; Darlington, England: Evangelical Press, 2006), 43.

34. L. A. Barbieri Jr., "Matthew," in J. F. Walvoord and R. B. Zuck, eds., *The Bible Knowledge Commentary: An Exposition of the Scriptures* (Wheaton, IL: Victor Books, 1985), vol. 2, 30.

35. F. F. Bruce, *The Canon of Scripture* (Downers Grove, IL: InterVarsity Press, 1988), 28.

36. Ravi Zacharias, *Deliver Us From Evil, Restoring the Soul in a Disintegrating Culture* (Nashville, TN: W Publishing Group, A Division of Thomas Nelson Inc., 1997), 47-48.

37. Warren W. Wiersbe, *Wiersbe's Expository Outlines on the Old Testament* (Wheaton, IL: Victor Books, 1993), 11.

2장

1. J. Sidlow Baxter가 인용함. *Explore the Book* (Grand Rapids, MI: Zondervan, 1960), vol. 2, 8.
2. D. Martyn Lloyd-Jones, *The Gospel in Genesis: From Fig Leaves to Faith* (P. Leominster) (Wheaton, IL: Day One Publications, 2010), 5.
3. Graeme Goldsworthy, *Preaching the Whole Bible as Christian Scripture: The Application of Biblical Theology to Expository Preaching* (Grand Rapids, MI; Cambridge: William B. Eerdmans Publishing Company, 2000), 27.
4. John D. Barry et al., *Faithlife Study Bible* (Bellingham, WA: Logos Bible Software, 2012).
5. Marsha A. Ellis Smith, June Swann, Trent C. Butler, Christopher L. Church, and David S. Dockery, *Holman Book of Biblical Charts, Maps, and Reconstructions* (Nashville, TN: Broadman & Holman Publishers, 1993), 31-32.
6. Goldsworthy, *Preaching the Whole Bible*, 27.
7. Bruce K. Waltke, with Charles Yu, *An Old Testament Theology: An Exegetical, Canonical, and Thematic Approach* (Grand Rapids, MI: Zondervan, 2007), 133.
8. Alfred Edersheim, *Bible History: Old Testament* (Oak Harbor, WA: Logos Bible Software, 1997; originally published 1876-1877), vol. 4, 2.
9. Ismael E. Amaya, *Journal of the Evangelical Theological Society* (1971): 14, 68.
10. George Eldon Ladd, "The Saving Acts of God," *Christianity Today*, January 30, 1961.
11. Roy R. Matheson, *Old Testament Survey* (Chicago, IL: Moody Bible Institute of Chicago, 1989), xii.
12. Crossway Bibles, *The ESV Study Bible* (Wheaton, IL: Crossway Bibles, 2008), 866.
13. 앞의 책.
14. P. J. Achtemeier, "Harper & Row and Society of Biblical Literature," in *Harper's Bible Dictionary*, 1st ed. (San Francisco, CA: Harper & Row, 1985), 166.
15. Richard Bauckham, "Reading Scripture as a Coherent Story," in Ellen F. Davis and Richard. B. Hays, eds., *The Art of Reading Scripture* (Grand Rapids, MI; Cambridge, UK: William B. Eerdmans Publishing Company, 2003), 41-42.
16. 앞의 책, 42쪽.
17. C. I. Scofield, *The Scofield Reference Bible: The Holy Bible Containing the Old and New Testaments* (New York; London; Toronto; Melbourne; Bombay: Oxford University Press, 1917), v.
18. 여러 종류의 성경을 읽으면서 정리했고, ESV 성경 *The Holy Bible: English Standard Version* (Wheaton: Standard Bible Society, 2001)의 서문과 여러 자료의 요약본을 참고했다. Mark Dever and Graeme Goldsworthy, *The Message of the Old Testament: Promises Made* (Wheaton, IL: Crossway, 2006); Tremper Longman III and Raymond B. Dillard, *An Introduction to the Old Testament*, 2nd ed. (Grand Rapids, MI: Zondervan, 2007); Kendell Easley, *Holman QuickSource Guide to Notes 351 Understanding the Bible* (Nashville, TN: Holman Bible Publishers, 2002) 등 여러 자료를 참고했다.

3장

1. Alfred Edersheim, *Bible History: Old Testament* (Oak Harbor, WA: Logos Bible Software, 1997; originally published 1876-1877), vol. 1, x.
2. Paul N. Benware, *Survey of the Old Testament (Revised)* (Chicago, IL: Moody Press, 1993), 18-20.
3. Jason D. DeRouchie, ed., *What the Old Testament Authors Really Cared about: A Survey of Jesus' Bible* (Grand Rapids, MI: Kregel Academic, 2013), 32.
4. Walter A. Elwell and B. J. Beitzel, in *Baker Encyclopedia of the Bible* (Grand Rapids, MI: Baker Book House, 1988), vol. 1, 448.
5. Samuel J. Schultz and Gary V. Smith, *Exploring the Old Testament* (Wheaton, IL: Crossway Books, 2001), 12; H. I. Hester, The Heart of Hebrew History: A Study of the Old Testament, rev. ed. (Nashville, TN: Broadman & Holman Publishers, 1962), 67.
6. Wilbur Fields, *Old Testament History: An Overview of Sacred History & Truth* (Joplin, MO: College Press Publishing Company, 1996), 14.
7. Gary Staats, *A Brief Survey through the Hebrew Scriptures: Viewing the Basic Overall Themes and Different High Points of the Books from an Ancient Near-Eastern and Christological Approach*, M. Johnson, ed. (Dr. Gary Staats, 2012), 5-6.
8. Lawrence O. Richards, *The Teacher's Commentary* (Wheaton, IL: Victor Books, 1987), 17. 리처드의 연대표에서는 사사 시대의 시작을 주전 1367년으로 보는데, 이 경우 가나안 정복과 사사 시대 사이에 23년의 공백이 생긴다. 이것이 실수로 보이는 이유는 저자가 176쪽에서 사사 시대가 주전 1390년에 시작되었다고 말하기 때문이다. 그럴 경우 공백은 없어진다. 더욱이 저자가 바벨론 포로가 끝나는 시기를 주전 538년이라고 하는데, 나는 여러 학자들이 인용하고 있는 주전 516년일 가능성도 포함해 두었다.
9. Martin Lloyd-Jones, *God the Father, God the Son* (Wheaton, IL: Crossway Books, 1996), 228; G. W. Bromiley, "Atonement," in G. W. Bromiley, ed., *The International Standard Bible Encyclopedia, Revised* (Grand Rapids, MI: Wm. B. Eerdmans, 1979-1988), vol. 1, 353.
10. Richard P. Belcher Jr., Genesis, *The Beginning of God's Plan of Salvation* (Scotland, UK: Christian Focus Publications Ltd., 2012), 51-52.
11. 앞의 책, 52쪽.
12. Kenneth A. Mathews, *Genesis 1-11:26* (Nashville, TN: Broadman & Holman Publishers, 1996), vol. 1A, 160.
13. Roy E. Gingrich, *Old Testament Survey* (Memphis, TN: Riverside Printing, 2001), 4.
14. G. Campbell Morgan, *The Analyzed Bible: Genesis to Esther* (New York; Chicago; Toronto; London; Edinburgh: Fleming H. Revell Company, 1907), vol. 1, 18.
15. Richard P. Belcher Jr., *Genesis, The Beginning of God's Plan of Salvation* (Scotland, UK: Christian Focus Publications Ltd., 2012), 112에서 이 주제를 어떻게 다루는지 보라.
16. John Peter Lange, Tayler Lewis, and A. Gosman, *A Commentary on the Holy Scriptures: Genesis* (Bellingham, WA: Logos Bible Software, 2008), 460, 472, 578.
17. Roy R. Matheson, *Old Testament Survey* (Chicago, IL: Moody Bible Institute

of Chicago, 1989), 10.

18. G. Campbell Morgan, *Living Messages of the Books of the Bible: Old Testament* (New York: Fleming H. Revell Company, 1908), vol. 1, 32-33.
19. Roy B. Zuck, *A Biblical Theology of the Old Testament*, electronic ed. (Chicago, IL: Moody Press, 1991), 13.
20. R. L. Harris, S. J. Schultz, G. V. Smith, and W. M. Dunnett, *Exploring the Bible: A Guide to the Old and New Testaments* (Wheaton, IL: Crossway, 2002).
21. 앞의 책.
22. A. T. Shearman and J. Heading, eds., *Day by Day in the Psalms* (West Glamorgan, UK: Precious Seed, 1986), 315.
23. Bruce Wilkinson and Kenneth Boa, *Talk thru the Bible* (Nashville, TN: Thomas Nelson, 1983), 457.
24. Matheson, *Old Testament Survey*, 24.
25. James E. Smith, *The Pentateuch*, 2nd ed. (Joplin, MO: College Press Pub. Co.: 1993); Matheson, Old Testament Survey, 22.
26. Tremper Longman III, *Introducing the Old Testament: A Short Guide to Its History and Message* (Grand Rapids, MI: Zondervan, 2012), 32.
27. Charles Dyer, Eugene Merrill, Charles R. Swindoll, and Roy B. Zuck, *Nelson's Old Testament Survey: Discover the Background, Theology and Meaning of Every Book in the Old Testament* (Nashville, TN: Word, 2001), 161.
28. Bill T. Arnold and H. G. M. Williamson, in *Dictionary of the Old Testament: Historical Books* (Downers Grove, IL: InterVarsity Press, 2005), 132; C. G. Libolt, "Canaan," in Geoffrey W. Bromiley, ed., *The International Standard Bible Encyclopedia, Revised* (Grand Rapids, MI: Wm. B. Eerdmans, 1979-1988), vol. 1, 587.
29. John D. Barry et al., *Faithlife Study Bible* (Bellingham, WA: Logos Bible Software, 2012); David Noel et al., eds., in *The Anchor Yale Bible Dictionary* (New York: Doubleday, 1992), vol. 1, 831; Schultz and Smith, *Exploring the Old Testament*, 49. Gingrich, *Old Testament Survey*, 9에서는 아스다롯이 바알의 아내로 나온다는 점을 참조하라.
30. William Sanford LaSor, David Allan Hubbard, and Frederic W. Bush, *Old Testament Survey: The Message, Form, and Background of the Old Testament*, 2nd ed. (Grand Rapids, MI: William B. Eerdmans Publishing Company), 152.
31. George Ernest Wright and Floyd V. Filson, eds., *Westminster Historical Atlas of the Bible* (Philadelphia, PA: Westminster Press, 1956), 34.
32. Schultz and Smith, *Exploring the Old Testament*, 49.
33. Eugene H. Merrill, *Kingdom of Priests: A History of Old Testament Israel*, 2nd ed. (Grand Rapids, MI: Baker Academic, 2008), 111.
34. Douglas Redford, *The History of Israel* (Cincinnati, OH: Standard Publishing, 2008), vol. 2, 9.
35. Longman, *Introducing the Old Testament*, 41-42.
36. Hester, *The Heart of Hebrew History*, 155.
37. James E. Smith, *The Books of History* (Joplin, MO: College Press, 1995).
38. Redford, *The History of Israel*, vol. 2, 33-34.
39. Gingrich, *Old Testament Survey*, 30.
40. Hester, *The Heart of Hebrew History*,

155.

41. Redford, *The History of Israel,* vol. 2, 35.

42. Gingrich, *Old Testament Survey,* 32.

43. J. W. Reed, "Ruth," in J. F. Walvoord and R. B. Zuck, eds., *The Bible Knowledge Commentary: An Exposition of the Scriptures* (Wheaton, IL: Victor Books, 1985), vol. 1, 415.

44. Jack W. Hayford et al., eds., *New Spirit-Filled Life Bible* (Nashville, TN: Thomas Nelson Bibles, 2002), 350.

45. LaSor, Hubbard, and Bush, *Old Testament Survey,* 165.

46. 앞의 책. 168쪽.

47. Wayne A. Grudem, *Systematic Theology: An Introduction to Biblical Doctrine* (Leicester, England; Grand Rapids, MI: Inter-Varsity Press; Zondervan, 2004), 624.

48. J. Knox Chamblin, *Matthew: A Mentor Commentary* (Ross-shire, Great Britain: Mentor, 2010), 130.

49. James E. Smith, *The College Press NIV Commentary, 1 & 2 Samuel* (Joplin, MO: College Press Pub. Co, 2000), 138.

50. Gingrich, *Old Testament Survey,* 32.

51. Schultz and Smith, *Exploring the Old Testament,* 57.

52. Hester, *The Heart of Hebrew History,* 165.

53. 앞의 책.

54. Eugene H. Merrill, in Walvoord and Zuck, eds., *The Bible Knowledge Commentary,* vol. 1, 430.

55. Harris, Schultz, Smith, and Dunnett, *Exploring the Bible.*

56. 앞의 책.

57. Robert D. Bergen, *1, 2 Samuel* (Nashville, TN: Broadman & Holman Publishers, 1996), vol. 7, 172.

58. Eugene H. Merrill, "1 Samuel," in Walvoord and Zuck, eds., *The Bible Knowledge Commentary,* vol. 1, 449.

59. Fields, *Old Testament History,* 417.

60. Zuck, *A Biblical Theology of the Old Testament,* 118.

61. Craig A. Blaising and Darrell L. Bock, *Progressive Dispensationalism* (Grand Rapids, MI: Baker Books, 1993), 166.

62. Eugene H. Merrill, "2 Samuel," in Walvoord and Zuck, eds., *The Bible Knowledge Commentary,* vol. 1, 464.

63. R. E. Clements, "The Messianic Hope in the Old Testament," *Journal for the Study of the Old Testament* 43 (1989), 12.

64. Matheson, *Old Testament Survey,* 76.

65. 앞의 책.

66. Dyer, Merrill, Swindoll, and Zuck, *Nelson's Old Testament Survey,* 241.

67. 앞의 책. 253쪽.

68. Ryken et al., in *Dictionary of Biblical Imagery,* electronic ed. (Downers Grove, IL: InterVarsity Press, 2000), 849.

69. Matheson, *Old Testament Survey,* 88.

4장

1. R. L. Drouhard, "Agriculture," in J. D. Barry et al., eds., *The Lexham Bible Dictionary* (Bellingham, WA: Lexham Press, 2012, 2013, 2014).

2. Roy R. Matheson, *Old Testament Survey* (Chicago, IL: Moody Bible Institute of Chicago, 1989), 89.

3. Wilbur Fields, *Old Testament History: An Overview of Sacred History & Truth* (Joplin, MO: College Press Publishing Company, 1996), 503-504.

4. Lawrence O. Richards, *The Teacher's Commentary* (Wheaton, IL: Victor Books, 1987), 278.
5. 앞의 책. 255쪽.
6. Dale R. Davis, *2 Kings: The Power and the Fury* (Great Britain: Christian Focus Publications, 2005), 32.
7. John G. Butler, *Elisha: The Miracle Prophet* (Clinton, IA: LBC Publications, 1994), vol. 4, 38.
8. Fields, *Old Testament History*, 539.
9. William Sanford LaSor, David Allan Hubbard, and Frederic W. Bush, *Old Testament Survey: The Message, Form, and Background of the Old Testament*, 2nd ed. (Grand Rapids, MI: William B. Eerdmans Publishing Company), 205.
10. Frank E. Gaebelin et al., *The Expositor's Bible Commentary: 1 & 2 Kings, 1 & 2 Chronicles, Ezra, Nehemiah, Esther, Job* (Grand Rapids, MI: Zondervan Publishing House, 1988), vol. 4, 176.
11. LaSor, Hubbard, and Bush, *Old Testament Survey*, 205.
12. R. L. Harris, S. J. Schultz, G. V. Smith, and W. M. Dunnett, *Exploring the Bible: A Guide to the Old and New Testaments* (Wheaton, IL: Crossway, 2002).
13. James E. Smith, *The Books of History* (Joplin, MO: College Press, 1995).
14. Matheson, *Old Testament Survey*, 93.
15. Fields, *Old Testament History*, 577.
16. 덧붙여 말하자면, 시인 바이런이 그의 시 "센나케리브의 파멸"(The Destruction of Sennacherib)에서 센나케리브(산헤립)의 정복을 그리고 있다.
17. John Peter Lange et al., A Commentary on the Holy Scriptures: Jeremiah (Bellingham, WA: 2008), 1.
18. Crossway Bibles, *The ESV Study Bible* (Wheaton, IL: Crossway Bibles, 2008), 689.
19. T. L. Constable, "2 Kings," in J. F. Walvoord and R. B. Zuck, eds., *The Bible Knowledge Commentary: An Exposition of the Scriptures* (Wheaton, IL: Victor Books, 1985), vol. 1, 581; Dale R. Davis, *2 Kings: The Power and the Fury* (Great Britain: Christian Focus Publications, 2005), 316; D. Slager, Preface, in P. Clarke, S. Brown, L. Dorn, and D. Slager, eds., *A Handbook on 1 & 2 Kings* (New York: United Bible Societies, 2008), vols. 1-2, 1,264.
20. T. L. Constable, "2 Kings," in Walvoord and Zuck, *The Bible Knowledge Commentary*, vol. 1, 581, and Crossway Bibles, *The ESV Study Bible* (Wheaton, IL: Crossway Bibles, 2008), 689.
21. J. L. Nuelsen Orr, E. Y. Mullins, and M. O. Evans, eds., in *The International Standard Bible Encyclopaedia*, vols. 1-5 (Chicago, IL: The Howard-Severance Company, 1915), 571.
22. T. L. Constable, "2 Kings," in Walvoord and Zuck, *The Bible Knowledge Commentary*, vols. 1, 585.
23. J. Sidlow Baxter, *Explore the Book* (Grand Rapids, MI; Zondervan Publishing House, 1960), vol. 2, 117.
24. Roy E. Gingrich, *Old Testament Survey* (Memphis, TN: Riverside Printing, 2001), 4.
25. James E. Smith, *Bible History Made Simple* (Joplin, MO: College Press Publishing Company, 2009), 103.
26. James Luther Mays, ed., *Harper's Bible Commentary* (San Francisco, CA: Harper & Row, 1988), 607.
27. Alfred Edersheim, *Bible History: Old Testament* (Oak Harbor, WA: Logos Bi-

ble Software, 1997; originally published 1876-1877), vol. 7, 211.

28. D. F. Morgan, "Captivity," in G. W. Bromiley, ed., *The International Standard Bible Encyclopedia, Revised* (Grand Rapids, MI: Wm. B. Eerdmans, 1979-1988), vol. 1, 614.
29. Richards, *The Teacher's Commentary*, 292.
30. 앞의 책. 293쪽.
31. 앞의 책.
32. C. H. Dyer, "Ezekiel," in Walvoord and Zuck, *The Bible Knowledge Commentary*, vol. 1, 1,224.
33. H. I. Hester, *The Heart of Hebrew History: A Study of the Old Testament*, rev. ed. (Nashville, TN: Broadman & Holman Publishers, 1962), 252.
34. Lamar Eugene Cooper Sr., Ezekiel, vol. 17, in *The New American Commentary* (Nashville, TN: Broadman & Holman Publishers, 1994), 75.
35. P. A. Beaulieu, "History of Israel 6: Babylonian Period," in B. T. Arnold and H. G. M. Williamson, eds., *Dictionary of the Old Testament: Historical Books* (Downers Grove, IL: InterVarsity Press, 2005).
36. Walter A. Elwell and B. J. Beitzel, in *Baker Encyclopedia of the Bible* (Grand Rapids, MI: Baker Book House, 1988), vol. 1, 734.
37. Francis Ernest Gigot, *Outlines of Jewish History* (New York; Cincinnati; Chicago: Benziger Brothers, 1918), 306.
38. Elwell and Beitzel, in *Baker Encyclopedia of the Bible*, vol. 1, 734.
39. Dr. Foakes-Jackson, Biblical History of the Hebrews, 316, in J. L. Nuelsen Orr, E. Y. Mullins, and M. O. Evans, eds., *The International Standard Bible Encyclopedia*, vols. 1-5 (Chicago, IL: The Howard-Severance Company, 1915), 574.
40. T. Nicol, in Orr, Mullins, and Evans, *The International Standard Bible Encyclopedia*, 574.
41. Gingrich, *Old Testament Survey*, *47; Gigot, Outlines of Jewish History, 308; Paul N. Benware, Survey of the Old Testament (Revised)* (Chicago, IL: Moody Press, 1993), 135; *The Open Bible: New King James Version*, electronic ed. (Nashville, TN: Thomas Nelson Publishers, 1998).
42. *The Open Bible: New King James Version*, electronic ed. (Nashville, TN: Thomas Nelson Publishers, 1998).
43. Richards, *The Teacher's Commentary*, 291.
44. Paul N. Benware, *Survey of the Old Testament (Revised)* (Chicago, IL: Moody Press, 1993), 136.
45. John F. Walvoord, *The Prophecy Knowledge Handbook* (Wheaton, IL: Victor Books, 1990), 147.
46. F. B. Huey Jr., *Jeremiah*, *Lamentations* (Nashville, TN: Broadman & Holman Publishers, 1993), vol. 16, 370.
47. Bruce K. Waltke, *An Old Testament Theology: An Exegetical, Canonical, and Thematic Approach* (Grand Rapids, MI: Zondervan, 2007), 775.
48. Matheson, *Old Testament Survey*, 105.
49. Roy E. Gingrich, *Old Testament Survey* (Memphis, TN: Riverside Printing, 2001), 47; Francis Ernest Gigot, *Outlines of Jewish History* (New York; Cincinnati; Chicago: Benziger Brothers, 1918).
50. Matheson, *Old Testament Survey*, 106.
51. G. A. Getz, "Nehemiah," in Walvoord

and Zuck, *The Bible Knowledge Commentary,* vol. 1, 673.

5장

1. W. Graham Scroggie, *The Unfolding Drama of Redemption* (Grand Rapids, MI: Kregel Publications, 1976), vol. 1, 30.
2. Graham Scroggie quoted in Warren W. Wiersbe, *Wiersbe's Expository Outlines on the Old Testament* (Wheaton, IL: Victor Books, 1993), 12.
3. Roy E. Gingrich, *Old Testament Survey* (Memphis, TN: Riverside Printing, 2001), 4.
4. Norman L. Geisler, *To Understand the Bible Look for Jesus: The Bible Student's Guide to the Bible's Central Theme* (Eugene, OR: Wipf and Stock Publishers, 1979), 89.
5. Ray Comfort, *The Evidence Bible: Irrefutable Evidence for the Thinking Mind* (Gainesville, FL: Bridge-Logos, 2003), 142.
6. Geisler, *To Understand the Bible Look for Jesus*, 89.
7. James E. Smith, *Bible History Made Simple* (Joplin, MO: College Press Publishing Company, 2009), 10.
8. 앞의 책.
9. Crossway Bibles, *The ESV Study Bible* (Wheaton, IL: Crossway Bibles, 2008), 23.
10. Geisler, *To Understand the Bible Look for Jesus*, 7.
11. Scroggie, *The Unfolding Drama of Redemption*, 31.
12. Walter C. Kaiser, *The Promise-Plan of God: A Biblical Theology of the Old and New Testaments* (Grand Rapids, MI: Zondervan, 2008), 19.
13. Walter C. Kaiser, *The Messiah in the Old Testament* (Grand Rapids: MI: Zondervan Publishing House, 1995), 29.
14. Kaiser, *The Promise-Plan of God,* 19.
15. Kaiser, *The Messiah in the Old Testament,* 136.
16. Kaiser, *The Promise-Plan of God,* 19.
17. 앞의 책. 18쪽.
18. Kaiser, *The Messiah in the Old Testament,* 137.
19. 앞의 책.
20. Larry Richards, *Every Promise in the Bible* (Nashville, TN: T. Nelson Publishers, 1998), 5.
21. O. Palmer Robertson, *The Christ of the Covenants* (Phillipsburg, NJ: Presbyterian and Reformed Publishing Co., 1980), 17.
22. Crossway Bibles, *The ESV Study Bible* (Wheaton, IL: Crossway Bibles, 2008), 24.
23. Wayne A. Grudem, *Systematic Theology: An Introduction to Biblical Doctrine* (Leicester, England; Grand Rapids, MI: Inter-Varsity Press; Zondervan, 2004), 515.
24. 앞의 책.
25. Simon J. Kistemaker and W. Hendriksen, *Exposition of the Second Epistle to the Corinthians* (Grand Rapids, MI: Baker Book House, 1953-2001), vol. 19, 231.
26. Douglas Stuart, *Exodus* (Nashville, TN: Broadman & Holman Publishers, 2006), vol. 2, 171-172.
27. Paul S. Karleen, *The Handbook to Bible Study: With a Guide to the Scofield Study System* (New York: Oxford University Press, 1987), 318, 335.
28. Jason D. DeRouchie, ed., *What the Old*

Testament Authors Really Cared about: A Survey of Jesus' Bible (Grand Rapids, MI: Kregel Academic, 2013), 32.

29. Crossway Bibles, *The ESV Study Bible* (Wheaton, IL: Crossway Bibles, 2008), 24.
30. Hans K. LaRondelle and Jon Paulie, *The Bible Jesus Interpreted* (Loma Linda, CA: Jon Paulien, 2014), 82.
31. 앞의 책. 83쪽.
32. Grudem, *Systematic Theology,* 522.
33. Arnold G. Fruchtenbaum, *The Messianic Bible Study Collection* (Tustin, CA: Ariel Ministries, 1983), vol. 1, 5.
34. Lewis Sperry Chafer, in *Systematic Theology* (Grand Rapids, MI: Kregel Publications, 1993), vol. 7, 112. 그런데 일부 학자들은 하나님이 육체적 죽음이 아니라 영적 죽음만 언급했다고 주장한다. 아담의 죽음도 점진적이지 즉각적이지 않았던 것처럼 말이다. 참고, Grudem, *Systematic Theology,* 516.
35. Got Questions Ministries, *Got Questions? Bible Questions Answered* (Bellingham, WA: Logos Bible Software, 2010).
36. Sung Wook Chung, "Toward the Reformed and Covenantal Theology of Premillennialism: A Proposal," in C. L. Blomberg, ed., *A Case for Historic Premillennialism: An Alternative to "Left Behind" Eschatology* (Grand Rapids, MI: Baker Academic, 2009), 141-142.
37. Robertson, *The Christ of the Covenants*, 93.
38. Dwight J. Pentecost, *Thy Kingdom Come: Tracing God's Kingdom Program and Covenant Promises throughout History* (Grand Rapids, MI: Kregel Publications, 1995), 45.
39. C. I. Scofield, *What Do the Prophets Say?* (Philadelphia, PA: The Sunday School Times Company, 1918), 29.
40. C. I. Scofield, *The Scofield Reference Bible: The Holy Bible Containing the Old and New Testaments* (New York; London; Toronto; Melbourne; Bombay: Oxford University Press, 1917), 16; Scofield, *What Do the Prophets Say?,* 29.
41. J. Gordon McConville, and Stephen N. Williams, *Joshua* (Grand Rapids, MI; Cambridge, UK: William B. Eerdmans Publishing Company, 2010), 143.
42. Gerard Van Groningen, *Messianic Revelation in the Old Testament* (Grand Rapids, MI: Baker Book House, 1990), 127.
43. 앞의 책. 129쪽.
44. Scofield, *The Scofield Reference Bible,* 1,298.
45. Van Groningen, *Messianic Revelation in the Old Testament*, 129.
46. Mark Dever and Graeme Goldsworthy, *The Message of the Old Testament: Promises Made* (Wheaton, IL: Crossway, 2006).
47. Van Groningen, *Messianic Revelation in the Old Testament,* 141.
48. Craig A. Blaising and Darrell L. Bock, *Progressive Dispensationalism* (Grand Rapids, MI: Baker Books, 1993), 189.
49. William MacDonald, *Believer's Bible Commentary: Old and New Testaments*, A. Farstad, ed. (Nashville, TN: Thomas Nelson, 1995), 41.
50. John F. Walvoord, "Millennial Series," *Bibliotheca Sacra* (1951-1952): 109, 38-40.
51. Fruchtenbaum, *The Messianic Bible Study Collection*, vol. 21, 16.
52. William Sanford LaSor, David Allan

Hubbard, and Frederic W. Bush, *Old Testament Survey: The Message, Form, and Background of the Old Testament*, 2nd ed. (Grand Rapids, MI: William B. Eerdmans Publishing Company), 47.

53. Blaising and Bock, *Progressive Dispensationalism,* 141-143.
54. 앞의 책. 141-142쪽.
55. Roy B. Zuck et al., *A Biblical Theology of the Old Testament*, electronic ed. (Chicago, IL: Moody Press, 1991), 32.
56. Michael Lawrence, *Biblical Theology in the Life of the Church: A Guide for Ministry* (Wheaton, IL: Crossway, 2010), 60.
57. Zuck et al., *A Biblical Theology of the Old Testament,* 33.
58. 언약 본문은 출 20:1-23:33에 정연하게 기술되어 있다. 하지만 축복과 저주는 레위기 26장에 나오고, 더 뒤로 가서 신명기 28:1-68도 언약의 일부를 이룬다. 참조 See Zuck et al., *A Biblical Theology of the Old Testament*, 35.
59. Zuck et al., *A Biblical Theology of the Old Testament,* 12-13.
60. Paul P. Enns, *The Moody Handbook of Theology* (Chicago, IL: Moody Press, 1989), 57; Charles Fred Lincoln, The Biblical Covenants, Part 2, *Bibliotheca Sacra,* 1943, 100:448.
61. J. Vernon McGee, *Through the Bible with J. Vernon McGee*, electronic ed. (Nashville, TN: Thomas Nelson, 1997), vol. 1, 406.
62. Fruchtenbaum, *The Messianic Bible Study Collection,* vol. 21, 18.
63. Vern S. Poythress, *The Shadow of Christ in the Law of Moses* (Phillipsburg, NJ: P & R Publishing, 1991), 43.
64. David M. Howard, "The Historical Books," in John D. Barry et al., *Faithlife Study Bible* (Bellingham, WA: Logos Bible Software, 2012).
65. Paul R. Williamson, *Sealed with an Oath* (Downers Grove, IL: InterVarsity Press, 2007), 94.
66. Blaising and Bock, *Progressive Dispensationalism*, 151.
67. Charles Spurgeon, "What Is the Purpose of the Law?," in Ray Comfort, *The Evidence Bible: Irrefutable Evidence for the Thinking Mind*, K. Cameron, ed. (Orlando, FL: Bridge-Logos, 2003), 1,528.
68. Charles Spurgeon, "The Function of the Law?," in Comfort, *The Evidence Bible,* 1528.
69. Ralph H. Alexander, *Ezekiel* (Chicago, IL: Moody Press, 1976), 60.
70. Jason D. DeRouchie, ed., *What the Old Testament Authors Really Cared about: A Survey of Jesus' Bible* (Grand Rapids, MI: Kregel Academic, 2013), 33; Scofield, The Scofield Reference Bible, 1,298.
71. Norman Geisler, *Systematic Theology, Volume Four: Church, Last Things* (Minneapolis, MN: Bethany House Publishers, 2005), 516-517.
72. 앞의 책. 517쪽.
73. Walter C. Kaiser in Stanley N. Gundry, ed., *Five Views on Law and Gospel* (Grand Rapids, MI: Zondervan, 1999), 177.

6장

1. Larry D. Pettegrew, "The New Covenant," *Master's Seminary Journal* (Fall 1999): 10, no. 2, 250.
2. C. I. Scofield, *The Scofield Reference Bible: The Holy Bible Containing the*

Old and New Testaments (New York; London; Toronto; Melbourne; Bombay: Oxford University Press, 1917), 1,298.
3. 앞의 책, 250쪽.
4. Walter C. Kaiser, *The Promise-Plan of God: A Biblical Theology of the Old and New Testaments* (Grand Rapids, MI: Zondervan, 2008), 93.
5. Eugene H. Merrill, *Deuteronomy* (Nashville, TN: Broadman & Holman Publishers, 1994), vol. 4, 354.
6. William MacDonald, *Believer's Bible Commentary: Old and New Testaments*, A. Farstad, ed. (Nashville, TN: Thomas Nelson, 1995), 42.
7. Dwight J. Pentecost, *Things to Come: A Study in Biblical Eschatology* (Grand Rapids, MI: Dunham Publishing Company, 1958), 97.
8. Arnold G. Fruchtenbaum, *Israelology: The Missing Link in Systematic Theology*, rev. ed. (Tustin, CA: Ariel Ministries, 1994), 50.
9. Paul P. Enns, *The Moody Handbook of Theology* (Chicago, IL: Moody Press, 1989), 59.
10. Josh McDowell and Don Stewart, *Answers to Tough Questions* (Nashville, TN: Thomas Nelson Publishers, 1993).
11. Tony Evans, "Prophecy, God's Eternal Drama, 'The Key to Prophecy,'" TonyEvans.org, 8.
12. S. Hahn, "Covenant," in J. D. Barry et al., eds., *The Lexham Bible Dictionary* (Bellingham, WA: Lexham Press, 2012, 2013, 2014).
13. C. I. Scofield, *What Do the Prophets Say?* (Philadelphia, PA: The Sunday School Times Company, 1918), 59.
14. Crossway Bibles, *The ESV Study Bible* (Wheaton, IL: Crossway Bibles, 2008), 700.
15. Charles C. Ryrie, *Ryrie Study Bible: New International Version*, expanded ed. (Chicago, IL: Moody Publishers, 1994), 462.
16. MacDonald, *Believer's Bible Commentary*, 761.
17. Crossway Bibles, *The ESV Study Bible* (Wheaton, IL: Crossway Bibles, 2008), 554.
18. Gordon H. Johnston, "Messianic Trajectories in God's Covenant Promise to David," in *Jesus the Messiah: Tracing the Promises, Expectations, and Coming of Israel's King* (Grand Rapids, MI: Kregel Academic, 2012), 68.
19. David Murray, *Jesus on Every Page: 10 Simple Ways to Seek and Find Christ in the Old Testament* (Nashville, TN: Thomas Nelson, 2013).
20. John D. Barry et al., *Faithlife Study Bible* (Bellingham, WA: Logos Bible Software, 2012).
21. Hahn, "Covenant," in Barry et al., eds., *The Lexham Bible Dictionary*.
22. Craig A. Evans and Peter W. Flint, eds., *Eschatology, Messianism, and the Dead Sea Scrolls* (Grand Rapids, MI: William B. Eerdmans Publishing Company, 1997), 1-2.
23. G. Lanier, "Davidic Covenant," in John D. Barry et al., eds., *The Lexham Bible Dictionary* (Bellingham, WA: Lexham Press, 2012, 2013, 2014).
24. J. Daniel Hays et al., in *Dictionary of Biblical Prophecy and End Times* (Grand Rapids, MI: Zondervan Publishing House, 2007), 109.
25. William David Reyburn and Euan McGregor Fry, *A Handbook on Genesis* (New York: United Bible Societies,

1998), 1,083.

26. Gordon H. Johnston, "Messianic Trajectories in Genesis and Numbers," in *Jesus the Messiah: Tracing the Promises, Expectations, and Coming of Israel's King* (Grand Rapids, MI: Kregel Academic, 2012), 40-41.

27. Allen C. Myers, in *The Eerdmans Bible Dictionary* (Grand Rapids, MI: Eerdmans, 1987), 121.

28. D. Stuart Briscoe and L. J. Ogilvie, *Genesis* (Nashville, TN: Thomas Nelson Inc., 1987), vol. 1, 385.

29. Eugene H. Merrill, "Numbers," in J. F. Walvoord and R. B. Zuck, eds., *The Bible Knowledge Commentary: An Exposition of the Scriptures* (Wheaton, IL: Victor Books, 1985), vol. 1, 244.

30. MacDonald, *Believer's Bible Commentary*, 42.

31. Carl F. H. Henry, *God, Revelation, and Authority* (Wheaton, IL: Crossway Books, 1999), vol. 3, 257-58.

32. T. H. Home, *Introduction to the Critical Study and Knowledge of the Holy Scriptures* (New York: R. Carter and Brothers, 1858), 1:37.

33. R. Schultz, "Hearing the Major Prophets: 'Your Ears Are Open, but You Hear Nothing' (Isa. 42:20)," in C. G. Bartholomew and D. J. H. Beldman, eds., *Hearing the Old Testament: Listening for God's Address* (Grand Rapids, MI; Cambridge, UK: William B. Eerdmans Publishing Company, 2012), 340; Kaiser, *The Promise-Plan of God*, 200.

34. Bruce A. Baker, "Israel and the Church: The Transcendental Distinction within the Dispensational Tradition," *Baptist Bible College Journal of Ministry and Theology* (2004): 8, no. 2, 56; *The Open Bible: New King James Version*, electronic ed. (Nashville, TN: Thomas Nelson Publishers, 1998).

35. MacDonald, *Believer's Bible Commentary: Old and New Testaments*, 43.

36. Renald E. Showers, *There Really Is a Difference!: A Comparison of Covenant and Dispensational Theology* (Bellmawr, NJ: The Friends of Israel Gospel Ministry, Inc., 1990).

37. Norman Geisler, *Systematic Theology, Volume Four: Church, Last Things* (Minneapolis, MN: Bethany House Publishers, 2005), 519.

38. Roy B. Zuck, *A Biblical Theology of the Old Testament*, electronic ed. (Chicago, IL: Moody Press, 1991), 355.

39. Wayne A. Grudem, *Systematic Theology: An Introduction to Biblical Doctrine* (Leicester, England; Grand Rapids, MI: Inter-Varsity Press; Zondervan, 2004), 522.

40. J. I. Packer, *Concise Theology: A Guide to Historic Christian Beliefs* (Wheaton, IL: Tyndale House, 1993).

41. Charles H. Spurgeon, *Christ in the Old Testament: Sermons on the Foreshadowing of Our Lord in Old Testament History, Ceremony, and Prophecy*, electronic ed. (Chattanooga, TN: AMG Publishers, 1997), 370.

42. Kaiser, *The Promise-Plan of God*, 201.

43. Walter C. Kaiser, in Stanley N. Gundry, ed., *Five Views on Law and Gospel* (Grand Rapids, MI: Zondervan, 1999), 178.

44. Wayne Strickland, quoted in Stanley N. Gundry, ed., *Five Views on Law and Gospel* (Grand Rapids, MI: Zondervan, 1999), 295.

45. Robert H. Mounce, *Romans* (Nashville,

TN: Broadman & Holman Publishers, 1995), vol. 27, 165.
46. Kaiser, *The Promise-Plan of God*, 201.
47. Rev. H. D. Spence, ed., *Galatians* (London; New York: Funk & Wagnalls Company, 1909), 166.
48. O. Palmer Robertson, *The Christ of the Covenants* (Phillipsburg, NJ: Presbyterian and Reformed Publishing Co., 1980), 272.
49. Hahn, "Covenant," in Barry et al., eds., *The Lexham Bible Dictionary*.
50. Craig A. Blaising and Darrell L. Bock, *Progressive Dispensationalism* (Grand Rapids, MI: Baker Books, 1993), 175.
51. Hahn, "Covenant," in Barry et al., eds., *The Lexham Bible Dictionary*.
52. *The Open Bible: New King James Version*, electronic ed. (Nashville, TN: Thomas Nelson Publishers, 1998).
53. Kaiser, *The Promise-Plan of God*, 393.
54. Arnold G. Fruchtenbaum, *Israelology: The Missing Link in Systematic Theology*, rev. ed. (Tustin, CA: Ariel Ministries, 1994), 354.
55. Showers, *There Really Is a Difference!*
56. Geisler, *Systematic Theology*, Volume Four, 500.
57. Showers, *There Really Is a Difference!*
58. 앞의 책.
59. 앞의 책.
60. Blaising and Bock, *Progressive Dispensationalism*, 200.
61. Showers, *There Really Is a Difference!*
62. 앞의 책.
63. Blaising and Bock, *Progressive Dispensationalism*, 200; Showers, *There Really Is a Difference!*
64. Geisler, *Systematic Theology*, Volume Four, 524.
65. Showers, *There Really Is a Difference!*
66. Robertson, *The Christ of the Covenants*, 272-273.
67. 앞의 책. 51-52쪽.

7장

1. Iain M. Duguid and Matthew P. Harmon, *Living in the Light of Inextinguishable Hope: The Gospel According to Joseph*, I. M. Duguid, ed. (Phillipsburg, NJ: P&R Publishing, 2013), x.
2. Michael P. Barrett, *Beginning at Moses: A Guide to Finding Christ in the Old Testament* (Greenville, SC; Belfast, Northern Ireland: Ambassador-Emerald International, 2001), 13.
3. 앞의 책.
4. Kurt Strassner, *Hints and Signs of the Coming King: Pictures of Jesus in the Old Testament*, 1st ed. (Leominster: Day One, 2010), 8.
5. J. Sidlow Baxter, *The Master Theme of the Bible* (Wheaton, IL: Tyndale House Publishers, 1973).
6. David Limbaugh, *Jesus on Trial: A Lawyer Affirms the Truth of the Gospel* (Washington, D.C.: Regnery, 2014), 334.
7. R. C. Sproul, *Can I Trust the Bible?* (Lake Mary, FL: Reformation Trust Publishing, 2009), vol. 2, 16.
8. Sidney Greidanus, *Preaching Christ from Ecclesiastes: Foundations for Expository Sermons* (Grand Rapids, MI; Cambridge, UK: William B. Eerdmans Publishing Company, 2010), 25.(『전도서의 그리스도 어떻게 설교할 것인가』 포이에마)
9. Baxter, *The Master Theme of the Bible*, 20.
10. 앞의 책.

11. Duguid and Harmon, *Living in the Light of Inextinguishable Hope*, 8.
12. W. Standord Reid, in G. W. Bromiley, ed., *The International Standard Bible Encyclopedia, Revised* (Grand Rapids, MI: Wm. B. Eerdmans, 1979-1988), vol. 1, 653.
13. 앞의 책.
14. Wayne A. Grudem, *Systematic Theology: An Introduction to Biblical Doctrine* (Leicester, England; Grand Rapids, MI: Inter-Varsity Press; Zondervan, 2004), 624.
15. J. A. Groves, Foreword, in Tremper Longman III and J. A. Groves, eds., *Immanuel in Our Place: Seeing Christ in Israel's Worship* (Phillipsburg, NJ: P&R Publishing, 2001), 119.
16. W. Graham Scroggie, *The Unfolding Drama of Redemption* (Grand Rapids, MI: Kregel Publications, 1976), vol. 1, 30.
17. Walter A. Elwell, in *Evangelical Dictionary of Biblical Theology,* electronic ed. (Grand Rapids, MI: Baker Book House, 1996).
18. Richard D. Phillips, *Hebrews*, R. D. Phillips, P. G. Ryken, and D. M. Doriani, eds. (Phillipsburg, NJ: P&R Publishing, 2006), 17.
19. Charles C. Ryrie, *Basic Theology: A Popular Systematic Guide to Understanding Biblical Truth* (Chicago, IL: Moody Press, 1999), 292.
20. Eusebius of Caesaria, "The Church History of Eusebius," in P. Schaff and H. Wace, eds., A. C. McGiffert, trans., *Eusebius: Church History, Life of Constantine the Great, and Oration in Praise of Constantine* (New York: Christian Literature Company, 1890), vol. 1, 86.
21. W. Standord Reid, in G. W. Bromiley, ed., *The International Standard Bible Encyclopedia, Revised* (Grand Rapids, MI: Wm. B. Eerdmans, 1979-1988), vol. 1, 653.
22. Jack S. Deere, "Deuteronomy," in J. F. Walvoord and R. B. Zuck, eds., *The Bible Knowledge Commentary: An Exposition of the Scriptures* (Wheaton, IL: Victor Books, 1985), vol. 1, 323.
23. Bruce Demarest, *The Cross and Salvation: The Doctrine of Salvation* (Wheaton, IL: Crossway Books, 1997), 183.
24. Crossway Bibles, *The ESV Study Bible* (Wheaton, IL: Crossway Bibles, 2008), 2,522.
25. 대속에 대한 성경적 설명에 대한 유용한 표는 다음을 참조하라. Crossway Bibles,, *The ESV Study Bible* (Wheaton, IL: Crossway Bibles, 2008), 2,523.
26. Carl F. H. Henry, *God, Revelation, and Authority* (Wheaton, IL: Crossway Books, 1999), vol. 3, 59.
27. Charles W. Carter, "The Epistle to the Hebrews," in *Hebrews-Revelation* (Grand Rapids, MI: William B. Eerdmans Publishing Company, 1966), vol. 6, 16.
28. Thomas C. Oden, *The Living God: Systematic Theology, Vol. I.* (San Francisco, CA: HarperSanFrancisco, 1992), 248.
29. 앞의 책.
30. Thomas Aquinas, *Summa Theologica, Fathers of the English Dominican Province,* Trans. (Bellingham, WA: Logos Bible Software, 2009), STh., I q.45 a.6 ad 2.
31. Oden, The Living God: Systematic Theology, Vol. I., 247.
32. David J. MacLeod, "The Creation of the Universe by the Word: John: 1:3-5," *Bibliotheca Sacra*, 2003, vol. 160, n. 638, 189.

33. John M. Dillon, "Providence," in D. N. Freedman, ed., *The Anchor Yale Bible Dictionary* (New York: Doubleday, 1992), vol. 5, 520.
34. John F. Walvoord, *Jesus Christ Our Lord* (Chicago, IL: Moody Bible Institute of Chicago, 1975, 2008), 49.
35. 앞의 책.
36. Donald Williams and L. J. *Ogilvie, Psalms 1-72* (Nashville, TN: Thomas Nelson Inc, 1986), vol. 13, 523.
37. "구원 교리는 구속자이신 그리스도의 사역을 다루는 조직신학의 한 갈래이다. 구원은 성령으로 택함 받은 사람들에게 허락되며, '구원론'으로 알려져 있기도 하다." Alan Cairns, in *Dictionary of Theological Terms* (Belfast; Greenville, SC: Ambassador Emerald International, 2002), 425; Samuel Macauley Jackson, ed., in *The New Schaff-Herzog Encyclopedia of Religious Knowledge: Embracing Biblical, Historical, Doctrinal, and Practical Theology and Biblical, Theological, and Ecclesiastical Biography from the Earliest Times to the Present Day,* vols. 1-12 (New York; London: Funk & Wagnalls, 1908-1914), vol. 3, 49도 참고하라.
38. John F. Walvoord, *Jesus Christ Our Lord* (Chicago, IL: Moody Bible Institute of Chicago, 1975, 2008), 56.
39. 앞의 책. 5쪽.
40. 앞의 책.
41. 앞의 책. 59쪽.
42. Leon Morris, "Hebrews," in F. E. Gaebelein, ed., *The Expositor's Bible Commentary: Hebrews through Revelation* (Grand Rapids, MI: Zondervan, 1981), vol. 12, 126.
43. Walvoord, *Jesus Christ Our Lord*, 61.
44. David K. Lowery, "1 Corinthians," in Walvoord and Zuck, *The Bible Knowledge Commentary,* vol. 2, 526.
45. Simon J. Kistemaker and William Hendriksen, *Exposition of the First Epistle to the Corinthians* (Grand Rapids, MI: Baker Book House, 1953-2001), vol. 18, 325.

8장

1. Iain M. Duguid and Matthew P. Harmon, *Living in the Light of Inextinguishable Hope: The Gospel According to Joseph*, I. M. Duguid, ed. (Phillipsburg, NJ: P&R Publishing, 2013), x.
2. John F. Walvoord, *Jesus Christ Our Lord* (Chicago, IL: Moody Bible Institute of Chicago, 1975, 2008), 36.
3. 앞의 책. 37쪽.
4. 앞의 책. 38쪽.
5. Loraine Boettner, Studies in *Theology* (Grand Rapids, MI: Presbyterian and Reformed Publishing Company, 1947), 151.
6. Allen C. Myers, in *The Eerdmans Bible Dictionary* (Grand Rapids, MI: Eerdmans, 1987), 997.
7. James Oliver Buswell Jr., *A Systematic Theology of the Christian Religion*, 2 vols. (Grand Rapids, MI: Zondervan, 1962), 1:33.
8. James A. Borland, *Christ in the Old Testament* (Fearn, UK: Christian Focus Publications, 1999), 19.
9. 앞의 책.
10. Buswell, *A Systematic Theology of the Christian Religion*, 2 vols., 1:33.
11. F. L. Cross and E. A. Livingstone, eds., in *The Oxford Dictionary of the Christian Church,* 3rd ed. rev. (Oxford; New York: Oxford University Press, 2005),

1,617.

12. Michael P. Barrett, *Beginning at Moses: A Guide to Finding Christ in the Old Testament* (Greenville, SC; Belfast, Northern Ireland: Ambassador-Emerald International, 2001), 146.
13. 앞의 책, 154쪽.
14. Walvoord, *Jesus Christ Our Lord,* 51-52.
15. Barrett, *Beginning at Moses,* 148.
16. Walvoord, *Jesus Christ Our Lord,* 54.
17. Barrett, *Beginning at Moses,* 160.
18. Mark G. Cambron, *Bible Doctrines: Beliefs That Matter* (Grand Rapids, MI: Zondervan, 1954), 25; Borland, Christ in the Old Testament, 58.
19. William George Heidt, *Angelology of the Old Testament; A Study in Biblical Theology* (Washington, D.C.: Catholic U., 1949), 97.
20. Borland, *Christ in the Old Testament*, 60-61.
21. 앞의 책, 61-62쪽.
22. Barrett, *Beginning at Moses,* 153.
23. Borland, *Christ in the Old Testament,* 62-63; see also James R. Battenfield, "An Exegetical Study of the in the Old Testament," January 1971, 44-45.
24. Barrett, *Beginning at Moses,* 148.
25. Friedbert Ninow, "Typology," in D. N. Freedman, A. C. Myers, and A. B. Beck, eds., *Eerdmans Dictionary of the Bible* (Grand Rapids, MI: W.B. Eerdmans, 2000), 1,341.
26. Gareth Lee Cockerill, *The Epistle to the Hebrews* (Grand Rapids, MI; Cambridge, UK: William B. Eerdmans Publishing Company, 2012), 53-54.
27. Norman L. Geisler, *To Understand the Bible Look for Jesus: The Bible Student's Guide to the Bible's Central Theme* (Eugene, OR: Wipf and Stock Publishers, 1979), 58.
28. C. A. Myers, in *The Eerdmans Bible dictionary* (Grand Rapids, MI: Eerdmans, 1987), 24.
29. G. R. Osborne, "Type; Typology," in G. W. Bromiley, ed., *The International Standard Bible Encyclopedia, Revised* (Grand Rapids, MI: Wm. B. Eerdmans, 1979-1988), vol. 4, 930.
30. Chad L. Bird, in Robert D. Ibach, ed., "Typological Interpretation within the Old Testament: Melchizedekian Typology," (Dallas Theological Seminary, Bibliotheca Sacra, January 2000), vol. 157, 361.
31. Walvoord, *Jesus Christ Our Lord,* 63.
32. Walter A. Elwell and B. J. Beitzel, in *Baker Encyclopedia of the Bible* (Grand Rapids, MI: Baker Book House, 1988), vol. 2, 2,109.
33. Al Wolters, "The History of Old Testament Interpretation: An Anecdotal Survey," in C. G. Bartholomew and D. J. H. Beldman, eds., *Hearing the Old Testament: Listening for God's Address* (Grand Rapids, MI; Cambridge, UK: William B. Eerdmans Publishing Company, 2012), 24.
34. Walter A. Elwell and B. J. Beitzel, in *Baker Encyclopedia of the Bible,* vol. 2, 2,110.
35. J. D. Atkins, "Use of the Old Testament in the New Testament, Critical Issues," in J. D. Barry et al., eds., *The Lexham Bible Dictionary* (Bellingham, WA: Lexham Press, 2012, 2013, 2014).
36. Barrett, *Beginning at Moses,* 245-246.
37. Patrick Fairbairn, *The Typology of Scripture* (New York: Funk & Wagnalls Co., 1900), I, 1.

38. Barrett, *Beginning at Moses*, 246.
39. W. Randolph Tate, in *Handbook for Biblical Interpretation: An Essential Guide to Methods, Terms, and Concepts*, 2nd ed. (Grand Rapids, MI: Baker Academic, 2012), 255.
40. Fred John Meldau, *The Prophets Still Speak: Messiah in Both Testaments* (Bellmawr, NJ: Friends of Israel Gospel Ministry, 1988), 1.
41. Sidney Greidanus, *Preaching Christ from Genesis: Foundations for Expository Sermons* (Grand Rapids, MI; Cambridge, UK: William B. Eerdmans Publishing Company, 2007), 5, 6.
42. 앞의 책, 6쪽.

9장

1. Iain M. Duguid, *Living in the Gap between Promise and Reality: The Gospel According to Abraham*, T. Longman III and J. A. Groves, eds. (Phillipsburg, NJ: P&R Publishing, 1999), 2.
2. M. R. DeHaan, *Portraits of Christ in Genesis* (Grand Rapids, MI: Kregel Publications, 1995), 14.
3. Norman L. Geisler, *Baker Encyclopedia of Christian Apologetics* (Grand Rapids, MI: Baker Books, 1999), 99.
4. DeHaan, *Portraits of Christ in Genesis*, 19.
5. Graeme Goldsworthy, *Christ-Centered Biblical Theology, Hermeneutical Foundations and Principles* (Downers Grove, IL: IVP Academic, An imprint of InterVarsity Press, 2012), Kindle locations 147-75.
6. Eugene E. Carpenter, *Exodus*, H. W. House and W. D. Barrick, eds. (Bellingham, WA: Lexham Press, 2012).
7. J. A. Witmer, "Romans," in J. F. Walvoord and R. B. Zuck, eds., *The Bible Knowledge Commentary: An Exposition of the Scriptures* (Wheaton, IL: Victor Books, 1985), vol. 2, 476.
8. Roy B. Zuck, *A Biblical Theology of the Old Testament*, electronic ed. (Chicago, IL: Moody Press, 1991), 12.
9. Daniel C. Juster, *The Irrevocable Calling: Israel's Role as a Light to the Nations* (Clarksville, MD: Messianic Jewish Publishers, 2007), 11.
10. 앞의 책. 12쪽.
11. Iain M. Duguid and Matthew P. Harmon, *Living in the Light of Inextinguishable Hope: The Gospel According to Joseph* (Phillipsburg, NJ: P&R Publishing, 2013), 9.
12. G. Campbell Morgan, *Living Messages of the Books of the Bible: Old Testament* (New York: Fleming H. Revell Company, 1908), vol. 1, 32-33.
13. Goldsworthy, *Christ-Centered Biblical Theology, Hermeneutical Foundations and Principles*, Kindle location 565.
14. 앞의 책. 킨들 574쪽.
15. 앞의 책. 킨들 574-584쪽.
16. Charles H. Spurgeon, *Christ in the Old Testament: Sermons on the Foreshadowing of Our Lord in Old Testament History, Ceremony, and Prophecy*, electronic ed. (Chattanooga, TN: AMG Publishers, 1998), 13.
17. Goldsworthy, *Christ-Centered Biblical Theology, Hermeneutical Foundations and Principles*, Kindle location 584.
18. 드한(M. R. DeHaan)은 창세기 10장에 나오는 그리스도 모습의 예로 빛을 인용한다.
19. 앞의 책, 33쪽.
20. Sidney Greidanus, *Preaching Christ*

from Genesis: Foundations for Expository Sermons (Grand Rapids, MI; Cambridge, UK: William B. Eerdmans Publishing Company, 2007), 69.

21. Anthony A. Hoekema, *Created in God's Image* (Grand Rapids, MI; Cambridge, UK: William B. Eerdmans Publishing Company, 1994), 149.

22. Everett F. Harrison, "Romans," in F. E. Gaebelein, ed., *The Expositor's Bible Commentary: Romans through Galatians* (Grand Rapids, MI: Zondervan Publishing House, 1976), vol. 10, 63.

23. David Murray, *Jesus on Every Page: 10 Simple Ways to Seek and Find Christ in the Old Testament* (Nashville, TN: Thomas Nelson, 2013).

24. D. Martyn Lloyd-Jones, *The Gospel in Genesis: From Fig Leaves to Faith* (Wheaton, IL: Day One Publications, 2010), 35.

25. Nancy Guthrie, *The One Year Book of Discovering Jesus in the Old Testament* (Carol Stream, IL: Tyndale House Publishers, Inc., 2010), Kindle location 357.

26. Donald S. Fortner, *Discovering Christ in Genesis* (Darlington, England: Evangelical Press, 2002), 73.

27. DeHaan, *Portraits of Christ in Genesis,* 71.

28. Arthur Walkington Pink, *Gleanings in Genesis* (Bellingham, WA: Logos Bible Software, 2005), 68-69.

29. Dwight Lyman Moody, *Notes from My Bible: From Genesis to Revelation* (Chicago; New York; Toronto: Fleming H. Revell, 1895), 16.

30. G. K. Beale, *Handbook on the New Testament Use of the Old Testament: Exegesis and Interpretation* (Grand Rapids, MI: Baker Academic, 2012), 21.

31. John Peter Lange et al., *A Commentary on the Holy Scriptures: Genesis* (Bellingham, WA: Logos Bible Software, 2008), 302.

32. *Christ in the Old Testament* (Torrance, CA: Rose Publishing, 2009).

33. Arnold G. Fruchtenbaum, *The Messianic Bible Study Collection* (Tustin, CA: Ariel Ministries, 1983), vol. 116, 9; Barton Warren Johnson, *The New Testament commentary,* Vol. III: John (St. Louis, MO: Christian Board of Publication, 1886)

34. 창세기 6장 14절은 하나님이 노아에게 방주를 지으라고 말씀하시고 짓는 방법에 대해 구체적으로 가르쳐 주신다. 성경에는 노아의 가족들이 돕지 않았다는 말도 없고 도왔다는 말도 나오지 않는다.

35. Arthur Walkington Pink, *Gleanings in Genesis* (Bellingham, WA: Logos Bible Software, 2005), 96-102.

36. Zane. C. Hodges, "Hebrews," in Walvoord and Zuck, eds., *The Bible Knowledge Commentary,* vol. 2, 798.

37. John F. Walvoord, *Jesus Christ Our Lord* (Chicago, IL: Moody Bible Institute of Chicago, 1975, 2008), 68.

38. John F. MacArthur Jr., *John MacArthur Sermon Archive* (Panorama City, CA: Grace to You, 2014), 1972, the Crucifixion, Part 1.

39. Warren W. Wiersbe, *Wiersbe's Expository Outlines on the Old Testament* (Wheaton, IL: Victor Books, 1993).

40. Walvoord, *Jesus Christ Our Lord,* 66; K. Rudge, "January 28th: Christ at Peniel (Genesis 32:1-2, 24-32)," in I. Steeds, ed., *Day by Day: Christ Foreshadowed: Glimpses in the Old Testament* (West Glamorgan, UK: Precious Seed, 2002), 43.

41. Walvoord, *Jesus Christ Our Lord*, 66-67; Donald S. Fortner, *Discovering Christ in All the Scriptures* (Danville, KY: Don Fortner), 12.
42. D. Martyn Lloyd-Jones, *Glorious Christianity,* 1st U.S. ed. (Wheaton, IL: Crossway Books, 2004), vol. 4, 135.
43. Arthur Walkington Pink, *Gleanings in Genesis* (Bellingham, WA: Logos Bible Software, 2005), 388.
44. D. Mangum, Jacob, Son of Isaac, in J. D. Barry et al., eds., *The Lexham Bible Dictionary* (Bellingham, WA: Lexham Press, 2012, 2013, 2014).
45. Walvoord, *Jesus Christ Our Lord,* 66-67; Fortner, Discovering Christ in All the Scriptures, 65.
46. Wilbur Fields, *Old Testament History: An Overview of Sacred History & Truth* (Joplin, MO: College Press Publishing Company, 1996), 107.
47. Walvoord, *Jesus Christ Our Lord*, 66-67; Fortner, *Discovering Christ in All the Scriptures*, 69-70.
48. Charles H. Spurgeon, "Christ, the Tree of Life," *Spurgeon's Sermons,* electronic ed. (Albany, OR: Ages Software, 1998), vol. 57.
49. 이 책에서 아이언사이드(H. A. Ironside)는 안식일을 그리스도의 표상으로 언급했다. H. A. Ironside, *Addresses on the Gospel of Luke* (Neptune, NJ: Loizeaux Brothers, 1947), 180-181쪽. 칼뱅(John Calvin)도 그렇게 언급했다. John Calvin and John Owen, *Commentaries on the Prophet Jeremiah and the Lamentations* (Bellingham, WA: Logos Bible Software, 2010), vol. 2, 381.

10장

1. J. Sidlow Baxter, *Explore the Book* (Grand Rapids, MI: Zondervan Publishing House, 1960), vol. 1, 75.
2. Walter C. Kaiser, *The Promise-Plan of God: A Biblical Theology of the Old and New Testaments* (Grand Rapids, MI: Zondervan, 2008), 69.
3. Arthur Walkington Pink, *Gleanings in Exodus* (Chicago, IL: Moody Press, 1962), 8.
4. 앞의 책. 9-10쪽.
5. 앞의 책. 7, 9쪽.
6. Donald S. Fortner, *Discovering Christ in All the Scriptures* (Danville, KY: Don Fortner), 13.
7. Gerard Van Groningen, *Messianic Revelation in the Old Testament* (Grand Rapids, MI: Baker Book House, 1990), 201-202.
8. Earl D. Radmacher, *The NKJV Study Bible* (Nashville, TN: Thomas Nelson, 2007).
9. Paul J. Achtemeier and Elizabeth Achtemeier, *The Old Testament Roots of Our Faith,* revised ed. (Peabody, MA: Hendrickson Publishers, 1994), 66-67.
10. Katharine Doob Sakenfeld, *Journeying with God: A Commentary on the Book of Numbers* (Grand Rapids, MI; Edinburgh: Wm. B. Eerdmans Pub. Co.; Handsel Press Ltd, 1995), 82.
11. John F. Walvoord, *Jesus Christ Our Lord* (Chicago, IL: Moody Bible Institute of Chicago, 1975, 2008), 68.
12. *Christ in the Old Testament* (Torrance, CA: Rose Publishing, 2009).
13. 일부 예들의 출처 Benjamin M. Holt, *Finding Christ in the Old Testament* (New York: Vantage Press, 1977), 17-18.

그 외의 출처 John F. Walvoord, *Jesus Christ Our Lord,* 68.

14. D. Gilliland, "February 16th: Christ in Moses—The Meekest Man (Numbers 12:1-16)," in I. Steeds, ed., *Day by Day: Christ Foreshadowed: Glimpses in the Old Testament* (West Glamorgan, UK: Precious Seed, 2002), 61.
15. Achtemeier and Achtemeier, *The Old Testament Roots of Our Faith,* 68-69.
16. Gerard Van Groningen, *Messianic Revelation in the Old Testament* (Grand Rapids, MI: Baker Book House, 1990), 206.
17. Warren W. Wiersbe, *Wiersbe's Expository Outlines on the Old Testament* (Wheaton, IL: Victor Books, 1993), 85.
18. Timothy J. Keller, "The Lord of Salvation, The Gospel According to Moses: Discovering the Lost Language of Salvation, September 15, 2002, *The Timothy Keller Sermon Archive* (New York City: Redeemer Presbyterian Church, 2013).
19. Charles H. Spurgeon, *Christ in the Old Testament: Sermons on the Foreshadowing of Our Lord in Old Testament History, Ceremony, and Prophecy,* electronic ed. (Chattanooga, TN: AMG Publishers, 1997), 98.
20. 앞의 책, 99쪽.
21. Roy R. Matheson, *Old Testament Survey* (Chicago, IL: Moody Bible Institute of Chicago, 1989), 20.
22. Ray Stedman, *Adventuring Through the Bible* (Grand Rapids, MI: Discovery House Books, 1997), 79.
23. Tremper Longman III, *How to Read Exodus* (Downers Grove, IL: IVP Academic, 2009), 145.
24. Van Groningen, *Messianic Revelation in the Old Testament,* 202.
25. John F. Walvoord, *Jesus Christ Our Lord* (Chicago, IL: Moody Bible Institute of Chicago, 1975, 2008), 70.
26. Van Groningen, *Messianic Revelation in the Old Testament,* 203.
27. 앞의 책.
28. Baxter, *Explore the Book,* vol. 1, 78-79.
29. 앞의 책, 79-80쪽.
30. O. L. Johnson, *Bible Typology* (James L. Fleming, 2005).
31. H. D. M. Spence-Jones, ed., *Exodus,* vol. 2 (London; New York: Funk & Wagnalls Company, 1909), 41.
32. Philip Graham Ryken and R. K. Hughes, *Exodus: Saved for God's Glory* (Wheaton, IL: Crossway Books, 2005), 456.
33. Simon J. Kistemaker and William Hendriksen, *Exposition of the First Epistle to the Corinthians* (Grand Rapids, MI: Baker Book House, 1993), vol. 18, 324-325.
34. John G. Butler, *Analytical Bible Expositor: Exodus* (Clinton, IA: LBC Publications, 2008), 217.
35. J. V. Fesko, *Christ and the Desert Tabernacle* (Darlington, England: EP Books, 2012), 85.
36. Matheson, *Old Testament Survey,* 22.
37. Thomas R. Schreiner, *The King in His Beauty: A Biblical Theology of the Old and New Testaments* (Grand Rapids, MI: Baker Academic, 2013), 40에 인용된 Philip Peter Jenson, *Graded Holiness: A Key to the Priestly Conception of the World* (Sheffield, England: Sheffield Academic Press, 1992), 100.
38. Baxter, *Explore the Book,* vol. 1, 98.
39. Van Groningen, *Messianic Revelation in the Old Testament,* 228.
40. Ronald F. Youngblood et al., eds., in

Nelson's New Illustrated Bible Dictionary (Nashville, TN: Thomas Nelson, Inc., 1995).

41. Allen C. Myers, in *The Eerdmans Bible Dictionary* (Grand Rapids, MI: Eerdmans, 1987), 733.
42. Youngblood et al., in *Nelson's New Illustrated Bible Dictionary.*
43. Roy E. Gingrich, *The Book of Genesis* (Memphis, TN: Riverside Printing, 1998), 15.
44. David Lyle Jeffrey, in *A Dictionary of Biblical Tradition in English Literature* (Grand Rapids, MI: W.B. Eerdmans, 1992).
45. Leonard Sweet and Frank Viola, *Jesus: A Theography* (Nashville, TN: Thomas Nelson, 2012).
46. 첫 번째 예의 출처 T. B. Dozeman, *Commentary on Exodus* (Grand Rapids, MI; Cambridge, UK: William B. Eerdmans Publishing Company, 2009), 608. 두 번째 예의 출처 Marsha Smith et al., *Holman Book of Charts, Maps and Reconstructions* (Nashville, TN: B&H Publishing Group, 1993), 144.
47. David M. Levy, *The Tabernacle: Shadows of the Messiah: Its Sacrifices, Services, and Priesthood* (Bellmawr, NJ: Friends of Israel Gospel Ministry, 1993).
48. Michael P. V. Barrett, *Beginning at Moses: A Guide to Finding Christ in the Old Testament* (Greenville, SC; Belfast, Northern Ireland: Ambassador-Emerald International, 2001), 140.
49. Levy, *The Tabernacle.*
50. Baxter, *Explore the Book*, vol. 1, 104.
51. Fesko, *Christ and the Desert Tabernacle,* 110.
52. Lawrence O. Richards, *The Teacher's Commentary* (Wheaton, IL: Victor Books, 1987), 105.
53. Levy, *The Tabernacle.*
54. 앞의 책.
55. Warren W. Wiersbe, *Prayer: Basic Training* (Wheaton, IL: Tyndale, 1988), 8.
56. Fesko, *Christ and the Desert Tabernacle,* 89.
57. Wiersbe, *Prayer*, 9.
58. 앞의 책. 29쪽.
59. Fesko, *Christ and the Desert Tabernacle*, 23.
60. Levy, *The Tabernacle.*
61. 앞의 책.
62. William Hendriksen and S. Kistemaker, *Exposition of the Gospel According to Matthew* (Grand Rapids, MI: Baker Book House, 1953-2001), vol. 9, 974.
63. John F. MacArthur, "Jesus Christ, the Perfect Priest," in *John MacArthur Sermon Archive* (Panorama City, CA: Grace to You, 2014).
64. Ray Stedman, *Adventuring Through the Bible* (Grand Rapids, MI: Discovery House Publishers, 1997), 83.
65. 앞의 책.
66. Timothy J. Keller, "Why Do We Need the Bible," in *The Timothy Keller Sermon Archive* (New York: Redeemer Presbyterian Church, 2013).
67. Kaiser, *The Promise-Plan of God,* 70-71.
68. Van Groningen, *Messianic Revelation in the Old Testament,* 220-221.
69. 앞의 책. 221쪽.
70. Kaiser, *The Promise-Plan of God,* 71.

11장

1. Mark F. Rooker, *Leviticus* (Nashville, TN:

Broadman & Holman Publishers, 2000), vol. 3A, 77.
2. Roy R. Matheson, *Old Testament Survey* (Chicago, IL: Moody Bible Institute of Chicago, 1989), 24.
3. Roy B. Zuck, *A Biblical Theology of the Old Testament*, electronic ed. (Chicago, IL: Moody Press, 1991), 57-58.
4. Ray Stedman, *Adventuring Through the Bible* (Grand Rapids, MI: Discovery House Books, 1997), 88.
5. Joseph S. Exell, "Leviticus," *The Biblical Illustrator* (Grand Rapids, MI: Baker Book House, 1952-1959), v.
6. Matheson, *Old Testament Survey*, 24.
7. H. Richard Niebuhr, *The Kingdom of God in America* (New York: Harper & Tow, 1959), 193.
8. Robert Laird Harris, "Leviticus," in F. E. Gaebelein, ed., *The Expositor's Bible Commentary: Genesis, Exodus, Leviticus, Numbers* (Grand Rapids, MI: Zondervan Publishing House, 1990), vol. 2, 520.
9. Warren W. Wiersbe, *Wiersbe's Expository Outlines on the Old Testament* (Wheaton, IL: Victor Books, 1993), 139.
10. Gary W. Demarest and L. J. Ogilvie, *Leviticus* (Nashville, TN: Thomas Nelson Inc., 1990), vol. 3, 170.
11. James E. Smith, *The Old Testament Books Made Simple* (Joplin, MO: College Press Publishing Company, 2009), 42-43.
12. Samuel J. Schultz, *Leviticus: God among His People* (Chicago, IL: Moody Press, 1983), 54.
13. Matheson, *Old Testament Survey*, 24.
14. Earl D. Radmacher, *The NKJV Study Bible* (Nashville, TN: Thomas Nelson, 2007).
15. F. D. Lindsey, "Leviticus," in J. F. Walvoord and R. B. Zuck, eds., *The Bible Knowledge Commentary: An Exposition of the Scriptures* (Wheaton, IL: Victor Books, 1985), vol. 1, 177.
16. Samuel J. Schultz and Gary V. Smith, *Exploring the Old Testament* (Wheaton, IL; Crossway Books, 2001), 37.
17. Matheson, *Old Testament Survey*, 25.
18. Robert I. Vasholz, *Leviticus: A Mentor Commentary* (Fearn, Tain, Ross-shire, Great Britain: Mentor, 2007), 53.
19. 앞의 책, 77쪽.
20. Andrew Jukes, *The Law of the Offerings in Leviticus 1-7: Considered as the Appointed Figure of the Various Aspects of the Offering of the Body of Jesus Christ* (London: James Nisbet and Co, 1847), 166-167.
21. Edward E. Hindson and Woodrow M. Kroll, eds., *KJV Bible Commentary* (Nashville, TN: Thomas Nelson, 1994), 198.
22. John R. W. Stott, *The Cross of Christ* (Downers Grove, IL: IVP Books, 2006), 189.
23. Lindsey, "Leviticus," in Walvoord and Zuck, *The Bible Knowledge Commentary*, vol. 1, 183.
24. Robert I. Vasholz, *Leviticus: A Mentor Commentary* (Fearn, Tain, Ross-shire, Great Britain: Mentor, 2007), 77.
25. Vern S. Poythress, *The Shadow of Christ in the Law of Moses* (Phillipsburg, NJ: P & R Publishing, 1991), 60.
26. Daniel C, Juster, *The Irrevocable Calling: Israel's Role as a Light to the Nations* (Clarksville, MD: Messianic Jewish Publishers, 2007), 11.
27. 앞의 책, 11쪽.
28. John F. MacArthur Jr., "Jesus: The

Guarantee of a Better Covenant," in *John MacArthur Sermon Archive* (Panorama City, CA: Grace to You, 1972).

29. John F. Walvoord, *Jesus Christ Our Lord* (Chicago, IL: Moody Bible Institute of Chicago, 1975, 2008), 75.
30. Paul J. Achtemeier, in *Harper's Bible Dictionary,* 1st ed. (San Francisco, CA: Harper & Row, 1985), 80.
31. D. R. Wood and I. Howard Marshall, in *New Bible Dictionary,* 3rd ed. (Leicester, England; Downers Grove, IL: InterVarsity Press, 1996), 105.
32. James Hastings et al., eds., in *A Dictionary of Christ and the Gospels: Aaron-Zion* (Edinburgh; New York: T&T Clark; Charles Scribner's Sons, 1906), vol. 2, 157.
33. Samuel J. Schultz, *Leviticus: God among His people* (Chicago, IL: Moody Press, 1983), 105.
34. Mark F. Rooker, *Leviticus* (Nashville, TN: Broadman & Holman Publishers, 2000), vol. 3A, 281.
35. Ronald F. Youngblood et al., eds., in *Nelson's New Illustrated Bible Dictionary* (Nashville, TN: Thomas Nelson, Inc., 1995).
36. Walvoord, *Jesus Christ Our Lord,* 76.
37. Walter A. Elwell, in *Evangelical Dictionary of Biblical Theology,* electronic ed. (Grand Rapids: Baker Book House, 1996).
38. Matheson, *Old Testament Survey,* 27.
39. Arno Gaebelein, *Studies in Prophecy* (New York: Publication Office "Our Hope" 1918), 142.
40. L. McFall, "Sacred Meals," in T. D. Alexander and B. S. Rosner, eds., *New Dictionary of Biblical Theology,* electronic ed. (Downers Grove, IL: InterVarsity Press, 2000), 752.
41. Walter A. Elwell and B. J. Beitzel, in *Baker Encyclopedia of the Bible* (Grand Rapids, MI: Baker Book House, 1988), 785.
42. J. A. Groves, Tremper Longman III and J. A. Groves, eds., *Immanuel in Our Place: Seeing Christ in Israel's Worship* (Phillipsburg, NJ: P&R Publishing, 2001), 201-202의 서문.
43. 앞의 책, 207쪽.
44. T. M. Constance, *Early History of Israel* (Dickson, TN: Explorer's Bible Study, 1988), vol. 1, 100.
45. Joseph S. Exell, *The Biblical illustrator (Acts)* (Oak Harbor, WA: Logos Research Systems, Inc., 1997), 112.
46. Allen P. Ross, *Holiness to the Lord: A Guide to the Exposition of the Book of Leviticus* (Grand Rapids, MI: Baker Academic, 2002), 438.
47. Charles C. Ryrie, *Ryrie Study Bible: New International Version*, expanded ed. (Chicago, IL: Moody Publishers, 1994), 197.
48. Stephen Kaung, *Seeing Christ in Numbers: The Walk of God (God Has Spoken—Seeing Christ in the Old Testament Book 5*, Kindle ed. (Christian Fellowship Publishers, 2014), Kindle locations 130-132.
49. Gary Staats, *The Person and Work of Jesus Christ in Each Book of the Old Testament Seen in Its New Testament Fulfillment—An Emmaus Walk*, T. Staats and J. Kitchen, eds. (Gary Staats, 2010), 22.
50. Earl D. Radmacher, *The NKJV Study Bible* (Nashville, TN: Thomas Nelson, 2007).
51. William Jones, *Numbers* (New York;

London; Toronto: Funk & Wagnalls Company, 1892), 354.

52. Harold L. Willmington, *The Outline Bible* (Wheaton, IL: Tyndale House Publishers, 1999).

53. Francis A. Schaeffer, *The Complete Works of Francis A. Schaeffer: a Christian Worldview* (Westchester, IL: Crossway Books, 1982), vol. 2, 301-302.

54. Crossway Bibles, *The ESV Study Bible* (Wheaton, IL: Crossway Bibles, 2008), 325.

55. Albert H. Baylis, *From Creation to the Cross, Understanding the First Half of the Bible* (Grand Rapids, MI: Zondervan Publishing House, 1996), 150.

56. Walter Brueggemann, *The Land: Place as Gift, Promise, and Challenge in Biblical Faith,* 2nd ed. (Minneapolis, MN: Fortress Press, 2003), 55.

57. Elwell and Beitzel, in *Baker Encyclopedia of the Bible*, vol. 1, 619.

58. Mark Water, *The Books of the Bible Made Easy* (Alresford, Hampshire: John Hunt Publishing, 2000), 8.

59. Elwell and Beitzel, in *Baker Encyclopedia of the Bible*, vol. 1, 619.

60. Staats, *The Person and Work of Jesus Christ*, 26.

12장

1. Francis A. Schaeffer, *The Complete Works of Francis A. Schaeffer: A Christian Worldview* (Westchester, IL: Crossway Books, 1982), vol. 2, 201.

2. 앞의 책, 2권, 153쪽.

3. Mark Allan Powell, ed., "Joshaphat," in *The HarperCollins Bible Dictionary* (Revised and Updated), 3rd ed. (New York: Harper-Collins, 2011), 493.

4. Ray C. Stedman, "The Way to Victory: Joshua," Ray Stedman.org, 1997.

5. Warren W. Wiersbe, *Wiersbe's Expository Outlines on the Old Testament* (Wheaton, IL: Victor Books, 1993), 206.

6. J. Sidlow Baxter, *Explore the Book* (Grand Rapids, MI; Zondervan Publishing House, 1960), vol. 1, 238.

7. John F. Walvoord, *Jesus Christ Our Lord* (Chicago, IL: Moody Bible Institute of Chicago, 1975, 2008), 70-71.

8. Gary Staats, *The Person and Work of Jesus Christ in Each Book of the Old Testament Seen in Its New Testament Fulfillment—An Emmaus Walk*, T. Staats and J. Kitchen, eds. (Gary Staats, 2010), 29.

9. Walvoord, *Jesus Christ Our Lord*, 67.

10. Donald S. Fortner, *Discovering Christ in All the Scriptures* (Danville, KY: Don Fortner, 2007), 62-63.

11. *Christ in the Old Testament* (Torrance, CA: Rose Publishing, 2009).

12. *The Open Bible: New King James Version*, electronic ed. (Nashville, TN: Thomas Nelson Publishers, 1998).

13. *Got Questions Ministries, Got Questions? Bible Questions Answered* (Bellingham, WA: Logos Bible Software, 2010).

14. Staats, *The Person and Work of Jesus Christ,* 30.

15. Gerard Van Groningen, *Messianic Revelation in the Old Testament* (Grand Rapids, MI: Baker Book House, 1990), 268.

16. Walter A. Elwell, in *Evangelical Dictionary of Biblical Theology,* electronic ed. (Grand Rapids, MI: Baker Book House, 1996).

17. R. L. Hubbard Jr., "Redemption," in T. D. Alexander and B. S. Rosner, eds., *New Dictionary of Biblical Theology*, electronic ed. (Downers Grove, IL: InterVarsity Press, 2000), 717.
18. John F. Walvoord, "Series in Christology, Part 3: The Incarnation of the Son of God," *Bibliotheca Sacra Volume 105* (Dallas Theological Seminary, 1948), 291-292.
19. C. I. Scofield, *The Scofield Reference Bible: The Holy Bible Containing the Old and New Testaments* (New York; London; Toronto; Melbourne; Bombay: Oxford University Press, 1917), 765.
20. John MacArthur Jr., ed., *The MacArthur Study Bible*, electronic ed. (Nashville, TN: Word Pub, 1997), 374.
21. *The Open Bible: New King James Version*, electronic ed.
22. Dale Ralph Davis, *1 Samuel: Looking on the Heart* (Scotland: Christian Focus Publications, 2000), 76.
23. Richard D. Phillips, *1 Samuel*, P. G. Ryken and R. D. Phillips, Duguid Iain M., eds., 1st ed. (Phillipsburg, NJ: P&R Publishing, 2012), 126.
24. Got Questions Ministries, *Got Questions? Bible Questions Answered* (Bellingham, WA: Logos Bible Software, 2010).
25. John F. MacArthur Jr., *The MacArthur Bible Handbook* (Nashville, TN: Thomas Nelson Publishers, 2003), 92.
26. *Christ in the Old Testament*, Rose Publishing.
27. *The Open Bible: New King James Version*, electronic ed.
28. Walvoord, *Jesus Christ Our Lord*, 65.
29. Kenneth Boa, *Jesus in the Bible* (Nashville, TN: Thomas Nelson, Inc., 2002), 24.
30. *The Open Bible: New King James Version*, electronic ed.
31. Fortner, *Discovering Christ in All the Scriptures*, 105.
32. *Christ in the Old Testament*, Rose Publishing.
33. Fortner, *Discovering Christ in All the Scriptures*, 105.
34. Charles H. Spurgeon, *Christ in the Old Testament: Sermons on the Foreshadowing of Our Lord in Old Testament History, Ceremony, and Prophecy*, electronic ed. (Chattanooga, TN: AMG Publishers, 1997), 154.
35. *Got Questions Ministries, Got Questions? Bible Questions Answered* (Bellingham, WA: Logos Bible Software, 2010).
36. Fortner, *Discovering Christ in All the Scriptures*, 109-110.
37. P. J. Achtemeier, "Harper & Row and Society of Biblical Literature," in *Harper's Bible Dictionary*, 1st ed. (San Francisco, CA: Harper & Row, 1985), 529.
38. Willem A. VanGemeren, "Psalms," in F. E. Gaebelein, ed., *The Expositor's Bible Commentary: Psalms, Proverbs, Ecclesiastes, Song of Songs* (Grand Rapids, MI: Zondervan Publishing House, 1991), vol. 5, 469.
39. Philip G. Ryken, *1 Kings*, R. D. Phillips, I. M. Duguid, and P. G. Ryken, eds. (Phillipsburg, NJ: P&R Publishing, 2011), 35.
40. 앞의 책, 36쪽.
41. 앞의 책, 37쪽.
42. *The Open Bible: New King James Version*, electronic ed.
43. Mark Water, *The Books of the Bible Made Easy* (Alresford, Hampshire: John Hunt Publishing, 2001), 13.

44. Boa, *Jesus in the Bible*, 26.

45. Arthur W. Pink, *Gleanings from Elisha: His Life and Miracles* (Bellingham, WA: Logos Bible Software, 2005), 16.

46. Fortner, *Discovering Christ in All the Scriptures*, 138.

47. *The Open Bible: New King James Version*, electronic ed.

48. Got Questions Ministries, *Got Questions? Bible Questions Answered* (Bellingham, WA: Logos Bible Software, 2010).

49. Boa, *Jesus in the Bible*, 30.

50. William Hendriksen and S. J. Kistemaker, *Exposition of the Gospel According to Matthew* (Grand Rapids, MI: Baker Book House, 1953-2001), vol. 9, 514.

51. Got Questions Ministries, *Got Questions? Bible Questions Answered* (Bellingham, WA: Logos Bible Software, 2010).

52. Van Groningen, *Messianic Revelation in the Old Testament*, 923.

53. 앞의 책, 923쪽.

54. Got Questions Ministries, *Got Questions? Bible Questions Answered* (Bellingham, WA: Logos Bible Software, 2010).

55. Boa, *Jesus in the Bible*, 32.

56. Van Groningen, *Messianic Revelation in the Old Testament*, 924.

57. Bruce Wilkinson and Kenneth Boa, *Talk thru the Bible* (Nashville, TN: T. Nelson, 1983), 126.

58. Crossway Bibles, *The ESV Study Bible* (Wheaton, IL: Crossway Bibles, 2008), 825.

59. Jack Hayford et al., eds., *New Spirit-Filled Life Bible* (Nashville, TN: Thomas Nelson Bibles, 2002), 613.

60. *The Open Bible: New King James Version*, electronic ed.

61. 일부에서는 이 책에서 시의 형태로 하나님이 언급되어 있는 데 주목한다. 놀라운 개념이긴 하지만 여기서 다루기는 힘들다. 참조, J. Baxter, *Explore the Book*, vol. 2, 261; W. Graham Scroggie, *The Unfolding Drama of Redemption* (Grand Rapids, MI: Kregel Publications, 1976), vol. 1, 469-471.

62. Debra Reid, *Esther: An Introduction and Commentary* (Downers Grove, IL: InterVarsity Press, 2008), vol. 13, 29.

63. John Lowrie, *Esther and Her Times: In a Series of Lectures on the Book of Esther* (Philadelphia, PA: Presbyterian Board of Publication, 1859), 89.

64. Baxter, *Explore the Book*, vol. 2, 259.

65. Fortner, *Discovering Christ in All the Scriptures*, 195.

66. Van Groningen, *Messianic Revelation in the Old Testament*, 920.

67. Timothy J. Keller, "A New Church for the City," *The Timothy Keller Sermon Archive* (New York City: Redeemer Presbyterian Church, 2013).

68. Earl D. Radmacher, *The NKJV Study Bible* (Nashville, TN: Thomas Nelson, 2007).

69. W. Burrows, *Esther* (New York; London; Toronto: Funk & Wagnalls Company, 1892), 263-264.

70. *The ESV Study Bible* (Wheaton, IL: Crossway Bibles, 2008), 2,646.

71. Roy Gingrich, *The Book of Esther* (Memphis, TN: Riverside Printing, 2004), 25.

13장

1. Norman L. Geisler, *A Popular Survey of the New Testament* (Grand Rapids, MI: Baker Books, 2014), 11.
2. Daniel J. Estes, *Handbook on the Wisdom Books and Psalms* (Grand Rapids, MI: Baker Academic, 2005), 9.
3. C. Hassell Bullock, *An Introduction to the Old Testament Poetic Books, Revised and Expanded* (Chicago, IL: Moody Press, 1979, 1988), 31-32.
4. Thomas A. Howe, Class Notes, "Old Testament Survey 2," Southern Evangelical Seminary, 2012, 199-200; 4.
5. Robert Alter, *The Art of Biblical Poetry* (New York: Basic Books, 1985).
6. 알터가 수정하거나 사용하고 있는 번역판이 어떤 것인지 확실하지는 않지만, 내가 이 책에서 거의 유일하게 사용하는 ESV는 아니다.
7. Alter, *The Art of Biblical Poetry*, Kindle location 346 of 5126.
8. Estes, *Handbook on the Wisdom Books and Psalms*, 9.
9. 그는 KJV의 위엄에 특히 감명을 받았다. H. L. Mencken, *Treatise on the Gods* (New York: Knopf, 1946), 286.
10. Walter A. Elwell and Philip W. Comfort, in *Tyndale Bible Dictionary* (Wheaton, IL: Tyndale House Publishers, 2001), 1,305.
11. Crossway Bibles, *The ESV Study Bible* (Wheaton, IL: Crossway Bibles, 2008), 866.
12. Leland Ryken, *Words of Delight: A Literary Introduction to the Bible*, 2nd ed. (Grand Rapids, MI: Baker Academic, 1992), 9.
13. 앞의 책, 32쪽.
14. 앞의 책, 508쪽.
15. A Viberg, "Job," in T. D. Alexander and B. S. Rosner, eds., *New Dictionary of Biblical Theology*, electronic ed. (Downers Grove, IL: InterVarsity Press, 2000), 203.
16. 앞의 책, 203쪽.
17. Walter A. Elwell, in *Evangelical Dictionary of Biblical Theology*, electronic ed. (Grand Rapids, MI: Baker Book House, 1996).
18. Robert L. Alden, *Job* (Nashville, TN: Broadman & Holman Publishers, 1993), vol. 11, 329.
19. Got Questions Ministries, *Got Questions? Bible Questions Answered* (Bellingham, WA: Logos Bible Software, 2010).
20. Bullock, *An Introduction to the Old Testament Poetic Books*, Revised and Expanded, 111.
21. 앞의 책.
22. Ray C. Stedman, *Adventuring Through the Old Testament* (Grand Rapids, MI: Discovery House Books, 2011).
23. Ray Stedman, *Adventuring Through the Bible* (Grand Rapids, MI: Discovery House Books, 1997), 257.
24. Bullock, *An Introduction to the Old Testament Poetic Books*, Revised and Expanded, 111.
25. Patrick Henry Reardon, *Christ in the Psalms* (Chesterton, IN: Ancient Faith Publishing, 2000), vii.
26. 앞의 책. viii.
27. 앞의 책.
28. Donald S. Fortner, *Discovering Christ in All the Scriptures* (Danville, KY: Don Fortner), 219.
29. Gerard Van Groningen, *Messianic Revelation in the Old Testament* (Grand Rapids, MI: Baker Book House, 1990),

329-330.

30. 앞의 책, 330쪽.

31. 앞의 책, 338쪽.

32. Herbert W. Bateman et al., *Jesus the Messiah: Tracing the Promises, Expectations, and Coming of Israel's King* (Grand Rapids, MI: Kregel Academic, 2012), 75-76.

33. 앞의 책.

34. Gary Staats, *The Person and Work of Jesus Christ in Each Book of the Old Testament Seen in Its New Testament Fulfillment—An Emmaus Walk*, T. Staats and J. Kitchen, eds. (Gary Staats, 2010), 41.

35. Mal Couch, "Progressive Dispensationalism: Is Christ Now on the Throne of David?—Part II," *Conservative Theological Journal* (1998): 2, no. 5, 144.

36. Fortner, *Discovering Christ in All the Scriptures*, 221-222.

37. Gary H. Everett, *The Book of Psalms* (Gary Everett, 2011), 62.

38. Hans K. LaRondelle, *Deliverance in the Psalms: Messages of Hope for Today* (Bradenton, FL: First Impressions, 2006), 95.

39. James H. Waltner, *Psalms* (Scottdale, PA; Waterloo, ON: Herald Press, 2006), 125.

40. Fortner, *Discovering Christ in All the Scriptures*, 224.

41. John F. Walvoord, *Jesus Christ Our Lord* (Chicago, IL: Moody Bible Institute of Chicago, 1975, 2008), 92.

42. J. Vernon McGee, *Through the Bible with J. Vernon McGee*, electronic ed. (Nashville, TN: Thomas Nelson, 1997), vol. 2, 711.

43. 앞의 책.

44. John F. MacArthur Jr. "Creation Day 6, Part 1, *John MacArthur Sermon Archive* (Panorama City, CA: Grace to You, 1999).

45. Henry H. Halley, *Finding Jesus in the Old Testament: a Zondervan Digital Short* (Grand Rapids, MI: Zondervan, 2012).

46. John D. Barry et al., *Faithlife Study Bible* (Bellingham, WA: Logos Bible Software, 2012).

47. Ralph G. Turnbull, in *Baker's Dictionary of Practical Theology* (Grand Rapids, MI: Baker Book House, 1967), 137-138.

48. 앞의 책, 138쪽.

49. Gerard Van Groningen, *Messianic Revelation in the Old Testament* (Grand Rapids, MI: Baker Book House, 1990), 379.

50. 앞의 책, 385쪽.

51. Geoffrey W. Grogan, *Psalms* (Grand Rapids, MI; Cambridge, UK: William B. Eerdmans Publishing Company, 2008), 390.

52. James Montgomery Boice, *Psalms 42-106: An Expositional Commentary* (Grand Rapids, MI: Baker Books, 2005), 601.

53. Waltner, *Psalms*, 438-439.

54. Boice, *Psalms* 42-106, 761.

55. Waltner, *Psalms*, 455.

56. Arno Gaebelein, *The Annotated Bible: Ezra to Psalms* (Bellingham, WA: Logos Bible Software, 2009), vol. 3, 301.

57. Michael P. Barrett, *Beginning at Moses: A Guide to Finding Christ in the Old Testament* (Greenville, SC; Belfast, Northern Ireland: Ambassador-Emerald International, 2001), 315.

58. Gerard Van Groningen, *Messianic Revelation in the Old Testament* (Grand Rapids, MI: Baker Book House, 1990),

397.
59. Gary H. Everett, *The Book of Proverbs* (Gary Everett, 2011), 35.
60. Got Questions Ministries, *Got Questions? Bible Questions Answered* (Bellingham, WA: Logos Bible Software, 2010).
61. Warren W. Wiersbe, *Wiersbe's Expository Outlines on the Old Testament* (Wheaton, IL: Victor Books, 1993), 466.
62. Dan Phillips, *God's Wisdom in Proverbs: Hearing God's Voice in Scripture* (Woodlands, TX: Kress Biblical Resources, 2011), 394-395.
63. 앞의 책, 396쪽.
64. *The Open Bible: New King James Version*, electronic ed. (Nashville, TN: Thomas Nelson Publishers, 1998).
65. Paul N. Benware, *Survey of the Old Testament* (Revised) (Chicago, IL: Moody Press, 1993), 180.
66. Charles Dyer, Eugene Merrill, Charles R. Swindoll, and Roy B. Zuck, *Nelson's Old Testament Survey: Discover the Background, Theology and Meaning of Every Book in the Old Testament* (Nashville, TN: Word, 2001), 512.
67. John MacArthur Jr., ed.), *The MacArthur Study Bible*, electronic ed. (Nashville, TN: Word Pub, 1997), 940-941.
68. John F. MacArthur Jr., *The MacArthur Bible Handbook* (Nashville, TN: Thomas Nelson Publishers, 2003), 175.
69. Charles H. Spurgeon, *Christ in the Old Testament: Sermons on the Foreshadowing of Our Lord in Old Testament History, Ceremony, and Prophecy*, electronic ed. (Chattanooga, TN: AMG Publishers, 1997), 370.
70. Archibald T. Robertson, *Word Pictures in the New Testament* (Nashville, TN: Broadman Press, 1933).
71. William Hendriksen and S. J. Kistemaker, *Exposition of Ephesians* (Grand Rapids, MI: Baker Book House, 1953-2001), vol. 7, 257.
72. Donald S. Fortner, *Discovering Christ in All the Scriptures* (Danville, KY: Don Fortner), 253.
73. Robert Lee in *The Outlined Bible* (Pickering & I, 1921), 21, in Irving L. Jensen, *Jensen's Survey of the Old Testament: Search and Discover* (Chicago, IL: Moody Press, 1978), 310.

14장

1. Frederick Dale Bruner, "Tract. in Jn., 9:3:64," *Matthew: A Commentary: The Churchbook, Matthew 13-28,* revised and expanded ed. (Grand Rapids, MI; Cambridge, UK: William B. Eerdmans Publishing Company, 2007), vol. 2, 56.
2. M. G. Easton, in *Easton's Bible Dictionary* (New York: Harper & Brothers, 1893).
3. Irving L. Jensen, *Jensen's Survey of the Old Testament: Search and Discover* (Chicago, IL: Moody Press, 1978), 321.
4. William MacDonald, *Believer's Bible Commentary: Old and New Testaments*, A. Farstad, ed. (Nashville, TN: Thomas Nelson, 1995), 931.
5. Robert Laird Harris, *Exploring the Basics of the Bible* (Wheaton, IL: Crossway Books, 2002), 8.
6. James E. Smith, *The Major Prophets* (Joplin, MO: College Press, 1991).
7. Gavigan et al., eds., *Major Prophets* (Dublin; New York: Four Courts Press; Scepter Publishers, 2008), 11.

8. Irving L. Jensen, *Jensen's Survey of the Old Testament: Search and Discover* (Chicago, IL: Moody Press, 1978), 323.
9. John MacArthur Jr., ed., *The MacArthur Study Bible*, electronic ed. (Nashville, TN: Word Pub, 1997), 9. See also MacDonald, Believer's Bible Commentary, 933.
10. Julius J. Scott Jr., *Jewish Backgrounds of the New Testament* (Grand Rapids, MI: Baker Academic, 2000), 72.
11. MacDonald, *Believer's Bible Commentary*, 933. Scott Jr., *Jewish Backgrounds of the New Testament*, 72도 참조하라.
12. MacArthur Jr., *The MacArthur Study Bible*, 12.
13. R. E. Clements, *Jeremiah* (Atlanta: J. Knox Press, 1988), 2.
14. MacArthur Jr., *The MacArthur Study Bible*, 9. Wilbur Fields, *Old Testament History: An Overview of Sacred History & Truth* (Joplin, MO: College Press Publishing Company, 1996), 589도 참조하라.
15. Charles C. Ryrie, *Ryrie Study Bible: New International Version*, expanded ed. (Chicago, IL: Moody Publishers, 1994), 1,365.
16. 앞의 책.
17. Paul R. Raabe, *Obadiah: a New Translation with Introduction and Commentary* (New Haven; London: Yale University Press, 2008), vol. 24D, 55; T. T. Perowne, *Obadiah and Jonah, with Notes and Introduction* (Cambridge: Cambridge University Press, 1889), 22; Got Questions Ministries, *Got Questions? Bible Questions Answered* (Bellingham, WA: Logos Bible Software, 2010).
18. Robert J. Utley, *The First Christian Primer: Matthew* (Marshall, TX: Bible Lessons International, 2000), vol. 9, 183; *Holman QuickSource Guide to Understanding the Bible* (Nashville, TN: Holman Bible Publishers, 2002), 191; Got Questions Ministries, *Got Questions? Bible Questions Answered* (Bellingham, WA: Logos Bible Software, 2010).
19. Earl D. Radmacher, *The NKJV Study Bible* (Nashville, TN: Thomas Nelson, 2007).
20. *The Open Bible: New King James Version*, electronic ed. (Nashville, TN: Thomas Nelson Publishers, 1998).
21. John F. MacArthur Jr., *The MacArthur Bible Handbook* (Nashville, TN: Thomas Nelson Publishers, 2003), 238.
22. David Field, *Obadiah: A Practical Commentary* (Leominster: Day One Publications, 2008), 70.
23. Gary Staats, *The Person and Work of Jesus Christ in Each Book of the Old Testament Seen in Its New Testament Fulfillment—An Emmaus Walk*, T. Staats and J. Kitchen, eds. (Gary Staats, 2010), 90.
24. Dan M. Doriani, *PC151 Theology of Everyday Life* (Bellingham, WA: Lexham Press, 2014).
25. Paul N. Benware, *Survey of the Old Testament (Revised)* (Chicago, IL: Moody Press, 1993), 203.
26. Walter A. Elwell and B. J. Beitzel, in *Baker Encyclopedia of the Bible* (Grand Rapids, MI: Baker Book House, 1988), vol. 1, 588.
27. Norman L. Geisler, *To Understand the Bible Look for Jesus: The Bible Student's Guide to the Bible's Central Theme* (Eugene, OR: Wipf and Stock Publishers, 1979), 99.

28. John F. Walvoord, *The Prophecy Knowledge Handbook* (Wheaton, IL: Victor Books, 1990), 289.
29. Got Questions Ministries, *Got Questions? Bible Questions Answered* (Bellingham, WA: Logos Bible Software, 2010).
30. G. Campbell Morgan, *The Analyzed Bible: Job to Malachi* (New York; Chicago; Toronto; London; Edinburgh: Fleming H. Revell Company, 1908), vol. 2, 212.
31. George A. Smith, "The Book of the Twelve Prophets," in W. Robertson Nicoll, ed., *The Expositor's Bible: Jeremiah to Mark* (Hartford, CT: S.S. Scranton Co., 1903), vol. 4, 680.
32. J. Sidlow Baxter, *Explore the Book* (Grand Rapids, MI; Zondervan Publishing House, 1960), vol. 4, 180.
33. James Hastings et al., in *Dictionary of the Bible* (New York: Charles Scribner's Sons, 1909), 492.
34. Baxter, *Explore the Book* (Grand Rapids, MI; Zondervan Publishing House, 1960), vol. 4, 180.
35. H. I. Hester, *The Heart of Hebrew History: a Study of the Old Testament,* rev. ed. (Nashville, TN: Broadman & Holman Publishers, 1962), 280-281.
36. Charles Price, *Matthew: Can Anything Good Come Out of Nazareth?* (Fearn, Great Britain: Christian Focus Publications, 1998), 163.
37. Michael Bentley, *Opening up Amos* (Leominster: Day One Publications, 2006), 8.
38. Robert Martin-Achard and S. Paul Re'emi, *God's People in Crisis* (Edinburgh; Grand Rapids: Handsel Press; Wm. B. Eerdmans Pub. Co, 1984), 8.
39. 앞의 책, 9쪽.
40. Gordon J. Keddie, *The Lord Is His Name* (Hertfordshire, England: Evangelical Press, 1986), 82-83.
41. Donald S. Fortner, *Discovering Christ in All the Scriptures* (Danville, KY: Don Fortner), 340.
42. Kenneth Boa, *Jesus in the Bible* (Nashville, TN: Thomas Nelson, Inc., 2002), 56-57.
43. Crossway Bibles, *The ESV Study Bible* (Wheaton, IL: Crossway Bibles, 2008), 1,658.
44. Josh McDowell, *The New Evidence That Demands a Verdict* (Nashville, TN: Thomas Nelson Publishers, 1999), 192.
45. William LaSor et al., *Old Testament Survey: the Message, Form, and Background of the Old Testament,* 2nd ed. (Grand Rapids, MI: William B. Eerdmans Publishing Company, 1996), 254.
46. Lloyd J. Ogilvie, *Hosea, Joel, Amos, Obadiah, Jonah* (Nashville, TN: Thomas Nelson Inc, 1990), vol. 22, 18.
47. Roy R. Matheson, *Old Testament Survey* (Chicago, IL: Moody Bible Institute of Chicago, 1989), 201.
48. H. D. Beeby, *Grace Abounding: a Commentary on the Book of Hosea* (Grand Rapids; Edinburgh: Eerdmans; Handsel Press, 1989), 2.
49. 앞의 책.
50. John Peter Lange et al., *A Commentary on the Holy Scriptures: Hosea* (Bellingham, WA: Logos Bible Software, 2008), 7.
51. Duane A. Garrett, *Hosea, Joel* (Nashville, TN: Broadman & Holman Publishers, 1997), vol. 19A, 38-40.
52. Lloyd J. Ogilvie, *Hosea, Joel, Amos, Obadiah, Jonah* (Nashville, TN: Thomas

Nelson Inc, 1990), vol. 22, 19.

53. Tremper Longman III and Raymond B. Dillard, *An Introduction to the Old Testament*, 2nd ed. (Grand Rapids, Michigan: Zondervan, 2007), 408.

54. Radmacher, *The NKJV Study Bible*.

55. Merrill F. Unger, *The New Unger's Bible Handbook*, rev. and updated ed. (Chicago, IL: Moody Publishers, 2005), 255.

56. Herbert M. Wolf, *Interpreting Isaiah, the Suffering and Glory of the Messiah* (Grand Rapids, MI: Zondervan Publishing House, 1985), 11.

57. MacDonald, *Believer's Bible Commentary*, 936.

58. Daniel J. Hays, *Message of the Prophets: a Survey of the Prophetic and Apocalyptic Books of the Old Testament* (Grand Rapids, MI: Zondervan, 2010), 98-99.

59. J. A. Martin, "Isaiah," in J. F. Walvoord and R. B. Zuck, eds., *The Bible Knowledge Commentary: An Exposition of the Scriptures* (Wheaton, IL: Victor Books, 1985), vol. 1, 1,032.

60. Eugene H. Merrill, *An Historical Survey of the Old Testament*, 2nd ed. (Grand Rapids, MI: Baker Book House, 1991), 264.

61. C. Hassell Bullock, *An Introduction to the Old Testament Prophetic Books* (Chicago, IL: Moody Press, 1986), 156-157.

62. Roy R. Matheson, *Old Testament Survey* (Chicago, IL: Moody Bible Institute of Chicago, 1989), 160.

63. James E. Smith, *The Major Prophets* (Joplin, MO: College Press, 1992), unknown.

64. Herbert M. Wolf, *Interpreting Isaiah, the Suffering and Glory of the Messiah* (Grand Rapids, MI: Zondervan Publishing House, 1985), 11.

65. Walter A. Elwell and B. J. Beitzel, in *Baker Encyclopedia of the Bible* (Grand Rapids, MI: Baker Book House, 1988), 1048.

66. Derek Thomas, *God Delivers: Isaiah Simply Explained* (Darlington, England: Evangelical Press, 1991), 12.

67. James E. Smith, *The Major Prophets* (Joplin, MO: College Press, 1992).

68. Ray Stedman, *Adventuring Through the Bible* (Grand Rapids, MI: Discovery House Books, 1997), 309-310.

69. Elwell and B. J. Beitzel, in *Baker Encyclopedia of the Bible* (Grand Rapids, MI: Baker Book House, 1988), 1,048.

70. Herbert M. Wolf, *Interpreting Isaiah, the Suffering and Glory of the Messiah* (Grand Rapids, MI: Zondervan Publishing House, 1985), 34.

71. Charles C. Ryrie, *Ryrie Study Bible: New International Version,* expanded ed. (Chicago, IL: Moody Publishers, 1994), 1,013.

72. MacDonald, *Believer's Bible Commentary*, 936.

73. Ryrie, *Ryrie Study Bible: New International Version*, 1,013.

74. Merrill F. Unger, *The New Unger's Bible Handbook,* rev. and updated ed. (Chicago, IL: Moody Publishers, 2005), 255; MacDonald, *Believer's Bible Commentary*, 936.

75. MacDonald, *Believer's Bible Commentary*, 936.

76. Edward J. Young, *The Book of Isaiah, Chapters 1-18* (Grand Rapids, MI: Wm. B. Eerdmans Publishing Co, 1965), vol. 1, 8.

77. Robert D. Culver, R. D. *Systematic The-*

ology: Biblical and Historical (Ross-shire, UK: Mentor, 2005), 107.

78. J. A. Martin, "Isaiah," in J. F. Walvoord and R. B. Zuck, eds., *The Bible Knowledge Commentary: An Exposition of the Scriptures* (Wheaton, IL: Victor Books, 1985), vol. 1, 1030.

79. 사실 예수님은 이 구절 중반부에서 멈추신다. 후반부에서는 메시아의 재림을 이야기하기 때문이다.

80. *The Open Bible: New King James Version,* electronic ed. (Nashville, TN: Thomas Nelson Publishers, 1998).

81. Bruce Wilkinson and Kenneth Boa, *Talk thru the Bible* (Nashville, TN: T. Nelson, 1983), 192.

82. Crossway Bibles, *The ESV Study Bible* (Wheaton, IL: Crossway Bibles, 2008), 1,235.

83. David Limbaugh, *Jesus on Trial* (Washington, D.C.: Regnery Publishing Co, 2014), 42-46.

84. Radmacher, *The NKJV Study Bible.*

85. Wilkinson and Boa, *Talk thru the Bible,* 192.

86. R. W. L. Moberly, *Old Testament Theology: Reading the Hebrew Bible as Christian Scripture* (Grand Rapids, MI: Baker Academic, 2013), 174-175.

87. Charles H. Spurgeon, *Christ in the Old Testament: Sermons on the Foreshadowing of Our Lord in Old Testament History, Ceremony, and Prophecy,* electronic ed. (Chattanooga, TN: AMG Publishers, 1997), 605-606.

15장

1. Mal Couch, "Inerrancy: The Book of Revelation," *Conservative Theological Journal* (2001): 5, no. 15, 210.

2. H. I. Hester, *The Heart of Hebrew History: A Study of the Old Testament,* rev. ed. (Nashville, TN: Broadman & Holman Publishers, 1962), 286.

3. Paul N. Benware, *Survey of the Old Testament (Revised)* (Chicago, IL: Moody Press, 1993), 226.

4. John MacArthur Jr., ed., *The MacArthur Study Bible,* electronic ed. (Nashville, TN: Word Pub, 1997), 1,299.

5. *The Open Bible: New King James Version,* electronic ed. (Nashville, TN: Thomas Nelson Publishers, 1998).

6. J. A. Martin, "Micah," in J. F. Walvoord and R. B. Zuck, eds., *The Bible Knowledge Commentary: An Exposition of the Scriptures* (Wheaton, IL: Victor Books, 1985), vol. 1, 1,481.

7. 앞의 책, 1,483-1,485쪽.

8. Roy R. Matheson, *Old Testament Survey* (Chicago, IL: Moody Bible Institute of Chicago, 1989), 216.

9. Kendell H. Easley, *Holman QuickSource Guide to Understanding the Bible* (Nashville, TN: Holman Bible Publishers, 2002), 209.

10. Julie Woods, "The West as Nineveh: How Does Nahum's Message of Judgement Apply to Today?," *Themelios* (October 2005): 31, no. 1, 27.

11. Crossway Bibles, *The ESV Study Bible* (Wheaton, IL: Crossway Bibles, 2008), 서문에서 스바냐까지.

12. Earl D. Radmacher, *The NKJV Study Bible* (Nashville, TN: Thomas Nelson, 2007).

13. Mark Mangano, *Old Testament Introduction* (Joplin, MO: College Press Pub, 2005), 599.

14. Robert Hawker, R. *Poor Man's Old Tes-*

tament Commentary: Ezekiel-Malachi (Bellingham, WA: Logos Bible Software, 2013), vol. 6, 472.

15. R. E. Clements, *Jeremiah* (Atlanta: J. Knox Press, 1988), 3.
16. Crossway Bibles, *The ESV Study Bible* (Wheaton, IL: Crossway Bibles, 2008), 1,370.
17. J. Sidlow Baxter, *Explore the Book* (Grand Rapids, MI: Zondervan Publishing House, 1960), vol. 3, 260.
18. F. B. Huey, Jr., *Jeremiah, Lamentations* (Nashville, TN: Broadman & Holman Publishers, 1993), vol. 16, 24.
19. 앞의 책, 36쪽.
20. 앞의 책, 36쪽.
21. Donald S. Fortner, *Discovering Christ in All the Scriptures* (Danville, KY: Don Fortner), 277.
22. Philip G. Ryken, *Jeremiah and Lamentations: from Sorrow to Hope* (Wheaton, IL: Crossway Books, 2001), 201.
23. Kendell Easley, *Holman QuickSource Guide to Understanding the Bible* (Nashville, TN: Holman Bible Publishers, 2002).
24. Philip G. Ryken, *Jeremiah and Lamentations: from Sorrow to Hope* (Wheaton, IL: Crossway Books, 2001), 241.
25. H. D. M. Spence-Jones, ed., *Jeremiah* (London: New York: Funk & Wagnalls Company, 1909), vol. 1, 9.
26. R. K. Harrison, *Jeremiah and Lamentations: an Introduction and Commentary* (Downers Grove, IL: InterVarsity Press, 1973), vol. 21, 40.
27. James E. Smith, *The Old Testament Books Made Simple* (Joplin, MO: College Press Publishing Company, 2009), 162.
28. Mark Water, *The Books of the Bible Made Easy* (Alresford, Hampshire: John Hunt Publishing, 2000), 25.
29. Irving L. Jensen, *Jensen's Survey of the Old Testament: Search and Discover* (Chicago, IL: Moody Press, 1978), 351.
30. Tremper Longman III & Raymond B. Dillard, *An Introduction to the Old Testament*, 2nd ed. (Grand Rapids, MI: Zondervan, 2007), 342.
31. C. Hassell Bullock, *An Introduction to the Old Testament Prophetic Books* (Chicago, IL: Moody Press, 1986), 263.
32. A. C. Myers in *The Eerdmans Bible Dictionary* (Grand Rapids, MI: Eerdmans, 1987), 856.
33. John F. MacArthur Jr., *The MacArthur Bible Handbook* (Nashville, TN: Thomas Nelson Publishers, 2003), 202.
34. William LaSor et al., *Old Testament Survey: the Message, Form, and Background of the Old Testament*, 2nd ed. (Grand Rapids, MI: William B. Eerdmans Publishing Company, 1996), 531.
35. *The Open Bible: New King James Version*, electronic ed.
36. G. Campbell Morgan, *The Analyzed Bible: Job to Malachi* (New York; Chicago; Toronto; London; Edinburgh: Fleming H. Revell Company, 1908), vol. 2, 241-242.
37. Alexander Whyte, in C. E. Fant et al., *A Treasury of Great Preaching: Spurgeon to Meyer* (Dallas, TX: Word Publishing, 1995), vol. 6, 276.
38. Thomas Boston, *The Whole Works of Thomas Boston: Sixty-Six Sermons*, S. M'Millan, ed. (Aberdeen: George and Robert King, 1851), vol. 9, 135.
39. J. R. Blue, "Habakkuk," in Walvoord and Zuck, *The Bible Knowledge Commentary*, vol. 1, 1,515.

40. Mark Dever and Graeme Goldsworthy, *The Message of the Old Testament: Promises Made* (Wheaton, IL: Crossway, 2006).
41. Augustine, Bishop of Hippo, *The Confessions of St. Augustine*. E. B. Pusey, trans. (Oak Harbor, WA: Logos Research Systems, Inc., 1996), book I, chapter 1, 1.
42. R. C. Sproul, *Before the Face of God: Book 3: A Daily Guide for Living from the Old Testament*, electronic ed. (Grand Rapids: Baker Book House; Ligonier Ministries, 1994).
43. Got Questions Ministries, *Got Questions? Bible Questions Answered* (Bellingham, WA: Logos Bible Software, 2010).
44. Elizabeth R. Achtemeier, *Nahum-Malachi* (Atlanta, GA: John Knox Press, 1986), 48.

16장

1. Gary H. Everett, *The Epistle of Romans*, 2011, 91.
2. Crossway Bibles, *The ESV Study Bible* (Wheaton, IL: Crossway Bibles, 2008), 1581.
3. Warren W. Wiersbe, *Wiersbe's Expository Outlines on the Old Testament* (Wheaton, IL: Victor Books, 1993), 550.
4. Lawrence O. Richards, *The Teacher's Commentary* (Wheaton, IL: Victor Books, 1987), 440.
5. James Montgomery Boice, *Daniel: an Expositional Commentary* (Grand Rapids, MI: Baker Books, 2003), 15; *The Open Bible: New King James Version*, electronic ed. (Nashville, TN: Thomas Nelson Publishers, 1998).
6. John F. Walvoord, *Daniel: The Key To Prophetic Revelation* (Galaxie Software, 2008), 26.
7. 1719년 아이작 왓츠(Isaac Watts)의 가사 "오, 하나님, 지난 세월 동안 우리 도움이시여"가 인용됨. Mark Dever and Graeme Goldsworthy, *The Message of the Old Testament: Promises Made* (Wheaton, IL: Crossway, 2006).
8. Dever and Goldsworthy, *The Message of the Old Testament*.
9. C. Hassell Bullock, *An Introduction to the Old Testament Prophetic Books* (Chicago, IL: Moody Press, 1986), 298.
10. *The Holy Bible: English Standard Version* (Wheaton: Standard Bible Society, 2001)에 나오는 다니엘서 서문.
11. John MacArthur Jr., ed., *The MacArthur Study Bible*, electronic ed. (Nashville, TN: Word Pub, 1997), 1,225-1,126.
12. Roy R. Matheson, *Old Testament Survey* (Chicago, IL: Moody Bible Institute of Chicago, 1989), 184-185.
13. J. Sidlow Baxter, *Explore the Book* (Grand Rapids, MI; Zondervan Publishing House, 1960), vol. 4, 76.
14. M. R. De Haan, *Daniel the Prophet* (Grand Rapids, MI: Kregel Publications, 1995), 253-254.
15. Mervin Breneman, *Ezra, Nehemiah, Esther*, electronic ed. (Nashville, TN: Broadman & Holman Publishers, 1993), vol. 10, 42; J. D. Pentecost, "Daniel," in J. F. Walvoord and R. B. Zuck, eds., *The Bible Knowledge Commentary: An Exposition of the Scriptures* (Wheaton, IL: Victor Books, 1985), vol. 1, 1,362.
16. M. R. De Haan, *Daniel the Prophet* (Grand Rapids, MI: Kregel Publications, 1995), 257; Pentecost, "Daniel," in Walvoord and Zuck, *The Bible Knowledge*

Commentary, vol. 1, 1,363.

17. Josh McDowell, *Evidence for Christianity* (Nashville, TN: Thomas Nelson Publishers, 2006), 240. 조시 맥도웰은 이 예언과 관련 일자를 철저히 연구한 해롤드 회너(Harold Hoehner)를 인용하면서, 그 계산은 360일로 된 유대의 연수를 사용하고 있음을 보여 준다. 해롤드 회너는 이렇게 기록한다. "69주를 7년으로 곱하고, 이를 1년 360일로 곱하면 총 173,880일이다. 주전 444년과 주후 33년 사이의 차이는 양력으로 476년이다. 이를 365.24219879일 혹은 365일 5시간 48분 45.975초로[1년 365 1/4일] 나누면 173,855일 6시간 52분 44초 혹은 173,855일이 된다. 그렇다면 주전 444년과 주후 33년 사이에 차이는 25일이다. 이 25일을 (주전 444년의) 3월 5일에 더하면 3월 30일이 되고, 이는 주후 33년의 니산월 10일이다. 이 날은 예수님의 예루살렘 입성일이다." Josh McDowell, *Evidence for Christianity* (Nashville, TN: Thomas Nelson Publishers, 2006), 235을 참고하라. 물론 많은 이들이 이렇듯 정확한 날짜에 관해 이의를 제기한다. 나는 이를 아주 강력한 설이라고 생각하지만 굳이 강요하지는 않는다. 다만 예언이 이토록 정확히 이루어질 수 있다는 점이 놀라울 따름이다. John F. Walvoord, *The Prophecy Knowledge Handbook* (Wheaton, IL: Victor Books, 1990)도 참조하라.
18. Charles C. Ryrie, *Basic Theology* (Wheaton: Victor, 1986), 557.
19. Gary Staats, *A Brief Survey through the Hebrew Scriptures: Viewing the Basic Overall Themes and Different High Points of the Books from an Ancient Near-Eastern and Christological Approach,* M. Johnson, ed. (Dr. Gary Staats, 2012), 13; E. A. Blum, "John," in *Walvoord and Zuck, The Bible Knowledge Commentary,* vol. 2, 291.
20. Got Questions Ministries, *Got Questions? Bible Questions Answered* (Bellingham, WA: Logos Bible Software, 2010).
21. E. C. Broome, "Ezekiel's Abnormal Personality," in *Journal of Biblical Literature* 65 (1946): 277-292. 291-292쪽에 Dever and Graeme Goldsworthy, *The Message of the Old Testament: Promises Made* (Wheaton, IL: Crossway, 2006)가 인용됨.
22. R. K. Harrison, *Introduction to the Old Testament* (Grand Rapids, MI: William B. Eerdmans Publishing Company, 1969), 850.
23. Charles Dyer, Eugene Merrill, Charles R. Swindoll, and Roy B. Zuck, *Nelson's Old Testament Survey: Discover the Background, Theology and Meaning of Every Book in the Old Testament* (Nashville, TN: Word, 2001), 658.
24. Crossway Bibles, *The ESV Study Bible* (Wheaton, IL: Crossway Bibles, 2008), 1495.
25. C. Hassell Bullock, *An Introduction to the Old Testament Prophetic Books* (Chicago, IL: Moody Press, 1986), 250.
26. 앞의 책.
27. Anton T. Pearson, "Ezekiel," in *The Wycliffe Bible Commentary,* 705.
28. Herbert Bateman et al., *Jesus the Messiah: Tracing the Promises, Expectations, and Coming of Israel's King* (Grand Rapids, MI: Kregel Academic, 2012), 182.
29. Staats, *A Brief Survey through the Hebrew Scriptures,* 13.
30. Bateman et al., Jesus the Messiah, 177.
31. Kendell Easley, *Holman QuickSource Guide to Understanding the Bible* (Nashville, TN: Holman Bible Publish-

ers, 2002), 161.

32. Gerard Van Groningen, *Messianic Revelation in the Old Testament* (Grand Rapids, MI: Baker Book House, 1990), 855.

33. 앞의 책, 858쪽.

34. 앞의 책, 859쪽.

35. Bruce Wilkinson and Kenneth Boa, *Talk thru the Bible (Nashville, TN: T. Nelson, 1983), 284-285.*

36. M. G. Easton, in *Easton's Bible Dictionary* (New York: Harper & Brothers, 1893).

37. Got Questions Ministries, *Got Questions? Bible Questions Answered* (Bellingham, WA: Logos Bible Software, 2010).

38. *The Open Bible: New King James Version*, electronic ed. (Nashville, TN: Thomas Nelson Publishers, 1998).

39. Got Questions Ministries, *Got Questions? Bible Questions Answered* (Bellingham, WA: Logos Bible Software, 2010).

40. Warren W. Wiersbe, *Wiersbe's Expository Outlines on the Old Testament* (Wheaton, IL: Victor Books, 1993), 626.

41. James Hastings et al., in *Dictionary of the Bible* (New York: Charles Scribner's Sons, 1909), 986.

42. Thomas A. Howe, Class Notes, "Old Testament Survey 2," Southern Evangelical Seminary, 2012, 199-200, 204.

43. J. Sidlow Baxter, *Explore the Book* (Grand Rapids, MI; Zondervan Publishing House, 1960), vol. 4, 237.

44. Roy R. Matheson, *Old Testament Survey* (Chicago, IL: Moody Bible Institute of Chicago, 1989), 75-76.

45. John MacArthur Jr., ed., *The MacArthur Study Bible,* electronic ed. (Nashville, TN: Word Pub, 1997), 1,337.

46. Kendell Easley, *Holman QuickSource Guide to Understanding the Bible* (Nashville, TN: Holman Bible Publishers, 2002), 233.

47. MacArthur, *The MacArthur Study Bible,* electronic ed., 1,338.

48. *The Open Bible: New King James Version*, electronic ed. (Nashville, TN: Thomas Nelson Publishers, 1998).

49. Donald S. Fortner, *Discovering Christ in All the Scriptures* (Danville, KY: Don Fortner), 416.

50. F. D. Lindsey, "Zechariah," in Walvoord and Zuck, *The Bible Knowledge Commentary,* vol. 1, 1,569.

51. W. Graham Scroggie, *The Unfolding Drama of Redemption* (Grand Rapids, MI: Kregel Publications, 1976), vol. 1, 483.

52. Matheson, *Old Testament Survey,* 223.

53. H. I. Hester, *The Heart of Hebrew History: A Study of the Old Testament,* rev. ed. (Nashville, TN: Broadman & Holman Publishers, 1962), 294.

54. J. Sidlow Baxter, *Explore the Book* (Grand Rapids, MI; Zondervan Publishing House, 1960), vol. 4, 263.

55. 앞의 책, 265쪽.

56. Earl D. Radmacher, *The NKJV Study Bible* (Nashville, TN: Thomas Nelson, 2007), 67-68.

57. C. A. Blaising, "Malachi," in Walvoord and Zuck, *The Bible Knowledge Commentary,* vol. 1, 1,587.

58. David J. Clark and Howard A. Hatton, *A Handbook on Malachi* (New York: United Bible Societies, 2002), 462.

59. James Lee Beall, *Laying the Foundation* (Plainfield, NJ: Logos International, 1976), 130.

1. Gerard Van Groningen, *Messianic Revelation in the Old Testament* (Grand Rapids, MI: Baker Book House, 1990), 939.

주제 색인

ㄱ

ㄴ

ㅂ

ㅇ

인명 색인

ㄹ

ㅁ

ㅂ

ㅅ

옮긴이 주지현

외국어대학교 러시아어과를 졸업하고, 예수전도단과 열방대학에서 선교와 중보기도, 귀납적 성경연구 훈련 등을 받았다. 러시아 내 알카이 공화국에서 사역했으며, 현재 전문 번역가로 활동하고 있다. 역서로는 「존 파이퍼의 로마서 강해」 시리즈(전7권), 「내 평생에 가는 길」, 「닥터 아이다」, 「열방을 품은 그리스도인」(이상 좋은씨앗), 「그리스도인의 영적 성숙」(예수전도단), 하나님이 이끄시는 기적(생명의말씀사) 등이 있다.